海南文史
Hai Nan 27 Wen Shi

主编 李朱全

海南省政协文史资料委员会 编

知青在海南

史料选辑

第八卷

西部市县知青纪事

南方出版社

图书在版编目（CIP）数据

西部市县知青纪事 / 李朱全主编． — 海口：南方
出版社，2017.12
　（知青在海南史料选辑）
　ISBN 978-7-5501-3378-5

　Ⅰ．①西… Ⅱ．①李… Ⅲ．①上山下乡知识青年－史
料－海南 Ⅳ．① D652

中国版本图书馆 CIP 数据核字（2017）第 305210 号

知青在海南史料选辑

西部市县知青纪事
XIBU SHIXIAN ZHIQING JISHI

李朱全 【主编】

责任编辑：谭润晶
封面设计：高　皓
出版发行：南方出版社
邮政编码：570208
社　　址：海南省海口市和平大道 70 号
电　　话：（0898）66160822
传　　真：（0898）66160830
印　　刷：三河市华晨印务有限公司
开　　本：787 mm×1092 mm 1/16
印　　张：24.75
字　　数：471 千字
版　　次：2019 年 5 月第 1 版第 2 次印刷
印　　数：1—3000 册
定　　价：74.00 元

《知青在海南史料选辑》

编辑委员会

目 录

下乡儋州林场的日子

何杰 / 儋州知青 / 儋县儋州林场

上山下乡的"见面礼"

1976年六一儿童节这一天，我开始上山下乡干革命。

中午时分，从儋县（今儋州市）新州方向开来一辆满贴着标语的解放牌大卡车。车厢里站着十多二十来个人，其中五六个男女胸前挂着大红花——他们是上山下乡的知青。车在我们长坡公社大门前刹住，车上一位领导模样的男性喊道："上山下乡的请上车！"我和黎玉英抛上背包，提着鼓鼓的网袋登上车。到了东成，突然下起大雨来。车在大雨中向着目的地前行。没有车篷，仅有的一块帆布用来遮盖我们的行李，车上的人个个像落汤鸡，迎着风雨，瑟瑟发抖。到了蚂蟥岭的山脚下，车"吱"的一声停住了。司机说，雨水把路冲坏了，请大家下车修路。我们面面相觑，几个知青连同其他人跳下车。十多二十来个人，一半去砍树木，一半去铲泥沙，权当铺路石。折腾了一个多小时，车终于开过去了。"解放牌"爬坡不算艰难，但咆哮喘大气。车几乎跑在蚂蟥岭的脊背上，左右一看，沟壑在岭下撕裂，像大榕树的根底被掏空，只剩下根须，分出乱爬的须脉。原在沙土深植的林木东倒西歪，横七竖八。有的干脆四脚朝天，扯断一半的根系带着铁锈般的泥沙在风雨中摇晃，很无奈。这时，我马上意识到：我们来的正是时候，赶上种林了！车，正在迎风下坡。带着水汽的风更凉了，我打了个微微的寒战：这就是上山下乡给我的"见面礼"！

"解放牌"顺着缓缓的斜坡，挂着空挡慢慢地溜进一个宽广的球场，"领导"说："这就是我们儋州林场的蚂蟥岭队！"我们几个知青一下子兴奋起来，不约而同地拍掌！这时，平房里走出一个中等身材的男性，红着脸，微笑着向我们走来。"领导"介绍说，他才是我们队真正的领导——蚂蟥岭队的陈队长！"陈队长好！"我们知青喊着。他理着大背头，方方的脸庞，脸色通红，身体结实，腿脚轻便。他快步前来，带着儋州长坡口音说着普通话："欢迎你们！非常欢迎你们！"接着，陈队长领着我们几个知青去我们的"新家"。我和中和镇来的社会青年阿祥同宿舍，被安排在球场西北角的第一间。安顿完以后我一看手表，已是下午5点多。随后，一起参加队里为我们知青举办的"接风宴"。吃喝的东西多是队里自己生产的。山牛肉特别纯味，甜，净；地瓜酒特别老淡，润，绵；白米饭特别清香，新，滑；山竹笋特别甜美，鲜，脆。

从那时起，我特别喜欢这几款美食，在外地旅行的时候，味觉的记忆总是逗留在这几种滋味之中。就算是现在，也时常唤起带着味觉记忆的这一天。

下乡第一次劳动：育苗

第二天上午，我们知青没出工。陈队长说，当天上午的工作就是跟随他在队里走一圈；下午全队到苗圃育苗。经他介绍，我们知道了队里的大概情况，连同与天角潭队、西方队、新州队等和场部的关系。信息是零散的，对儋州林场的认知是以后日子的连缀，四年之中点点滴滴的融汇。

下午2时30分，队长敲响了上工的钟声。我简单地洗漱后，抓起草帽，第一次正式出工。我们来到苗圃。除了从稻田田埂引来的通道口之外，四周围得严严实实，所围的便是丛丛连接的山竹。它伸出硬刺，长出竹笋，一团抱着一团将苗圃包围起来。苗圃在包围之中，地势平坦，面积阔大，阳光尽泻下来。中间整起的土台像菜畦，它们之间被横竖的过道分割成狭长的块块。上面育的是在这里适种的林苗，小叶桉居多，还长着一些叫不出名字的杂草。陈队长发话了："新来的知青把不像样的林苗拔掉；老林工装袋、插苗。"我们一下子散开来，各自忙各自的活儿。拔完一畦苗圃，手掌已是通红，就要起水泡了——我觉得自己很脆弱！本想戴上手套，可队长鼓励说："最好不要戴手套。一对林苗没感觉；二对你没好处，手嫩了干不了林活，长茧了就耐磨了。阿杰，坚持！"我狼狈地点头，坚持干下去，队长却让我们知青休息了。

老林工们却不休息，神态自若，动作熟练，边干边说，逗趣着。他们蹲在山竹丛的旁边，用小灰刀翻铲、搅匀土肥，熟练地把土肥装进底部开有许多小圆孔的塑料筒袋里，即将装满时用食指和中指压实，圆心处再戳一个洞，将一棵幼苗根部插入这个圆洞里，最后轻压一下。这就是所谓的"插苗"。我怀疑这苗是"针松"，叶子像针，末梢尖尖。针叶下身黄绿，上身深绿。个体虽小，但很可爱。后来在西方队也看到过，房前屋后，株株挺立，排排俨然，叶叶如针，针针簇拥，远远望去，如一幅幅渲染淋漓的水墨画，肃穆而有精神！这不就是老林工们的写照吗？！他们守住这份绿色的事业，专注于这份林活，虽然汗流浃背，却从不放弃！我们知青深被感染，自知羞耻，不敢多喝几口水，很快归队干活。约莫个把钟头，全队完工。

育苗，成为我上山下乡第一次劳动的知青印记！

从蚂蟥岭队加入新州队

记得，1978年临近春节时，我离开蚂蟥岭队，加入新州队。来接我和黎玉英的还是送我们上山下乡的那辆"解放牌"。车子经过新州老茅头村前，行驶一段距离再往右拐，几个硕大的金属美术字随即映入眼帘："国营广东省儋州林场"。这就是我上山下乡的第二个地方：场部所在地的新州队。

临近春节，场部显得格外安静。偶尔听到几声犬吠，倒是增添了几分生气。大门对着的地方，矗立着一幢风格严肃的建筑物，中间开着大门，大门两旁是对称的窗户。除了门窗是棕色外，其他部分一律都是土黄色。建筑物的背后伸出许多波罗蜜树，微风过处，从容轻摇。我想：这大概是我们儋州林场行政办公的地方了。穿过办公室中间的大门、过间和后门，到办公室后面一站，我惊呆了：两旁种的都是波罗蜜树！躯干嵌着树眼扭曲而上，延展的枝叶纷披，一个树冠接着一个树冠，冠冠相连，翁翁郁郁，绿色荫盖。尽管是中午时分，阳光灿烂，但地面只留下虚幻的日影。两排波罗蜜树的后面，是一块狭长的地方，之后依次是干部职工的房屋和后院。最有意思的是后院，架起的瓜豆棚爬着瓜豆花，或黄色或紫色；果蔗当篱笆，木薯根当栅栏，大薯藤当铁线，芭蕉当角楼，大有农庄之意味。由场部大门透视到最后一排平房，就是场部（新州队）的中轴线，功能不一的建筑物分两旁排开……我和黎玉英观赏着。端着饭盆边走边吃饭的几个青年盯着我们俩人，有的和我们擦肩而过，操着纯正的新州音小声议论我们："是蚂蟥岭队调来的……"正想听下去，忽的被老莫司机的叫声打断——他领来了一位姓牛（其实他姓郑，干起活来很牛，所以如此称谓）的队长。我们见面握手，算是完成了报到手续。之后，我、黎玉英各自到自己的宿舍安顿好。

儋州林场五个生产队是一个大家庭，成员来自天南地北。远的来自广东、广西甚至是东北，近的来自新州镇，还有来自文昌、琼海和万宁等县的。春节前几天，车出车进，来来往往，群情欢洽，倍感温暖。接连三日，车机不停，引擎轰鸣，声声不断，送了旧年，迎了新年。其声势浩荡，不由得让你赞叹：快哉，儋林车马！

就看除夕这一天吧！凌晨，在新州队那口大圆井的周围，灯火通明，人声鼎沸，那是牛队长在带领大伙宰牛杀猪。斧头一抢，黄牛倒地，知青扑上，操刀解牛。宰牛者，熟练的要数刘玉成，他"手之所触，肩之所倚，足之所履，膝之所踦"，无不中规中矩，简直就是庄子所写的"庖丁"再世。杀猪那边传来嗷嗷叫声，烫毛的开水蒸腾着团团热气，那气势就像长坡糖厂的汽轮机冒出的烟……喜洋洋的气氛被我们新州队的杀猪佬提前释放出来。

1978年正月初四上午，我们员工干部回队回场部报到。下午，陈政工和牛队长主持了场部和新州队的联席会议，"一年之计在于春"，他们部署了这年的重要任务。我记得主要内容是：一、文艺宣传队和篮球队抓紧排练训练，五一参加儋县职工文艺会演和儋县职工篮球比赛；二、6月底至7月初，全场砍林伐木"大会战"，新州队文人多，但不能输！我的任务多了两项。其中一项是由我、王怀耀和吴博雄组织出版《庆祝五一》墙报专刊。根据场部的指示，我们把时间划分为三个阶段：一、3月份向全场五个生产队征稿；二、4月上旬根据"庆祝五一国际劳动节，发扬林场主人翁精神"的专刊主题选稿和改稿；三、4月中下旬具体落实版面设计、版头绘画、毛笔抄写并配上插图以及张贴工作（赶在前往那大参加"儋县职工五一文艺会演"之前）。

具体落实起来，确实要发扬主人翁精神。时间紧，任务重。白天的一半时间我和王怀耀需要参加排练，另一半时间还要同新州队的同事一起上工。我们三人会面的时候先是摇摇头，再是点点头，后是举举拳头。夜深人静，我们"三家村"的灯光，一连二十天照亮了知青宿舍的一隅。选稿是主题的映照，涵盖了我场老中青主人翁的精神；改稿是主题的升华，提高了我们主人翁精神的共鸣；抄稿是主题的张扬，宣泄了内心世界张力喷发的轨迹！挑灯夜战，无怨无悔。"三家村"的灯光，在经历灰暗的时空里总能给我指明方向，更何况篇篇稿子从不同的角度去催人奋进呢！在这专刊里，知青的新诗描绘了儋州林场无尽的美，"引无数英雄竞折腰"；老林工的儋州山歌应和了深山老林的回响，"敢叫日月换新天"；新州队的人物传记刻画了牛队长的实干典型，"谁敢横刀立马，唯我彭大将军"；新知青的感想顿悟了这片林海的无限生机，"战士指向南粤，更加郁郁葱葱"；场部的表彰名单树立了儋州林场的先进模范，"数风流人物，还看今朝"！

4月28日下午，夕阳的余晖映射在办公室西边的外墙上，聚焦在我们已张贴好的五一专刊上：刊头左起，两张规格纸的幅度，刻画了老中青两男一女豪迈的劳动形象，背景是苍茫的林海，画的上方醒目标注着"庆祝五一"的刊名。文字内容，正如上文所述。文章体裁多样，标题醒目突出，版式横竖搭配，抄写多用行楷书体。

围边贴着剪有树林形状的绿色图案。左右两侧，配以毛泽东著名诗联"为有牺牲多壮志，敢教日月换新天"，大红纸，行草体，格外醒目。劳动是非常惬意的。放工归来的人们端着饭盆一边吃饭一边观赏。里面两层的知青干脆席地而坐；外层的领导干部站着谈话；我们三人加上一名帮手则不停往后退，往后退，并排远观，一直等到夕阳余晖洒尽……

我的另一项任务是种菜。种菜是个总的任务，具体的活儿因菜地情况而定。比如割完一畦菜，就要刨根整畦，有时要烧土。要因时下种育菜秧，或因时种菜种豆。白菜、青菜、芥菜、葱和蒜种得最多，几乎四季皆宜。青皮豆、胡包豆和荷兰豆，能充实冬季的储备，但占的空间大，尤其是青皮豆和胡包豆，于是姑且把它们安置到围栏旁，搭个豆棚，让它们自然开花结果就是了。倒是豆角，值得种种。整好菜畦，用木棍或竹子交叉斜插成一排排菱形的支架，下种不过一周就拱出幼苗来：白嫩的身躯，肉质透明，根部大叶端小，开着小芽。稍大一些就叉开，豆藤就凸显了……等到爬上菱形的支架时，它就开始穿梭织网了。挑出的豆须最有趣，富于弹性，末端往往扭一两圈才向上伸。收菜时，我们是最舒心的。

儋州林场文艺宣传队

国营广东省儋州林场文艺宣传队，共有40多名队员。队长是薛金凤（兼总导演），副队长是郑兴智（兼乐队召集人）和刘玉成（兼演员召集人）。此三人，队里称之为"黄金三角"。王怀耀为男主角兼独唱歌手，林青也是男主角；杨秀丹为女主角；胡初妃、林开杏和黎玉英三位女同志为独唱歌手兼演员。男女演员还有阿武、高彩、阿青等十多二十来位同志。乐队阵容不容小觑。郑兴智拉二胡，小唐拉小提琴，阿森打扬琴，陈会计拉大胡，林出纳拉手风琴，阿武弹大阮，"小男孩"弹吉他，刘玉成和王怀耀兼打锣鼓、敲木鱼，我吹横笛竖箫。

记得这年4月中旬，我们要在几个生产队巡回演出（五一专刊只好让吴博雄一人办了）。到了西方队的时候，正是周六，夜晚就演出。五个节目演完，轮到王怀耀上阵，独唱《咱们工人有力量》。铿锵有力的引子奏响之后，后幕走出个身着一袭深蓝色工服的小伙子，戴着安全帽，神情自若，一到前台就抓起话筒，豪迈地唱着："咱们工人有力量……"他唱响了工人的力量，唱响了西方队的松林，唱响了儋州林场的斗志！歌声高亢浑厚，震撼了全场观众，引起了强烈的共鸣，于是乎大家在台下喊："再来一首！"几阵声浪之后，凤姐命令我们奏乐，王怀耀把着话筒支架，涨着脖筋唱起来："下定决心，排除万难，去争取更大的胜利！"全场鼓掌，这是毛主席的语录歌啊!

儋州林场的《知青姑娘育苗忙》舞蹈节目,在五一演出中获得儋县职工文艺会演决赛的一等奖! 我记得,当时的颁奖词大致是这样宣读的:"儋州林场队的舞蹈节目《知青姑娘育苗忙》,取材于林场的现实生活,提炼加工成鲜明、丰富、轻快的舞蹈语言,呈现为生动的舞台艺术形象,塑造了广大知青积极的群体形象,表达了广大知青在林场大有作为的鲜明主题。选材精当,形象优美,舞蹈轻快,音乐富于儋州地方特色。 完美的组合诠释了突出的主题。评审组一致认为,该节目获得一等乙级奖(一等奖分甲、乙、丙三个等级)。"该剧剧情由我编撰,音乐由郑兴智同志谱写,舞蹈由薛金凤同志设计并导演,配乐由我们乐队演奏,阿丹领衔主演,由阿彩、阿青、阿香、阿杏、阿英等 20 位知青姑娘合力配合。先分工,后整合。整个团队从成立到 4 月下旬,光这个节目我们就费了将近一个月的时间(其间半天出工,半天排练)。10 分钟的舞蹈节目,宣传队的同志们花了不少的心血,可谓"台上一分钟,台下十年功"啊! 幸好,天道酬勤。

伐木大会战中的新州队

所谓"大会战",是儋州林场一种突击性的生产方式,其最大的特点是:集中现有的劳动力在短时间内完成大量的劳动任务。因为时间紧、任务重,所以落实到班组或个人的时候觉得劳动强度大,辛苦。我们这次"大会战"的生产任务是砍伐林木,为雅拉河造纸厂提供几百吨的原浆木,要求在两三天内提供合格用材。为保质保量,场部紧急调动新州队和西方队来联合作战。会战之前有两三天的时间准备。我们队除了护林之外,还要做其他工作:一是召开全队的动员大会;二是备好相关的劳动工具,如长柄大斧(当时没有电锯)、钩刀、肩垫和手套;三是后勤供应,如为上工全员提供午饭、工作间餐和开水;四是备车运输,载人运料,等等。

召开动员大会的那天上午,群情振奋,老中青员工精神抖擞,跃跃欲试,好像许久没打过仗的部队急于征战,流露出能征善战的作风。我心里有些忐忑不安,我们队里这帮知青多是书生秀才,从文可以,来武的不行。西方队的风言冷语也不断传来:"西方队早晚要支援新州队! "言外之意是我们新州队无能力。我知道不管砍多少,都是场部的事,但无形之中就促成了竞争比赛的态势,这就是"大会战"的第二个特点。我认为这是互相激励、主动精神的体现。青年代表林志平、阿辉、阿强他们都信心满满:"年轻是我们的优势,要最大限度地发挥出来! 加上场部领导干部倾巢而出,人多力量大,不怕不能及时完成任务! "之后,牛队长和林志平他们商讨"梯队行动计划"。

我觉得队长他们在照顾我们宣传队的知青,都把我们编入第三、第四梯队去了,负责的都是断木、断枝削叶的轻活。其实,像刘玉成、阿武、王怀耀他们还是健壮有力的,应搭配在壮年队老梁工班长他们的第一梯队里头,专门砍倒树,然后交给第二梯队的许熊他们,专门断出规格的木材,其余的交给我们就是了。我,当时也不服气,虽然没有第一梯队的斧头经验,也没有第二梯队断出规格木的能力,但是可以有样学样。其他人也不服气,于是我们这排宿舍的知青全部磨起斧头来。十几块大的磨刀石排成一行,个个出力摁着斧头来回"唰唰"地磨。牛队长也常来巡视检查,并指导我们磨斧,表扬我们知青的积极主动。

我也要磨斧,拣了一块又大又平的磨刀石,"唰唰"地磨起来,反反复复地两面磨,交替着磨,边磨边观察。亮铮铮的磨面里还凹陷着深浅不一的铁锤印痕,斧口弧着成刃,按牛队长的说法,斧刃锋利但砍不进木,好看不中用。这么说来我还得继续磨……磨啊磨,记不清添了几次水,最后竟把磨刀石磨出"血浆"来,也把自己的双手泡白了!当牛队长最后一次检查磨斧情况时,我,过关了!我向刘玉成和王怀耀仰仰头:"看见了吧,怎么样?"他们给我丢来一句:"还是看看明天的功夫吧!"

第二天清早,我们新州队就打着"儋州林场新州队"的号旗,开着满载员工的三辆大卡车向西方队方向的工区进发了。经过大约50分钟的车程,我们到达工区,老远就看到西方队号旗迎风飘扬,真的是"莫道君行早,还有早来人"啊!这就是"大会战"的气氛。毕竟他们"近水楼台先得月",也看得出,他们在"主动进攻"。我们立即跳下车,跟着队长跑。他们两个队长简单打个照面,同时喊:"开伐!"我们宣传队拿斧头的第三、第四梯队的成员哪管他什么梯队,被撩起的冲劲不可遏制,抢起大斧就砍。刘玉成说:"先下手为强!"他、阿武、王怀耀和我拣出一片林,各自拉开距离,"呜——嘭——呜——嘭"地砍起来,围在我们周边的妇女员工们看着便笑起来,拍手鼓掌,不断叫好。我们更是得意,加速挥斧,"呜——嘭——"的节奏更紧密,很快,整片林地"乒乒嘭嘭"地响起来了,显得混响无序,像无意中引爆了烟花爆竹厂,长时间地鸣放。不到十分钟就听到第一梯队的同志叫喊:"树倒了——注意啰——"突然,被砍倒的树画出一个优美的扇面,"噼里啪啦——咔嚓——嘭",沉沉的一响,扬起一阵尘埃……第三、第四梯队的同志们扑上倒在地面的树,各自砍、削起来,看似忙乱,但实际乱中有序。林志平评价说:"自然的传统",我说:"很默契"!

大家以号旗为中心,砍树自然向四周扩展,一波又一波地向外扩张,像核爆炸振波辐射，很有气势！林木不是逢之必砍，而是择之而砍。做纸浆用的木，扭曲弯曲、不成横梁顶木的"丑木"是合适的，当然死木病木是不能用的。这之前，我们几位已经砍错一些了。牛队长说："不要紧。新手总会这样，安排你们在第三、第四梯队就是这个道理。多看多砍就得了。"尽管这样，我们还是抢着第一梯队的活干，甚至给"包干"了，一把斧头"打天下"，断枝削叶，一条龙服务，就欠没装车而已。

在"大会战"工地上，我也砍木，这都得益于在蚂蟥岭队里两年的劳动历练，以及双手磨厚了的老茧。我右手握着斧柄的把端，将六七斤的大斧，抢起上举，高高过头；左手握着靠近斧头的斧柄，迅速套着滑下贴靠右手——在空中抢一大圆弧，重重地砍向木根底部，斜开一个大口子，再来海底捞月般的一斧，两个斧口相切，切片飞溅，像铁饼被抛出。重重地再来五六下，开始觉得手臂酸累了。咬紧牙根，再从身右下侧抽起斧头，来大半个圆弧甩斧，像抛出的铅球重重落地，斧口深深地切入，蹦出一块大大的木疤。成了！高大的林木将要倾倒，收斧迅速退后几步，立定，高喊："树倒了！"欣赏高大的林木重重地摔下，那种劳动的快感无异于一个书生摔倒一个大汉的感觉，神气十足，于是喊着王怀耀他们一起来分享。他们也喊我看：几棵高大的林木同时倒向一个方位，像闷雷一响，瞬间尘叶飞扬……这棵压那棵，几棵叠罗汉，景象蔚为壮观。

中午时分，在林子里开饭。员工们三五成群地围坐在林地洁白的沙土上，美美地吃着午饭。劲往一处使，心往一处想。大家不约而同地问起指标任务来，牛队长哈哈大笑地说："我们两队已砍了70来吨，到下午肯定超过100吨。以你们这样的冲劲，三天内完成任务绝对没问题。我想的是提前完成！""好啊！"大家喊着。我们知青敲着饭盆底鸣和着，为之喝彩；队旗呼啦啦地响，好像也在应和，"万绿丛中一点红"，格外鲜明。饭后不久，我们宣传队的知青一起唱响了《咱们工人有力量》，西方队也唱了起来。歌声，在林子里混响，随后渐渐地加进了砍木声、断木声、卡车的轰鸣声……当夕阳贴在林木半腰的时候，我们和西方队已超额完成了当天的任务，谁也不用"支援"。队长下令收工。三辆卡车满载着员工——大家个个都是湿漉漉的，蓝色的工服颜色更深了，反衬出老林工们的自若，男知青们的俊朗，女知青们的健美！

在新州队两年的日子里，我参加过三次"大会战"：两次是砍木，一次是修渠。所有这些高强度的劳动，加上平日琐碎的劳作，让我深深地体会到我们儋州林场有一个良好的传统，这就是：主动的意识，合作的精神。

结束知青生活上大学

1979 年夏季，凤凰花开。与 1978 年不同的是，开得格外旺盛，红红火火，把我们新州队的厨房屋顶罩得严严实实。夏风吹来，花树招摇，树花晃眼。7 月的第一个周六下午放工回来，阳光依然明亮。前来打饭的知青见了凤凰花就赞叹，出来活动的老林工见了就夸耀。我和刘玉成、王怀耀他们坐在篮球场外的石阶上，一边吃饭一边欣赏，这时陈政工从办公室的方向走来，边走边叫我们。我们三个一起盯着陈政工，他手里拿着信封和拆开的信件……他走到我们跟前，神情严肃起来。我们三个一起站起来，听见他说："你们三个，加上阿丹、阿贵等，明天前往那大，到儋县文工团报到。他们借用我们宣传队的部分知青，场部已经批准。记得为儋州林场争光！"第二天，我们一同到了儋县文工团报到。刘玉成、王怀耀、阿丹、阿贵等当演员，我干我的老行当：吹笛子。当时的任务是突击排练大型歌剧《刘三姐》，随着儋县文工团走南闯北。今晚在这演出，明天在路上奔波。居无定所，是另外一种颠沛流离，整个冬季都在折腾。夜不能寐，辗转反侧，耳边总回响起那一片片林海荡起的涛声……

我开始发现我不适应这种生活，而且年龄已逼近 25 岁。父亲突然关心起我的生活、工作和学习，时常到那大来看我。年底那会儿他问我，是否想到儋县财政局考试参加工作。我说，已经在儋州林场工作了，问题是想读大学。父亲说："对，就是读大学！"1980 年，阳春三月，我向儋县文工团团长布振彪请长假。布团长批准了，并说："你，还是有志读书啊！"我千谢万谢，带着复杂的心情，悄悄地离开儋县文工团，回到母校儋县长坡中学复习。这样的学习方式之前有过两次，可命途多舛，都是数学拖了后腿。回到母校，我一个将近 25 岁的老生，与 19 岁左右的应届毕业生同座上课，似乎有些无地自容；行走在我家与母校之间，总是听到街坊邻里的闲言碎语。

在我深陷困境之际，母校却对我非常乐观，并给我配了负责文科数学辅导的老师林开明。他指导我，训练我，从基础题、小题做起，专记常用的公式定理，学会简单的代数演绎，对大题学会用数学符号表达，至少会写"解：设 XXX 为 XXX"的行话，这样即使解不下去，也会得到 1 至 2 分。三个多月每天都这样训练，反反复复，摸爬滚打。捡小分成大分，点点滴滴，积少成多——我一下子豁然开朗，顺势强化了政史地三科的复习。考文科，只靠死记硬背会非常痛苦。"痛定思痛，痛何如哉？"

　　我改进了复习的方法，姑且叫作"常看自然记忆法"。比如复习历史科，以时间为纵线，分列古代、近代、现代、当代；以事件为横线，分列思想、文化、农业、科技、军事等领域，按时间、地点、人物、事件、意义的层次编排，最后压缩成我熟悉、便于记忆的文字符号，用书法艺术的表现形式制作在一张张规格的白纸上，顺时针张贴在四面墙上。早上起来，午睡起来，饭后片刻，睡觉之前，都要逛一圈，都要看一遍，都要忆一回。认为是必考的内容，则抽出一张放到蚊帐顶上，躺在床上看蚊帐顶——透过蚊帐纱眼一目了然，"相看两不厌，只有敬亭山"！欣赏一张张这样的"书法作品"，是自然的记忆。满足之余便酣然入梦；梦醒时分又照会一番，还是自然记忆。对政治、地理两科也是如此复习。

　　功夫不负有心人，凭着在儋州林场的自学积累、恩师们的精心辅导，以及近期在母校的努力，我以五科（语文、数学、政治、历史、地理，每科100分；当时允许不考英语。若考，成绩仅作参考）总分308分的成绩考入海南师范专科学校（1983年毕业那年改为"海南师范大学"）中文系，最终实现了我上大学再读书的梦想！1980年9月初，"游学府城，往来海口"，自然也就结束了我的知青生活。

（2015年12月30日）

忆插队日子和三同户"父母"

吴三凡 / 儋州知青 / 儋县白马井

1975年10月4日，我和白马井中学4位高中毕业同学，响应伟大领袖毛泽东主席"知识青年到农村去，接受贫下中农再教育"的号召，一起上山下乡到白马井公社禾能村插队。一个背包，一个绿色的挎包，一个军用水壶上绑着一条毛巾，这成了我们全部的家当……

苦苦恳求下乡插队

我生于1956年2月，家住白马井镇。1975年夏，19岁那年，在白马井中学高中毕业，正值全国都在掀起响应毛主席的号召"知识青年到农村去，接受贫下中农再教育，很有必要"的热潮。为了适应当时的形势，跟随历史潮流，我积极地报名上山下乡。

当时的政治口号是："知识青年上山下乡走与工农相结合的道路，是培养无产阶级革命事业接班人的必由之路"，但是成为"接班人"对我来说是不可能实现的梦想。我的父亲吴瑞琪是一个知识分子，海南解放前后历任白马井第一小学校长、新英第二小学教师、木棠中学教师，忠诚于党的教育事业，认真贯彻党的教育方针。然而，我父亲于1959年离开了我们，当时我仅3岁。父亲生前被打为右派，为了我的未来，母亲苏英桃被迫把我送到澄迈县金江镇一户善良的人家做养子。后因我淘气，经常在外面玩耍，有一天傍晚，养母做工回家，见不到我，到处找我，最后在人家做木工的地方找到我，就生气地拉我回家，我怕挨打，死也不肯回家，紧紧地抓住床脚，不料养母突然松手，我便一头撞上了床脚，左眼角鲜血直流（至今还留有疤痕）。随后，养母带我回家，用药水帮我擦伤口，但我还是骂她："你不是我母亲，我有母亲，有姐姐，有大哥、二哥。"第二天早上，养母便把我送回白马井。

然而我下乡务农这个决定，是在公社分管知青工作的党委常委王兆瑞等人的反

11

复动员下做出的，却招来母亲强烈的反对。她认为尽管是五类分子子女，毕竟是城里人，可以吃商品粮，下乡落户就是农民，连温饱问题都没有着落，基本生活怎么过，这是让母亲揪心的问题。当过小学校长的父亲一生朴素谦逊，三个儿子及一个女儿的名字分别为一凡、又凡、三凡、木兰。父亲去世得早，四个儿女主要都是靠母亲做杂工拉扯长大。大哥当时大学毕业分配到外地工作，二哥刚刚成家，母亲年纪已大，她最不放心的就是小儿子，她听别人说上山下乡后就取消城镇户口，变成"农村人"了，当时大多数农村没水没电，生活艰难。母亲为了阻止我下乡，苦苦地对我说："三，你下乡我就死给你看。"我也苦苦地对母亲说："你不让我下乡，我也死给你看。"这是我一生中唯一的一次顶撞母亲。然而母亲还是拗不过我的苦苦恳求，最终流着眼泪答应了。

于是，1975年10月，我们白马井中学5个同学（吴三凡、潘汀潮、潘全英、林尤英、万丽芳）和海头公社一个女知青李香兰（后来成为我的妻子）每人一个背包、一个绿色的挎包、一个军用水壶、一条白毛巾，在一片锣鼓欢送声中到白马井禾能村下乡插队落户。

在禾能村插队落户6年的日子里

1. 插队知青生活的一角

当时，下乡插队的政策是"一年钱二年粮"，即第一年每月领8元钱，第二年每月领口粮27斤，以后就是地地道道的农民了。知青的生活单调而且辛苦，就如当时的顺口溜喊的一样："两个六点半，中午不休息，晚上加一班。"早餐午饭一起煮，天未亮就出工，八九点钟吃早饭，两三点钟吃午饭，七八点钟吃晚饭，每天早出晚归。遇上农忙插秧或收割，晚上还要插秧苗、打谷子。收工之后，我总是拖着疲惫的身体，一进屋驱赶了蚊子，扎好蚊帐，倒头就睡着了。一天三顿，番薯粥、小鱼小虾、萝卜干就是我们每天的饭菜。

尽管下乡插队的生活是艰苦的，但是有时也充满着情趣。每年农闲季节，下乡的知青就在自己落户的生产队充当农村夜校教师。当时农村经济水平低下，为了挣工分，许多适龄的孩子特别是女孩子根本没有机会上学，夜校就成了她们唯一认字的地方。每当夜晚降临，夜校里就坐满了人。我在黑板上写下"工人""农民""解放军"等字并教她们读，有时还教她们唱革命歌曲。教室里一盏盏摇曳的煤油灯，就像无数颗知识的星星，点亮了她们的心，也点亮了我们知青的心。

2. 带领第十生产队改变落后面貌

种瓜得瓜，种豆得豆。财富是由人们用辛勤劳动换来的。1976年秋季的一天，我在地里干活还未收工回来，就接到大队通知要我到大队办公室去，当我赶到时，就见到大队的几位领导已等在那里了。打过招呼后，书记李景明就说明要派我到第十生产队去任队长，并问我是否有信心担起这副担子。出于对领导们的信任和感激，我没有多做考虑就答应下来。

到了晚上，大队领导就在第十生产队召开社员大会，当书记向全体社员宣布大队这一决定和要求大家支持时，会场上响起了一阵热烈的掌声。说实在的，我当时十分感动，以致在我讲话时声音都有点沙哑。对于这副担子，我虽然没有百分之百的把握使这个最落后的生产队焕然一新，但对于组织和领导们的信任，群众热切的期望，我暗下决心，一定全力以赴使这个生产队好起来，这样才能对得起他们。我是一个自小与困难做伴的人，早就不再畏惧困难，这一挑战，我一定迎上去。

接受任务后，我需要做的第一件事是调查了解情况，做到心中有数，有的放矢。我走遍每家每户，社员们所反映的情况大致相同：田地瘦，水不够，收成少，无益的苦楚不如闲坐着。社员们几乎失去信心。在我和老队长谈话中，她抱怨道：自家事多，社员不听话，水没有人守，有些水被上游的村人拦死不放下来，肥料没有钱买，瘦田瘦地，一无肥、二无水，怎样生产？这使我心中有了一定底数。农民是现实的，我到每家去做思想工作时，都为他们的家庭做出规划，对一个靠山靠海的农村家庭来说，光靠男人出海捕鱼来维持生活，是很困难的。土地出黄金，我们一定要搞好农业，利用农业的收入来解决家庭的粮食开支，将男人的收入作为家庭的积蓄，这样的话，年年有积蓄，要不了多久大家一定可以富起来。至于缺水问题，我与大家一起管，只要我们管得好，不使水流失和浪费，问题是不大的；肥的问题，化肥少，我们就多积基肥补上，村里村外，人粪、畜粪到处都是，我们积肥不仅能解决缺肥问题，还有利于村里的环境卫生。通过一系列的细致工作，大家都认识到靠山靠海的农村，只有在搞好渔业的同时也搞好农业，才能富起来。大家都看到了光明，情绪就高了，都表示有我带头，他们一定积极干。

第二件事是带领社员们实干——守水。当轮灌到我们队时，我总是二十四小时守在上游的拦城高坡水闸，到了吃饭的时间，守水的社员就帮忙带饭给我。我严格交代管水的人，把握好情况，够的不要浪费，缺的不使其旱，还经常带人到上游村庄去乞水。社员们看到一个下乡青年都能拼命去为他们做事，他们还有什么理由不跟着干呢？于是守水者由一些老残弱者变为青年人，渔民们在家时也都积极参加，这样一来就使得水尽其用。

第三件事是解决肥料问题。收不收在于水，收多收少在于肥。禾能村地处海边，田土贫瘠，如果不施给足够的肥料，就别指望能收得多了。水的问题解决后，就得解决肥的问题了。因化肥十分缺乏，能分配到的数量很少，根本解决不了问题。为了解决这一难题，我身先士卒，带领社员们到白马井市区的南海公司的大型公厕掏大粪。我是城里人，人熟地熟，说句实在的，起始最怕熟人看见，但一想到我的使命和第十队的社员们期待的眼光，就顾不上这些了。

每天天刚亮，我就挑着两个大粪桶和粪瓢，戴着"包帽"用毛巾把脸紧紧遮住，只露出一双眼睛，以防路上被熟人认出。禾能村离白马井城区虽然只有10里多地，但都是田间小路，中间还要过"福村港"，那湾海水退潮时卷着裤腿可以蹚过去，涨潮时要坐上一毛钱的小舢板。尽管自己的家就在城区的某条小巷，但也不敢回去，径直来到南海公司的公共厕所背后的粪池，自己搬开上面的大石板，用瓢从池里掏出粪便装入粪桶，盖上稻秆，以防渗透。一担粪便近百斤，装满以后，就快速穿过市区，假如走得慢臭气会招来路人的埋怨。这样走走停停，中午才回到村口。

到白马井镇掏来的和在村里拼的粪很多，需要一个大粪池来装。考虑到社员们都很困难，我就自己拿出30元买水泥，石头由社员出。由于我的举动感动了社员们，当时就有几个泥水工人主动提出无偿投工，帮助建公厕（禾能大队第一个公厕）和粪池。我们都知道在改造土地质量上，基肥比化肥好得多。果然，第一年我们第十队的粮食产量就翻了一番。每户不但够吃，还有余粮卖。

现实改变了群众，社员们都积极起来，第二年除了恢复原来所有废耕的地外，还新开出几十亩的荒地来，收入比第一年还多出好多。第十生产队生产不但一年比一年好，还超过了很多生产队，就连生产最好的第一生产队也不得不对我们刮目相看。钟二彩（第一队队长）和其他队队长都来问我，第十队生产上得那么快，你是怎么做的？秘密在哪里？我笑着拿出一些书本告诉他们：农业生产的好与坏，关键在三个方面，一水、二肥、三管理。水与肥历来你们都比我们做得好，就差在必要的科学管理。庄稼好像一个人，饭怎样吃，早吃什么，午吃什么，晚吃什么，还有怎样去防治疾病，都是至关紧要的。这些书就是为了让我们知道水稻、番薯应怎样灌水、怎样施肥、怎样防治虫害而买来的。我耐心地给他们讲解。我在当时几乎成了一个"农业专家"。事实上我不仅把第十生产队带出了低谷，还带动了所有的生产队，使整个大队的农业生产都好起来。

3. 与猪狗辈交朋友

"仗义半从猪狗辈"，说的是心胸坦荡、朴实善良、讲义气的多数是那些平凡的老百姓。我在下乡到禾能村的六个年头中，认识了很多朋友，他们中有渔民，有烧瓦匠，有锯木工，有各种手业工，起始他们和我很生疏，也许因为我是从城里来的吧，或许我在他们的眼中是一个读书人，和他们不一样，所以总是对我敬而远之。慢慢地，他们看见我每天不是在田间干活，就是在清理水沟、挖田边，起早摸黑，于是，他们就主动接近我，和我亲近起来，经常问我苦不苦，需要什么帮助。见到那些队长分我做重一点的工，也为我抱不平，叫他们给我做些轻的。我在第一生产队时，就是他们向队长钟二彩要求让我记工、当出纳和田间管理员，等等。渐渐地，我们就成了无话不说的朋友，他们有什么事都叫上我，有什么好吃的都有我的份。有一次，我到白马井镇粮所交公粮，在回来的田坡路上打到一条足有三斤重的水蛇，吃蛇肉的时候，除了我们几个下乡青年，我还叫上了他们。可他们都没有空着手来，他们除了买酒，还从家里捉来一只大公鸡，和蛇煮成一大锅。那是我们下乡以来最丰盛的一餐。

4. 在农村入团入党的曲折过程

我从小就渴望进步，长大后入团、入党成了我的强烈愿望。我从上学那时起，每学期都写一次入团申请书。下乡第一年，在一队当出纳，第二年转到十队当队长，每次评工分都是满分，然而几次的入团志愿书经大队同意后报到公社政审都被卡住，原因是我有一个解放前当过小学校长后被打成右派的父亲。

1976年9月9日毛主席逝世，全国人民陷入了极大的悲痛之中。为了响应县委号召，"把悲痛化为力量，使旧貌山河变新颜"，10月初，我到黄泥沟去参加开荒造田种甘蔗大会战，经受了万般辛苦的劳动考验，最终才"火线入团"。和我同时或稍后插队的知青，有的少则一年，多则两年，都先后回城端上了"铁饭碗"。我万般无奈，但无奈之下还是继续安分守己做好自己的工作，甚至有了安家禾能村的心理准备。后来，我面朝黄土背朝天地干了6个年头。尽管我在农村多次申请入党但未能如愿，直到1982年，形势发生了变化，我的父亲吴瑞琪被平反昭雪，二哥吴又凡作为家属子女，被儋县教育局照顾安排到新英第二小学当教工。1985年，我考上大学，当时社会不以家庭成分为背景，而是看重个人政治表现，因此，在大学念书的时候，我光荣地加入了中国共产党。

幸遇三同户再生"父母"

分配知青下乡当时也是有讲究的，政治条件好、父母有权势的子女下乡到好的地方，靠近白马井镇的地方，比如说福村大队和公社农场。禾能村是离白马井公社较远的一个村庄，作为五类分子的子女，我只能被安排在这样的地方，当时称大队。禾能大队有300多户人家，分成10个生产小队，大部分男人从事渔业捕捞，小部分从事各种手工业，而女劳力几乎全部从事农业生产。公社和大队考虑到知青从镇上来插队，生活环境一下子不适应，都尽可能把我们分到条件相对好的家庭。我被分到的"三同"（同吃、同住、同劳动）户是吴文伟、郑金爱夫妇的家。这两位勤劳、淳朴和善良的农民，当时我称呼为"叔爸、叔母"。在那个年代里，对于五类分子及其子女是避而远之的对象，而我的义父义母对此好像很麻木，其实是很豁达、很宽容、很仁慈。我被安排进他们家，他们一点都不计较、不拒绝、不嫌弃。

我下禾能村的当天，到村口迎接我们知青的人群中就有我的义父义母。义父50多岁，体型不胖，属于骨架壮实的那一种；义母面相慈善。看到这些，我一颗吊着的心放下了一半。送行的母亲、二哥、二嫂看到我就要离开他们生活都哭了，义父安慰母亲说："姐姐，你哭什么？这个孩子以后在这里，我会像你一样疼爱他、照顾他，把他当成自己的儿子一样看待，不会让他受到任何伤害、任何委屈的，你就放心回去吧。"

乡村的生活是艰苦的，而在艰苦之中更能感受到义父义母的仁慈、体贴和关怀。

下乡的第一天我睡在小房的小厅，我平时有写日记的习惯，那天晚上，我就趴在床上一个小木箱上，用手电筒照明，写起如何当好一个知青之类的日记。然而没有想到的是，第二天中午收工回来，小厅就摆上了一张新的苦楝木办公桌、椅子，还有新的煤油灯。原来这些是天没亮义父就不声不响地赶着胶轮牛车到5公里外的白马井市场买来的，来回将近10公里的沙滩路。我当时激动得不知道说些什么。因为高兴，当天晚上，我拿出带来的一把旧提琴，蹩脚地为他们拉《白毛女》《卖花姑娘》等曲乐，音符声久久地回荡在小山村的上空。后来知道，义父家原来也算是一个书香人家，过去曾有过几代人读书，他父亲吴英中曾就读广东高等师范，因此义父家对有文化的人都特别敬重。

漫长的劳动时间是当时农村生产力低下的主要原因。就如当时的顺口溜喊的一样："两个六点半，晚上加一班。"因为高强度作业，每天都身心俱疲，于是晚上义父义母早早就煮好热水，一直用柴火温着，有时10点加班回来水还是热的。正是义父义母一家对我无微不至的关怀，让我熬过6个春秋。义父怕我吃不惯农村的饭菜，特地买了一个小锅，专煮白米粥给我吃，家里其他人要吃番薯粥，后来由于我执意要和全家一起吃，小锅才停用。但是每次大家一起吃饭，义父总是把好吃的那一样夹到我的碗里。尽管义父家的生活并不富裕，但是碰到我的朋友来看望，他们都是很高兴地留朋友吃过饭再走。每年春节将至，义父一定先给我钱买布做新衣服，有时都顾不上他的四个儿女：大姐土春、二姐土彩、三姐土桃和小弟华寿。

我以前就患有慢性咽喉炎，天气热或者吃东西不注意时喉咙就会疼痛发作，难以下咽。遇到这个时候，义母都是拿着锄头到田埂水沟边寻找一种草药——"八灯草"，春烂拌黑糖水给我喝。有一次因为她是晚上出去锄"八灯草"，天太黑把脚都扭伤了。可是还有草药管不住的时候。记得有一次我农忙加班，原本就有点感冒发烧，加上疲劳过度，喉咙干裂剧痛，义父义母连夜把我送到卫生院打点滴。当我从昏昏沉沉中醒过来，看到轮流守候的二姐和三姐疲惫的样子，想起她们平日在我收工之后为我换洗衣服、被褥，缝补衣服的艰辛（大姐到外地读书后，这些活她们都揽了下来），眼泪禁不住流了下来。

因为我在白马井的家人也感受到了"禾能爹""禾能母"对我的关爱，白马井和禾能两个家庭的情感日渐亲近，母亲来禾能看我，会捎带一些蔬菜、咸鱼过来，又带一些番薯回去。下乡的第二年，义父看着孩子们渐渐长大，再加上我，房子不够住了，就决定在旁边的宅基地另盖一间大的房子。除了雇工人，盖房用的沙子和石头都是义父和我每天天未亮赶着牛车到海边拉回来的。义父不想让人看低，要盖的房子是农村当时"豪华型"的"穿枋坐栋"的砖木结构房子。枋和栋的材质、胸径大小要严格讲究，找了很久都没合适的，恰好我二哥又凡的船给别人运回一批准备造船的木材，部分适合做"栋"，听说义父需要，便同意义父另买一批也是造船好木料的"黄丝"木替换。房子建成后一直住到现在。我下乡的6个年头中，每年的除夕夜都是在禾能度过的，只有在大年初一下午才回白马井和家人吃团圆饭，晚上再赶回禾能，初二早上下田育秧苗。我知道这是我对家人的亏欠，但是相信他们也能够理解，毕竟义父一家对我恩重如山。

"既来之、则安之"是我下乡的初衷。我没有背景，只能靠自己加倍的努力、加倍的勤劳，在社会上站稳脚跟。由于工作做得好，我被大队从一队调到十队当队长，经过细致地调查实际情况，我在水、肥料、垦荒等工作上想出点子、发动群众、以身作则，十队真的改变了面貌，生产不但一年比一年好，还超过了很多生产队，就连生产最好的第一生产队也对我刮目相看。然而我深知这些成绩的背后包含着义父一家始终默默的支持。

1980年，我恋爱了，对象就是插队同村的女知青李香兰。义父高兴地为我张罗，卖掉为自己准备的棺材板和手上戴了多年的瑞士劳力士手表，把200元塞到我母亲的手上，叮嘱千万收下以置办结婚的东西。他还购来当地最好的木材，亲手为我做结婚用的大床……

不知道是义父多年的祈福还是命运之神的眷顾，1980年3月，我被组织部门招干，分配到儋县财政局工作，成了下乡禾能村时间最长的知青。参加工作的第一个月，第一次到单位食堂吃饭，那可口的饭菜和农村相比，简直就是"吃年"的感觉。

当时分田到户的政策已经在全国普遍铺开，村里的人带话给我，说分田到户要分给我一份，我当然是谢绝了，但我会永远记住乡亲们的情谊，记住那片深情的土地。

"受人滴水之恩，当以涌泉相报。"我把工作后第一个月的工资 38.8 元全部交给义父义母，如果没有 6 年来他们的疼我爱我助我，就没有我的今天。但他们不肯要，说我在县城工作，需要用钱的地方还很多。多年来几乎每个月我都抽空带上油、米、糖、酒及各种营养品去看望两位老人。2000 年 11 月，我担任儋州市国家税务局局长、党组书记，回村里看望两位老人时，义父对我说："三啊！你吃过很多苦，现在当了领导，要像以前当生产队长爱护社员那样，爱护关心你的干部职工。还有，公家的东西不该拿的，一丁点都不能拿。"我记得义父自我工作以来只叫我帮助过他一件事，就是先前我和他们在村里坊头挖的一口井，水少了需要继续挖深，而下面又碰到了石头。我多方联系，终于弄到了炸石头的炸药。我工作后每个月都会付给两位老人基本生活费，几次带义父到海口等地治疗眼疾，义母住院，我像对待亲生母亲一样床前床后照顾好义母，要求医生开好药打好针，并承担了所有的住院费用。

我下乡被安排在义父家时是义父义母牵着 9 岁的儿子吴华寿把我迎进这个家的，6 年的朝夕相处，我和华寿情同手足。义弟长大后为人勤奋，辛勤劳动，开始时在白马井镇帮人打工，后来需要造船创业，我尽力帮助他营造了一艘渔船。义弟的大儿子吴勇奇在上学期间社会实习时不慎打伤了眼睛，需住院治疗，我拿钱帮助解决。虽然做了一些事情，但仍然觉得亏欠这个家的恩情。

2004 年，义母病逝，当时我在澳大利亚公干，只好电传祭文，交代我家二哥垫钱打理。2005 年义父患青光眼，我带他到海南人民医院治疗。2009 年，94 岁高龄的义父病逝，我请假到义父的灵堂和衣而卧七天七夜直至出殡，以亲生儿子的身份为义父披麻戴孝跪拜送葬，并在义父墓碑的子女栏中刻进自己卑微的名字。义父生前我曾买一条海南花梨木做的拐杖给他，至今仍留在家里做纪念，睹物思人。

"谁言寸草心，报得三春晖！"此后的每年除夕下午和清明节，我都去义父义母的坟前送鲜花祭奠。站在义父义母的坟前，环顾远处熟悉的村落、水沟、田畦，那是我挥洒过 6 年青春汗水的地方。40 多年前义父义母一家疼我、爱我、助我的一幕一幕，依次浮现。可是直到现在，我还不能报之万一。景物依旧，斯人已去。每每想起这些，都让我热泪盈眶。

（2016 年 6 月 20 日）

插队落户英均的知青岁月

刘海温 / 儋州知青 / 儋县新英公社

带头动员知青下乡农务

我 1957 年 8 月 12 日出生于新英，1974 年 7 月 1 日在儋县新州中学高 29 班毕业后，作为一名共青团员积极带头响应党的号召，"知识青年上山下乡，到祖国最需要的地方去，接受贫下中农再教育，在那里茁壮成长"。我怀着满腔热情，于 1974 年 7 月 10 日向儋县革命委员会知识青年上山下乡工作办公室写信要求上山下乡。7 月 18 日，儋县革命委员会知识青年上山下乡办公室给我答复："刘海温，你在 1974 年 7 月 10 日来信乙件已收到，有关提出要求上山下乡问题，请与公社联系，由公社就地安排。"

我接到县知青办答复后，就拿着县知青办答复直接找当时在公社分管知青工作的革委会副主任符瑞球，提出要求上山下乡。当时他表示同意，并提出由我参与组织公社第二批知识青年下乡插队，我愉快地接受了任务。但是，新英公社当时社会上旧传统习惯势力较为浓厚，对知识青年上山下乡冷嘲热讽，不少知识青年对上山下乡犹豫不决、徘徊不前，特别是对知识青年到农村落户，注销城镇居民户口，转为农村户口有抵触情绪，不愿到农村插队落户，思想斗争比较激烈。我当时想，过去无数革命先烈为革命流血牺牲都不怕，今天我们知识青年有什么理由不响应党的号召，到农村广阔的天地去锻炼成长呢？于是，我满怀革命的豪情，排除社会上重重阻力，挨家挨户反复做知青和家长的思想工作，动员了吴兆卫、钟瑞华、赵秋兰（女）、郑琼瑜、林卓元、林武权等 6 名知识青年与我一道到农村插队，并得到了新英公社的大力支持，办理了有关手续。我、吴兆卫、钟瑞华下到英均大队落户，赵秋兰下到荣上大队落户，郑琼瑜、林卓元、林武权下到新地大队落户。从此，开始了我 6 年的知青岁月。

当上生产队副队长

1974年8月，我下到新英公社英均大队第十生产队落户，与农民"三同"。我每天光着脚走在乡间小路上，风里来、雨里去，不怕苦、不怕累。早上6点半就同生产队女社员到生产队厕所去掏人粪挑到田里施肥，然后干各种农活，如插秧、犁田、除草等，样样农活都要学，样样农活都积极肯干，很快就掌握了各种农活的技术，晚上还为生产队社员记工分（每个社员年终是按所记的工分分红，所以我非常认真地记），赢得了生产队社员们的信任。我在下乡与农民"三同"期间，严格要求自己，处处甘当小学生，虚心接受贫下中农再教育，很快闯过了思想关、劳动关、生活关，真正与贫下中农打成一片，从贫下中农身上学到不少农业知识、优良纯朴的思想品质、吃苦耐劳的精神、艰苦朴素的作风，并深深爱上了农村的一草一木，树立了改变农村落后面貌的雄心壮志。

1976年11月，英均大队党支部任命我为英均大队第十生产队副队长。我当上生产队副队长后，带领贫下中农开展"农业学大寨"运动，做好生产队春耕生产，努力改变农村的落后面貌，受到大队党支部奖励，奖给我一条背心（上面印有"春耕生产积极分子"字样）。我负责生产队农作物生产管理，为了确保生产队有一个好的收成，每天必须巡查生产队水田坡地，检查生产队农作物生长情况，采取必要的排灌施肥措施，加强田地管理，"两个六点半、中午加一班、晚上需要时再加一班"，即每天早上六点半去巡查水田坡地，到中午一点才回家吃饭，吃完饭又赶去巡田巡地，下午六点半才回家。碰上轮到我队放水时（当时大队安排每个生产队晚上轮流放水到田地），晚上十点至凌晨五点还要加一班，安排社员守住水口，我负责巡查水口，确保把水放到田地，保证农业生产用水，风雨无阻。农忙季节收割水稻时，每天凌晨四点还组织社员起来用脚踏机打稻，一直干到天亮，接着晒谷子。

开展放养红萍实验

为了解决农田有机肥料问题，1975年新英公社积极推广放养红萍，大队党支部决定以我所在的第十生产队做放养红萍实验，生产队安排我负责放养红萍。我接受任务后，为了确保放养红萍成功，从生产队水田中选择光照充足、土地肥沃、排灌便利的田块做实验，做好土地平整、深犁翻晒，放足基肥（农家肥），制作放养红萍的工具。我做成一块四边平整光滑的长方形木板，在木板的中间钉上一条长1.5

米的木棍，用这样一块木板平整水田，把水田整成一个黑油油的平面田，里面不能留有积水，否则会影响红萍的生长。我每天光着脚泡在水田里放养红萍，经常遭到水田里蚂蟥咬脚吸血竟全然不知。不管是炙热的夏天，还是天寒地冻的冬天，我始终在水田里注意观察摸索红萍的成长规律。由于双脚长期泡在水里，脚趾有些溃烂，痛得难受，但仍坚持在水田地钻研放养红萍的方法，掌握放养红萍的技术，做到科学放养红萍。由于我放养红萍获得成功，所以被新英公社团委评为优秀团员，被新英公社革命会评为下乡落户先进个人，被儋县革委会评为1975年度"农业学大寨"积极分子，奖给我一顶竹笠帽（上面印有"农业学大寨积极分子"字样）。

参加新英盐田大会战

1975年夏天，新英公社为了壮大集体经济，扩大盐场盐田的面积，组织全镇各生产队社员到镇上参加盐田大会战，按规定时间完成各生产队任务，自带粮食、钱、工具，自行解决住宿、吃饭问题。第十生产队安排我带领15名女青年参加新英盐田大会战，吃住在我家。我家是一个四合院，院子后面有一块空地，由于天气热，女青年晚上就睡在空地上。她们都是穿短裤、无袖衣睡觉的，为了保护女青年的安全，防止她们受到本巷男青年的干扰，每天晚上我都守在我家大门口睡，也不敢深睡。为了尽快完成公社交给我队的任务，每天早上四点我就带领青年突击队乘着月光到盐田工地参加突击劳动，劳动强度非常大。白天工地上到处都能看到红旗招展，横幅标语比比皆是，周围人山人海，人声、广播声热闹非凡，你追我赶的热火朝天的劳动场面非常壮观。我们都不怕苦、不怕累，中午不休息，晚上加一班，连续苦干1个月，超额完成公社下达我队的任务，受到新英公社党委的表扬。

学会过节俭艰苦生活

我下乡落户第一年，与农户"三同"，每天都是籴米（将谷子煮半熟晒干后碾成米）和番薯干一起煮成籴米番薯干粥吃。当地农民的生活习惯是第一次籴米和番薯干煮成的米糯糊是倒给猪吃，第二次加水煮的籴米番薯干粥才给人吃，没有什么营养，菜是湿的萝卜干，吃的时间一长，胃很难受，但我坚持克服，也体会到当地农民生活的艰苦。冬天较冷，自己仅有一条毡被，在床上只能加铺厚厚的稻秆保暖。每天还到一里外的水井担水喝。第二年，县委抽我参加路线教育工作队进驻排浦公社春花大队时，每天都是番薯丝和很少的米放在一起煮成番薯丝稀粥吃，一端起番薯丝稀粥就可以看见自己的影子,菜是酸瓜(当地农民利用西瓜皮腌制的),早餐7点吃,中餐13点吃,晚餐19点吃。吃番薯丝稀粥和酸瓜,很容易消化,吃的时间一长,耳朵嗡嗡地叫,每当中午13点吃番薯丝稀粥前,想躺在床上睡一会,翻来覆去就是睡不着,实在是太饿了,但自己克服了,也深深懂得了当地农民生活的艰难。第三年,参加路线教育工作队结束返生产队后自己煮饭。当时是按工分分红,我工分是全生产队比较高的,年终我分到300多斤番薯、200多斤谷子和8元钱人民币,这就是我一年的总收入,我就靠这些收入维持全年的生活,从不回家拿钱拿物,学会了有计划统筹地安排全年的生活。

为了使湿番薯存放时间更长,我想了一个土办法,将番薯的表皮晒干后,放到铺有一层草木灰的水泥地板上存放,可存放长达半年,做到番薯和米合理搭配。我每天早上煮了一锅番薯吃后,就到生产队水田坡地去巡查,堵塞水田、坡地漏洞,确保水田、坡地有水,加强田地生产管理,中午13点才回,有时中午没有菜就用盐就饭吃。春节时生产队也杀一头猪,按生产队人口分配,我也分到一份猪肉,就用瓦锅装盐腌制成咸猪肉存放,平时都不舍得吃,等到有贵客登门才舍得拿出来吃。当时新英公社党委副书记黄海到知青点来看望我,我只能用几片咸猪肉煮面条招待,这已是我最高规格的接待了。知青生活过得非常艰苦,我也从中学会勤俭节约过日子,适应了农村的艰苦生活。

在广阔天地锻炼成长

有几件事,见证了我在广阔天地是如何锻炼成长的。

1. 担任大队民兵小分队队长

英均大队党支部为了确保农忙季节有足够的劳动力参加生产队劳动,委任我为大队民兵小分队队长,负责带领15名队员检查农忙季节农民赶集是否获得大队批准。农忙季节农民到镇上赶集买卖东西必须经过大队批准,有大队的准出证(盖有大队公章)。英均大队农民要到新英镇上赶集必须到海岸边坐船过海,我们小分队的民兵就负责在海岸边巡查,对每位农民都履行严格的检查程序,有大队准出证的农民就允许到镇上赶集买卖东西,否则就不能到镇上赶集,怕影响农业生产。

2. 参加儋县路线教育运动工作队

1976年2月,县委抽我参加县路线教育运动工作队8个月,进驻排浦公社春花大队老师地村、三合村、玉田一队,担任工作组的资料员。我工作积极肯干,除积极做好收集运动资料和互通情报的工作外,还主动地参加劳动,举办贫下中农夜校,组织农民进行政治学习，主要是加强对农民进行社会主义思想教育，通过教育提高农民的思想觉悟，完成生产任务，多交爱国粮、爱国猪。在工作组工作期间，我自觉与贫下中农共甘共苦，表现比较突出，多次受到工作队临时党委和群众的好评，被工作队党组织确定为入党培养对象。我填写了入党志愿书，但因时间短，工作队临时党委没有批准。

3. 借用在新英镇政府工作

1978年3月，新英镇党委决定借调我到镇政府工作，参加县为期半年的优抚普查工作。县里对参加这项工作的人员要求是：责任心强、有一定文化程度和工作能力，每月由镇政府发工资，主要协助镇政府分管民政工作的羊道源同志做好全镇优抚普查工作。主要是"文革"后县有些烈士烈属的档案遗失，要重新建立档案，县决定开展一次全县优抚普查工作，这是一项严肃的政治任务，政策性强、时间紧、任务重、要求高，来不得半点马虎。我到镇政府工作后，根据县优抚普查的工作要求，在羊道源同志的指导下，经常是加班加点，进村入户逐一认真核对烈士烈属的情况，建立好档案，不放过任何一个细节，力争做到准确无误，经得起历史的检验，较好地完成了县交给我镇的优抚普查工作任务，受到了县民政局的好评。

4. 参加全县知识青年代表座谈会

1979年5月，我代表新英镇知青参加了全县知识青年代表座谈会。县知青办对知青代表提出的要求是在本公社表现较好的知青，新英镇指定我作为新英镇知青代表参加全县知青座谈会，在会上县知青办指定我主持北部地区和全县各农场、南海水产公司知青座谈会，并代表我县北部地区知青在大会上发言。我在大会上的发言得到了县革委会分管知青工作领导温炳妹的好评，本人受到很大的鼓舞和鞭策。

招干返城结束知青岁月

1979年6月，为了解决全省乡镇领导干部断层问题，培养年轻的乡镇领导干部接班人，广东省委决定每个乡镇招收3名年轻的乡镇干部，对象是大队干部、下乡知青、回乡知青、退伍军人，年龄在25岁左右，由各乡镇党委推荐符合条件的15名对象参加全县统一考试，通过考试再从高分中择优录用，最后报海南行政区人事部门审批才能录用。这是习仲勋担任广东省委书记、主持省委工作后做的一项决策，也是新中国成立后广东省第一次采用这种方式录用干部，在当时也是一种创新，深受广大干部群众的称赞。

新英镇党委推荐我参加全县招干考试。当时全县有28个乡镇，共有420人参加考试，应录用干部 84 名，但全县第一批只录用 56 名干部，我考试成绩在全县前 10 名，被录用了。儋县县委为了对这批新录用干部的能力进行实地考察，决定将 56 名新录用干部组成三个工作队分别赴兰训公社、长坡公社、和庆公社，每个工作队都由 1 名县部委办领导负责带队。

我被分到兰训公社，主要开展农村经营管理工作半年。兰训公社工作队委任我为兰训公社塘坎大队工作组副组长，当时组长是兰训公社党委组织委员，他把工作组的担子交给了我。我带领 7 名新录用的干部在塘坎大队搞农村经营管理工作，由于工作出色，当时兰训公社党委书记黎圣伦想挽留我在兰训公社工作，但兰训公社工作队收队后，1980 年 1 月，县人事劳动局安排我到那大镇政府工作，结束了我 6 年的知青岁月。1977 年国家恢复高考后，我一边劳动一边坚持学习，1978 年参加高考考试入围，1979 年参加儋县招干考试被录用。1983 年我参加海南行政区后备干部脱产学习一年。1983—1985 年，我参加北京语言文学自修大学学习三年。1984 年，我参加全国成人高考，考入了广东省广播电视大学党政管理专修班脱产学习两年，获得了大专学历。1991 年，我参加全国党校统一考试，考入中央党校函授学院政治专业本科班函授学习两年半，获得了大学本科学历。我从一名 16 岁知青风雨兼程能够一路走来，得益于 6 年知青岁月的磨炼，也得益于自己坚持不断地努力学习，也是党组织、各级领导和人民群众教育、培养和帮助的结果。

回眸黄泥沟知青往事

何一骏 / 儋州知青 / 儋县东风农场

　　我是 1973 年 10 月上山下乡到儋县黄泥沟，1978 年 2 月考入湛江水产学院（现广东海洋大学）后离开黄泥沟的。离开黄泥沟，至今已有 37 年了，但黄泥沟知青往事，仍然鲜明地展现在我的脑海中。

　　在那难忘的黄泥沟知青往事中，我感受到了淳朴的真情、收获的喜悦、奋斗的希望，留下的是刻骨铭心的印迹，谱写的是人生宝贵的篇章，奠定的是日后事业发展的基础。

　　黄泥沟是基础，当然，不离开黄泥沟的话，永远都是基础。

　　说起黄泥沟，那是一大片荒芜的人烟稀少的黄土地，地处儋县（现儋州市）中部。其东北、西北与东成、王五两镇和儋州林场接壤，东南、西南与西联、西庆、西华三个农场交界，东至天角潭，西至石马岭，距离县城那大镇 34 公里。目前拥有 5.6 万亩土地。地势平缓，连片集中，土质为沙壤、中壤土。年均降雨量约 1200 毫米，平均气温 23.2 摄氏度。在黄泥沟的荒野里，远远望去，觅不到人的身影，只有那尽显独特、原生态的遍地的灌木丛和盘根错节的山竹林，向你诉说山野的沉寂与凄凉。

　　刚到黄泥沟时，我和一起从县城下乡来的一批知青被分配到儋县东风农场（现儋州市侨植农场）黄泥沟作业区中心点。开荒、种植、插秧、收割、上山砍柴、下田收蔗，干什么活我们都不惜力。现在想想，当时的劳动强度是相当大的，而当时的我们也还没学会偷懒。

　　我们常常每天劳作十四五个钟头以上，"两个六点半，中午不休息，晚上加一班"。春夏秋冬，一年四季，风里来、雨里去，我们黄泥沟知青就好像打了鸡血一样，亢奋极了，脑袋瓜里装的尽是"扎根农村干革命，战天斗地志不移""滚一身泥巴，炼一颗红心""一不怕苦，二不怕死""下定决心，不怕牺牲，排除万难，去争取胜利""广阔天地,大有作为"那些信念。农忙时节,连队里经常搞一些"社会主义劳动竞赛"活动。爱拼才会赢,为了赢,我们不仅要干得多,而且要干得快,汗如雨下,衣服干了又湿,湿了又干,收工一看,衣服都结了白花花的盐渍。一天活干下来,只觉得头晕眼花、双脚发软,浑身像散了架似的,真够受的!但好在那时年轻体壮,晚上倒下就睡,睡上一觉,体力恢复了,第二天一早又上工去了。

春耕、夏耘、秋收、冬藏,给我印象最深的是插秧割稻的情景。我们农场是以生产班为单位集体劳作的。插秧前,先由专人在凌晨约4点钟赶到绿油油的秧田里,用秧铲将成片长到约10厘米高的秧苗铲出一块块长宽各15厘米的秧块,当秧块累积到一定数量后,放进箩筐,挑到水田田埂上,均匀地抛洒到田中。插秧时,劳作者两脚分开立在水田中,弯下腰,面朝水,背朝天。左手托住秧块,右手快速从左手托住的秧块中扯下几根秧苗,撮合成一棵,插入水田下泥土中。一行插5至6棵秧。插完一行秧后,劳作者倒退一步,再插下一行秧。插好的秧苗,行距等同列距。继续插下去,一个劳作者插的秧,行数增加、列数不变。为了不违农时,确保水稻产量不受影响,插秧是风雨无阻的。遇到雨天,则要穿上雨衣、戴上帽子,也要出工。一晃眼,稻穗金黄,到了割稻季节了。这时,往往是烈日当空,天气炎热。劳作者一大早即起,借着星光和月光,趁凉挥镰割稻。割稻时,劳作者左手抓住一把稻秆,右手握紧镰刀,从右向左,快速地割断稻秆茎蔓,整齐地摊放在脚的左边,稻穗向左,稻秆向右,由收集者捆扎成稻把堆到田埂上,再由他人挑走。回想起来,插秧或割稻时,面朝土,背朝天,两手不停地劳作,双脚跟着两手前进或后退,弯曲着腰,腰酸背痛,实在受不了,才直起身子,休息片刻。这样的劳作,年复一年,循环不已。那时,如何减轻农业劳动强度、提高经济效益,我往往想起革命领袖毛主席的伟大教导:"农业的根本出路在于机械化。"但实现农业机械化还有漫长的路要走啊!

砍甘蔗,是我们当时的主要农活之一,当时为了提高劳作效率,连队分指标到每一个知青农友。每人每天要完成砍甘蔗1200斤以上的硬任务,并于第二天公布每人完成任务情况。好大一片甘蔗林啊,肆无忌惮地向远方伸展,一眼望不到边,要干多久啊!一天1200斤以上的甘蔗砍下来,捆扎好,担挑肩扛,运往田埂上的路边,筋疲力尽。一天一公布,谁完成任务,谁超额完成任务,谁没完成任务,一目了然,全暴露无遗。眼看着有人已经完成任务了,有人甚至超额完成任务了,没完成任务的知青心里好着急啊,手上蔗刀也越来越不听使唤了。好胜心特强的知青心里那个激动啊没法对人说。如果是身体羸弱的知青,就不一定扛得住。记得有一次砍甘蔗,各自为战,下午收工吃晚饭后各班清点人数,发现少了一个知青,大家着急了，赶紧集中人力分头去找，最后发现这个知青晕倒在甘蔗田里了，连队卫生员马上抢救，使其恢复了知觉，有惊无险。这个知青叫曾正华，至今我仍记得很清楚。干到晕倒了，真不容易啊！

在农场以橡胶为主业的连队，农活繁忙程度又是另一种光景。开割时节，一个知青割胶工，早上三点钟起床，摸着黑在300来株橡胶树之间狂奔；清晨再狂奔一轮，把割得的300多杯胶乳一杯杯拾起来。收起胶水装进胶桶后，送去集中点交付给有关人员，上午也就过去了，下午还要上工，没有多少喘息的空闲。一年到头日晒雨淋风吹，脸晒得黑黑的，回到家里，父母会说："真够黑的。"走在县城的街上，老师和左邻右舍会说："一看就是从黄泥沟来的。"回到队里，伙伴们会说："变白了，肥胖了。"

当年，不管我们知青是否愿意，农场艰苦的环境迫使我们每个人必须以自身的艰苦努力来换取尽可能好一些的工作、生活和成长环境。黄泥沟知青因此留下了无数汗水和泪水。与此同时，长期的繁重劳作，也使知青们在艰苦的磨炼中成长、成熟。吃苦耐劳、勇于担当、踏实践行等，就是黄泥沟知青群体的特质。

工余闲休时，多少个夜晚，在低矮简陋的茅草屋，一些知青挑灯夜读，刻苦学习科技知识，如饥似渴地研读文史，为来日的梦想成真而积极充电。农场各连队办起了自己的图书室、文化交流室，组织了读书辅导班、业余文艺队、乒乓球队、篮球队等，精心安排，使知青在那些年月里获得了各项有益的技能，得到了不少的收获和长进。记得当时出于对知识的渴求，点着煤油灯，我认真学习红宝书《毛泽东选集》（1～4卷），其中《矛盾论》《实践论》《关于正确处理人民内部矛盾的问题》等篇著作，都读过很多遍，从中学到的思想方法和工作方法，让我终身受益。我还认真研读了《共产党宣言》《自然辩证法》《唯物主义和经验批判主义》等马列主义经典原著，尽自己的水平去理解。至于小说等文学作品，《鲁迅选集》《欧阳海之歌》《艳阳天》《金光大道》《钢铁是怎样炼成的》《三国演义》《水浒传》《红楼梦》和《西游记》等，伴我度过了不少时光。在知青中广泛流传的手抄本《第二次握手》（原名《归来》，作者张扬），我也读过，印象深刻，深受感动。农场里也组织文艺会演，丰富大家的生活。唱歌、跳舞、小品、诗朗诵，忙得不亦乐乎。白天大家都辛苦地在农田里干活，晚上一个不落地准时集中在连队部排练。印象最深的是，有一次农场组织歌咏比赛晚会，我们五队知青农友自编自导自演，练得分外用心。记得比赛那天晚会上，一首合唱《青春在黄泥沟闪光》，知青男女声各两声部，歌声合起，煞是好听，立刻镇住了全场，毫无悬念地拿走了特等奖。大家高兴得很，笑容挂在每个人的脸上，此时我们已忘记了日间务农的劳累。

在黄泥沟当知青的日子里，每人每个工作日工资定额一元，每人每月粮食定量30斤；各连队都办有食堂，过集体生活，不用在农场职工家里同吃同住。但我们刚到农场初期，连队食堂的伙食特单调，缺乏荤腥，少盐寡味，春夏秋冬老三样，白菜、萝卜、豆芽，实在没菜就烧大锅煮黄豆汤。在那些日子里，我们是一日三餐，早餐一般是米粥、馒头或包子，午餐、晚餐是米饭加一汤一炒菜。偶尔，连队改善生活，杀口猪、宰头牛，整个知青群体欢腾雀跃，喜气洋洋，就像过大年一样；那时，对我们来说，能够吃上炒猪肉片、土豆烧牛肉，就是"共产主义"了。

后来，穷则思变，有的知青就利用休假探亲的机会带回一些萝卜干、萝卜丝、干炒花生、饼干等，储存起来，以供平日补充一点营养。我呢，则每次带回2至3罐猪油渣（每罐约1公斤），午餐或晚餐时搅到热饭里，增加一点油水，常常也分出一些给其他知青农友吃。说实在的，这种东西要拿到现在就会嫌它太油腻了，大多数人是会摇头的。而在当时知青们经常不见油星的情况下，实在是多多益善的宝贝呀。

有一次，在春季，家在中和镇许坊村的舅舅给我父母亲及家人送了一小布袋中和特产的田艾馍。收到这小布袋饱含着亲戚浓厚情意、格外勾人胃口的田艾馍，我父母亲及家人不舍得吃，让刚休完探亲假、正准备返回黄泥沟的我带回队里吃，并附带一瓶糖粉。在那个物质生活极度清苦的年代，当我与同队的知青共同享用那泛着油亮的光泽、散发出香喷喷的味道的田艾馍时，那柔滑带爽的口感极其过瘾，心里美滋滋的，真惬意！我们吃田艾馍时，一个个蘸着糖粉吃，香甜中蕴含着浓郁的春季田野的天然气息。提起中和的田艾馍，确实是健康的绿色食品，但只有在农历初春季节才能吃到。农历初春二、三月，田地里的一茬茬田艾不断蓬勃生长，绿油油的一片片，这正是做田艾馍的好时机。人们到田地里采撷田艾回家洗净、煮熟，掺上糯米磨成浆放在锅里蒸，接着将它放进石臼里舂成糊状，再调以花生油搓成鸡蛋般扁平圆形状，一个个绿油油的田艾馍就做成了，精致可口，甚为诱人，令人垂涎欲滴。这些揉进了春天时令田艾的馍馍，把大自然放上舌尖舒展和张扬，可以让我们通过春天摄取天然草本精华，清热解毒、祛瘀健脾，将身体调节到合适的状态以迎接夏天的到来。

到了1976年后，我任五队副指导员（主持全面工作）、党支部书记，组织知青和职工们自力更生、丰餐足食，伙食就改善多了。我们利用工余时间开荒种菜、挖塘养鱼、围栏养猪，自种自养自给，基本解决了吃菜多样化问题，伙食状况初步好转了。

在五队任职期间，作为一只领头羊，我与其他队领导一起，带领着本队的知青和职工群众脸朝黄土背朝天地"修理地球"。全靠自己的力量，自己动手，砍伐竹木割茅草，开发石场打石头，硬是在一片荒无人烟的坡地上建起了一排排供居住的茅草房、石砖屋，有了自己的生活生产基地。知青和职工们当时的那种创业精神真是"感天地"，大有"要高山低头，叫河水让路"之势。我们翻地种甘蔗、挖坑种胶苗、育秧种水稻、耘田除杂草、施药灭害虫、挥动砍刀砍甘蔗、舞动镰刀收稻谷，忙得不亦乐乎。农忙时节，"早上三点半，地里三餐饭，晚上看不见"，"小雨干活，大雨干活，不下雨更积极主动干活"。知青李健森，不到16周岁便下乡到五队，天真无邪，思想很单纯，稚嫩的脸上充满执着的表情。在一次砍甘蔗时，他不小心用力过猛，一刀砍在自己的左小腿上，皮肉迸裂、鲜血淋漓，令其痛彻骨髓，哇哇叫娘。连队卫生员马上到场对李健森采取急救措施，但无法进行后续治疗。当时我果断地派知青谢忠和另外两位知青立刻用自行车载他到县城医院治疗，并安排他住在我家里（因李健森家在白马井镇）。在李健森治疗康复期间，我父母亲及家人给予他无微不至的照顾与关怀，至今他仍念念不忘。

上山下乡，我们知青在黄泥沟土地上的足印渐行渐远……

今天，每当想起黄泥沟往事，我就不禁想起一连串的事，想起一连串的人，以及他们的名字。这些名字永远地深深地刻录在我的脑海中：我的入党介绍人曾发庆、羊寿良，农场领导吴光耀、王垂耀、陈艺钦、李元夏，连队领导谢树华、覃志球、符显明、蔡高满、陈桂昌，职工同事陈德有、赵美娟（女）、吴秋葵（女）、刘秀群（女）、魏雪球、符哲文，知青农友符文彪、李悦麟、麦旺根、李英（女）、曾正华、陈义琼（女）、黄金兰（女）、符柏年、郑海燕（女）、古翠珍（女）、黄秋燕（女）、黄燕良（女）、古鼎平、钟垂虎、曾重、严世明、梁爱英（女）、陈珍（女）、谢芬琼（女）、张寿琼、谢忠、许伟、吴盛燎、吴志正、李健森、黄绍明、杨志峰、吴小萍（女）、张金英（女）、黄君枢、郑良珠、符升依、吴振杰、郑泉、谢和荣（女）、詹海中、陈强锋、李文道、林瑞正、杨金荣等。其中，一队队长覃志球、二队指导员符显明、二队队长蔡高满、二队知青古翠珍（女）、五队职工同事符哲文已乘鹤西行了，离开了深爱着他们的亲人和朋友，留给了我们无穷无尽的思念。我心里真是很难受！在此，我深深地向覃队长、符指导员、蔡队长、翠珍、哲文三鞠躬！好人，一路走好！

今天，每当想起黄泥沟往事，我就越发珍惜那浓浓的知青农友情，越发想念黄泥沟的农场领导与职工，越发感激当年所有曾经关心、关爱、关照过我的人！

我不会忘记，1973年10月12日这一天，是县城招展的红旗、喧天的锣鼓、万人大会的欢送（我作为知青代表，在会上表决心）和父母家人依依不舍的告别，把我和县城一大批知青送到了黄泥沟等乡下。到黄泥沟后，在知青农友和农场领导干部、职工们的帮助和支持下，我从一个刚出校门的19岁的高中毕业生逐渐成长起来。在与工农相结合的道路上，下乡期间，我先后在儋县东风农场（现儋州市侨植农场）黄泥沟作业区中心点、八连和儋县新农甘蔗场五队务农。1976年4月21日加入了中国共产党，历任生产班班长、连队团支部书记、副指导员、党支部书记；1976年至1977年，连续两年被评为儋县上山下乡知青标兵，被选为1976年海南行政区上山下乡知青代表大会代表；1977年2月至1978年2月，经中共儋县县委决定，调至儋县农田水利建设兵团任三营营长（户口薪酬关系暂留在黄泥沟儋县新农甘蔗场）。

1978年2月的一天，也是招展的红旗、喧天的锣鼓、欢乐的老师同学、依依不舍的亲友，把我和其他恢复高考后录入高等院校的年轻人送上奔向未来的汽车。

在知青上山下乡的热潮中，我一家三兄弟，除我下乡到黄泥沟外，大弟一江、小弟一金也先后分别下乡到儋县东方红农场（现儋州市和庆农场）、儋县那大公社红南大队（现儋州市那大镇红南村）务农。大弟一江在下乡期间入了党，恢复高考后取得了在职本科学历，并考取了公务员，历任儋州市白马井镇副镇长、海南省洋浦经济开发区渔政渔港监督中心副主任、代主任和新英湾办事处副主任等；小弟一金在恢复高考后，于1978年7月以优异成绩考入全国重点大学山东海洋学院（现中国海洋大学）海洋气象系海洋气象专业学习，本科毕业并获理学学士学位后，被分配到国家海洋局南海分局气象预报台工作至今，中共党员，高级工程师。

上山下乡到农村、农场，既是我们踏上社会的第一站，也是我们人生社会轨迹的第一站，它留给我们的虽然只是可数的寒浸暑灼的峥嵘岁月，但正因为是第一站，反而更显得意义深远。

（2015年9月10日）

忆新农甘蔗场知青岁月

麦旺根 / 儋州知青 / 儋县新农甘蔗场

下到连队的第一天

1975 年 8 月 16 日，来自儋县各公社的 56 位知识青年，最小的年龄 16 岁，积极响应毛泽东主席发出的"知识青年到农村去，接受贫下中农再教育"的号召，他们怀着依依不舍的心情，告别了亲人和朋友，背起行囊，义无反顾地报名下乡。出发前，公社给我们每人胸前佩戴大红花，大家手捧《毛泽东选集》，乘车到县知青办报到。组织发给我们每人一顶油帽（上面写有"广阔天地，大有作为"的字样）、一顶蚊帐、一条花被单和一个铁桶。接着我们乘着汽车，颠颠簸簸地前往离县城 20 多公里外的一个穷乡僻壤——黄泥沟儋县新农甘蔗场插队落户。

刚到农场，场部为我们举办学习班，为期三天。老工人谢树华满含热泪地向刚到的知青进行忆苦思甜教育，教育青年人要了解旧社会的暗无天日，懂得新中国人民当家做主的道理。三连老知青王强副连长、五连老知青何一骏副指导员给我们做了一场别开生面的现身报告。他俩很有才华、知识渊博、口齿伶俐、口若悬河、妙语连珠。特别是何一骏，目光炯炯有神、睿智，他引用"一寸光阴一寸金，寸金难买寸光阴"的至理名言，诚恳地告诫我们要好好珍惜美好时光。这充满哲理性的语言深深铭刻在每位知青的心坎上。办班不久后，王强被保送到山东青岛海洋学院深造；1977 年秋恢复高考，何一骏以优异成绩第一批考入湛江水产学院就读，大学毕业后，在广州一直工作至今，曾出版个人专著两部，官至厅级。

办班结束后，我们 26 位知青被分配到距离场部有六七公里的五连新连队。开工第一天，我们翻山越岭来到五连，刚到新址，大伙一看，天啊！所谓五连，只不过是地面堆放几捆茅草和几把竹子而已。于是大家开始忙碌起来，女知青割茅草、砍篾子；男知青则步行到有 9 公里路程的儋州林场竹场扛桁木。每条桁木两米多长，十来厘米宽。长途跋涉，木条压得人气喘吁吁，腰酸腿疼，汗流浃背。当时，突然遇到暴雨，洪水泛滥、汹涌奔流，我们下定决心，勇敢地游过河去伐木干活。在老工人的指点下，大伙搭木架，递茅草，搅泥浆，把连泥带水的稻秆生硬地涂到篱笆墙上。从早上干到夜幕降临，没有停歇，很快就盖起一幢崭新的茅舍。晚上挂蚊帐睡觉时，湿漉漉的墙上还在断断续续地往下滴水。虽然艰苦、简陋，但茅寮里依然洋溢着欢乐的气氛。我们曾经风餐露宿、饱经风霜、历尽坎坷，闯过无数生死的关隘，但毫不怨天尤人。由于当时物质条件限制，每人每天工钱是一元钱，收入微乎其微，大伙都能克服困难，艰苦奋斗。物质上的贫乏，精神上的富有，这是当代知青最宝贵的一份精神财富。

奋不顾身地劳动

　　知青劳动生活大都是自力更生、自耕自食。每天的任务无非是上山打柴、打石头、种菜、喂猪、犁田、开垦荒地。知青们在这块荒凉而又贫瘠的土地上，面朝黄土背朝天地辛勤劳作。日出而作，日落而息，掘井而饮。每到冬修水利季节，就来一场"大会战"，提出"坚持两个六点半，中午不休息、晚上加一班"的口号。何一骏副指导员身先士卒，带领大家开赴工地。女知青挑着畚箕，挑石子、搬运细沙；男知青手拿铁铲、锄头、镐，挖掘泥土，把搅拌的混凝土填到大坝上。一百斤包装的水泥轻而易举地放到肩上，拔腿就跑。个个争先恐后，生龙活虎，像猛虎下山似的来回奔跑。大伙就凭着人定胜天、改天换地的一股劲，脚踏实地，自强不息，干到黄昏时分，就把一条既长又大的水坝修筑得牢不可摧。收工时，人已经饿得饥肠辘辘、筋疲力尽了。归途中，我不由自主地想起古希腊神话里的普罗米修斯，他盗走了神的火种，把光和热带到人间。

　　甘蔗场，真是名副其实。秋冬时令，那连绵起伏、一望无垠的青纱帐郁郁葱葱，随风摇曳。远远望去，它仿佛是一张软绵绵的碧绿毛毯，好一派丰收景象。连队摊派劳动任务，每人每天砍蔗1200斤。大清早，劳动场面热闹非凡，知青们挥动手中的砍刀，轻快地左右开弓。此时，砍蔗声、牛车声、拉蔗的汽车声、欢笑声、呐喊声，响彻空旷幽深的山谷，惊醒了沉睡荒凉的荒郊野岭。

　　记得有一次夜晚8点多钟，长坡糖厂突然派来两辆卡车到我连拉甘蔗，白天砍下堆积如山的甘蔗有车来拉运，确实是一件好事。于是，队长临阵调兵遣将，叫上10来名知青到蔗场搬运装车。漆黑夜晚，寒风刺骨，我们靠马灯照明干活。突然，知青汪大明大喊一声："唉哟！我被蛇咬伤了。"大伙连忙跑过去，凭着朦朦胧胧的灯光，发现一条半米多长，比手拇指还粗的青蛇在甘蔗叶的缝隙伸脖吐舌，怒目而瞪，左右摇晃。谢忠从蔗堆旁一个箭步冲上前，一手抓住蛇的尾巴，在空中旋转几圈，猛地"啪"的一声，把毒蛇摔死在地上。此时，只见负伤者瘫坐在地面，脸色蜡黄，嘴唇发青，右小腿又紫又肿，全身发烧。大伙连忙把他背回连队，牵来黄牛，在牛车架里铺上枕头、棉被，把伤者搬到车上。过了一会儿，神智有些不清的汪大明哽咽地说："从我的木箱里取出中山装来给我穿上，看来我要牺牲了，是烈士。请转告我妈妈，叫她别哭得太伤心！"站在旁边的我安慰说："烈士个屁，快闭上你的乌鸦嘴！"于是，七八位知青赶着牛车，翻越荒山野岭，送他就医。途经一条小溪，河床刚刚经过洪水的冲刷，发出"哗哗"的响声，牛车举步维艰地慢慢碾过。河沟四周山竹遮天蔽日，呈拱圆形，一片阴森森的，伸手不见五指。夜间萤火虫四处闪着可怕的幽光，野鸟发出凄凉的嚎叫，令人不寒而栗。我们依然前行，连夜把伤者送到国营西庆农场职工医院治疗。到医院时，已经是凌晨一点多钟了，办理好入院手续，留下谢忠、李建森二人照顾病人，其余人又马不停蹄地赶回连队。第二天拂晓，我们顾不上一夜的疲劳，又开赴工地。

过了一个星期，伤者康复出院，回来时，大伙欢天喜地地调侃："欢迎'烈士'凯旋！"

丰富多彩的生活

知青的劳动生活是艰苦的，但业余生活是丰富多彩的。

璀璨的落日余晖给大地披上一片金色，我们拖着疲惫不堪的身躯回到宿舍。大伙洗澡吃饭后，朝气蓬勃的年轻人却耐不住寂寞，在自个儿的茅寮屋檐下，有的吹笛子，有的拉二胡，有的引吭高歌，他们早就把一天的疲劳、饥饿忘得一干二净。遇到元旦场部举行文艺会演，连队便成立文艺小组。文学造诣颇深的何副指导员在昏黄的煤油灯下创作相声《找对象》。会演时，相声小品以诙谐幽默的语言，逗得观众喜笑颜开，博得阵阵热烈的掌声。许伟、梁爱英、陈珍、李英等人凭着读高中时的文艺功底，在舞台上大显身手。随着音乐的响起，许伟跳得刚劲而欢快，梁爱英等女知青，翩翩起舞，袅娜多姿，让人陶醉倾倒。黄君枢、陈强锋摇头晃脑地吹着欢快的笛子；李悦麟则弹起心爱的琴；钟垂虎拉起二胡，一曲《跃马扬鞭交公粮》把晚会推向了高潮；符文彪、吴盛燎两位笔杆子加班加点负责创作文艺作品；我和谢忠、黄照明三人手持写有"中国共产党万岁"的横幅标语，上下挥动摇晃，每个动作挥洒自如，铿锵有力。

下乡的生活非常艰苦、困顿。每天吃的是马铃薯、南瓜、冬瓜、山笋、萝卜干、盐水饭，营养贫乏，饿得人面黄肌瘦，饥肠辘辘。但遇到法定节日，大伙儿把自个儿带来的家乡特产纷纷贡献出来。干鱿鱼、干长鱼、白面粉、红烧罐头……何副指导员慷慨地献出一只狗来宰，鱼、肉被烹饪成美味可口的菜肴，大伙喝上两口烈性浓酒，飘飘乎，呵，同甘共苦，风雨同舟，肝胆相照。

遇上寒冬腊月，大家到河沟洗澡，北风凛冽，河水冰寒刺骨，大伙唱着歌，喊着毛主席语录，一头扎入水中。人从水底探出头，大脑失去知觉，全身麻木，但戏水完后，穿上衣服，暖乎乎的，于是大笑着回到住处。

1976年农历八月十五，连队放假，我们回家过中秋节。返程时大家约定：白马井、新英、新州公社的同连队知青到王五公社吴盛僚家集中，然后一起回黄泥沟。八月十六下午六时，大家按时来到朋友家集合。盛僚家富足、慷慨，主人用丰盛的晚餐款待我们。大伙酒足饭饱后，时间已是晚上11点钟了，我们八九位知青从王五公社徒步到黄泥沟连队，一路上大家海阔天空、漫无边际地吹牛、讲故事。凌晨一点才到达连队。此时，大伙全身脏兮兮的，于是每人都拿着衣服、铁桶到水井边冲凉。大家脱下衣服，大桶大桶地冲洗，井边周围弥漫着香皂的香味。洗干净后，我们快速回到宿舍。

日月如梭，光阴似箭。屈指而算，下乡生涯至今已经有40个春秋了。"三十功名尘与土，八千里路云和月。"我们曾经披荆斩棘，筚路蓝缕；我们曾经在人生十字路口苦闷、彷徨、踌躇不定，不知人生的路该怎么走。1977年恢复高考，知青们有的考上大学、中专，有的参军，有的顶班，有的病退回城。至此，轰轰烈烈的上山下乡运动画上一个圆满的句号。但我们问心无愧，因为我们曾经历练过，曾经付出过！

（2015年9月10日）

在峨蔓当知青的甘苦

黄远明 / 儋州知青 / 儋县峨蔓公社

有一天下乡扶贫，看见一头母牛带着小牛犊走过村庄岔路口，小牛犊在母牛身旁欢蹦乱跳。看着天真快乐的小牛，我心潮起伏，记忆中知青的甘苦岁月像潮水一样，在我的脑海里涌动。

那是 1976 年 3 月 1 日，小雨淅淅沥沥地下个不停，悄然润湿了我们的北岸弯弯曲曲的乡间小路。一辆载着知青的手扶拖拉机，从峨蔓公社开出，到兵马山脚下农场的公路上，发出一阵阵"突突突"的响声。一缕缕黑色的柴油浓烟绕着山坡盘旋，缓慢上升。手扶拖拉机一旦遇到爬坡打滑，知青都得下地来用力推。到了农场场部，知青的鞋子、裤脚全都沾满了厚重的红泥土。

陈勇队长介绍，农场有书记、场长、队长、会计、出纳、保管、赤脚医生、员工 12 人，回乡青年 6 人，新老知青 11 人。共有 8 间茅草屋，坐北向南。办公室和仓库居中，左右 6 间为宿舍。茅草屋正南方 100 米处，另有一间低矮的厨房，旁边有一口水井约 3 米深。干旱季节，便能看到井底。天公作美，下起雷阵雨，井水至少有 60 厘米深。如果刮台风、下暴雨，井水就溢出井口。附近设有两个牛棚，牛棚里分别关着 9 头黄牛、2 头水牛。农场还有一辆"铁牛"，两个分场。其中一分场，已承包给广西老板种菜。

傍晚时分，在农场的周边散步，可以从不同角度欣赏农场的景色，聆听夜声。或近，或远，或内，或外，或正面，或侧面，转瞬间将农场宁静的景色尽收眼底。

第二天一早，细雨蒙蒙。场部的保管五叔从仓库出来敲帮："天下细雨，照常上工。"接着，陈勇队长下了命令："马上去分场砍林！"话音刚落，农场员工和知青们，有的披雨衣，有的戴草帽，踏着泥泞的羊肠小道，走到几公里外的林地。林风扑面而来，让人不禁打着冷战。

一会儿工夫，我们砍倒了 40 多棵小叶桉树。然后，队长选出 10 多棵，下令每人扛一棵。他问："有信心吗？""有。"大家异口同声。只见队长陈勇、知青阿陆帮手，抬起尾端8厘米以上的桁条，横架在我的肩膀上，他们问了一声："重不重？"我坚定地说："不重。"随后沿着泥泞的山间小路走回场部。一路上，我暗自叫苦。右肩累了，转换左肩。转转换换，两个肩膀，又红又肿。我第一次扛木吃尽了苦头，习惯不了这种辛苦的农活。但我转念一想，往后该怎么办？必须要适应环境改变自己！否则，别无选择。

五月稻禾收割后，旱地里的稻田，干裂成龟壳形状。牛犁犁不开这样的田地，因泥土下面10至20厘米，到处都有隐藏的石头，有的石头还凸显在地面上，稍不留神，牛犁撞着石头就折断了，只能靠人工刨挖整地。首先把沟水引来，让旱地里的稻田变成秧田，尔后捣碎刨挖泥块，把地面刮平，直到秧田被整得水平如镜。酷热的阳光下，知青们身穿雨衣劳作，全身闷热，汗流浃背。同时，弯腰曲背，举锄刨地，一寸又一寸不停地刨刨挖挖，还时不时地闭上眼睛，防止溅入水珠。那"噼噼啪啪"的水珠里夹着红泥点打在身上，溅在脸上，给人带来一阵阵惊吓……

放牛，那是悠然自得的农活。要么望着牛群甩动着长长的脖子，缓缓地低着头，踱着方步，咀嚼着山坡上青青的野草；要么谛听大自然的天籁之音，嗅闻野花盛开的芳香；抑或找个阴凉的地方，看看报，读读书。偶尔，躺着仰望天空的云卷云舒，神不知鬼不觉地睡着了。醒来时，也惊呆了。揉着惺忪的眼睛，看来看去，数了又数，那"捣蛋牛"早已经跑到农户地里吃水稻了，被户主拴住了。心里油然生起一种莫名的失落感，甚至为"捣蛋牛"担忧起来。最后，队长亲自上门求情，把牛牵回场部。结果自然是挨了一顿批评。

种花生，也讲究步骤及注意事项。农场经常发生意想不到的传奇小故事或小插曲。当时，有个员工赵亚军嘴馋好吃。他种花生，种下一粒花生米，私下偷吃一粒。他还津津乐道地吟哼着山歌："侬啊……哥种花生，半上天，余下一半，落地生；今天饥饿，难支撑，来年管它，啥收成……"这消极而沙哑的歌声，一直弥漫在田野上。原地休息时，员工们谈笑风生，也对这件事低声议论。他们问知青阿陆，阿陆什么也没说，只是睁大了眼睛，微微点头一笑。秋后算账，农场发现由于人为原因，造成花生减产，总结了经验教训。第二年种花生，"种子"一律被掺上了"六六粉"。队长陈勇一遍遍地宣传，一切为了防"虫害"，防"老鼠"。

种甘蔗，更是好戏在后头。农场地处北岸地区，因为降水少、光热好，成为儋州甘蔗的重要产区。为了增产甘蔗，也为了创造和改良一个深厚、疏松、肥沃的土壤条件，农场开展大会战。集中场部和分场人员，突破历年纪录。在一个月里，每天采取"两个六点半，中午加一班"的措施。"铁牛"也不分昼夜地翻耕整地，累得它喘着粗气极不情愿地徘徊在山坡上。

农场还要防止甘蔗长成头重脚轻、上粗下细的样子，这样容易倒伏，或者形成"鼠尾蔗"，影响产量。几百亩的甘蔗，种前种后，均由员工和知青们重施基肥，适时追肥，尽量减少蔗田的病、虫和杂草。

甘蔗长到一尺多高，陈队长便再三地强调：未到成熟期的甘蔗，不宜吃。因为这个时候甘蔗本身带有毒素，等到成熟才消失！必须等到十二个月以上，甘蔗糖分才高，才可榨糖，才会对人体提供所需的营养和热量。从夏天至冬天，知青们在甘蔗地里作业，除草、施肥、巡逻……不知多少次喉咙干渴，肚子在咕咕叫着，可从未偷吃些许甘蔗。只有收获季节，才能尝到甘蔗的滋味。

年终分红，每人分得10斤白砂糖、2斤花生油，回家过春节。

知青上山下乡，接受贫下中农再教育，虽有苦涩，但心里有时却像喝了蜜糖一样，甜滋滋的。

今天，知青们仍能回味起当年同甘共苦的热闹与温暖，回味起身上质朴醇香的汗味。

知青没有与命运抗争，几年如一日的劳动，便是最好的历史见证。知青在兵马山下，度过了简单的青春岁月，这也是知青乐于奉献的真实写照。

今天，岁月流逝的路上，知青能拣拾的只是碎片。这些碎片，渐行渐远……

（2016 年 8 月 29 日）

乐安农场知青生活二三事

陈疆 / 东方知青 / 东方乐安农场

生活琐事

当年，我们下乡的东方县乐安农场，生活条件虽然非常艰苦，但是比起当地农场工人来说，我们知青已经享有很多的优越条件了，因为我们住在铁路办事处专门为我们新建的瓦房里，还有定量的粮食供应。记得刚到农场的头几个月，我们并没有真正地干任何农活，我们当时只有一件事，就是每天不停地盖房子。铁路部门还专门派了潭绿萍当科长的爸爸来监督我们建设房屋，因此建房的速度非常快，大概不到半年我们就从河边的草房搬进了新的瓦房里。我们每四个人住一间房子，还算宽敞，另外还有简单的但是崭新的床。我也想不起来是从哪儿弄来的床，可能是铁路部门给我们配的吧。每人还有一个铁桶，上面印着一个硕大的铁路标志，这个铁桶可以洗澡用，可以洗衣服用，还可以装东西用，后来这个铁桶跟随着我走南闯北很多年。

除此以外，我们知青每人每月有国家供给的 30 斤粮食，虽然那时没有油水，粮食很不够吃，但有了这些配给也还凑合过得去，至少饿不着肚子。每天的饭菜基本上就是米饭和空心菜。每逢农场里的猪有病或死了，我们才能改善生活，大约几个月能吃一次猪肉吧。每次杀猪吃猪肉时，是大家最高兴的时候。一个人大约可分得半斤猪肉，我们这些恶狼，一顿饭就能把肉都吃光了。因为饭菜没有油水，所以同学们大都是放假的时候回到八所的家里补充一些食品，再带来农场。最常见的是炒面粉，就是把面粉炒熟，吃的时候只要用开水冲一下，放点糖就可以了，大概相当于现在的方便面。我在八所没有家，因为父母不在海南，大哥在黄流，所以虽然有时候亲戚也许能接济些咸鱼之类的东西，但炒面粉主要还是吃黎明带来的。

我们辛辛苦苦工作一年，所有的工分在年底换成现金也就是 30 元左右，但这些钱，在当时已经是一笔不少的收入了。钱大都要交给家里的，自己只留一点零花。抽烟就是那时候学会的，我们在农场的小卖部买9分钱一包的经济牌香烟。

最让我难忘的一件事是有一次在大雨天里洗澡。海南天气热，洗澡基本上是不需要热水的。农场在水井边搭建了一个用竹篱笆围起来的简易露天洗澡间，女生们在里面洗澡，男生们就只好在外面凑合了。有一次下大雨，我们住房边的水沟里水都涨得很高。我一看水沟里水比平常深，觉得这样洗澡太方便了，就懒得再去水井那边洗。冒着大雨，我跳到水沟里洗了个痛快澡，满心高兴。哪曾想，到了晚上全身瘙痒难耐。开始以为是蚊子咬的，可是也没看见那么多的蚊子能咬遍全身啊。我和黎明又返回到水沟看了一下，才发现原来水沟的上游是猪圈，那雨水把一部分猪粪冲进水沟，而我就等于是用猪粪水洗的澡，那不痒才怪呢！

山上迷路

那时候我们什么农活都干过，比如脚踩着牛粪到牛圈里把牛牵出来，然后去放牛；在到处都是蚂蟥的水稻田里插秧；到野外去烧风茅草；在山上砍柴，等等。农场有一部手扶拖拉机，场领导挑选了几个人当拖拉机手，我记得最清楚的是董跃进是拖拉机手。在那个艰苦的年代，当一名拖拉机手，几乎是我们每个人无法企及的梦，所以我们都非常羡慕能当上拖拉机手的人。好像还有其他一两位同学也在学开拖拉机，但我已经记不得是谁了。有一次董跃进还让我试开了一下拖拉机，让我又兴奋又紧张。

有一天，我跟黎明到山里砍柴，一路砍一路走继续寻找木材多的地方。快到天黑的时候，我们居然迷路了，找不到回农场的方向。越急就越心慌，如果天黑下来，我们仍然身处大山深处，而不是往农场的方向走，那我们在山里就会有很大的危险，随时都会受到毒蛇和野兽的攻击。就在夜幕降临的那一刻，我们隐隐约约看到远处一丝昏暗的灯光。那真像是救命的稻草，我们断定那可能就是我们的农场，或至少是村镇，只要是有人的地方，我们就有了救星。我们朝着灯光的方向一直走，幸运之神终于带领我们走回了自己的家，我们的农场。

场长读文件

那时候是"文革"后期，还经常要在群众中宣读中央公开发布的文件。有一次场长召集全体农场员工开会，准备传达中央文件。乐安农场的知青都是来自海南铁路中学的学生，由于大部分人都是跟随父母来自五湖四海，又因集体在铁路学校上学，所以只能讲普通话。大家听不懂海南话，场长只好勉为其难讲普通话。场长的普通话当然很糟糕，有些同学就在底下偷偷地笑。场长发现了，非常生气。他说了一句很有意思的话，让我一辈子也忘不了。场长说："我现在是在念中央文件，你们笑我，就是笑中央哦！"

场长是一个很朴实的农村干部，至今我脑海中还存留着他的形象：年龄并不是很大，也就50岁左右，但脸上已经布满皱纹，黑黝黝的皮肤和略显沧桑的脸庞折射出艰苦生活给他带来的岁月折磨。场长好像是个退伍军人，所以会讲普通话，但当地口音非常重。

乐安农场离东方县城八所镇也不算太远，每次从八所上火车坐到报板站，再走10来公里山路就到了。知青集体乘火车是免费的。农场靠近黎族区域，当地人讲的是哥隆话，跟海南话还不一样。农场里原来的工人都是讲哥隆话的，他们好像也会讲一些海南话，但不常讲。

我去过农场工人的家里，他们的生活的确非常艰苦。他们不像我们有国家补贴的口粮，所以吃的粮食完全靠自己种。由于卫生条件差，他们家里通常蚊子和苍蝇很多。吃饭的时候很多苍蝇都爬上碗边，赶走了苍蝇就吃一口饭，还不等放下碗筷苍蝇就又趴在碗边和食物上。

我们和农场工人的关系还算可以，他们经常教我们一些有点技术含量的农活，例如插秧和烧风茅草等。由于我们到农场并不占用他们的口粮，所以说他们对我们的到来不会有太多的抵触。

自我学习

晚上，一切都进入宁静的状态。寂静的山村黑夜，呼啸的山风从低矮的瓦房墙边吹过；远眺四周一片暗淡，只有夜空中闪烁的星星和偶尔显现的乡村灯光在伴随着我们。无数个夜晚我仰望长空，又低头思考：我们的前程应该是什么样？我们是否要一辈子在这山村中度过？如果所有的知青都在农村奋斗终生，那么国家的科学技术和工业化建设由谁发展？

不管怎么说，农村生活虽然非常艰苦，但我们对未来还是很期待的，许多同学还在业余时间里刻苦地学习文化知识，或者学习一些自己所爱好的技艺。我和黎明、蔡瀛、曹健都学习小提琴，徐绍奇好像是在学画画，文幼军不仅带领一帮女同学跳舞，还自己编舞。叶秀娟、谭绿萍、赵少萍、周洁湘，何品秋、蒋冬兰和李德昭都参加了舞蹈组，可能还有其他很多同学也参加了舞蹈组，现在很难记起来了。农场组建了一个小小的歌舞团，甚至还曾经到附近乡镇演出过一次。

大部分时间里，一到晚上，我总是点个煤油灯，在床头的小木箱子边看书，学英文，学数理化，等等。我在没有任何榜样，也没有任何陪伴的情况下，夜以继日地伏案勤读。还好功夫不负有心人，后来总算有了回报。

两年下乡生活结束，我们几乎所有的同学都如愿进铁路当了工人。铁路工人，是那个年代最值得骄傲的职业之一。我被分配到铁路车辆段的维修工厂，工种是钳工，学习修理和维修火车车辆的转向架（4个车轮组成一组转向架）。求知的欲望让我没有停止追求没有停止学习，我参加工厂自己兴办的函授大学，还在业余时间教工人唱歌。段里领导看我好学，特意把当年长沙铁道学院的招生指标名额留给我。

进工厂的第二年，我就盼着能去长沙上大学，可日盼夜盼，9月份开学的时间都过了，还没有招生的消息。到了1978年春，才知道原来国家恢复了高考。后来我有幸考上了北京外国语学院。那个时候考上大学难啊，全国570万考生，才录取27万人，录取率只有5%。大学毕业后我进了国家机关，在文化部工作，后来又当上了外交官，有机会能为国家的外交服务。

（2015年12月）

忆乐安农场难忘的人与事

李德昭 / 东方知青 / 东方乐安农场

在东方县乐安农场那段多彩的、如金的知青岁月里，有我们的青春、激情和热血，还有我们欢乐的笑声和痛苦的泪水。它磨炼了我们的斗志，我们的人生就是从那里开始的。那里的人与事令人终生难忘……

戴墨镜照相被批评

1974年8月，我们来到红江公社乐安农场。在两年多的下乡岁月里，我们和当地社员一起劳动生产，学会了很多农活，开垦了很多荒地，种上香茅草和甘蔗等经济作物，还开山取片石，烧砖盖房子。下乡没多久，我们就住上了自己盖的砖石瓦房。通过磨炼，我们从原来"手不能提，肩不能扛"的学生娃蜕变为身强力壮的社会主义新农民！后来我们回城了，那段下乡的经历却不时地让我想起和怀念，特别是一些有趣的事情和段子，回想起来仍记忆犹新。

记得我们刚下乡的时候，从课堂走到社会，来到广阔的新天地，我们的心放飞了，追求时髦和自由的天性释放了。面对着乡村美景，我们不禁要拍照留影。那时不知是哪位同学带来了一副墨镜，大家都争抢着要戴着墨镜，站在大水利沟边的木条上，就像站在水面上似的，并以两边的青草为背景兴高采烈地拍照，觉得很时尚也很美好，哪知却惹来麻烦。因为当时还是个很封闭和保守的年代，戴墨镜被视为一种追求资产阶级思想的行为，我们因此受到了批评。后来事情传到了我们知青的家长那里，回家也受到了父母的指责。我当时很不服气，不以为然，还和父亲争论。父亲生气地说我是身在屎坑所以闻不到臭！哈哈，这事要是放在今天那能算个什么事呀。可惜，当时的照片因为这么一闹大家都不敢保存下来，或许都烧掉了，实在可惜！

钟伯球为大伙涉水买盐不幸溺亡

　　我们的好同学钟伯球，为了给我们知青食堂买盐，在涉水过昌化江时不幸溺亡了。我们都难以接受这个事实，不知为他流下了多少泪水，哭了多少天，特别是女知青们。当时有位知青带队干部看到我们如此伤心难过，说了这么一句话，说我们所有女知青之所以如此悲痛那都是因为爱他。是吗，我爱他吗？我也曾问自己，却是种说不清道不明的感觉。因为我当时从未爱过，不知什么是爱，但大家都喜欢他却是事实，因为钟伯球是个很优秀的同学，高大白净、斯文有礼，人品好并且聪慧好学，确实人见人爱。其实我知道，有两位女知青已经主动对他展开了追求。失去这么好的同学着实让人心痛无比！几十年过去了，但在我的脑海里，却是永远无法忘记这位为大伙涉水买盐而不幸溺水身亡的知青同学。

（2015 年 12 月 27 日）

忆北沟垦荒和路教工作队

吉国权 / 东方知青 / 东方北沟农场

北沟垦荒 9 个月

1974 年夏天，东方县城八所镇的大街小巷到处可见"知识青年到农村去，接受贫下中农再教育"的横幅和标语。

8 月初的一天，东方县八所解放西路影剧院西头的大众食堂二楼，财贸战线知青上山下乡誓师大会在此召开，我以财贸战线知青的身份被分配下乡到感城公社北沟农场。我是琼西中学 1973 届高中毕业生，除我之外几乎所有的同学都是八中 1974 届的应届高中毕业生。因为我的身份比较"特殊"，和一群陌生的青年男女们坐在一起，他们有说有笑，有的甚至是结伴而来，我感到孤独和无助，独自一人坐在偏僻的角落里，认真听着知青代表符志东朗朗上口的誓师发言。

誓师大会后的第二天早晨 8 点，我们下乡到北沟农场的第一批财贸战线的 50 名男女知青在县供销社（现在的解放西路南侧）一片空旷地集中出发。记得当时的场面比较杂乱，有的知青父母前来相送，熙熙攘攘，笑声、哭声、嘱咐声、道别声交织在一起，恰似一首下乡前奏曲。我身在其中，虽没有爹妈送行，亦被这场景深深触动，热泪盈眶。

临行时，财税局政工股股长陈洪光（后任东方县政府副县长，现已退休）到场给我送行，并亲自给我佩戴了一朵大红花，鼓励我说："财税局子弟只有你一人报名下乡，希望你下乡后努力争先，为局里子弟争气。"就这样，我带着忧伤的心情踏上了下乡之路。

我们 50 名知青乘坐大卡车背着行李向南行驰，颠簸了近 30 公里来到了北沟农场，这是我们毕业后结束学生时代迈向社会的第一站。记得当时好友符海斌和我一同乘车到北沟，特意为我送行，别后他给我寄来了一封书信，信的内容至今还记忆犹新，大都是勉励的话语，这是后话。

北沟农场大门两旁聚集了农场的男女老少迎接我们……人潮涌动，锣鼓喧天，彩旗飞舞。

当时，北沟桥正在建设中，我们50名知青被安置在农场两边临时搭建的茅草房里，和建桥的工人成了邻居，吃、喝、洗用水全靠北沟溪边建桥工人打的一口井。第二天早晨，我们跨越西线的环岛公路，接着进入一条较为宽敞足有百米多长的大道，两旁立着几块砖砌的毛主席语录牌："领导我们的核心力量是中国共产党，指导我们的理论基础是马克思列宁主义""下定决心，不怕牺牲，排除万难去争取胜利""我们应当相信群众，我们应当相信党，这是两条根本的原理，如果怀疑这两条原理，那就什么事情也做不成了"等，字样清晰可见。在场部的一块中心地带（现场部中心地带大酸豆树偏北）开会，场长麦铁色给我们介绍了农场的基本情况，提出了知青工作生活的基本要求。

北沟农场的前身属海南农垦管辖的饶文农场的一个分场，后由东方县感城公社接管。每天的工作都由麦场长安排，他50出头，个头高大，脸盘黝黑，憨厚老实。他曾参加过朝鲜战争，是一名退伍军人。他是"文革"开始时受感城公社委任来接管北沟农场的。他有一个习惯，每当有劳动任务较重的地方，他都喜欢去走走看看。

我们的劳动十分艰苦，每天起早贪黑。初到农场的第一"战役"就是农场南面那片上百亩的油棕树，场部决定连根拔掉，平整土地，种上甘蔗。

当时，农场连部拖拉机都没有，挖坑、平整、犁田、耙地、种植全靠10多头水牛。这个艰巨任务毫无疑问落在了我们知青身上，那是大苦力活，每人围着一棵油棕树，先是把树枝砍下，再挖树头。油棕树枝叶繁茂，叶子长且带刺，树头比椰树头还大，根深。一个上午下来，大多数人只能挖一棵，个别挖两棵，而我挖了四五棵。几天下来，我们的手开始起水泡，晚上拿针刺破水泡再用棉花将泡中的积液吸干，第二天继续出工，还是那片油棕树头。就这样干了将近一个月，南面那片一百多亩的油棕树连根带叶全部清理干净，接着开始平整土地、犁（挖）甘蔗沟、拉粪、下肥。

进入第二个月，我们十来个男知青在场长麦铁色、生产二队队长彦二哥的带领下跨过西环公路准备开垦西边那片荒草地。垦荒开始了，十几二十号人一字排开。每天劳动、挖土我都是一个人挖在最前头，连场长、彦二哥等老职工都被我甩在后面。我们硬是用锄头把两边这块80多亩荒地开垦出来。

1个多月时间，农场共开垦出二百多亩荒地，场部决定全部种上甘蔗，麦场长在场部会议上宣布兵分几路，买蔗苗的、犁蔗沟的、拉粪施肥的、砍甘蔗苗的。场里的五十名知青、老职工、家属齐上阵，加班加点，干个热火朝天，几天下来，将场里新开垦的二百多亩甘蔗地种上甘蔗苗。

1974年9月中旬，正值初秋时节，台风、雨季到来，雨水较多，个把月的时光，二百多亩的甘蔗苗如雨后春笋，竞相出土，绿油油的蔗苗密密麻麻，苗壮成长。全场新、老职工及家属乐开了花，麦场长看着破土而出长势良好的甘蔗苗喜出望外，他想得更多更远。

国庆前夕，场里决定召开总结表彰大会，总结知青下乡后个把月的工作情况，安排国庆后农场几项重要工作，表彰好人好事。不曾想，在受到表扬的知青行列里男的是我，女的是李永爱。

国庆节期间，慰问团的到来，给农场带来勃勃生机。国庆放假几天，但是几乎没有一位知青离开农场，他们和全场老职工及其家属欢聚一堂。慰问团慰问期间，据说受县委委托为北沟农场办三件事。一是给农场拨款，把知青的新宅建好；二是增添一些生产必需农具；三是添置一部大胶轮拖拉机。

70年代，一个小农场能有一部拖拉机那已经是够气派了，当时东方县农村一级的大队（现为村委会），还没有多少个队有拖拉机，这当然是农场"享了"知青的福。以后农场要开垦新的荒地，可以省下很多劳动力，尤其是对农场的发展注入了新动力。场部当下决定选派一名男知青，到县里机耕队学习驾驶，于是经过场部和知青工作队协商讨论，决定选派男知青庄耿克作为第一代拖拉机驾驶员前往县里学习。

不久，新添的拖拉机头挂大红彩头，由庄耿克驾驶，嗡嗡隆隆地开进农场。记得当时农场家属的孩子们跟在拖拉机后面，边跟着跑边用感城、刚学的乡下土话又唱又喊"拖拉机入农场，拖拉机入农场"，那兴高采烈的情景至今我还记忆犹新。

1975年新年前夕，麦铁色场长对我说："场领导班子需要添加新鲜血液，从下乡知青中挑选表现出色的同志担当场领导职务。"不久，场部召开职工大会，宣布新一届北沟农场领导机构成立：麦铁色任场长兼党支部书记、吉国权任副场长兼民兵连长、麦笃东任副场长。

当副场长之后，我感到肩上的担子更重了。

1975年年末，经场部讨论决定，抽调精兵强将上烧灰岭烧灰，以增加职工收入。知青上四人，两男两女，男的是我和符志东，女的是杨琼香和梁英。女的主要是当炊事员，老职工阿九哥、彦二哥等总共十来号人，由我带队，杀奔烧灰岭，安营扎寨。

一部分人要拉牛车上几公里外的深山青岭砍烧灰柴；另一部分人要在青岭脚下

爆破开炸石头，以此作为烧灰材料。这活儿不是谁都能干的，不但讲力气，讲技巧，还要有砍柴的经验。每当想起拉着满牛车柴下山那惊险的一幕，至今还惊魂未定。上烧灰岭走的是一条牛车路，坡度特陡，拉柴下山时，车的惯性带来很大的冲击力，人骑在牛背上会往前滑，要抓住牛尾巴，还要给牛车轮安上"刹车闸"，减轻牛车前冲力。下山时，车头自然从牛脖子滑到牛角上，弯曲的水牛角正好挡住牛车头一步一步边顶边下山。那惊险的一幕我平生未见，终生难忘，弄不好就会车毁人亡。当时上烧灰岭的牛，也是经过千挑万选，场里的公牛都有绰号：一档、二档、三档，都上烧灰岭。当然，这些砍柴技巧和经验自然在上山之前，阿九哥和彦二哥负责给我们"上课"和"传授"。

记得第一趟上山砍柴，浑身绷足了劲儿。我心想，决不能做懦夫和懒汉。到了山里我谨记阿九哥教的方法，把山路拨好，形成进出搬运较方便的小路，然后再开始砍柴。第一趟算我运气好，那一车有棵大黄牛木，还有两棵小点的相思木，我足足装了一牛车。记得在搬运那根足有身围粗大、约有两百斤的黄牛木的树头一节，我从一头抬起，然后蹲下身体挪到中间，攀着旁边的树木，站稳双脚，运足力气，慢慢攀升，大有拔山举鼎之势。那惊险的态势，至今想起还心有余悸，弄不好我早已成废人。把这根粗大的木头搬运上牛车后，其余的搬运起来较为轻松，不一会儿就装了一牛车的柴，按照阿九哥教的把"车闸"装好，然后招呼大家一起下山，相互间有个照应。就这样，头回顺利地载着满牛车的柴火和阿九哥、彦二哥、符志东等人回到烧灰岭。

1975年春节前夕，农场烧灰队伍暂时班师回场，剩下小部分人继续开采石料，为过年后烧灰备料。从烧灰岭回场后，原先计划在场部两边盖的4栋房子，已有两栋盖好，于是我们50名知青从北沟桥的两边搬回场部居住。房不够住，男知青21人的床铺只好紧挨着把床铺连在一起，再打上铺盖，住在靠南的一栋；女知青29人同样紧挨着住在靠北的一栋。虽然是瓦房，但比茅舍好多了。

转眼到了1975年4月底，计划盖的4栋房子已全部完工，于是住宿重新做了调整和安排，每栋有八间住房，考虑到1975届知青很快又要进驻农场，于是每间房住三人，我和符志东、赵涛同住一间。我们3人先到溪边挑沙铺好地板，再铺好床位，挂上蚊帐。记得安排床位那天，女知青文秋荣、杨琼香都过来帮忙布置房间。大家兴高采烈，有说有笑，房间里充满了友爱互敬的氛围。在农场艰辛奋斗九个月之后，总算苦尽甘来，生活条件有了改善，知青的心灵得到了抚慰。

过了几天，场长把我叫到他的厨房（每天安排工作我和场长都习惯性地在此碰头）对我说："县里要我们场派送一名表现较为突出的知青参加路线教育运动，但我想你的入党问题尚未得到解决，待解决入党问题后机会多得是，想把你留下，要王琼义去。"我回答："听从组织安排。"没过几天，场长又把我叫到他的厨房，开门见山地对我说："先前对你说的事，经和工作队讨论研究，大家的意见是谁表现好谁去。"接着场长又语重心长地对我说："如果你真的不想去，想留下，只有自己到感城公社申请和要求。"为了这事，我特地回家征求父亲意见，父亲却希望我参加路线教育工作队，他说："参加农村党的基本路线教育可以得到磨炼，还是参加路教的好。"就这样，我成了50名知青中第一个离开农场的人。

参加第三至第五批路教工作队

在北沟农场垦荒9个多月后，我踏上了参加东方县第三批农村党的基本路线教育运动的征途。1975年5月2日，县财贸派来的汽车把我接回县委路教办公室。

到县委路教办公室报到后，我和几位从多个知青点选送来的知青，集中学习3天。通过学习，弄清"路教"的内涵和意义。何谓"路教"？路教乃党的基本路线教育运动。那么什么是党的基本路线？党的基本路线就是说社会主义社会是一个相当长的历史阶段，在这个历史阶段中，始终存在着阶级、阶级矛盾和阶级斗争，存在着社会主义同资本主义两条道路的斗争，存在着资本主义复辟的危险性。

当时，路教办的主任是杨万夫。我被分派到新街公社工作队驻文通工作组，属县知青，每月可拿到25元生活费作为工资。当时新街公社党委书记是文昌期（后任东方县革委会副主任），文通工作组的成员如下：组长张立松，副组长吴宏福，资料员吉国权，队员陈国兴、符贡生、文凯。

资料员的工作较为繁忙，除了一般工作队队员的工作职责外，几乎每月都要到公社参加工作队会议，汇报文通村一周的生产情况，村民们的思想，尤其是党的基本路线教育落实情况，生产进度情况，并形成书面材料交给当时工作队的资料员王焕兴（后任县财办主任）。

一次在参加公社工作队会议时，我从报纸上得悉广东省召开先进知识青年代表大会，我场知青陈燕榜上有名，我猛然醒悟，当时在挑选参加路教的知青时，麦场长为什么执意要把我留下，此时我才真正感受到麦场长的良苦用心。当然陈燕被评上，我同样为之骄傲，为之高兴，这是我们北沟知青的光荣。时隔几天，符志东亦给我写了一封信，信的内容大都是些勉励的话，同时亦提及此事，为我惋惜。还特别提到了我离开农场那天，晓勤在房间偷偷掉泪一事。此事真正地勾起了我对晓勤的思念之情，于是我给她写了一封信，不久我收到了她的回信，彼此间都是勉励的话语，把爱的心声深深埋在心底。

　　文通村坐落在马岭的东面，东北和那等、西面和老官村相连，属革命老区，原来的县委副书记吉义光就是文通人。20 世纪 70 年代，东方县的戈枕水利主干道就从村东边流过，还有东方县戈枕水利第一渡槽——文通渡槽横跨"石八"铁路干线，几乎可以灌溉文通村所有农田，水利过关。但是整个村非常贫穷落后，一年四季几乎都是吃稀饭。工作组的成员每人都被派到生产队和农民同吃、同住、同劳动，每次我吃饭，只要低头往碗里一看，就可以清楚地看到自己的面孔，真是"稀饭稀得可以看清自己的脸"。

　　工作开展之初，每周末晚上都要组织农民学习，讲政治、讲形势、讲阶级斗争、讲党的基本路线。白天，以身作则，带领农民种田种地，拔秧苗插秧，有时为了赶进度，晚上还要点上汽灯带领农民们挑灯夜战，赶插秧苗。每周末还要到新街公社开会汇报工作进展情况、发现的问题、解决的问题，解决不了的问题，要向上级汇报请示，工作异常艰辛。我的工作常常得到张立松组长的肯定，我在文通工作组的表现亦时常得到公社党委和工作队的表扬。一天，张立松组长找我谈话，鼓励我靠拢党组织，要求进步。于是我第二次郑重地向工作队党组织递交了入党申请书。

　　一次早上出工时，我发现生产队有位农民早上九点左右才出工。他拉着牛车，带上午饭，往别的方向去，和往常出工大不一样。我上前问他，他支支吾吾说："出工啊。"我说："为何出工那么迟？而且你走的方向也不对。"他无言以对，便转为求饶，他说跟我父亲很要好，只是想开点自留地。听完他的话我火冒三丈，一把将他拉下牛车，晚上在生产队召开会议，狠批了这位农民。事后，他看到我，便破口大骂我是国民党。

　　没想到这件事得到公社和工作队的通报表扬，王焕兴资料员还亲自打电话到文通村委会给我，传达公社书记文昌期的话：赞扬我工作细致，敢作敢为，敢说敢干。事后，我深感内疚和后悔，不禁扪心自问：农民不就是想着开点自留地吗？他们这么做错了吗？后悔自己做了一件违心的事。

　　1975 年 11 月，县第三批路教运动结束了，我被评为先进工作队员，但入党问题是否能得到解决仍杳无音信。带着心灵上的创伤，我给东方县路教办写了一封函，信的内容大意是，县第四批路教运动即将开始，我向县委路教办申请到最艰苦的地方去。果然，休整半个月后，1975 年 12 月，东方县第四批农村党的基本路线教育运动又开始了，我被分到了广坝公社工作队。

　　黎村黎寨是东方县生活最艰辛的地方，俄乐村更是最边远的黎寨了。我们工作组进驻俄乐村时已是 1976 年开春时节，大年刚过，村民们正忙着春耕。不久，俄贤水库开始动工，广坝公社、工作队决定从各工作组抽调精兵强将开赴工地，陈继超组长和我被分派到俄贤水库工地。

这是一个小型水库，建成后可灌溉俄贤、金炳、马龙等附近几个村庄的农田，当时县委负责包片的领导是县委常委符镇南（他是黎族干部，对地方语言尤其是村语的研究有独到见解），还有公社书记陈清江，工作队队长陈国强，指导员许信糊，队员有李永治（后任海南省人大司法委员会副主任）、范魏金、梅德忠等公社及工作队干部，都参加了水库工地的建设。工地有专门伙房。在俄贤岭下新盖的茅舍里，我们工作队员同睡在一起。俄贤岭山脚下有条溪流，水质清澈见底，溪底都是鹅卵石，我们的起居住食用水靠的就是这条溪流。

为鼓动士气，工地还创办了《工地战报》，由指导员许信糊任主编（许信糊当时是县委宣传部负责对外报道的干事）。

刚到工地，我就带领俄乐村民工搭起了住宿茅房。当看到报白村民工来得较晚，且尚未搭造茅房时，我发动俄乐村民工帮助报白村搭住宿房。之后，我以此作为主题写了《工地新风》一稿，交给了许信糊主编，许主编看后赞不绝口，将稿件作为《工地战报》开篇的头条新闻刊载，并将我调到《工地战报》和教育局的陈树仁一起任编辑。因为《工地战报》不是什么名刊名报，所以我们三人既是编辑又是记者，而且白天还带领民工们在工地上劳动，晚上写稿子、爬格子。这是我有生以来，第一次当记者和编辑。这对我以后的择业有了很大的帮助，更对我后来到铁路从事宣传工作、担任《人民铁道》报驻海南记者站记者打下了坚实的基础。

东方县第四批路教运动快结束了，可是，我的入党问题仍然杳无音信，我感到非常失望。

1976年8月底，县第四批农村党的基本路线教育运动结束了，全体工作队员集中在北黎团部召开总结大会，同时宣布第五批路教运动各工作队领导和队员名单。没想到，会议结束方知自己还参加第五批路教运动，并留在路教办公室。到路教办报到后，方知和我一起被选为"干部苗子"的还有赵存清和胡羊森，我们三人同留路教办。当时路教办主任是杨万夫，工作人员有：黄东元（负责《路教简报》的编辑出刊）、符韩彬（后任县人事局副局长）、符长海。我在路教办的工作职责，主要是负责各工作队资料员口头汇报情况和书面材料的整理，还有一项"特殊"的"政治待遇"，可以列席县委常委会会议，以便了解县委的决策精神。

记得，刚到路教办不久，也就是1976年9月9日那天，毛泽东主席逝世，噩耗传来，举国震惊。毛泽东主席逝世后，紧接着从中央到地方政府都布置了一项很特殊的任务，那就是调查了解毛主席逝世后，人民群众对毛主席逝世的思想、感情反映情况如何。当时东方县委下发通知，东方县分为四个片，赵存清、胡羊森和我分在南片检查组，组长是张昌乐（原县文化局局长）。南片检查组负责南片四个公社（中沙、板桥、感城、新村）的检查。我们南片检查组一行六人，由张组长领队，从南到北，走遍了中沙、板桥、感城到新村四个公社几乎所有的村庄。通过座谈会以及个别农民的交谈记录，最后由我汇总整理记录内容；逐个公社分别形成文字报告材料报送路教办公室。我亲自撰写的中沙、感城两个调查报告被《路教简报》采用，反响较大。县委副书记王汉文在《路教简报》上批文要求县委领导班子成员传阅。

返城分配工作

1976年11月的一天，我在家里写材料，突然间听到有人在大喊我父亲的名字，我走出走廊往下一看，是民政局的干事张德轩（后任民政局局长）。我回话说："我爹不在，有事吗？"张说："正好，你是吉国权吧？如果你想到铁路工作，明天早上请到县人民医院体检，招工表北沟农场有人代你填好了。"时至今日，也不知道帮我填表的人是谁。

我很想留在县委工作，我还盼着加入中国共产党，我还等待着组织调我到红星坡农场任职。晚上，我征求了父亲的意见，父亲平静地说："走吧，如果你是金子到哪儿都会闪光。"

1984年，全国第一批成人高考，我考取了广州教育学院中文专业。毕业后由工人转为干部，当过两年多教师，于1989年3月调到党委宣传部负责对外报道工作，一干就是9年，期间被《人民铁道》报聘为驻海南记者；之后被调任总公司工会，后任两个大段的工会主席。2003年粤海铁路责任有限公司成立，任粤海铁路党校主任科员（政工师）。

回首北沟战天斗地的日子

周海 / 东方知青 / 东方北沟农场

　　北沟农场——我们曾经一起在这片土地里战天斗地，一起把青春和汗水洒在这里。

　　北沟农场坐落在海南岛的西部，位于东方县感恩平原的感城公社与双龙公社的交界点，是一个缺少雨水的地方，隶属感城公社管辖，因有一条几乎断流的小溪沟，故名为北沟农场。场里有三幢新瓦房，那是七四届老知青们开荒平整了土地，双手挖泥土，双脚踏着加了水和开了的泥，再用小木条钉成了方格子，一块块制成了砖块，上山烧了石灰建造的。靠在进入农场唯一的一条大道的前两幢住的是男知青，中间有一个大篮球场隔开的便是第三幢女知青的宿舍了，女宿舍的旁边就是郭素芳同志和饮食班的姑娘们烟熏火燎的战地——茅草盖成的厨房，厨房连下去就是老场工三幢茅草宿舍。大红色的拖拉机，每次完成任务后经常停放在老场工宿舍前空旷的场地里。婀娜多姿的椰子树星罗棋布地长在场部的周围，长势茂盛的甘蔗包围了整个农场，不时在微风的吹拂下发出"沙沙"的声音。球场的旁边，有棵大榕树是木工修理农用工具和大家放工下班后休息闲聊的好地方，那些叫不上名的灌木，也似乎和甘蔗争地盘，错落地长在老场工宿舍的后面。

开垦万亩甘蔗基地

　　海南岛西部太阳紫外线强、干旱少雨，适合种植甘蔗。我们农场开垦出万亩甘蔗基地，在种植的季节里，主要的劳动安排都放在种植甘蔗上。

　　万亩的甘蔗基地，南北相距有二百多米长的距离，我们要在基地里挖沟，要求每条沟得挖出二铲宽、一铲半深度的甘蔗沟，每人每天得挖二十五米深的甘蔗沟，得使出吃奶的劲啊。全场的主要劳动力都聚集在一块大干特干。基地上一片热火朝天，也许是男女搭配干活不累的缘故，我也埋头苦干，干着干着，不知何时和一个姑娘擦出点火花来。这姑娘长着一双明亮会说话的眼睛，留着两条小辫子，干活特别积极，因为人家是我们队里的小队长，对我很关心，也就是工作时帮我带小水壶，拿把铁锹、锄头什么的。在我们那个年代把恋爱视为禁区，有点意思生怕别人知道，我得把"爱"这种东西埋藏得很深，也不知怎的，后来还是让别人发现了。说实在的，等到地里的甘蔗都长得老高了，我们才第一次相约走进甘蔗园里，手都不敢碰一下，更别说什么花前月下、情意缠绵的感觉，当时心都快跳了出来，真吓人。就是在这样的"爱情"的初恋鼓舞下，在万亩甘蔗种植基地上，我熬过了这段艰苦的劳动岁月。为了完成任务，大家都埋头苦干，有的知青用脚踩铁锹挖过甘蔗沟，脚底都踩出老茧，脚底板里瘀血发肿发痛，后来把瓦片烤热后用脚底板踩上去，才治疗好的。在劳动中我习惯穿长裤子，肚子一饿裤头一松，裤脚就粘地了，挖着挖着不知何时一条蜈蚣从裤脚里钻了进去，沿着大腿爬了进去咬了我一口，痛得我大喊大叫，就地打滚，这痛楚至今都刻骨铭心，永生难忘……

当我被蜈蚣咬后，赤脚医生及时出现在我的身边，她还背着贴有红十字的小药箱。她要我当着大家的面，把裤子脱了看看伤口，这让我很为难。后来，她拗不过我，还是让我走到草间脱了裤子让她看了伤口上了药，现在想起心里还打寒战。

学习耕地种田、放牛牧羊

场里的女知青能顶半边天，她们学会犁田、耙田、种地等许多农活。我第一次犁田时没有掌握好犁的深度，把犁头弄断了，受到老场工的教训和白毛公的一顿奚落。记得第一次我用斜口的大砍刀砍木时，不承想到刀会拍在木头上，震破了手上的虎口，站在旁边的大水哥连声说道"笨死了"！

大水牛也是我的老师，场里有多头大水牛，最能干的就是被人们亲昵地称呼为"一档""二档"和"三档"的三头水牛。多么响亮，多么气派，多么有力！它们的名字深深地刻在当代北沟农场老场工和知青们的心里，它们和我们一样的任劳任怨，勤勤恳恳，兢兢业业。它们憨厚老实，为北沟农场的生产建设立下了汗马功劳。"一档"和"二档"这两头公牛有时在一起就要打架斗殴，冲破牛栏，斗出场部，打向道路，打遍田野。这景象现在一回想依然历历在目。农场工人为此锯掉了它俩尖锐的角，但也平不了它俩的"怨仇"。"三档"身躯硕大，勤劳又温顺。它和"一档""二档"一样，也是力大无比，它对我们这些没有多大劳动力的小个子的人来说真是个得力的帮手。在我拉牛车技术不熟练的时候，在崎岖颠簸的道路上，在坑洼不平的田地里，它总能带领我安全到达目的地，很好地完成各项任务。

我骑在它那满身沾有污泥的身躯上，它的大肚子把我的两条腿撑得老宽。和它一块拉粪肥到田里或是把收割的稻谷拉到谷场，久而久之，我骑在它身上的两条大腿的内侧，感染了发痒难受的皮肤病。我从来没有埋怨它一声，没有虐待它一次。我很爱它，怀念它，更加怀念在一起战斗的战友们和老场工们，还有那几位已逝的战友和老场工。

琳明、王平、蔡伟杰、郑芳在他们放牧黄牛的时候都会带上书忙里偷闲看一下，人家是有文化的知青，可当轮换到白毛公放牧黄牛的时候，我就不知道他带些什么了，好像是大砍刀和一个竹子编成的小胺篓。每当太阳快要西下时，悠哉的牛群边吃边走已相距走远，东西南北走散了好几公里，赶它们到一块得费好大的工夫，在学校所学到的优选法总有人应用在实践中。有一天，快要把牛群赶集到一起时，我正要去把走得最远的那头牛往回赶，有一个声音叫住我，我回头一看是郑芳才，他把自己戴的草帽子戴在抓来的小牛犊的头上，这一来母牛看到自己的小牛犊变成了一头"怪物"，哞哞地乱叫，急得围着小牛犊乱打转，这就引起了一阵阵的骚乱。此时四面八方的黄牛也急着围了过来解救，不一会儿黄牛都聚集到了一起。能干的郑芳才就把小牛犊头上的草帽子一摘，牛群都平静了下来。郑芳才同志说了声"回家了"，我们就赶着牛群回栏。

用木桩与藤条加石头围起来简陋的羊圈里，有云平、潘文波、莫定江、李畅武、黄志惠、曾德波等轮换放牧的黑山羊。每天头羊都会带领着羊群沿着大路跑向田野，在河沟山坡的草丛里慢吃细嚼，这里吃两口，那里吃三口，挑剔地吃着灌木的小叶和青草。领头羊也会无意中教会这些个子小并且体力单薄的小知青们如何偷懒，那是因为领头羊循规蹈矩的路线让他们领悟了，羊群还没走到的地方，他们就会早早地在那里等候，每当天气有变下点小雨，领头羊就会带着羊群跑回到羊圈。那些同志啊，当然会跑得比羊群还快！这羊啊天生怕水，更怕雨水湿了蹄子，如湿了会烂蹄子。小家伙们呢？当然是怕跑得比羊慢，工分还是要记的。云平和陈小航是全场个子最瘦小的放羊专业户，在老领头羊的带领下老早就熟悉了羊的道道，他俩都是在玩耍中悠闲地放牧羊群。

猪圈里养着几头大肥猪，它们和那位在南方大都市里长大的姑娘卓秀坚的关系很亲密，她是专职饲养员。那个年代里大家都玩命地干活，体力消耗很大，场里很久才杀一头猪，能吃上一顿香喷喷的猪肉送饭，真是美滋滋的，可是大家谁记得这位姑娘白嫩的小腿上被蚊虫咬过留下的一个个伤疤。

日日水煮空心菜

　　宽大的茅草盖成的厨房里，忙碌地奏着锅碗瓢盆交响曲，饮食班的女同志及郭素芳大姐正忙着擦锅淘米做饭呢。她是一位慈祥和蔼可亲的大姐，平时爱穿的那条裤子是用化肥袋改装成的，宽大的裤子上面还隐约能见到"尿素"的字眼，还有她脚下的那双肥大的水鞋，很适合她高大的身躯。在七五届小知青的眼里，她的身上散发着母爱。别看她五大三粗，心则很细腻，每当开饭的时候，她给女知青打饭时都把饭打得松一些，给男知青打饭都是实实的。她深知男人的饭量大，尤其是给陈志平打饭的时候都会比别人多一些，因此有些人有可能会妒忌，但那是因为别人不知道内情，郭素芳每次给陈志平打饭时，都有一丝丝一缕缕的红晕轻轻地爬上那年轻的脸上。爱情在青春的年代里显得更加纯洁。郭素芳把爱巧妙地运用行动表现出来。

　　知青们在农场里的生活劳动，青春的活力处处可见，但谈情说爱几乎绝迹，表面上看不出来，隐藏得很深很深，没有人敢越雷池半步去触碰谈情说爱的底线。知青只能是好好劳动锻炼自己，常出勤，多出力，表现积极，以便能够尽快分配工作招工回城，唯恐恋爱后结婚生子，落地生根，扎根农场一辈子。

　　在那缺衣少吃的年代，厨房里的大铁锅总是煮着一大锅的空心菜，郭素芳往铁锅里加盐巴，另外再撒两三勺花生油，这些就是我们的菜肴了，几年来几乎天天如此，杀个猪算是过年了。滚开的大锅里空心菜快被煮老了，刚舀进去的花生油沿着锅边散去，漂浮着少许的油花。就是这少许的花生油花，也总有人惦记着，每次开饭前就有那些放羊、放牛的知青和一些老场工的家属去舀漂在锅上面的浮油，等到大家开饭打菜时，大锅上面只飘有很少很少零星油斑儿。那些空心菜大家吃后会留下满口的黑牙，云平、周雄等人就会唱起他们编造的"买卖提"："我叫王小义，我叫买卖提，个头差不离，我们一起到新街买鱼，你也看我的牙，我也看你的牙，真是有意思"，并互相扮鬼脸开心。农场的生活条件很差，每个月都有些知青回家里，拿些猪油、白糖之类的食品改善一下自身的生活，补充年轻发育时期身体所需的营养。

我背上私藏《少女之心》的黑锅

　　有一天，我一个人在宿舍午休时，突然有一个身着公安制服的人来到我的宿舍里，说他是感城派出所的，专为我拥有一本手抄本的黄色小说《少女之心》小册子来调查的。我一听就感到莫明其妙。我就回答他说"我没有"，但他说"人家说你有"，我还是坚持说"我没有"。他以严厉的态度训示我，说一大堆党的政策和什么"苍蝇不叮无缝的蛋""纸包不住火"之类的话。还要我好好改造思想，不管怎样都要把小册子交出来。我此时也来气了，就斩钉截铁地回答他："我真的没有。"这一来双方都僵在一块。后来他走了，我连小册子是什么都没有见过，更别说知道里面写什么内容了，真是冤过窦娥！过了几天他又来了，还是我一个人在宿舍的时候，他来得真准。他不像上次那样训我了，只是往床边走来，一屁股就坐在床沿，我们那时穷得连长椅子都没有。只见他把所佩带的手枪从屁股后面移到肚子前面来，问道："你想怎么样，从实招来。"我回答道："我没有这本《少女之心》的册子。"他一听就站了起来指着我唯一的木箱子要我打开锁头，可我都说了没有，没有什么《少女之心》。

这时，他把手枪掏了出来放在床上并说道："你打不打开？"我本是坐在床上的，但见他这态度我便把头转向墙头不搭理他，可他竟然自己上床来按住我，强行把我带在身上的钥匙拿去打开了箱子，把箱子里的衣服都丢到地上。他看到了箱底下有些书和信件，就翻着、看着、检查了起来。看到他那双肮脏的手和那双小眼睛有目的地在寻找着，我真感到恶心。我就警告他："没有经查证，不经过别人的许可乱翻乱看人家的东西是违法的。"但他并不理我，还是继续在翻在看。他看完了，没有发现什么《少女之心》的小册子，就把他放在床上的手枪收起来走了。我低头看散落了一地的衣服和床上被翻得乱七八糟的书籍，气都不打一处来。几年后，我已回城，在八所镇上还见到他，正在街上对人群飞扬跋扈，大声地训斥着，过了不久就听说他被解雇了，这是后话。

在那段日子里，我很沮丧，很无奈。可过不了多久，我就把这件烦恼的事情忘得一干二净了。时间的流逝冲淡了记忆，也抚平了创伤，我自己也回到正常的生活中。此事是过了半年之久，有贼进了张新发他们几人住的宿舍里偷东西，把张新发用来装衣服的纸箱子偷到甘蔗园里，拿走了衣服什么的，剩下的东西里就有《少女之心》手抄小册子。真是老天有眼，感谢苍天，同时也感谢那个小偷让我真相大白。可是，有部分北沟农场的人就不是这样看的。直到2014年，我和何香香、云平、周静、何汉英几人回农场，当年的书记等人见到我，还在让我背这私藏《少女之心》的黑锅。何香香和云平还拿我来寻开心。

组织业余文艺宣传队

场里有一位能歌善舞的姑娘，她那双明亮会说话的眼睛吸引了不少的小伙子，农场里舞蹈队的舞蹈都是她编导排练的。当初听说要组织业余宣传队，男知青没有几个人是感兴趣的，女知青就不同了，她们都欢天喜地的，很快宣传队演员和乐队的名单出炉了，乐器也买了。革命歌曲里排选的歌曲《知识青年下乡来》等歌曲作为演出节目编导排练。周静、张和平、陈明光等人为男演员，我和高向群、陈家兴等人为乐队队员。经过一段时间的排练，也算是有模有样了，不像刚开始舞蹈动作不整齐，乐队演奏不流畅，甚至跑调。从来没有学过文化艺术的我，要练好自己手中的二胡，练好一个好的节目，要从零开始，真是有点像赶着鸭子上架。随着时间的流逝，优美的舞蹈和动听的歌曲完美地融合在一起了，这些都要归功于有舞蹈功底的莫感琼和有小提琴演奏功底的文向群，以及宣传队全体队员的共同努力。到了彩排时节目一个接一个地演，全场的老工人和知青也为之高兴。宣传队有时要到不磨村、尧文村等地去演出，场里的拖拉机是唯一的交通运输工具，每次外出演出都坐着它欢快地开上公路，拖拉机的"突突"声和年轻人欢乐的笑声，飘荡在布满林荫的公路上。

70年代末80年代初，随着知青政策的调整，我们北沟农场的知青通过不同渠道分几批离开农场陆续回城，走向新的岗位，走向新的人生。

上山下乡的这几年，磨炼了我们的意志，使我们学会了不怕挫折、热爱生活、向上奋进的精神，它已融入我们浓浓的血液里！不管走到哪里，这种艰苦奋斗、吃苦耐劳的精神将伴随着每个知青战胜困难的一生。

东方县北沟农场知青往事

谢桂明 / 东方知青 / 东方北沟农场

第一次劳动

我上山下乡的地方叫北沟农场，坐落在一条从东方县（今东方市）八所通往三亚的国道旁。绿翠掩映，小河弯绕，几行茅舍，一群牛羊，还有几十户憨厚老实的农民，组成了一个近乎与世隔绝的小村落。1974年7月30日这天，我离开了热闹的县城，离开了一起生活了十几年的父母，离开了温暖的家，来到了这个偏僻陌生而又新鲜的地方。

经过一天的休整，怀着几分兴奋和期待的心情，我们迎来了到农场后的第一场劳动。那是到砖厂附近的一个泥池，为砖厂采泥制作砖胚。那是一个半个羽毛球场大小，深至胸口的泥坑，我们要做的是卷起裤脚，跳进泥坑，先是用脚上下踩踏那烂泥巴，像揉面似的，直至那黄泥巴黏稠柔韧到一定程度后，再用双手托举到地面，由上面的人用模具打成砖胚。这其实是一种简单而脏累的劳动，所以厂里安排了男知青去做。虽然如此，刚开始时，我们都觉得新鲜好玩，边踩边唱着歌，边打泥仗，个个大花脸，迷彩服，一片欢声笑语，好不热闹。那些老场工看到我们这样子也都笑了。

真的是好景不长，我们那踩踏泥巴的动作渐渐慢了下来，双脚被泥巴粘吸得像灌了铅似的，难以抬起，越来越沉重。没了欢声笑语，只有那扑哧扑哧单调枯燥的泥巴声。个个都喘着大气，汗流浃背地累得直不起腰。不巧的是，我们刚到农场，人人都吃了一种令人乏力、使人瞌睡的预防疟疾的药，这使得我们更是雪上加霜。其实是在挣扎、抗争，每踩踏一步，每托举一块泥巴，都需要付出极大的体力和毅力。很想停下来歇一儿，一些老场工也很关心我们，不断地叫我们先休息一会儿，但也有个别的对我们隐约流出轻蔑的表情，潜台词是：瞧你们这些城市来的学生哥，能干些什么？我们当然不服气了，坚持就是胜利，没人愿意休息，大家都咬着牙，死撑着，全凭一个信念：我们是新时代的知识青年，肩负着祖国和人民的重托，一定要经得起考验，尤其是下乡以来的第一场劳动，决不能当熊包！

当时，我的身材是比较瘦弱的，这场劳动对我的体力透支很大，有几次我累得索性就让身子靠到黏湿的泥墙上，甚至想索性一屁股就坐到那烂泥巴上……长那么大，我是第一次受这样的苦，这样的累，霎时，方觉得"劳动"二字是那么的沉重，字如千钧，"知青"一词，是多么的响亮而不平凡。不知出了多少力，不知流了多少汗，度日如年，一天的劳动终于结束了。拖着疲惫的身子来到了用茅草泥巴搭成的饭堂，每人排着队领到了一个大漱口杯的酸菜汤，和铺在饭面上的几片南瓜，三三两两地在草地上就地用餐，没人愿意说话。记得当时累得手还在发抖，以致一时无法用汤匙把饭菜送入口中，硬是在那发呆。懵然回首，看到十几粒豆豉般黑色的东西撒在饭面上，天啊，是苍蝇！接着，一种莫名的委屈感油然而生，眼眶一热，豆大的泪水从眼角流了出来。太震撼了！对比太强烈了。昨天还是锣鼓喧天，彩旗飘扬，胸佩大红花，受人夹道欢迎的景象，现在却落得这番田地，简直恍如隔世。生活才刚刚开始，以后的日子怎么办啊？一时不禁地悲观彷徨起来……其实，事物总是按它既有的逻辑行进和发展的，虽然到农场的第一场劳动着着实实地给了我一个下马威，但没有把我压垮。在以后的岁月里，我还经历过几乎所有的脏累的农活，经历了更多的艰难困苦的考验，但都一一地挺过来了。

放牧

北沟农场，除了适合耕种外，还是个天然的牧场。它四周水草丰美，远处有连绵巍峨的群山作屏障，近处有一条清澈的小河从旁流过。既有一望无际的绿色草地，也有杂草丛生的藤蔓蔓延的沟壑，既有淹没人头的茅草芦苇，也有白鹭点水的泱泱水田，更有无数的飞禽走兽。

大约在初夏的一天，我有幸被场部安排去放羊。这让我高兴得差点跳了起来，因为我生性好动，喜欢动物，喜欢大自然，我还准备了一副弹弓，期待着有所斩获。放牧可以睡懒觉，等其他人出完勤了，才慢悠悠地起床，洗漱，吃饭，灌满一壶温开水，然后去开闸放羊。那些羊儿们一看到我的到来，早已按捺不住久等的焦躁，拥挤在栏门前，咩咩直叫，栓门一开，一只只争先恐后地鱼贯而出，好不热闹。和我搭档的是一个叫开全伯的老场工，他五十岁左右，腰背微驼，眼睛细眯，皮肤黝黑，内向宽厚。在他的指导下，我们赶着羊群，一路吆喝，一路风尘，熙熙攘攘热热闹闹地上路了。放牧表面上看不是体力活，很轻松，其实不然，它要忍受孤独，经受日晒雨淋，为力保羊群不失，要煞费苦心，四处奔跑，承受很大的压力，这是我后来才体验到的。我们离开了场部，到了一处杂草丛生的开阔地带。这时，太阳已高上树梢，四周空气中散发出各种野草的芬芳和不知名的鸟儿的鸣叫声，大地充满了一片生机，我的心情是兴奋而又愉快的。这时，可能是受到羊群惊吓，忽然，从一杂草丛中窜出了一只灰色的野兔，我一看简直乐坏了，马上兴奋地扔掉了赶羊的棍子，不顾一切地去追它抓它，可那兔子跑得飞快，步点飘忽灵活，我费了九牛二虎之力，不知追了多远，也没有抓住它，最后累得一屁股瘫坐在草地上。

这时我才发现，那羊群已不知去向，脚上的凉鞋也少了一只，最糟糕的是，那装着水的水壶盖子不知何时弄松了，水洒了一半，真是糟糕透顶！折腾了好一阵子，我追上了羊群，那只鞋子也失而复得，但那流失的水却是覆水难收，令我经受了一次极大的考验。这时，已是日过中天，羊儿们零零散散地分布在草坡树丛中觅食。午后时分，骄阳似火，太阳像一个巨大的火炉炙烤着整个大地，一切都是耀眼的炽热。望远处，水汽在冉冉地蒸腾，我们躲进了树荫底下，还是感到酷热难当，不知流了多少汗，衣服已泛起了白色的盐渍，喉咙干渴似火，但水壶里的最后一滴水已被我喝光。我意识到这样下去是很容易中暑的，可是在这前不着村后不着店的旷野中，去哪里寻觅饮用水啊？无奈之下，我到了一处荒坡的小梯田，惊喜地发现，那是一处刚插秧不久的秧田，两块田的交界处水流潺潺，清澈见底。干渴的喉咙，清凉的流水，本能的驱使令我决定去尝试喝它。可是当我趴下身子，脸贴到水面时，忽见在浅浅的水底，有几只摇摆着小尾巴的蝌蚪，和一些头发丝大小肉色的小虫，马上又直起了身子，吓得不敢喝了。可是口越来越渴，人越来越难受，经过一番的犹豫和激烈的思想斗争，我终于鼓起了勇气再次趴下身子，闭上眼睛，先抿了一小口，慢慢地咽下肚子。过了一会儿感觉好像没事了，才大口大口地喝了起来。真不容易啊，之前在家里，因为我的肠胃比较弱，常被妈妈反复叮咛不要喝凉的开水，可这下好了，我居然喝起了凉的田水，真是不可思议！

人是会因环境而改变的，我们上山下乡，就是在不断地改造自己，使自己不断地茁壮成长。说来也好笑，喝完了这看似不干净的田水后，由于心理作用，我一直在等闹肚子，可是左等右等，那肚子也没闹起来。联想到现在，连自家用钱买回来的桶装水喝了也不放心。嗨，时代变了，很多东西也改变了，有些东西变好了，有些却变坏了。人类发展是好事，但是生态系统被破坏了是坏事。现在还有人敢去喝野外的田水吗？我真为这日趋变坏的生态系统而担忧，而怀念那时绿翠掩映的北沟农场。

去放羊的那一天，还发生了另外一件事情。上面说到的那只失而复得的凉鞋后来又得而复失了。在野外放牧，有时会因为肚子饿而就地取材来解决温饱。常见的做法是，去番薯地挖一些番薯回来，然后再去草地里拾一下牛粪干，把它烧成火红的炭状，然后再把地瓜掩埋其中，半小时后就有香喷可口的红烧地瓜吃了。问题是，当时我去错了地方，挖的是隔壁生产队的番薯。这还不要紧，关键是那些番薯还没真正长大，大小只有小红萝卜模样。因此，我挖了一大片也没有凑够半帽子。那时我还真不懂，被挖出的地瓜藤是会死的，是在糟蹋粮食啊。我还在那起劲地挖着，忽然，身后出现一个严厉恐怖的声音："快起来！跟我走！"接着，脖子被一个冰冷的硬物抵着。我回头一看，只见一个模样凶狠四十来岁的身材很壮实的农民，用恶狠狠的眼光盯着我，架在脖子上的硬物是一把半米长的锋利的山刀。我的妈啊！我即刻吓得瘫坐在地上。随后，我被押到了一个简陋的草棚里，见到了一个正在抽水烟被称作队长的人。这人倒不是很凶恶，他说我糟蹋了他们的粮食，造成了他们的损失，要做赔偿，否则要押回他们村子里。我被吓得像个犯人，哆嗦着称身上没钱，那队长用水烟桶指着我脚上的鞋说，那你留下这双鞋。我马上会意了，并即刻同意，虽然我很心疼，这新款漂亮的凉鞋是姐姐专门送我下乡的礼物。随后被要求写了一份检讨悔过书，才放我走人。我如脱离魔掌似的，不管那沙石硬刺扎痛光着的脚丫，飞快地奔跑回我那亲爱的羊群，还有那慈父般宽厚的开全伯那里。

开全伯见我那么久都没回来，也很着急，但他必须先照顾好那羊群。听完我的诉说后，他并没有怎么责备我，反倒责怪自己没有交代好，然后脱下了他那破旧脏臭的解放牌布鞋硬是给了我穿。我真是又感激又羞愧！这时，太阳也西斜，漫山遍野披上了橘红色的余晖，开全伯眯着眼睛，看了一下天色后说，羊儿已经吃饱，可以回栏了。于是，我积极地配合开全伯把那羊群围拢起来，清点了羊数，赶着那吃得肚子圆滚滚的羊儿们踏上了回家的路。这次放牧真的不同寻常，它使我失去了一双鞋，但收获了更多的东西。

放电影

知青的生活是艰苦而枯燥的。在那个只有八个样板戏的年代，供人们娱乐的文化活动本来就少，更何况是在几乎处于与世隔绝的山沟沟里。劳动了一天，多数人都早早地上床睡觉了，偶尔会有一两个人还在昏暗的煤油灯下看看杂志书信之类的。当时有个叫罗家兴的瘦高个、皮肤黝黑的小伙子，对笛子很痴迷，几乎每一晚都吹上几曲，虽然技术不怎么样，但在我们听来已如天籁之音。偶尔会有一两场电影看看，这已是一种很奢侈的事情，往往要跑到十几公里以外的地方去看。

下乡的第二年，我有幸被公社借调去当农村巡回放映员，一同被选中的还有清爽高挑谈吐风趣的一个文艺青年，招英胜。他成了我以后一年的好搭档，好朋友。如此，我的知青生活翻开了新的一页。我们的任务是，每月按既定的路线，一个村一个村地跑，如接力赛，在这个村子放映完，该村负责用牛车把我们送到下一个村子，如此连接循环。记得我们的放映器材特别笨重，放映机是南京产的十六毫米电子管机，四十多斤重，发电机更是两个成年人使劲才能抬得起来的汽油机，还有两根长至屋顶的大竹竿等一大堆器材道具。要把它们完整牢固地装在两部牛车上，并非易事，还好，有县电影队的老同志的传帮带，加上下乡一年来的锻炼，我们很快地掌握了包括装车在内的所有技术和技巧。

其实，农村巡回放映员的工作还是蛮艰苦的。要长时间离开家人，行军走路，跋山涉水，食宿不定，条件简陋。有时我们甚至要睡在学校的桌子上，和农户们吃地瓜粥。有一次，我们睡在一户人家的楼板上，半夜全身被不知什么东西咬了一个个的小包，奇痒无比。我们揭开草席一看，天啊，木板上爬满了虱子。我们伸手去抓，但它们反应很快，迅速钻到缝隙里面去了。无奈，最后还是招英胜想到了一个点子，拿了一点汽油上来，倒进了那些木板缝隙里，情况才有所好转。当然，这也相当危险。当时我们还练就了一绝活，一口盅水，完成了刷牙、洗脸、梳头的全套动作。还是那句话，环境改变人。

同时，我们也是很受欢迎的人，被农村的孩子们尊称为电影人。每当我们出现在村口时，就会受到夹道式的欢迎，人们奔走相告，如过节似的。大家赶忙吃完晚饭，早早地来到放映地点，抢先占据有利位置。记得有一次，我们来到了一个叫红坎的村子里放映，村子很大，观众很多，秩序很乱。放映途中，孩子们生性焦急，不愿远离银幕，生怕漏看了一点点的片段，尿尿就在打桩固定银幕的钢钎旁。结果你一泡我一泡的，把那泥土地全给泡松泡软了。于是，电影放到一半时，整个银幕轰然倒下，碰巧当时放的是《英雄儿女》，刚好是王成屹立在山头拉开爆破筒的引子，纵然跳下的那一瞬间……人们都沉浸在戏中，一时还缓不过来，有人说银幕是被炸倒的，顿时引来一阵大笑。

在我短暂的一年放映生涯中，还发生了一件令我难以忘怀的事情。那是发生在1975年，作为东方县远景发展的战略部署，县委在临近感城公社的一个叫海洋坡的地方，实施了万亩甘蔗基地种植计划。那是千军万马全县动员的大事，为给动员大会助威，除了县委的主要领导亲临现场外，还十万火急地调派了我们放映组前往放映。深知这次放映任务的重要性，我们二话没说连忙打点行装乘坐指挥部派来的手扶拖拉机，人机混搭长途奔驰二十多公里，风尘仆仆地在晚饭前赶到了指挥部。记得指挥部后勤组还杀了一头牛，我们放映组还有幸跟县领导一起共进晚餐，还喝了一点地瓜酒。当我们做好了一切准备工作，把放映机架起来时，天色已全黑，坡地上人头攒动，黑压压的一片，人们翘首等待，盼望着电影早点开映。等县委领导基地总指挥发表完重要讲话，电影随即开始放映。我心里在暗暗地祈祷，希望放映能顺利完成，这可是一项重大的政治任务啊！随着放映机"咔嚓咔嚓"和谐的抓片声，半小时后，影片的第一卷放映完毕，接着我马上换装第二卷，可是第二卷胶片装了几次都无法装到片槽里，一种不祥之感涌上心头。

我马上找来电筒打开一开，整个人都惊呆了，原来这卷胶片还没有倒片呢，而没有倒过的胶片是无法安装放映的。我脑袋一片空白，一时不知如何是好，若重新倒过片子，在当时的条件下，至少也需要 20 分钟（招英胜负责发电机无法帮我忙），如果这样做了，观众能等待吗？他们会原谅吗？特别是现场的县委领导们，怎么看待我们？他们会把这个情况通报到农场去吗？这样的话，势必会影响到我在农场的表现考评，进而影响到我的招工返城，影响到我的前途啊。不敢往后再想了，摆在面前的严酷事实，让我很快缓过神来，令我做出一个铤而走险的决定：放弃第二卷，直接上第三卷！于是，我马上换装了第三卷，接着放映，心里在砰砰作响，手都有点发抖了，心里在祈求能蒙混过关。

刚开始还没什么，随着故事的展开，开始有人小声议论起来，接着是一片责问声，终于有一人站了起来大声喊道：喂！你们搞错了，电影放漏了，重新放过！的确，这是一个叫《铁道卫士》的老片，很多人都看过的，电影第二卷里有一个经典的匿藏的特务分子在鸭绿江大桥铁道上放置炸药搞破坏的片段，触目惊心，令人难忘。于是现场很快一片起哄吵闹声，人们几乎是义愤填膺了，坚决要求重放！这时，我已经没了退路，唯有置之死地而后生，于是拿起话筒，声音有点颤抖地说：请大家原谅，这部片子比较老旧，第二卷胶片划伤得很厉害，片孔烂了很多，已无法放映，所以只好直接放第三卷了，对不起！虽经解释，但被忽悠的人们还是不相信，个个都站了起来。眼看这场电影已无法放下去，要酿成大事了。在这关键时刻，一位县委领导从前排走了上来，接过我的话筒，顿作两声后，大声地说：请大家安静！不要吵闹！要相信我们的知青同志，这是一次小小的意外，我们会联系有关部门尽快地再调一个片子过来放给大家看的，请大家放心！也许是迫于上级领导的权威，和领导高超的讲话艺术，大家才慢慢地平静下来，陆陆续续地坐回原处，电影放映得以继续进行，我这才松了口气。放映结束后，我有一种虎口脱险大难不死的感觉。好险呐！都怪那晚的地瓜酒，都怪自己粗心大意，怪那里简陋的条件，令我手忙脚乱之中出了差错，要不是那位后来成为姐姐家公的县委领导解围，后果真是不堪设想！

难忘趣事

上山下乡的生活是苦闷的，但毕竟是年轻人，不会甘于寂寞，会做出一些不同寻常而又搞笑的事情来。现晒晒其一二。

一次，我和蔡伟杰密谋去偷一条甘蔗来吃，甘蔗地就在我们宿舍后面。趁中午没人，我们一下就溜进了甘蔗园，经过实地勘察，我们很快选了一条足够粗大的来下手。阿杰蹲在下面用一把小刀围着甘蔗的根部一圈一圈地切锯，我则站着在上面用手扶着甘蔗使其不至于突然倒下，并让下面的人容易操作。待到那甘蔗快要断离时，为了不发出响声，阿杰还脱下自己的上衣，紧捂那蔗头，然后和我一起慢慢地把那甘蔗放倒，我们配合得天衣无缝。大功告成，我们兴奋地享受着我们盗来的成果。但，那甘蔗是榨糖用的糖蔗，那节很硬，很难撕咬，特别是阿杰那段是蔗头（他和我猜剪刀石头布时输了给我），我们相对而坐，紧张地撕咬着，样子好不狼狈。特别是阿杰本来就有点斗鸡眼，样子有点憨，有点二，笨手笨脚的，啃甘蔗也不会用巧力，样子很滑稽。正啃到一硬结处，突然，场部开工的大喇叭响了起来，吓得他紧张地使劲一拉扯，由于用力过猛，"嘭"的一声，扯出的甘蔗长长的另一头反向重重地敲打在他后脑勺上，即刻疼得他捂着后脑勺，龇牙咧嘴的，笑得我捂着肚子，把吃到嘴里的甘蔗也喷出来了，这个笨蛋！

和阿杰相反，曾德海却很醒目，他精力充沛，脾气暴躁，喜欢捉弄人。一次，不知他从哪弄来了一条足有两指宽的大蜈蚣，可说是蜈蚣王了，又大又长，其身上的颜色已呈铮亮的深褐色，很是吓人。可他却把它玩弄于股中，任由它爬走在自己身上，把旁人都吓得躲得远远的。原来，那蜈蚣的两个钳牙已被他用指甲钳钳掉，费了武功。但不知情者还是会被吓个半死的。有一天，在出工的路上，大家扛着锄头三三两两地走着，他从一个女知青身边走过时，悄悄地把那蜈蚣放在了她那把锄头上，结果那蜈蚣沿着锄头把柄一个劲地往她那身上爬去……那结果是可想而知的。结果那女知青一天都开不了工，下不了床，无奈要曾德海上门去亲自赔礼道歉才了结。这恶作剧玩得也真过火了一点。

再有一件事是，我们下乡没多久，上面配了一台"红卫"牌的胶轮拖拉机给场里。这可是个宝贝，既可耕地又可作运输用，我们常常坐它行驶几十公里回县城呢。司机叫庄耿克，为人如他名字那样勤恳认真，我跟他关系很好。因为对机械的天生喜好，我常磨叽他让我开一下，死缠烂打之下，他也兑现了之前让我投他票支持他当上司机后，给我开一下的诺言。但后来，被我无意中发现，不用车钥匙也能启动拖拉机的诀窍，就是坐在驾驶座伸长右脚，用脚趾尖点踩那口盅般大小的引擎，即可发动机车。这可让我高兴坏了，趁无人，我常偷偷地开一下来解解馋。这秘密我只告诉过一个人，结果后来不少的人都知道了。上得山多终遇虎，这引擎经不起多人的经常折腾（紧急情况下才用的特殊做法），终于在轮到一个叫阿平（记不得全名了）的倒霉蛋操弄时烧坏了，摊上大事了。谢天谢地，好在不是我！那引擎拿去县里花了一百多元，一个多月后才修好拿了回来，当时正好赶上是农忙时节，给农场造成了不小的麻烦。那段时间里阿平是低着脑袋做人的。而我也因为被告知是第一个偷尝禁果的人，开了个坏头而受到批评。

后记

自那次放牧闯祸后不多久，场里开了一个全体职工大会，由场长麦铁色主持。麦场长当兵出身，瘦黑个，一身的干练，一脸的严肃，特别是在那昏暗摇曳的煤油灯下，那神色有点像庙宇里摆的那些雕塑似的，令人感到有点恐怖。会议的下半段内容讲到了劳动纪律，我内心忐忑不安，该来的终于来了。场长不点名地说到有人放羊不是看管好自己的羊群，而是跑去糟蹋其他生产队的粮食，很不像话，搞坏了我们跟隔壁生产队的关系，还读起了之前我写的那份悔过书。人们交头接耳后，不约而同地把眼光投向了我，我恨不得挖个洞钻进地下去……到了第二天，场长把我叫到他那里去，我以为又要挨训了，但令我感到意外的是，场长只是说了我几句，提醒我以后注意一点后，拿出来了那双凉鞋并说：其实，没收你凉鞋的那人不是生产队的队长，只是个民兵连长，后来村里老支书知道此事后，批评他鲁莽，吓坏了那小知青你负责得了吗？然后，要他把鞋子送了回来。这令我喜出望外，如获至宝地把那凉鞋紧紧揣在怀里，这宝贝鞋子又失而复得了。

以上是我下乡时的一些陈年旧事，当是封尘作古的东西了，特别是那双命运多舛的凉鞋，若留到现在可作古董了。

东方县首批下乡知青成长忆述

赵卫坚 / 东方知青 / 东方马岭农场

听从党的召唤，立志上山下乡

52年过去了，我依然清晰地记得这个日子——1964年6月9日。那天，是我人生中第一个大的转折——我戴着大红花，步入广阔的天地。

那天，东方县在新街地区举行热烈欢送东方县第一批知识青年上山下乡仪式。新街地区的机关干部、职工和中小学校师生好几百人组成欢送队伍，早已在琼西中学校门前大道两旁排队等待。他们高举红旗，敲锣打鼓，鸣放鞭炮，热情洋溢地高呼：上山下乡，劳动光荣。我们一行知青18人戴着大红花，被夹道欢送，感到无限光荣，心情非常激动。参加欢送仪式的县、公社领导有县长符其辉，县热作局长韩成，县工商联主任王统丽，新街公社领导文武兼、符文经、符茂英、李圣文等，并亲自陪送我们到达马岭农场，这盛情欢送的场面和情景令我终生难忘。

1964年初，我就读于琼西中学高中一年级，因父母年老多病、家庭生活难支，我只好辍学。与失学青年符应文，各自打起简单的行李，先后到四更的面前海盐场工区打临时工、八所海建公司当搬运工、马岭石场当采石工人，干了两个多月的临时工。

5月，是我走向新生活最难忘的日子。符其辉县长亲自组织带领城镇知青上山下乡工作组，进驻新街居民大队，挨家挨户深入调查采访，动员青年走出家门，响应祖国号召上山下乡参加农业生产。

我家属二里管辖，里主任林水风带着工作组和公社副书记符茂英来到我家，给我和我父母做知青下乡动员工作。我是当年初回居民大队的，文化程度较高，又是共青团员，大队的基干民兵连长，所以我们家是工作队工作的重点。我确信上山下乡是国家的号召，是知识青年锻炼的好机会，既可帮助我摆脱目前的困境，又能在农场过上集体生活，于是第一个向县工作组报名入伍。在我的带头下，经过半个月的动员，关玉兴（后为昌江叉河水泥厂干部）、林维富（后为东方市教育局财务股长）、陈石兰（后为县委工作人员）、陈琼英（后为中沙乡干部）、文新娥（后为水产公司干部）、罗英菊（后为电影院职工）、陈兰（后为市医院职工）、吉金梅（后为东方盐场职工）、龙爱仙（后为八所港职工）、冯圣妹（后为石碌铁矿职工）等18名知青一起报名上山下乡。

当天上午，县、公社领导送我们到达马岭知青农场场部，召开全场职工大会，包括1959年初县创办的县畜牧场留守老职工文兆发（老革命干部）、冯亚二、周敬寸、黎国才、张亚发以及工商人员等12名，共有30多人参加会议。县长符其辉宣布：马岭农场的组织形式，名称为"新街马岭经济作物场"，是直属新街居民大队管理的劳动组织基本单位，场的知青和职工原非农业人口性质不变，实行独立核算，自负盈亏，负责直接组织生产和分配，全部采取劳动工分记酬分配制（简称"工分"制）。原来昌感县在1959年—1962年在马岭创办的县畜牧场的固定资产，包括土地、山林、草场、滩涂水池的一切确权，归马岭农场经营管理的自主权。县政府拨给该场1000元建场启动资金，生产资料资金由场部按实际情况做出计划，由新街信用社提供低息贷款。知青（包括原场职工）每人每月供应大米21斤，补发六尺布证。县热作局派一员技术员长期驻场进行技术指导。

新街公社书记文武兼表示全力支持马岭场工作，派出公社武装干事李圣文负责场的民兵建设。农场伙食采取集体公共食堂，职工全体平均伙食，肉菜全部都自给，一日三餐，饭热菜香。食堂工作由关玉兴具体负责。

第二天，由县工作组黄诚等人带领我场几位职工对场的土地、山地、水潭面积进行确权。原昌感县马岭畜牧农场是由县政府组织全县五大都市（新街、墩头、港门、新北、北黎）近二百多名工商业者，在1959年进行劳动生产改造创办的，于1962年撤离收队，仅留下几位职员留守。马岭经济作物场的范围以马岭大岭、二岭为中心，南边以玉章村生产大队耕作地交界至岭脚跟地，北边与马岭水塘和马岭林场交界，西边与岭头为界，东边以第三岭为界，当时没有任何村民来干扰和占用。马岭坡岭上是矮小丛木林，岭脚水肥草茂是放养牛羊的畜牧基地。

第三天，研讨种养计划方案。场部水源丰足，可以自己动手种蔬菜、种短期作物。种菜能自给，剩余部分还可供应市场，解决资金紧缺的问题，由八名职工负责。种植热带作物，种桑养蚕，开荒坡地，计划种植五百亩桑树养蚕丝出售，由十六名职工负责，我任队长。放养牛羊，由文兆发等二人负责。制定目标计划后，首先对生产工具材料的投入进行核算，需要购买水箱、锄头、铁铲、剪刀、牛、羊等，共要资金 2000 多元，除肥料靠场职工去新街挑人粪尿、土杂肥外，其余的向新街信用社贷款。我们场的生产计划是工作组与我们共同制定的。

经过几天奔波，新街供销社和新街信用社、新街粮所，为我场生产工具、生产资料、粮食供应开绿灯，给予方便，满足需求。

努力开垦种养，投身锤炼成长

马岭作物农场在马岭北部山坡上，有大片的土地和丰富的地下水源，还靠近田庄村，村民大力支持我们。农场共有 30 多名工人，其中有 8 名男劳动力，20 多名女劳动力，全部采取工分制。工分是农村的农业生产合作社和农业生产队每天按体力轻重记录的劳动收入，到了年终，就按劳动工分来分红，这就是农场收入分配，一年才分红一次。平常在集体食堂吃饭，菜饭都是平分的。

那时，我是农场负责开荒种桑养蚕的队长。天还未亮，大约五点半钟，垦荒队就起床，喝上一大碗清汤粥，就奔上荒地，舞刀劈砍，挥锄挖地。这丘陵山坡上的小灌木林虽然不大，但是野生刺尖丛生，人还没有靠近，尖刺已钩得浑身流血。我们总结经验，先劈野草和杂木林，过两天后，顺风烧野草，底下全是树头，这就容易找空地挖坑种桑。队内规定每天每人挖种一分桑种地，等于二百个桑洞。大家你追我赶，烈日高照，汗珠淋漓，还是坚持完成任务后才收工。下午四点又开始从四百米远的河边挑水来浇刚种的桑苗，每人要挑 30 多担。男子把衣装垫在肩上，坚持挑水，你追我赶，相互帮助，等到日沉西山后，我们才收队回场。经过整整一个多月的开荒种桑，完成了二百亩任务。

种桑任务完成后，就在水库边的滩涂地挖穴种冬瓜。这些地长满了原始的比人高的芦苇草，只好用刀劈割放火烧，接着在较高的坡地上挖穴种瓜，我们苦战了 1 个月，种上了 30 多亩冬瓜苗。

那时，场长王配善因病离场回家，我是该场负责人之一，还兼农场会计。关玉兴当出纳并管理集体食堂工作。本来从未干过会计工作的我，怎么突然当起农场的会计来了？事实上，我的会计知识是从新街小商贩合作商店的会计游国保那里学来的。这位同志对人热情又认真，我在他的启蒙下，初步掌握了会计记账的方法，为我今后学习经济管理学打下一定的基础。

在农场我是男劳动力，学会计的同时，我还学习耕田种地。但不久后我发现，学习用牛耕地就不是一件容易的事。说来也怪，牛好像一开始就知道我是个新手，不听我使唤，犁起地来不是偏左就是偏右，不是深就是浅。我气急了就向牛发火，牛一下跳出套绳架。因为牛力过大，把牛绳也拉断了，我摔一大跤，牛也跑了。后来我冷静下来，慢慢地思考才发现，人与牛有共性，要牛听人的话，你就必须仔细观察和了解它的个性，不要乱打骂它。此后，我每天在耕地前就先给牛喂好草料，并拉它到水塘洗浴，抚摸它的脊背，逐步改善与牛的关系，使它不再畏惧我。就这样，几天后我初步掌握了牛与拉牛绳的性能，接着掌好了犁耙的平衡力，在老场友的指导下，经过了十几天实地操作训练，终于学会了犁地耕田。在农场我也渐渐学会了修理农具和做木桶等工艺，俨然成为一个地地道道的农民。

当时种植蔬菜的主要肥料来源于人粪，都是靠回城担挑。我们十几名知青，每隔三天都要在晚饭后，挑着木桶步行五公里，分两个组到新街和琼西中学两个公厕挑粪。每组负责打捞四担，男子负责打捞，每担有两个女子轮流换挑。每次挑回场部都在十一点钟左右，全身污臭，大家都要脱光衣服，跳进河水内清洗，尔后点燃篝火烘干头发才能入睡。

我农场与邻近的田庄村仅距离一公里，两家园地相连。田庄村是东方革命老区，也是我母亲的外家，我的大舅吴大安是田庄村生产大队长，他支持我上山下乡，并乐意帮助我们农场的农业生产。当我提出要种植红薯解决农场粮食问题时，他全力援助，无私地为我们送来红薯苗，派出耕牛队平整三亩半地，并派妇女指导我们栽培。红薯的种植也不简单，按季节每年中秋后就耕整园地，犁开行在行中间施农家肥，由妇女拿着红薯苗在行中间栽插，用左右脚板将两边填平土再踏实，种后二十天左右后，用牛犁给红薯苗培土，培成一行一行的垄沟，再过三个月就可收获。经过种植红薯，我认识到红薯是根茎植物，而且粗生粗长，生熟可食。红薯的吃法多种多样，整个煮实干香甜，切碎可煮薯汤，加米可煮薯饭粥，切成小片晒干后可变成薯片干粮，长期放在缸中收藏。我们在坡上挖地灶"打土灶"烤薯更香甜可口。在田庄村民的支持下，我们粮食有了补充，让大家安心扎营。

农场的伙食多是少许花生油炒青菜，很清淡。新街居委会很关心我们农场的生活，想方设法给予支持。每次各地的琼剧团来新街演出，新街居委会都让我们派青年民兵维持戏场秩序，每场都有一定的分成。此外，居委会的全部收入也都让给农场。利用维持剧场秩序得到的补助，我们常能买些猪肉，带回农场改善职工生活。有了肉，农场就组织会餐。老职工冯亚二伯原是琼西酒店的厨师，他用猪肉和农场的冬瓜变着花样制作了几个"名菜"，菜的味道美、色样多，大家吃了都很高兴。

农场食堂还饲养了一群猪，解决了吃猪肉的问题。在滩涂边开荒种冬瓜时，阻围水池，掏干池水抓鱼摸虾，雨天过后还组织打野兔改善职工伙食。

克服艰难险阻，积极生产自救

经济作物场原计划是种桑树养蚕和发展蚕丝事业，为制作丝布原料出口，另外还要种植本地的海棠树。后来由于种子过期，生长率很低，加上受八月份强台风影响，种植失败了。那次台风，我们农场的大部分茅屋都被刮倒。于是，我带着知青们撤到农场附近的马岭抽水站。眼看那水库的水位猛涨，甚至涨到了大坝的警戒线。水库危在旦夕，坚持在抽水站指挥抗洪的新街公社文武兼书记（后为东方市政协主席）动员说："这条大坝是新街人民用血汗铸起来的，是新街地区农业生产的命脉，我们要全力以赴保住大坝！"当时在场的抽水站工作人员加上农场的青年共有20多人，听后鸦雀无声。

抽水站站长符其吉和我两个人，赶紧拿着铁铲冲进狂风暴雨之中，但跑到河边时河水已暴涨，人已经无法到水坝底的水沟了，只有水利的渡槽是唯一的道路。渡槽离地面10多米，长200多米，每2米有一条横栏拦住，渡槽中的水近半腰深，跨过栏杆才能走过去。因为在高空，风力更大，我们每前进一步都要拼命抓住横栏，有丝毫放松就可能会被大风猛甩到水里，非常危险。我们两个不断攀爬，拼搏了1个多小时才从对岸到达大坝，发现大坝面上有两处将要被洪水冲坏，上流的洪水冲来，百来条各种各样的毒蛇凶猛地拍打到坝面上。顾不上畏惧，顾不上毒蛇，我们搬来石头和草皮往两处较大的决口填，投入紧张的护坝战斗。经过2个多小时的奋战，我们终于填平了决口，保住了大坝。这时，我们的心里才松了一口气。我们尽管疲倦不堪，但却不顾劳累，按原路顺利返回抽水站。文武兼书记用有些颤抖的手紧紧握住我们的手说："好样的，新街人民感谢你们，公社要给你俩记功。"大坝保住了，新街地区的生产用水得到了保证，新街公社通报表扬了我和符其吉同志抗洪保坝的无私无畏的精神品质。

台风过后，我带着知青返回场部，亲眼看到台风造成的损失，是几十年一遇的。茅草屋顶已经被狂风掀去了，几棵大树倒下来，压在屋顶上，留守场部的十几个人，挤在一间尚好的食堂屋子里。我们辛勤两个多月开荒种植的蔬菜、香蕉、桑树，毁得一塌糊涂。有的几乎全部毁掉了，尤其是二百亩桑树苗，上千株之中有六成断了。食堂也没法开火。农场没有通讯设备，我只能在大树下紧张地部署抗洪救灾工作，安排生活。随后我冒着风雨赶到新街居民大队报告灾情后，新街居民大队书记蒙玉昌就陪我赴北黎向新街公社告急，公社范德章说："你要想尽快解决问题，就赶快向县政府报告。"于是我们两人快步向县政府办公室跑去，正好找到符其辉县长。我当时光着脚全身衣服破旧，县长给我一双军鞋和一件大衣，让我穿上，并带我到他家吃午饭。下午他交代县民政部门给予我们200元救济款和100斤大米。

当天下午，我将筹借到的食品背在肩上，马不停蹄地徒步赶回马岭农场。大家如久等巢边小燕子，喊道："场长回来了，我们有希望了！"我把符县长关心知青、优抚救治的消息传达下去，大家如获新生般的高兴。晚饭后，大家集中在食堂内，集体烤火，商议如何抗洪抢种渡过难关。

面对困难，我动员20多位职工留场并组织生产自救。我每天艰苦地劳动，收工时筋疲力尽，身体一挨到床就能睡到大天亮。但我对重建家园有足够的信心，唯一觉得难过的是台风刮走了我的学习资料和文具，空余时间我只能摸一摸那盏因没有煤油发不出光的马灯。

在新街公社和居民大队的支持下，农场及时盖起了新茅房，抢种了各种蔬菜和农作物。面对各种困难，我们想尽一切办法去解决。无米下锅，就动员每人回家先借来口粮，待收成后补偿归还；经济困难，我们就大力种植蔬菜，及时投放市场，同时抢种水稻、番薯和花生等粮油作物，并利用马岭水草丰富的特点养牛、养羊，发展畜牧业。后来，我们又利用县政府给农场的银行贷款，从四更村收购低价的瘦弱黄牛，用大约半年时间把牛喂养肥壮，然后转卖到昌江县大风一带，积累资金后，再购买羊群。通过几个月的辛苦奋斗，农场粮食实现自给，每月都有蔬菜投放新街市场出售，年终每人都按工分获得60元左右的分红。农场从此开始发展，日子越来越好过。

踏遍青山绿水，开创养牛牧羊

马岭高坡水草资源丰富，是养牛、养羊发展畜牧业的好地方。1959年东方县就把马岭创办成县畜牧场。

我们知青来场后，老场友多次向我提出养羊发展生产的好提议。我场利用县政府给予农场的信用贷款的政策，从四更村收购六只低价的瘦弱黄牛。因为四更的黄牛天天耕耙，劳动力度大，水草喂牧差，所以黄牛变瘦快。这些黄牛来我场后耕作时间短，水草丰富，经过三个多月的放养后，牛养得很肥壮，牛毛又黄又光滑。然后我们把这些黄牛转卖到昌江县大风村一带，价钱可翻一两倍。攒钱积累资金后，再到四更收购弱黄牛，多余的积累款可以购买羊群。

在兆发伯的指点下，我与他身带2000元，步行到昌江县各乡村打算购买羊群。到达海尾公社董村时，村干部与兆发伯很熟，同意把一部分母山羊卖给我们。下午生产队提早把羊赶回栏，挑选母羊过秤，共十八只，还送了一只公羊，大家公平公正的交易。第二天，我俩一早就赶着自家的羊群回家，发现昨晚母羊已生一只小羊羔，兆发伯很高兴说地羊不等回到家已发财。当天下午4点钟，我们将羊群顺利赶回场部。

养牛、养羊是目前我场生产最大的投入，要同心协力发展畜牧业我们才有新的出路。羊仅吃草，但对羊栏要求高，羊粪容易伤痛羊蹄，喝水也讲究。大家都动脑筋如何养好羊：露水草干后，才赶羊出羊栏，有食盐洞让羊食点盐，改变他的胃口。

我站在马岭泉水池边，观察泉水从水铜管喷出有一米多高，天天时时随风漂流，水喷水池四周，距离岸边仅有一百多米，我们就无法喝到泉水，真是可怜，如果架起渡槽，就可以把泉水引出来用。

正好岛西林场马岭分场在马岭进行造林任务试验，有十来名的职工与我们农场驻扎在一起，他们引泉水吃用的请求得到分场的支持，为引水，配制木槽和木桩，我们同心协作终于把泉水通过木槽引到场部的食堂和羊栏边。

羊栏的建设，要求通气且能防晒防雨，羊蹄不粘羊粪。我们在林场工友的支持下，用木麻黄树枝制作一个茅屋，架木楼，用树枝条编排成楼板，羊站在上面，羊粪可以从枝条中间滚到下面，可定期清理羊粪做肥。羊栏架上架设矿泉水槽让羊天天喝马岭矿泉水，中间还带着盐。经过一个月精心放牧，母羊先后生出十几只羊羔，这时农场牛羊满栏，六畜兴旺，瓜菜丰收，天天都有菜商来我场收购瓜菜后运到新街、八所市场销售。农场的日子一天比一天美好。

下乡驻队"三同"，发扬知青精神

1969年9月底，我和符明峰、文就能等10多名电影放映员被抽调去农村。

五七干校的40多位学员全部被分配到罗带公社工作团，团长由县农村部林华部长和罗带公社书记符保存担任。我和孙家敏、吴国宪、王京、欧之柏等来自各条战线的10名队员进驻红兴村开展工作。

我被安排在第九队的符松琼家，在这里体会到了农民的朴实和感情的珍贵。符松琼一家老实好客，家庭生活还过得去，一天两顿饭，餐桌上有空心菜、南瓜加米咸酱，既能填饱肚子又容易消化。在当时的农村能过上这样的生活，我已感到很满足。但他们夫妻俩总要想方设法给我加足油水。村里人要是杀猪，松琼哥都主动帮助猪主杀猪，以争取多分得一些猪血和猪肉，煮菜做饭时能多加点油水改善生活。他们的关心为我安心坚持在农村工作一年半提供了保证。

为了开垦耕地，我与社员们步行 10 多公里到高坡岭荒山上劈山挖树头开荒造田。我的双手结满水泡，用手巾包扎好，又抢起斧头继续开荒。到了夜晚就与农民在荒坡的篝火旁边躺下，听他们讲述"三家村"改为"红兴村"的故事，不知不觉就在篝火旁睡着了。第二天天还未亮，大家就被露水打醒。吃过早餐后又赶紧拿起锄头，投入新的开荒战斗。在农村工作的一年半时间里，我坚持深入群众，学习农民吃苦耐劳的精神，与农民一起同甘共苦。1969 年春季正遇天旱，高坡岭水库已干涸见底。我和生产队的社员们一起日夜在田地里抗旱抽水，干在田头，吃在田头，在集体的努力下，抗旱抢种获丰收得到了保证。

经过 4 个月的劳动，公社工作团召开阶段总结大会，推选我和另外 3 位队员参加县工作团经验交流大会。劳动交流会上，全县各公社工作团的先进代表都介绍了队员先进的事迹和经验，与会代表可以说是八仙过海，各显神通，把自己在乡下如何改造客观世界的同时又怎样刻苦改造主观世界，不断提高自己思想境界的过程描述了一番，听后让人很受感动。我最后一个发言，认真地介绍了自己下乡改造所办的几件实事。

1970 年底，县工作团推荐我出席东方县学习毛泽东思想积极分子代表大会。在第二批工作队中，我作为先进队员出席海南区在儋县新州召开的海南区农村运动先进工作队员经验交流会，在大会上介绍自己在发扬知青精神、扎根农村、自身革命化方面的事迹，获得区委工作团的好评。

在农村的一年半期间，我发扬知青精神，扎根农村，与农民心连心，艰苦奋斗，得到农民的爱护和工作队员的支持，以及组织上的关怀和培养，真正锻炼成长为一位中国共产党党员，成为一名踏实的农村干部。当时罗带公社党委曾向东方县委提出留任我为公社委员兼任公社团委书记，但军代表找我谈话，安排我担任县文化排（文化局）党支部委员和电影公司的小组长，主管电影公司的行政党务工作。

1971 年 8 月，我被宣传战线的党委推选为党员代表，光荣地出席了东方县第三届党代表大会。作为县机关代表团中最年轻的代表，我感到非常荣幸，心情无比激动。会议持续了三天，我们听取了县委领导的政治报告，并投票选举出新的县委领导班子。

坚持刻苦自学，书写无悔人生

在马岭农场，白天大家挥锄开垦，种植蔬菜，晚上还要步行 5 公里的路程到琼西中学挑人粪做蔬菜的肥料。回到农场时已是深夜了，我利用晚上时间，在这茅屋的马灯下，坚持自学，永不停息！

白天我积极劳动挣工分，一大早下到地里犁田挖地或除草，下午挑水种菜，晚上就聚精会神在煤油灯下记工分。每当夜幕降临，如果不去挑粪，我就把那盏马灯点亮，忘记了一天的劳累，坐在马灯下认真温习高一的课程。夏天时，荒坡上蚊虫多，天一黑蚊子就嗡嗡作响不断叮咬人。为让我能安静地继续学习，兆发伯经常帮我点燃蚊草叶驱蚊虫。他对我说："孩子啊！你坚持学习，今后一定会有出头之日。"我十分感激他的支持和鼓励。

8月，遭遇多年罕见的强台风，山洪暴发，狂风刮倒农场的房屋，作物全部损失。台风刮走了我的学习资料和文具，我束手无策。就在没有学习资料的时候，琼西中学的郑精华老师给我送来了高中的课本。没有纸张，我便跑到距离农场五公里远的东方盐场办公室拾旧报纸来用。我常常利用中午休息时间，到岭脚边挖山薯；晚上退潮时下海抓螃蟹、摸螺；还喂养了两只母鸡，下了蛋集中拿回家，由母亲拿到市场出售。经过3个多月的努力，共卖了四元六角钱。春节前夕，我去县城八所买了文具、煤油和一双新布鞋，高高兴兴地返回了马岭农场。

1965年大年初一，我父母和我，一家三口团聚一堂，欢度新春。老父在新春酒会中说的祖训贺词我永远铭记："我家是赵鼎公（南宋政治家、词人、书法家）世孙，你是二十七世孙，在东方的承传后人，要牢记'赵鼎文章光日月，宋朝经典训儿孙'，践行'崇德、尚学、立身、振国'传统，你要刻苦读书，学习真本领，只靠自己，这是赵氏传家宝。"从那年起，每年初二，我都重新点燃这盏赵氏马灯，坚持自学，开始阅读我的课本，越读越有信心，更加激发了我求知的欲望。

1977年，国家恢复高考。曾经熄灭了的这盏马灯随着我经过马岭农场、县农村电影队，重新点燃起来，我的心海也亮堂多了。1983年，我报考中山大学成人自修班，坚持每天晚上复习功课，自费赴广州听教授面授课程。1989年，我受东方县委委派，以科级干部身份进入武汉大学经济管理专业班，脱产进修一年。

我们这个班由来自全国各地的60个图书发行经理组成。学完一年后，我们经过严格的考试，在各科成绩合格后，由国家新闻出版署和武汉大学颁发专业证书，获得国家承认的大专学历。

当时正为不惑之年，能有机会跨入武汉大学校门，感到很幸运。

在大学的一年时间里，我始终坚持做到"四个最后"。一是最后一个离开教室。下课后，我依然坐在教室，整理好当天老师讲课的要点和笔记。负责管理的邓大姐说："每天开门时见到你，关门时也见到你。"二是在宿舍最后一个关灯。争分夺秒复习功课，深入领会知识内涵，弄通重点难点，巩固当天所学。三是集体活动最后一个离开。帮助班内收拾东西，完善活动的收尾工作。四是开会发言先让别人发表意见，自己洗耳恭听，在集思广益之后，才最后表明个人的态度，不与别人争高低。

经过 1 年艰苦的大学生活后，1990 年 1 月 9 日，学院举行毕业典礼，由国家新闻出版署和武汉大学给我们颁发毕业证书。在毕业颁证会上，武汉大学图书情报学院的彭院长与我热情地握手表示祝贺，亲自给我颁发了毕业证书，并在我的毕业纪念册上题字："学海无涯，学无止境，愿今后努力，攀登高峰。与赵卫坚同学共勉。"

（2016 年 1 月 26 日）

抹不去的马岭知青记忆

吉灿 / 东方知青 / 东方马岭农场

本文忆述我亲历的东方县（今东方市）新街公社马岭农场知青岁月。

毅然下乡

> 毛主席语录：知识青年到农村去，接受贫下中农的再教育，很有必要。要说服城里干部和其他人，把自己初中、高中、大学毕业的子女，送到乡下去，来一个动员。

1975年8月的一天晚上，新上任的东方县新街公社新街居民大队书记周义伦约我谈话，让我放弃当时的工作，带头上山下乡到农场。在此之前，已有"老三届"上山下乡，部分到三道、新政等农场，但也有一部分人没有上山下乡而自谋职业。现在，又要动员七四、七五届的新街居民大队中学毕业生上山下乡。

当时，我在县氮肥厂（筹建）建筑队当民工，已经接手了当时建筑队设计师、施工员曾工程师的助手工作，充当施工员角色，成了该建筑队里一名不可或缺的"民工"。大队书记与我谈话之后，建筑队的领导曾工程师也找我谈话，要求我不要上山下乡，继续留在该工程队，并承诺只要我同意留下就提升我为该工程队的正式施工员。如果转为正式员工，日工资一般都在1.8元到2.2元之间，而工程队施工员的日工资一般都在2.5元左右，再加上"加班费"等，每月都有100元左右的工资收入。工程队施工员这个职业在当时是很多人向往的职业！一旦我拒绝它，选择上山下乡，那就意味着从此告别城镇的非农业的市民生活，到农场过着"脸朝黄土背朝天"的农民生活。

接受它还是放弃它？我必须抉择。我专程回家征求父母意见。父母亲只是略略思索了一下就给了我一个再简单不过的回答："你的路你该怎么走，还是由你自己做主吧，我们不干预你。"伟大领袖毛泽东主席号召："知识青年到农村去，接受贫下中农的再教育，很有必要。"我们千百万知识青年都要积极响应。我毅然决然地选择了上山下乡！

勤俭办场

> 毛主席语录：勤俭办工厂，勤俭办商店，勤俭办一切国营事业和合作事业，勤俭办其他一切事业，什么事情都应当执行勤俭的原则，这就是节约的原则，节约原则是社会主义经济的基本原则之一。

1975年9月初，我背着简单的行囊，离开了热火朝天的东方县氮肥厂建设工地，与周书记等一行人前往将要奔赴的农场选取农场宿舍新建地址，在老农场基础上建设新街马岭经济作物场。

老农场场部只有一栋破旧的茅草屋，说是"一栋"，其实就是5间年久失修、房体歪斜、篱笆泥墙已经有多处破落的破房子。每个房间的使用面积大约就10平方米吧。其房子的低矮程度是，连我这么一个只有168厘米高的矮个子，也要弯下腰才能进出。5间房子中有1间当仓库，里面陈列着六七口陶质的大小不等的水缸，主要是用于存放集体的粮食、种子等物资。每个房间都有两张睡床，房间里没有桌子、椅子或凳子之类的家具，也没有可以放置衣物等的柜子或者箱子，替换的衣物就挂在睡床沿墙的绳子上。各房床铺的旁边都有一口规格大小不尽相同的陶质水缸，这个陶质水缸就是主人用来存放粮食及其他生活用品的唯一的器具了。再就是睡床，睡床是用四条木桩埋入地下充当"床脚"，床面也是用木条架成的，然后铺上木板、草席，床的上方都挂着一顶棉质的蚊帐，由于使用的年份较久，所以，棉质的蚊帐已经发黄甚至发黑了，上面还有许多显得还比较"白"的补丁。一只15W的白炽灯，就悬挂在房间的中央，床铺的下方都有一双破旧的军用布鞋或是"千里马"凉鞋（用破旧汽车外胎制成）。

由于没有建场的经费，一切都要按毛主席的"勤俭节约"来办，以"用最少的钱，办最大的事"为原则，故新的宿舍依然采用与老宿舍相同的"茅草屋"建设形式，依然是篱笆泥墙、茅草盖顶，只不过其规格要比老宿舍大了许多，高度也提高了许多，进出门就不再弯腰了，这有效地预防了"人在屋檐下，不得不低头"现象的出现，门、窗也加大了许多，并加装了门槛，以防止雨水从门口灌入室内，门扇

77

也用到了金属的"合页"。

整个新宿舍区共拟建3栋茅草屋，呈"品"字形的布局，"品"字的上单口位置，拟建一栋四间的公共用房，包括两间连通的食堂、一间厨房和一间财务室兼仓库，坐南朝北，"品"字的下两口位置，拟建2栋各5间的集体宿舍，一栋坐东向西，一栋坐西向东，两栋宿舍的门相向，中间相隔20多米，形成东、南、西三个方向为房屋，北边的沿路面呈开口状，三屋前面的空地就为可以活动的球场、广场。

方案确定之后，筹建工作马上开始。九月中旬，建房用的材料陆续运到工地，九月下旬，知青3栋茅草房宿舍的"土建工程"完工了，正在安排铺设睡床。睡床依旧是用四条木桩埋入地下充当"床脚"，床面也是用木条架成的，然后铺上木床板、草席而成的。

高歌出征

毛主席语录：政治路线确定之后，干部就是决定的因素。因此，有计划地培养大批的新干部，就是我们的战斗任务。

大队党支部决定，从新街农业大队，委派贫下中农代表文烈安小队长担任农场场长，主要负责农场的农务工作，其他班子成员从知青中产生。

新街马岭经济作物场创办初期，是一个只有几个人的小农场。一直到1964年9月，赵卫坚、关玉兴、林维富等知识青年及十几名社会青年响应县政府号召来到该农场，但不久就陆续离开了农场。至1968年，新街马岭经济作物场改名为新街马岭畜牧场。农场里的场工也基本上就只剩下那些需要进行"劳动改造"的人了，最后只留下几个体弱多病的人在那里。现在，50位热血知青要到这个农场来，并不是来接受教育，而是来接管它、来当家做主的，农场名字要体现出知青这一特征，所以，定为新街公社新街居民大队知识青年农场，简称"新居知青农场"，由于它位于马岭脚下，所以也叫"马岭知青农场"。

制定农场生产、生活与知青待遇。这个农场原有耕牛两头，存栏牛有35头，存栏羊有51只，其中：产仔母羊有32只，种公羊两只。有水田不足10亩，菜地2亩左右，在耕坡地20多亩。另有旱地、可复耕荒地约30亩，可开垦的坡地约有70亩，可是这些地无法解决灌溉的问题，属于"望天"地。农场没有外来的经济支持，只能依靠农场自给自足。水田主要种植自给的粮食——水稻，按农场实际需要的口粮计算，全农场55人，一年所需的口粮要3万斤稻谷，加上水稻种子，按当时的生产力水平，最少需要水田 25 亩才能生产出来，所以要尽可能地利用原来有水灌溉的耕地，最大可能地满足口粮种植的需要。要充分利用好原有的坡地，多开垦荒地，以种植杂粮作为口粮的补充；菜地以自给为主，盈余部分与种植其他经济作物的出售收入，作为农场的主要经济来源，主要用于知青的生活保障，同时满足农场生产所需的农业生产物资，如农药、化肥以及种、苗等。

每位知青初到农场时，给予每人一次性补助 120 元。第一年，由于农场还没有取得收入，所以，第一年的口粮指标依然由国家供应。当时经研究决定：给每位知青的一次性补助 120 元不直接发放给知青，按平均每月 10 元，主要作为第一年间的"伙食"开支，每月伙食费 8 元左右，余下的发放给个人，作为生活零用。第二年以后就没有固定收入了，也没有按"工分"进行"分红"。如果农场的副业收入有结余，可考虑按其出勤情况，适度给知青发放一些现金，作为生活零用。

宿舍建好、班子确定后，就准备组织知青们进场。

1975 年 11 月 25 日下午，新居地区红旗招展，标语满街，到处是一派新的景象。广大上山下乡知青家长和革命群众、机关干部、职工、中小学师生敲锣打鼓，汇集在新街市场，热烈欢送知识青年上山下乡。两点整，鞭炮齐鸣，50 名知识青年在公社党委书记李永显、副书记符茂英、新居大队党支部书记周义伦、副书记林黑二的带领下，高举战旗，胸佩红花，腰背背包，离开了可爱的家乡、家长和欢送的人群，意气风发、步伐坚定、高歌出征。进场前的当天上午，知青胸戴大红花，与家长及新居大队干部在老百货公司前合影留念。

进入农场 1 个多月，我们就迎来了农场生活的第 1 个元旦。知青们"以新的战斗姿态，跨进 1976 年"，接着又迎来了离开家乡后的第一个春节——1976 年春节！

刚到农场时，有些知青思想上不免会产生一些波动和失落。场领导就组织大家学习毛主席教导，学习朱克家、张勇等上山下乡先进事迹，树立艰苦奋斗的革命精神，在农场这个大熔炉里经受磨炼，把自己培养成为坚强可靠的无产阶级革命事业接班人。通过反复学习讨论，大家提高了思想觉悟，纷纷表决心：要以场为家，积极工作。

短短一个半月内，就有 3 名知青向大队党支部递交入党申请书，24 名知青向团支部递交入团申请书，占农场知青人数一半以上。大部分知青通过辛勤劳动，初步掌握了一些农业生产知识。水稻组的同志经过努力，初步掌握了犁田、耙田和播种、插秧等农活；垦荒组的同志奋战在田间、荒地，不畏严寒，不怕泥泞，披荆斩棘，挥舞银锄、十字镐，手掌打起了血泡，开垦出了 7 亩多荒地，并改造了 3 亩多地为菜地，使得可种植的菜地从原来的 2 亩多扩展到 6 亩多，为提高蔬菜的种植、产出提供了基础；蔬菜组的同志，他们每天在劳作的时候，裤脚要挽至大腿，要蹚过齐小腿深的似冰的水塘取水，寒风刺骨，手和脚很快就会感觉到发麻，而 90 斤左右的喷水桶就压在肩膀上，两手还要提着喷水桶的前端，一天下来，每人最少也要挑上 140 担到 150 担的水，肩膀被磨得红肿，但大家没有叫过一声苦，他们种植大白菜、椰子菜、韭菜、艾菜等各种时令蔬菜，不仅解决了农场知青的蔬菜的自给，还向新街市场提供了优质蔬菜。

旧事琐忆

毛主席语录：青年是整个社会力量中的一部分最积极最有生气的力量。

1. 文宣队与电影放映队

农场成立了一支十多人的业余文艺宣传队，每周用 1 个晚上进行文娱活动和宣传演出。1976 年元旦前夕，红色电波传来了毛主席发表的两首词：《水调歌头·重上井冈山》《念奴娇·鸟儿问答》。为了确保毛主席两首词内容的准确性，我与谢良商、李彩胜三人，围着收音机，分头记录广播里播出的毛主席两首词的内容，并立即将其编成快板书《世上无难事，只要肯登攀》节目的脚本，组织文艺宣传队解读脚本，背台词，连夜排练，通宵不眠，终于在元旦这天的早晨，在新街市场内百货公司前面的小广场上，演出了一台小节目，在第一时间内宣传毛主席的两首词，受到了当地群众的称赞和好评，都称他们真不愧是新街知青农场的文艺"轻骑队"。

1976 年 7 月，农场成立电影放映队，由我和招发忠两人负责。放映活动范围主要是新街公社辖区内分布在我们农场周边的村庄。到村庄放映的收费办法，按所放映电影的部数计，每放映一部电影收费 8 元，纪录片、宣传片免费。这样下来，电影的放映收入或多或少地也能贴补一下农场的收入。电影队的人员、目的、任务确定之后，我们就到墩头公社港门大队的电影队"跟班"学习一周。当时带我们的是港门大队电影队的李一声（现在东方市地税局任职），在他的带领下，我们很快就上手放映了。

电影队使用的是 8 毫米电影放映机。整套放映设备，除了两根尾径 10 厘米，长 3 米多擎银幕的竹竿之外，其他设备全部就装在一个大木箱子里。电影的拷贝（电影片）要到县城的县电影公司发行组领取，每部的片租是 8 元，通常情况下，每个电影队一次只能领取一部电影的拷贝（电影片），并按政治需要分配、发放新闻纪录片或者宣传片。我们农场距离县城 17 公里多，每领一次电影片来回要跑 35 公里的路程。放映完后，我们还要步行回农场，回到农场已经是凌晨两点左右了，非常的辛苦。我只好用家里最值钱的唯一的旧自行车拉放映设备（包括 1 个收纳设备的大木箱和两根银幕竹竿）。每个月我们平均要进村庄放映 15 场，按每场 8 元计算，我们外出放映的收入，每月大约有 120 元，扣除上交给县电影公司片租 50 元左右，纯收入大约有 70 元。加上在农场放映，合计下来我们每月要放映 20 场次左右。我们的老农文场长最钟爱的电影应该是《洪湖赤卫队》了，经常叫我们拿这部影片回来放，所以，这片子我已经不记得在农场放过多少遍了。

电影队停止播放工作后，电影放映机交回新居大队。也就是在这个时候，社会上兴起了一股电影配地方语言的热潮，当时县选的影片是《春苗》，作为配制地方语言的母本。县电影公司带了一个考核小组，到我们农场选拔配音演员，最终，我们农场的陈珠、林凤春两位女知青被选中。配音演员选定后，就集中在县电影公司集训。原计划用四个月的时间配完，但最后用了半年多才完成。配音完成后的新街话版《春苗》，在新墩地区的首场是在墩头公社前放映的。

2. 歉疚 40 年的一件事

1976 年最后一次寒潮来临之际，我正在吃晚饭的时候，蔬菜班的小陈姑娘跟我提出要请 3 天假，但不肯讲请假原因。我说最多只能请一天。她眼里蕴含着泪花，无奈地说："那就算了。"说完转身就走了。第二天下午出工时，传来了她病倒了的消息。我急匆匆地来到她们宿舍，只见她蜷缩在棉被里，面部表情十分地痛苦，眼睛肿肿的、鼻子红红的，眼里还饱含着泪水，身体不时出现抽搐，无法坐起来，几乎说不出话。当时缺医少药，农场更是无医无药。我们连夜用牛车送她回老家。后来我才得知：她的病确确实实是因为我不准假而造成的！她体质本来就比较差，例假时会有痛经的情况出现。在家时，她是独女，一家人都将她当成宝贝捧在掌上，下厨、沾水的活是轮不到她干的。她上山下乡时还未满 17 周岁，可是到农场后，她一直都在蔬菜班工作，再加上这个冬天又比较冷，几个月来，所吃的苦、所受的累不说，天天都在与水打交道、泡在冰冷的水里，所以这种痛经的现象就愈演愈烈，每个例假期她都是咬着牙挺过来的，她是感觉到这个"假期"撑不下去了才向我提出请假的，然而我却没有批准。她万般无奈只好继续去浇菜。那天上午快收工时，她再也撑不下去了，连人带桶摊跪在水塘里，再也挑不起水来，就这样病倒了。女性例假期最禁忌泡水，但一个未满 17 岁的花季少女来了例假，要向我们这些农场男领导请假，如何开得了这个口？在她回家养病的第 3 天晚上，我们农场几位领导专程到新街探望她。返回农场的路上，我们讨论决定：以后女工们有关例假的请假问题，一律由农场负责女工工作的女同志负责核批，不需直接向农场男领导请假，准假缺岗的问题统一进行调配。由于我们采取措施及时、恰当，所以，后来此类情况就再也没有发生。但是，对小陈的歉疚，40年来却一直萦绕着我……

返城分配

1977年至1978年的两年间，农场50名知青中，2名上大学，2名当代课教师，2名应征入伍，2名调入国营猕猴岭林场，共8名离开了农场。其他42名知青也已于1978年全部返回老家，但并没有办理回城手续，依然还是农场知青。新街公社和大队领导也几次跟我们谈了此事，要求我们尽快办理回城，而我也肩负着农场知青们的重托，一次次地回绝了这种返城的请求。1979年元旦过后不久的一天，公社的钟昌美书记和大队的周义伦书记，把我叫到他家里谈话。我当时被分配到县财税局，是进入政府部门，对我乃至我们家来说，这已经是很好的结果了，我非常乐意从事这种职业。

至1979年初，42名知青中，除了1人应征入伍外，其余41人都分配了工作。知青们从此走上了全新的工作岗位，并且绝大多数的知青当年都已经到新的单位报到、上班，唯独我们这5名被分配到县财税局的知青，要到1980年3月才报到。我们这一批进入县财税局的，一共有二十多人，其规模就县财税局来说，那可是空前绝后的。我们也有幸成为新中国成立的31年来，首批向社会招收的财税干部。

说来也算我最为幸运吧，我们农场被分配到这里的5人中，其他4位都被安排到公社财税所，因为我是县财税局干部子弟，所以，与其他几位财税局子弟一起留在局里，也算是对原财税局老干部及其子女的一种照顾吧。1982年财税分开的时候，我就顺理成章地被划归县财政局，我们农场原来财税局的其他4位，只有吴兴文被划入当地的财政所，其他3位就划入当地的税务所了。

圆大学梦

1977年，国家恢复高考，以统一考试、择优录取方式选拔人才上大学。它的招生对象是：工人、农民、上山下乡和回乡知识青年、复员军人、干部和应届高中毕业生。与过去的惯例不同，1977年的高考不是在夏季，而是在冬季举行的，全国有570多万人参加了考试，但只能录取27.3万人。那一年，参加高考的人几乎都是在国家决定恢复高考后不到两个月，准确地说只有40天时间，就仓促上阵的。

　　我们就读的琼西中学从农场把谢良商、吴坤成、李彩胜和我4人作为七四届的尖子生选送到东方县八所中学，参加1977年恢复高考补习班补习。时间只有1个月，补习内容就是拿高中课本重读一遍，没有任何的复习资料和任何针对性辅导，只是选例题讲解。我们就借住在我大姐的1间约9平方米的房间里复习。

　　当年高考由各省自行命题，沿用文理分科办法，文理两类都考政治、语文、数学，文科加考史地，理科加考理化。我报的是理科，在填报志愿时，我抱着"不成功便成仁"的态度，本来是可以填报3个志愿的，但我记得我只报了2个志愿：第一志愿是中山大学电子工程系，第二志愿是暨南大学微电子系，在服从组织分配一栏我好像并没有填，也就是不服从调剂，抱死了非这两个学校就不读的决心。广东省实行开卷考试，也就是可以抄书。考试日期好像是12月11日和12月12日，语文考2个小时，其他的科目考一个半小时。语文作文题好像是《大治之年气象新》。1978年1月，高考结果出炉了。我们4人中，有2位被学校录取了。谢良商被华南农学院土壤系录取。他最初的志愿是某冶金学校，但是，体检时发现其身体不适应冶金专业，后来才改到华南农学院。吴坤成被广东省外贸学校（中专）录取。他入学半年，该校升格为大专，他是中专录取、大专毕业。这一年恢复高考的录取率仅为3.3%，比例为1:30。我和李彩胜成了名落孙山的96.7%莘莘学子之一。谢良商是名正言顺的副场长，吴坤成是政治指导员，他俩同年被高校录取，农场领导机构一下就削减了一半的力量。

　　1983年，海南黎族苗族自治州财政局委托广东省民族学院举办了工业会计专科培训班，我和冯立平、苏文林3人被推荐参加培训，学制1年结束后取得了专科结业文凭。1985年我被提拔为副股长，在新成立的综合计划股任职。也是在这一年，我们这批人员中，大部分都有幸地到自治州驻地——通什，参加了海南黎族苗族自治州财政系统转干考试。我自费报名参加广州中山大学举办的函授班，由于当时函授班没有设置财务类专业，我只好报哲学系，想圆1977年恢复高考时的大学梦，就读广州中山大学，尽管它只是函授的哲学专科班，也算是一种圆梦行动吧。1986年初，广东省财政厅拟委托广州中山大学，在广东省财政系统内部，通过成人高考招生形式招收1个专科代培班，按考试成绩择优录取，按普通生管理办法管理。我符合报考条件，立马报名，决意要再次拼搏中山大学。凭着永不放弃和永不言败的精神，我顺利地被中山大学经济系财政学专业录取，苦读2年，终于顺利通过各项考试，拿到了财政学专科毕业证书，圆了我就读广州中山大学的梦！

知青小报《新苗》创办始末

吉灿 / 东方知青 / 东方马岭农场

《新苗》是东方县新街公社马岭农场创办的一份知青小报。自 1975 年 11 月至 1976 年 3 月共出了 6 期，刊登文章 30 篇。

创办《新苗》的由来及筹备

舆论、宣传是做好政治工作的手段之一。我们感觉到，要做好几十位知青的政治思想工作，就必须要有一个承载舆论、宣传内容的工具或者平台，那就是要建宣传栏，或者是出版小报。从出版角度来说，宣传栏新出宣传内容时，出版人要在现场书写，而小报则只需在室内就可以完成；从阅读的角度来说，阅读者必须在宣传栏前阅读，并受气候的影响，而小报则是可以随人而行，在田头、床头都可以传阅，与气候无关；从对外交流的角度来说，宣传栏无法实现与外界的交流，而小报则可以根据需要，走出农场，走向社会，走向其他农场进行交流；从存档的角度来说，宣传栏的内容留存时间长短不一，有时刚一出完，遇到雨天字迹就会模糊，它的最长保留期只能持续到下一期出版时，无法存档，更没有史料价值，而小报则是可以长久保存的，具有极强的史料价值。因此，我们选择出版知青小报。

经初步测算，配置一套一次性投入、循环使用的印油设备包括：一台简易的油印机，大约 20 元；一块蜡纸卷写钢板约 8 元；蜡纸卷写钢笔，一支 0.1 元左右，买十支也就 1 元；印油一瓶不超过 1.5 元，如果弄彩色套印的话，需要购买黑、红、蓝、绿各一瓶，四瓶不超过 6 元。这样算下来，只要 30 元左右就可以配置一套了。而平时出版小报时的耗材也较低：小报版面定为 8 开版，按每期两版计，需要蜡纸 2 张，每张 0.05 元，每期只需 0.1 元；按每期印制 20 份计，需要打字纸 5 张，每张 0.05 元，每期只需 0.25 元，也就是说，每期的耗材费用大约是 1 元。

小报要有一个合适的名字。这个名字一要具有时代特征，二要凸显办报宗旨。经过大队党支部周书记与农场领导小组及农场政工组的认真讨论，最后大家一致通过了"新苗"二字为报名。"新"的含义有新街公社、新居大队的地理位置特征，我们是新街地区的首批集体"上山下乡"的知识青年，属于当地的"新生事物"；"苗"的含义为我们都是十九岁左右的青年，就像早晨初升的太阳，更像春天的苗儿蓄势待发，也是培养无产阶级革命事业接班人的苗子。名称确定之后，由大队党支部书记周义伦亲自执笔题写了"新苗"二字。

《新苗》小报采用不定期的形式出版，稿件主要由农场知青提供，有时也约稿。主要内容包括新闻、评论、报道、散文、诗歌等。分发的主要对象有本场知青，公社、大队革委会以及本县部分知青农场。小报由农场政工组负责，成立农场报道小组。政工组主要是由我和李彩胜两人负责，李彩胜负责稿件的收集和蜡纸版面内容的誊写，我负责编辑、版面设计、插图和印刷工作。

第一期《新苗》印刷出版

我们下乡到马岭农场的第二天，即 1975 年 11 月 26 日，第一期《新苗》的稿件就收集齐了，当晚开始排版和誊写，11 月 27 日下午正式付印。不过，这第一期的印刷却并不顺利，由于报刊名"新苗"二字较大，用饱满重墨型字样，笔画较粗，又追求多色套印版面效果，这就给印制增加了许多难度。要套印几个颜色就要誊刻几张版面蜡纸，由于没有那么多经费，为节约出版成本，只誊刻一张蜡纸的版面，从印刷技术上解决套色问题，实现一个版面、一次性印刷完成多色的套印效果。结果，当小报版面蜡纸誊刻出来之后，就觉得报刊名"新苗"二字的位置几乎全通透了，蜡纸变得相当脆弱，会经不起太多次的"折腾"。果不其然，才开印几张，报刊名位置的蜡纸版面就烂了，笔画混为一体，浪费了几张小报。我们果断地终止了这种印刷方式，挡掉报刊名位置的版面，使其留出空白，最后由我刻制报刊名

图为《新苗》报第一期期第一版

和一些固定栏目的标志性插图木质印戳，待小报的誊写部分印刷出来之后，再盖上这些印戳就行了。这样，一来可以保证所需的报名重墨式样，二来也能确保每期内容的形状、式样不变，三来也方便根据各期需要变换颜色。

作为政治宣传载体的《新苗》小报，同时也是我们广大知青学习交流的一方园地。通过这个小报，宣传了党的路线、方针和政策，又反映出各级党组织对广大上山下乡知识青年的关怀，激起了广大知青学习理论、表达情怀的极大热情。《新苗》分发给本县一些知青后，引起了他们的共鸣，也想在他们的农场办一份这样的小报。如东方县北沟知青农场的场长曾德海，就曾经多次与我了解办小报的感受，曾表态有意在他们农场也办起小报以便进行交流。但是，除了我们马岭农场办成小报外，其他农场都没有办成。尽管我们的小报只出版六期，但在东方县知青中所起的作用和影响不容忽视。它极大地激发了知青们抓政治、促生产、学文化的热情，思想觉悟得到了提高，生产技能逐步熟练，文化水平也得到了提升，借助《新苗》小报，抒发了广大知青的情怀和对未来的向往。短短的六期小报，共刊出了通讯、报道文章20篇，刊出了诗歌10首。我本人也有两首诗歌被选刊出，其中一首就选刊在《新苗》第二期的第一版上，并配了我们农场实地场景的插图。

马岭抒情怀

吉　灿

披着绚丽的朝霞，
映着灿烂的阳光，
此时此刻的马岭啊，
更显得壮丽、雄壮。

送走了战斗的七五年，
迎来了七六年的春光，
雄壮的马岭啊，
我们有多少情怀向你抒畅？
看着你啊，仿佛——
化成了井冈山、六盘山、宝塔山，
化成了金训华、张勇的高大形象，
啊，我们的步伐坚强，阵容雄壮。

我们的理想花朵，

愿在你的土地上盘根怒放。

马岭啊，看，在你的顶上，

我们的战旗迎风飘扬。

在你的怀抱里，

南泥湾的银锄舞闪，

虎头山的金杠飞扬。

莫说你荆棘丛丛，顽石把路挡。

我们有改天换地的志气、力量，

用自力更生的热汗，

浇灌你那傲然庞大的身状；

用辛勤的两只手，

把你建成一座大寨式的粮仓，

让那金黄的稻浪，

流遍五大洲、四大洋。

披着绚丽的朝霞，

映着灿烂的阳光，

迎新春啊，抒情怀，

满腔热血洒给党。

《新苗》出版妇女专版

毛主席说："中国的妇女是一种伟大的人力资源。必须发掘这种资源，为了建设一个伟大的社会主义国家而奋斗。"

适逢1976年3月8日国际妇女劳动节，《新苗》小报出版第六期。这一期《新苗》第二版刊出两篇报道，表扬几位表现突出的女知青，还刊出了女知青周英写的《妇女之歌》诗词一首，可以说，这一期的第二版就是妇女专版。称赞农场女知青敢于同旧的传统观念彻底决裂、奔赴农场的壮举。当时，她们只是十六、十七岁的姑娘，有许多还是家里唯一的女儿，被家里视为掌中宝，本应留在父母的身边享受

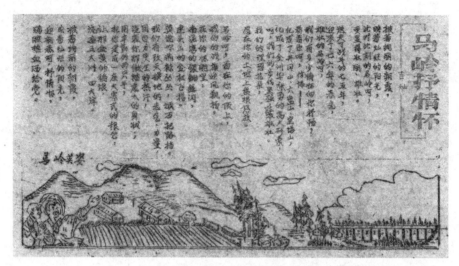

新苗第二期的第一版局部截图

父母庇护。但是，她们通过学习毛主席的《青年运动的方向》和关于知识青年上山下乡的一系列教导，明白了父母不光是养子防老，更要教子防修的道理，坚定地选择了走同工农相结合的道路，到农场去干革命的决心。

到农场后，姑娘们发扬"一不怕苦，二不怕死"的革命精神，勇于扫除前进道路上的困难，积极地工作。《妇女之歌》讴歌了菜班姑娘不怕脏，不怕臭，吃苦耐劳的大无畏精神。农场的菜地已经扩展近13亩。我们种植蔬菜从来都没有使用化肥，肥料来源主要是动物粪便沤制而成，每每到调制施肥液时，要严格控制施肥液的 pH 值，但是又没有检测设备，只能是用手指蘸取调制出来的施肥液，然后用舌头去舔，通过其咸度来判断、确认施肥液的 pH 值。

她们不管寒风呼啸，冷水刺骨，依然迎难而上，平均每人每天要挑着喷水桶，到水沟里取 140 担左右的水，肩膀磨肿了，手也起了血泡，咬咬牙在坚持着，晚上躺在床上浑身酸痛，难于入眠。但是，她们牢记毛主席"什么叫工作，工作就是斗争"的教导，还想起过去老红军二万五千里长征的艰难岁月，没有种菜的技术，她们边干边学边摸索，不久就掌握了蔬菜的种植技术。真是"为有牺牲多壮志，敢教日月换新天"，在她们的辛勤劳动下，近13亩菜地，月产蔬菜近 4000 斤，除了供给本农场食用之外，还挑到 10 里外的新街市场，给新街市场供应优质蔬菜，群众反映说："她们是不隔日的菜贩。"

当地市民都称我们农场这些知青为"看牛仔"，也特别地支持我们这些"看牛仔"。我们的蔬菜刚上市场时，卖菜的姑娘们总不免有些许的羞涩，不敢将菜摆在有灯光照到的地方摆卖，而是躲在比较昏暗的角落里，也不敢吆喝卖菜。这也难怪，一般市场上都是农村的妇女们挑菜出来卖的，农村的姑娘们很少有挑菜出来卖的。而我们这些卖菜的姑娘们，本来就是新街的当地人，且都是十七、十八岁的少女，别说是卖菜，就是买菜也都是家长的事，这个卖菜的时间，应该是她们起床前最为酣睡的时刻，而现在，每天凌晨4点多就要挑着满满的一担菜，赶5公里的路程到市场上叫卖，苦她们倒是不怕，但是说到叫卖，这着实令人有点难堪，她们一时转不过弯来，我们完全理解。后来，被出来买菜的亲戚们看到了，亲戚们就给她们打气、壮胆："孩子，别怕羞，你们是知青，这是你们的劳动成果，也是你们的一种营生，这是光荣的，没有什么可丢人的。"并帮她们将菜搬到明亮的地方，帮着叫卖起来。刚开始的时候，她们不熟悉市场的蔬菜行情，也是那些亲戚们和热心市民们帮她们把握。我们的上市蔬菜，都是经过我们筛选过的，差点的蔬菜都是留给我们自用，上市的蔬菜食用率几乎达到百分之百，基本上都没有废弃的菜，所以，我们农场的菜一到市场，市民们都围上来买，买菜时既不还价，也不东挑西选，抓到什么就买什么，有的还喊来好朋友，过来买我们的菜，还不时叫着："来，来，来，来买咱们'看牛仔'菜，她们路途远，快快来买完好让她们早点回农场去。"我们的菜每天都是早早地就卖完了。

在垦荒组的配合下，我们还开垦种植上了20多亩西瓜、南瓜、冬瓜和葫芦瓜等瓜类，真可谓"大批促大干"，成效显著。

忆马岭农场的文艺青年

谢良商 / 东方知青 / 东方马岭农场

1975 年 11 月 25 日至 1978 年 3 月初，我在原新街公社新街居民大队马岭农场当知青。那是海南岛最西部的一个知青点，共安置了琼西中学 1973—1975 届 50 名高中毕业生，我和我的伙伴们在那里朝夕相处，风雨同舟，在一起学习、劳动、生活的过程中，培养了团结互助的知青感情。那里也是新居大队唯一的一个农牧生产基地，我和我的场友们在那里拜老农工为师，勤修劳动生产技能，在犁田耙地、种稻栽瓜、牧牛放羊过程中，磨炼了我们吃苦耐劳、迎难而进的知青意志。那里还是文艺青年的一片沃土，我和我的伙伴们在那里汲取劳动营养，获取创作灵感，在挥笔抒情、高歌咏志、起舞展姿的过程中，陶冶了我们追求美好、乐观向上的知青情操。

本文追忆当年马岭农场文艺青年们的点滴往事。

《新苗》出图映朝阳

进驻马岭农场之前，我们几个趣味相投的伙伴——吴坤成、吉灿、李彩胜和我，就有了进场后办一份小报的打算。我们几位在学校时都是这方面的积极分子，有一定的基础。吴坤成擅长政论文和绘画，吉灿是木工高手，对木刻有所了解，李彩胜心细手巧，写一手好看的钢笔字和毛笔字，我喜欢通讯报道和文艺创作。我们的想法得到了大队党支部的支持，批准我们购置了油印机、钢板、刻笔、蜡纸、印油和纸张。

在小报名称问题上，大家各抒己见，难以统一。受当时走红电影《春苗》的启发，大队党支部书记周义伦一锤定音，挥毫写下"新苗"二字作为报名，并由吉灿刻制成印章。

1975 年 11 月 26 日，也就是我们进驻马岭的第二天，《新苗》创刊号面世，她记载了我们进驻马岭的历史时刻，宣扬了公社、大队党组织和广大家长对我们的支持、关爱和期望，昭示了我们扎根马岭、改造自我的坚强决心。捧着油迹未干、墨香犹存的创刊号，我手上仿佛承载着 50 名场友的重托，沉甸甸的。至 1976 年 3 月 8 日，《新苗》共出版了 6 期，主要报道各级领导莅临农场指导工作情况、农场生产进展及知青劳动风采，同时发表知青们自己创作的诗歌、散文。以今天的目光来看，每一篇文章，无论是通讯报道、短评，还是诗歌、散文，都深深铭刻着那个时代的烙印，用今天的话来说就是弘扬主旋律、传播正能量。

每一期《新苗》，我们都及时发送到了东方县知青办、新街公社、新居大队和全县各知青农场。1976 年 2 月 3 日，县知青办领导到农场进行春节慰问，对我们创办的《新苗》给予了高度的评价，认为这是知青工作的创举，应在全县各个知青农场推广，并祝愿我们这些"新苗"在党的阳光雨露滋养下，经风雨、见世面，茁壮成长为国家栋梁之材。报英、北黎、北沟等知青农场也专门来信支持、鼓励。令我没有想到的是，县知青办将《新苗》小报转发至原海南行政区知青办，我在《新苗》第 5 期发表的组诗《田头诗抄》被《海南知青》录用刊登。这是我的诗作第一次被铅印发表，尽管是内部交流小报，但增强了我日后坚持业余创作的信心。

《新苗》的创办，我还要感谢一位幕后高手，他就是我们东方的资深报人李英才先生，他的报道屡被《海南日报》等各大媒体录用。他对每一期《新苗》都一一阅读并进行点评，肯定成绩，找出不足，提出改进方案，为《新苗》的成长付出了辛勤的劳动。此外，我也要感谢李先生的儿子，我的亲密搭档李彩胜，是他将 6 期《新苗》悉心保存 40 年，才使这些珍贵的历史资料得以传承。重读当年那些青涩的作品，我羞愧难言，呵呵暗笑。

文艺轻骑初登程

1975 年 12 月 31 日晚上 8 点，跟往常一样，大家集中收听中央人民广播电台全国各地人民广播电台联播节目。听完播音员以激昂高亢的语调朗诵毛主席《水调歌头·重上井冈山》《念奴娇·鸟儿问答》两首词作后，周义伦书记给农场政工组下达了任务，要求连夜赶出一台节目，第二天赶到新街菜市场演出宣传。我们当即做了分工：第一，由吴坤成、吉灿、李彩胜、关远志等人在中央台重播时做好记录，确保文字准确无误。第二，由我赶制演出台词。根据两首词的结构特点，我决定采用天津快板＋新街方言的形式撰写串联台词，并定名为《欢呼毛主席词二首》公开发表。第三，由林凤春导演并率陈珠、黄世海、招发忠等演出，此外，安排文英花、林明尧、李英武、钟振光等做击鼓、打快板、布置演出场所等后台服务工作。他们在校时都是文艺宣传队的骨干队员，顺理成章地成了马岭农场文艺轻骑队的首批队员。

时间紧，任务重，大家顾不得白天工作的劳累，各司其职，挑灯排练，终于连夜做好了演出的准备工作。

当1976年的第一轮朝阳刚刚跃上地平线，我们的文艺轻骑队背上轻简的道具就出发了。当我们一路行军，来到新街，菜市场已经是熙熙攘攘。我们在市场东南面百货商店前的空地上拉起横幅，竖起手抄的毛主席两首新词。在一阵阵紧锣密鼓的召唤下，赶集的群众蜂拥而来，演出开始了。

七六新年到，全国红旗飘，欢呼毛主席词二首，公开来发表。

兄弟姊妹仔，谁能来回答，毛主席新词有两首，叫作什么名？

不知不用怕，我念你来听，第一首叫水调歌头，重上井冈山。

久有凌云志，重上井冈山。

千里来寻故地，旧貌变新颜。

到处莺歌燕舞，更有潺潺流水，高路入云端。

过了黄洋界，险处不须看。

风雷动，旌旗奋，是人寰。

三十八年过去，弹指一挥间。

可上九天揽月，可下五洋捉鳖，谈笑凯歌还。

世上无难事，只要肯登攀。

重上井冈山，革命要继续，不怕艰苦不怕难，建设新马岭。

念了水调歌头，再读念奴娇，鸟儿问答谁问谁？鲲鹏问雀鸟。

鲲鹏展出九万里，翻动扶摇羊角。

背负青天朝下看，都是人间城郭。

炮火连天，但很遍地，吓倒蓬间雀。

哎呀怎么得了，我要飞跃。

借问君去何方？雀儿答道，有仙山琼阁。

不见前年秋月朗，订了三家条约。

还有吃的，土豆烧熟了，再加牛肉。

不须放屁！试看天地翻覆。

中国东风吹，亚非战鼓擂，要学鲲鹏不做雀，胸怀全世界。

毛主席两首词，宣传到此时，祝愿大家新年好，下次再相见。

由于使用当地方言，加上快板节奏，文艺轻骑队的第一次亮相，获得了当地群众的好评。更为出彩的是，我们对毛主席两首词的宣传，比当时的《海南日报》还早了半天，一度被传为佳话。

阔步走上大舞台

1976 年元旦的街头演出，拉开了农场文艺宣传的序幕，也引起了公社和大队领导的重视。为提高文艺轻骑队的创作水平和演出质量，大队革委会先后让我和关远志参加了县文化馆举办的业余文艺创作学习班，后又派出林凤春、陈珠、林明尧、钟振光等人参加电影《春苗》的方言配音，为日后的规模演出打下了良好的基础。

1976 年上半年，全县农村文艺会演在国营东方盐场举行，上级领导指定我们代表公社参演。接到任务后，我们不敢怠慢，突击创作了相声《马岭新风》、三句半《社会主义大集好》、方言快板剧《扎根》等节目。《扎根》以农场生活为题材，反映了后进知青经过思想教育转变为先进知青的过程，剧情虽然简单，但语言诙谐幽默，接近生活，表演自然，深受观众喝彩，也获得了组委会的好评。

1976 年下半年，全县第一届知青农场业余文艺会演在县城八所举行。公社革委会决定从马岭、报英两个农场各挑选 10 人到公社集训，并由我负责脚本创作，黄世山负责谱曲，林凤春负责导演。由于参演人数较多，我建议节目以合唱和群体表演的形式为主，并得到公社领导的同意。于是我模仿《长征组歌》，创作了组歌交黄世山谱曲。该组歌由《大字报》《农家子弟上大学》《广阔天地》等歌曲组成。同时，我还创作了群口词《干》。经过 10 多天的磨合排练，我们的队员终于登上了县城大舞台演出并获成功。我们的节目系自主创作，且阵容较大，有一定的感染力，因而获得了组委会的一致好评。

转眼到了 1977 年的春天，广东省要举办全省农村业余文艺会演。县革委会研究决定让新街公社玉章大队代表东方县参演，要求新街公社和县文化馆负责节目创作和审查。公社领导再一次把任务交给了我，并安排我到县文化馆脱产创作，以便讨论交流与质量把关。我多次参加县文化馆的创作学习班，对馆里的专业老师都比较熟悉，但这次带着任务，因而觉得压力重重。选择什么样的题材，如何体现地方特色成了我的首要构思。当时，全国第二次农业学大寨会议刚刚结束，建设大寨县、社、队是社会关注的热点。于是，我找来相关资料研读，当看到建设大寨县的标准时，我的眼睛一亮，豁然开朗，对，把建设大寨县的标准进行艺术化表述。顺着这个思路，我很快写出了琼剧表演《齐心建设大寨队》的初稿。经县文化馆创作组修改、润色，我的作品顺利通过了审查，并铅印成报，在全县文艺系统分发。

我没机会随团到广州观摩，但我见证了返琼后的汇报演出。那天晚上，公社礼堂坐满了人，公社和各大队如数出席。借着刚从省城归来的荣光，这支由地道农民组成的表演队在台上尽情发挥，道白清晰，唱腔优美，动作自如，造型劲美，观众席上爆发了阵阵掌声。看到自己的作品得到如此生动的表演，心里充满了欣慰。

当年文青再联手

全国恢复高考后，我于 1978 年 3 月初离开马岭农场，到华南农学院土壤农业化学系就读。

在告别了知青生涯近 40 年的日子里，无论是当学生，还是做研究员，无论是在国内，还是在国外，我始终没有忘记在马岭农场那段激情燃烧的岁月。在紧张繁忙的学习、工作之余，偶尔也会展现一下文艺青年的风采。

1995 年 11 月 25 日，吉灿、李彩胜等场友，自发组织聚会，纪念进驻马岭农场 20 周年。当时我还在湖南工作，未能参加聚会，便撰写了一副长联，表达我对当年战友们的怀念，并通过电报发送：接受再教育琼西学子踏征程茅室安营犁田耙地种稻栽瓜粮丰果硕牛羊壮；建设大特区马岭知青显身手东方创业从政为师经商开铺业旺财通德艺馨。

1996 年 10 月，我从湖南调回海南工作后，与当年的伙伴们见面的机会逐渐也多了起来。每次相聚，大家总会谈起当年那些事，让我萌生了再度合作的想法。

2011—2012 年期间，我先后为我所在的单位创作了《土壤肥料之歌》和《海南农科院之歌》的歌词，请我当年的老搭档，东方市文化馆的曲作家黄世山谱曲，他都欣然而就。两首歌先后在海南省农业科学院和湖南省直机关工委文艺晚会演出，反响轰动，普遍认为歌词集专业性与艺术性于一体，生动易懂，曲子旋律优美，富含海南地方风韵，其中，《海南农科院之歌》获得晚会设立的创作一等奖和表演二等奖。《土壤肥料之歌》后被同行传至网上，点赞纷纷。

忆往昔，知青岁月稠。当年我们积极响应党和政府的号召，奔赴马岭劳动锻炼，付出了青春和热汗，忍受了苦累和寂寞，收获了坚强和思考。回首往事，我们无怨无悔。我还想继续与当年的场友们联手合作，讴歌中国梦，延续文艺青年的风采。

（2016 年 2 月 26 日）

马岭农场知青生活忆述

李彩盛 / 东方知青 / 东方马岭农场

坡地安家

1975 年 11 月 25 日，我与琼西中学七四、七五届 50 名高中毕业生一起，在县知青办、新街公社、新街居民大队的组织下，奔赴新居大队马岭知青农场，参加劳动。

那天下午两点，新街墟市场上，机关干部职工、中小学师生、知青家长汇聚一起，敲锣打鼓，欢送知青上山下乡；知青们胸佩红花，腰背背包，告别了欢送的人们，意气风发，步伐铿锵，在公社党委李永贤、符茂英副书记，新居大队党支部周义伦书记、林黑二副书记的带领下，来到了新街居民大队马岭知青农场。

它的前身是马岭农场，创建于 20 世纪 50 年代末。我爷爷、母亲曾在此参加过几年生产劳动。1964 年，新街墟一些知识青年也响应号召上山下乡到这里参加生产劳动，当年，称马岭作物农场。70 年代初，曾作为琼西中学学农基地，读高一时，我参加过的一次劳动，就是从学校挑两担粪肥到农场的水田地里。

新街居民大队马岭知青农场位于新街墟以北七公里左右的马岭山脉第二岭的北麓下，步行需 1 个多小时。场部就建在二岭山脚下的一块平地上，东边和西边各修建一行茅草房，分别是男女宿舍，中间建一个土质的篮球场，南侧建一间茅草厨房。北侧过一条水利沟桥是老场的一行茅草宿舍，宿舍后是东方盐场建的饮用水源抽水站。

抽水站的东侧就是农场的耕地，总面积大约有 70 亩，在二岭与三岭之间有一条塘沟自东南向西北穿过农场的土地。靠北边小溪有 1 块约 3 亩的菜地和 1 块约 20 亩的水田，其他的为坡地。老场宿舍前分别建有牛圈和羊圈，我们知青到场时已有牛羊各 40 只左右，这是我们农场的资产。农场土地肥沃，水源充足，是农业生产条件较好的地方；马岭山脉山脚下，杂草丛生，绿叶竞艳，是发展畜牧业最佳的山地。

我们50位知青属新居大队居民子女，有31名男知青、19名女知青。我们到农场不久，七三届的黄世山也申请来到知青农场。农场有几位老职工，一位管理菜园，是各种蔬菜种植的专家级人才，一位放牛，一位放羊，两三位负责犁地耙地种植其他作物。

学干农活

知青农场直接由新居大队负责管理。我们一到农场，新居大队党支部周义伦书记就宣布农场的领导机构，吴坤成任场长，谢良商任副场长，我和吉灿任政治辅导员，等等。吴坤成场长在农场时间很短，被借调出去了，主要工作由谢良商副场长负责。由于都是知青，不熟悉农活，不久，大队就聘请玉章大队的老书记到场任场长，干了一段时间，不知何原因就不干了。接着又从新农大队聘请文令安任场长，该场长年龄约有四十岁，个头不高，背有点驼，人憨厚老实，熟悉农时农活，是农业生产的好把式。

场长与副场长每天都碰头研究工作，主要是根据任务安排劳力。五十多人的农场，吃喝拉撒、开会、学习要管，农业生产、收入开支也要管，真是一个庞大的系统工程。

农场的活有放羊，放牛，种菜浇菜卖菜，犁耙田园，种植水稻、花生、西瓜、甘蔗、红薯、菠萝等，要发展农业经济，除了自给，多余的要挑到新街市场上去卖，增加农场的收入，有多余的谷子、花生就用牛车拉到新北粮所去收购给国家。

知青农场按农时种植着各种农作物。我的主要任务是使唤耕牛犁田犁园，放行种花生、种番薯。我与吉灿等搞过木工，从家里拿来木工工具，犁坏了自己修，或买来犁头犁壁自己造犁。犁田犁园放行，我掌握要领，三点一线将行放得很直。农场的园地肥沃，土细松弛，最适合种花生、番薯。花生、番薯长了一段时间就要串行，施肥，放水，很快就一片绿油油，长势喜人，丰收在望。花生收获晒干后，要剥壳取花生仁，或留种，或吃用，或收购给国家粮所。要剥花生壳，就得将花生一水桶一水桶分配给知青们用上工时间去完成，一水桶剥壳后多少斤花生仁是一定的。好几位知青鬼花招多，留出一些花生仁吃用，就将沙子放在桶底，一称够秤就倒进麻袋里，后来场里过秤的人发现了这一秘密，提出了批评。

放牛放羊的任务主要由几位年纪较小的男知青承担，但遇到节假日牛倌羊倌放假休息时，我偶尔也自告奋勇去放牛或放羊，体验那枯燥无味的放牧工作。我们的羊群一出羊圈就直奔大岭。有一只领头羊，羊群跟着头羊，边走边吃草。大岭山脚下牧草丰富，有永远吃不完的感觉。羊吃饱了时间到了都自觉回到羊圈里。羊最怕雨水，一下雨，羊群都会跑回羊圈。一天下午，我将牛群赶到大岭和二岭南边去放养，几十头牛各自找草吃。由于我一边看牛一边看书，注意力不集中，有几头牛跑到庄稼地里偷吃庄稼。太阳已西斜，离下班还有个把小时，这时我看到一头母牛要生牛犊，当时我就担心母牛生下牛犊怎么赶回去呢？不一会儿，母牛站着就生下牛犊，只见母牛用舌头去舔牛犊，将牛胎盘舔掉，然后过了一会儿，小牛犊就挣扎着站了起来，还知道找牛妈妈的奶吃。黄昏时，小牛犊就跟着牛妈妈一起下山回家了。目睹着这一切，我不由自言自语地发出了感叹，多聪明的小牛犊呀！一来到世间就可以走路了。

一日三餐由几位负责厨房的姑娘掌握，此外，还有会计、出纳、采购员、仓库保管员等工种。农场知青的温饱是没有问题的，我们每人有25斤口粮，又自己种水稻等其他粮食作物，自己种蔬菜，又安排人到新街市场上买鱼肉。那个年代，要吃上肉真的很难。吃上一次肉，真是太解馋了。

文化生活

年轻人集中在一起有着新鲜的感觉，一同出工，一同吃饭，傍晚打打篮球，晚上看看书、打打扑克，三五成群聊聊天，一心扑在农场的工作上，对未来也没有多想。那个年代，人们的思想还是比较传统的。农场知青还未到谈婚论嫁的年纪，也没有成家立业的条件，虽然一起劳动，一起吃饭，一起谈天说地，一起玩耍，但没有人敢越过雷区谈情说爱，一点点爱慕也不敢表露，要想爱也只能是单相思。

知青农场还组建文艺宣传队，逢重大节日会到新街市场上露天演出，节目有合唱、小品、相声、舞蹈等，还创作过组歌，歌词由谢良商撰写，歌曲由黄世山谱写，演出时就靠黄世山的手风琴伴奏。文艺演出以喜闻乐见的形式宣传了党和国家的大政方针和时代风貌，深受人民群众的赞誉，也培养了不少文艺人才。县文化馆举办文艺创作培训班，都邀请谢良商参加。要给反映乡村赤脚医生先进事迹的电影《春苗》故事片配海南话时，也邀请我场陈珠等几名知青参加。

在农场这个广阔天地，如何立足，如何改造自己的世界观，如何受到大家的尊重？我通过交朋友、听取长辈的教诲，特别是通过阅读一些革命书籍，如《欧阳海之歌》《雷锋的故事》《林海雪原》《红岩》《钢铁是怎样炼成的》《卓娅和舒拉的故事》等，吸取精神食粮，逐步了解了社会、人性，形成了自己独特的思维和价值观。

要想积极要求进步，就要不断学习新知识，丰富和武装自己，服从党和国家的大政方针，掌握好人生的方向。谨慎交友，必须培养共产主义的劳动态度，不计较个人得失，正确对待荣誉，要把做好每一项工作当作自己学习锻炼和积累经验的好机会，培养多方面的兴趣，学习多方面的技能，形成良好的性格及比较高尚的道德情操，这样才能跟得上时代的步伐，从而也会获得纯真的爱情和幸福的生活。

播种《新苗》

在农场，我除了修过犁、犁过田、插过秧、播过种、放过牛羊、采过片石、打过盐包，还编印过《新苗》小报，等等。学习了农业知识，培养了劳动能力，获得了锻炼成长。

刚到农场，经新居大队党支部周义伦书记批准，我们就着手创办《新苗》小报。"新苗"二字由周义伦书记题写，我们购买了手动印刷机、钢板、钢笔、蜡纸、几种颜色的印油等工具和材料。发动全场知青积极投稿，版面稿件由谢良商副场长把关，吉灿负责插画，我负责排版、刻写、印刷。每期小报为八开两版。在第一期创刊号上，《编者的话》写道："为了做好政治宣传工作，我场政工组创办了不定期的小报《新苗》，遵照毛主席'互通情报'的指示，现将小报寄发有关单位，望收阅后，向我们提出宝贵意见，以便交流经验，帮助我们把小报办好，共同做好教育知青工作。"

《新苗》小报发送县知青办、新街公社及全市十几家知青农场。小报内容丰富，文稿形式多样，有新闻报道，有通讯、议论文、诗歌、散文等。《新苗》版头用木头雕刻，小报印完后才用红色或绿色印油盖上去。正文用黑色印油印刷，标题及插画用红、蓝、绿等颜色套印。《新苗》小报创刊于 1975 年 11 月 26 日，每半月一期，出版第六期（1976 年 3 月 8 日）后停刊。共刊登文章有 30 篇，撰稿人有谢良商、吉灿、林明尧、黄世海、吴天民、周英及我等。小报字里行间流淌着知青们的热血，传播了知青们的心声，凝结着知青们的情谊，也记录了那个特定时期的历史。

各奔新程

1976 年底征兵，我场知青李贤华、梁吉保体检，政审合格光荣参军。1977 年春耕时节，新街公社抽调谢良商和我到公社当资料员，深入村庄调查了解春耕情况，还编印《春耕快报》。1977 年 10 月国家恢复高考，我场几名知青复习应考，谢良商考取华南农业大学。1978年中专招生，关远志考取通什自治州技校汽车驾驶专业，林明尧考取东方师范。1978年3月，我被新街公社团委推荐为学雷锋先进个人，在海口出席了广东省海南行政区学雷锋先进集体和先进个人表彰大会。1978年5月，经新居大队推荐，新街学区同意，我参加了县招聘民办教师考试，被县教育局录用为新街小学民办教师，每月工资待遇30元，新居大队和学校各付一半。

1979年10月，我参加中招考试，考取东方师范读普师专业。我在知青农场前后仅两年半，然而受益匪浅。不仅得到了劳动锻炼、意志磨炼、品格提升，还收获了爱情，在农场50位知青中，我和妻子是唯一一对成家的知青。

1982年前后，农场最后一批知青返城寻找接收单位，走向人生新征途。

（2016年2月1日）

忆东风林场知青往事

罗海雄 / 东方知青 / 东方东风林场

追寻

我 1973 年秋高中毕业前，父亲所在单位就统计了本系统干部职工子女参加工作的情况，我家 6 个孩子，我是老大，可以照顾，但要等待。我的母校板桥中学唐信才校长邀请我回校当临时代课老师，与我同一感城公社的应届知青却选择了到各学校当代课老师，但我关心的是八所地区的应届毕业生都上山下乡到各农场、林场去了，公社下面的怎么办？我很着急，就回母校写了毕业证明，到公社写了要求上山下乡证明书然后跑到八所找到县知青办，坚决要求上山下乡，当一名合乎这个时代主流、充满着理想主义的上山下乡知识青年。两个月后，我接到县知青办通知，上山下乡到东风林场（现改名猕猴岭采伐场）。

1973 年 12 月 28 日早上，我同板桥、三家、东方等公社的 15 名知青，乘坐林场派出来的大货车进了场部。车一到就受到场内的干部、老工人和先来的老知青列队马路两旁敲锣打鼓、鸣放鞭炮的欢迎。这时在迎接的人群中有人高喊我的名字，我觉得很奇怪转过头来一看，认出他是与我在县红代会开会共事过的文其光，我感到十分高兴，迎上前去握手问候，文其光接着把我介绍给场长、老知青们。在场部组织新来知青学习开会中，当时已是场团书记的文其光向我们介绍场里的工作、生活情况并向我们提出了很多要求与期待，文其光把我单独叫到一边嘱咐："你我过去都是学生头，现在上山下乡来到这里，也要发挥积极作用，带头做好工作。"还特别交代我不要谈恋爱，当时还觉得一头雾水，不知作何理解。20 多年后知青聚会时，文其光已是东方县副县长（后任东方市政协主席），他在谈到林场那段时光时，流露出他也曾经暗恋过女知青，这时我才明白了答案。

磨炼

很快我被安排到采伐三班，这个班的老工人和知青对半，多数老工人都是我的湛江老乡，语言能沟通；知青的一半是老知青，比我们先来一年，大家相互尊重，一起工作生活很融洽。但当一名采伐工很不容易，我工作生活的环境是原始森林，高山峻岭、崎岖不平，爬山走路要从站立一步一步学起，磨刀磨锯削撬棍，一招一式跟着学，锯木放木装车样样学，学得不好就会摔跤，伤手伤脚，这都是家常便饭。总算我还是一个学习能力很强的人，我虚心向黎族老采伐手容亚迈学磨刀，他磨的刀可用来剃胡子、刮脚上的毛；我还向老乡老采伐工林广杰学磨锯，他磨的锯用来锯木头像使用割纸刀割纸那样轻便；特别是老班长赖西就智勇双全，以身作则，哪里艰苦就往哪里上的优秀品质最值得我学习。经过三个月的传、帮、带，我能独立工作了，不但是采伐能手，放木、装车样样精通，得心应手。那年我们班用半年时间就完成了全年的采伐任务，受到了场部的表扬。

这时候我们知青已成为林场生产任务的主力军。接着场部组织各班的知青会战，在山顶采伐六十天，拿下一千立方；为了第二年的采伐任务又成立百人青年突击队，从大窝口向茅草坡进军开辟公路，我带领青年突击队仅用三个月就把新伐区茅草山的公路开通。恶劣的自然环境，艰苦的工作磨炼，使我得到迅速成长。1975年初，我光荣出席海南区青年突击队表彰大会，获得嘉奖。

成长

我们林场是全县上山下乡知青最多的一个点，先后接收知青（包括回场知青）共300余人，超过原场里的老工人，成为场里工作的新生主力军。由于知青的到来，林场的面貌发生了前所未有的变化，有了文艺宣传队、电影队、篮球队、广播站、医院、学校，凡到周末从山上拥向场部的男知青穿着新衣、白球鞋、打上发蜡油油滑滑的，女知青打扮得花枝招展，大家欢聚在一起进行文体活动，有唱有跳、有说有笑，也有不少成双结对躲进河边水坝、山坡山林隐蔽的地方谈情说爱，经常流传出爱恋的美谈佳话，真让人羡慕。我心想男女十八哪个不怀春，我可以记住文其光的嘱咐，但不能去伤害他们，应该让他们幸福快乐。凡是想起这一切，最让我们知青敬仰怀念的是张凤午老场长，他是解放海南的南下大军的干部，北方人，是位德高望重、和蔼可亲的领导，对我们知青特别关爱，就像父母般无微不至，让每一个到过林场的知青都感到温暖，至今每每聚在一起都提及，在那个物质严重缺乏的年代能让我们吃饱还能给家里节省粮票，居民每月定量半斤猪肉，在林场一发就是三四斤，一个月有三至四次，还有鱼干等各种罐头，这是不可想象的。那时，最值得女知青骄傲和令人羡慕的是个个都长得很丰腴。张场长关照和帮助场里的老工人，不但给他们从农村带来的家属子女上户口，还帮他们安排了工作，在他的身上充分体现了"为官一任造福一方"的箴言。

有了张场长这好榜样的言传身教，我也立志要为广大知青多做些事情，特别是当选团书记后，我经常到知青生产工作生活中去了解情况，一起劳动、开路、采伐、装车，还带领20多个知青到南尧的大山里建养牛牧场。1975年8月，场里决定送我去自治州党校青年干部学习班学习，我当选为班长，带领东方全体学员积极学习、办墙报、上台发言，我班表现突出被评为优秀班。

解惑

我完成了州党校青干学习班的学习回到场里，发现少了一半知青，原来有100余名知青招工回城被分到感城糖厂、氮肥厂、港务铁路等单位，我感到很失落，也困惑，不是上山下乡表现好就能被招工回城吗？为什么要了100余人也没有我的份？我是怎么啦？我带上这些问题找张凤午场长倾诉，他不等我说就发话了："海雄同志，留你下来是我和场里的决定。大部分知青走了，我知道你的想法，留下来的50多名知青也需要人带啊。你是团书记，送你去学习是要培养你，将来让你担任个副场长。"这时我也按捺不住我内心的真实想法，我表现好是想回城工作，不想留在这里。张场长转了个圈说："你真的不想在这里，当下也没法，你还是把留下的知青带好，帮场里做好知青工作是最重要的，等到有招工的机会再考虑。"我还是不放心地说："那时你调走了，我留下来怎么办？"张场长信誓旦旦地保证在他调走之前让我调回城。我真的拗不过他，继续热情积极地投入工作，留下来的每个知青的情绪都很低落，存在各种思想问题，我不但耐心去开导，还以身作则像张场长那样去关心帮助知青们，让大家度过那段知青年代。

由于场里知青回城，生产人员缺少，场里决定让我到县里参加招工知青会议。当年11月，我们又招回60余名知青（包括回场子弟知青），场里生产工作又有了新的起色，知青们再度活跃起来。我抓紧改选了团总支，新老知青中表现较突出，工作能力较强的王朝东、蔡其光、许为工、李国强、符德红、赵大平、薛玉霞、陈雪影等当选委员，这届团总支委员一直到了1976年12月才招工回城。

猕猴岭林场知青故事

文昌龙 / 东方知青 / 东方猕猴岭林场

响应党中央和毛主席的号召：知识青年上山下乡，到农村去接受再教育，炼一颗红心，为共产主义事业奋斗终生。这是当年我们这些刚从学校毕业，十七八岁风华正茂的中学生的理想目标，也是当年千百万知青的不二选择。

40多年前，我和先后5批共416名知识青年（包括回场知青）上山下乡到猕猴岭林场接受再教育劳动锻炼，知青的到来也为猕猴岭这块古老的原始林区带来了生机。知青用自己的青春热血，用义无反顾无私奉献的精神，谱写了一曲积极向上慷慨激昂的时代赞歌，也为下一代带来了具有深远意义的影响。知青在林区的劳动锻炼过程中，不但从工人师傅那里学到了吃苦耐劳的精神和意志，同时也学会了各种劳动技能和做人的道理。二十世纪七八十年代，林场在解放思想、改革开放的潮流中逐步实现了林业生产机械化。推土机、集材机、油锯、电锯、集材吊装机等各种林业生产机械设备不断充实到各个生产流程中，而知青有文化知识，在劳动工作过程中都很快成为使用这些机械设备的能手，成为林场生产的主力军。青年人热爱文娱体育活动，知青的到来也改变了林场的精神文化生活面貌，林场先后建起了子弟学校、广播站、卫生站、图书室、篮球场、排球场等各种文娱体育活动场所，每逢周末节假日，知青们从各个生产连队汇集到场部，积极参加各种文娱体育活动。知青在与老工人朝夕相处、共同劳动生活中也建立了淳朴的感情，互相关心，互相帮助，和谐共处，把林场当作自己的第二故乡。

下乡猕猴岭林场

猕猴岭林场（原名：东风林场，猕猴岭采伐场，直属海南省林业厅森工企业）位于海南省东方市东部的猕猴岭林区，面积21万亩，主峰海拔一千六百多米，是海南第三高峰，它处在尖峰岭、霸王岭和佳西岭之中，在当时是一块荒无人烟的原始热带雨林林区，山中有着无数的参天古树和珍贵物种，森林中栖息生活着成群的猕猴和各种野生动物，岭中有洞，洞洞相连，昌化江水绕着林区山山岭岭汇集到大广坝电站库区。20世纪50年代大跃进开发林区时创办的猕猴岭林场，成为东方县当年最大的知识青年上山下乡安置点。

1976年10月4日早上，我们这些刚从东方县各个学校高中、初中毕业，报名参加上山下乡接受再教育的青年人，从四面八方汇集到县城县知青办指定的地点。街道两旁早就站满了欢送的人群，我和大家一样在欢送的锣鼓声中，胸佩红花，提着简单的行李，在父母、亲友、老师的叮咛嘱咐中上车，向目的地猕猴岭林场进发。汽车从县城八所到东河镇后，就一直沿着昌化江边崎岖的山路到达大广坝库区上游，通过一座跨越昌化江的木桥前行五公里到达林场场部。一路上大家有说有笑，相互畅谈今后的理想，憧憬着对未来人生的美好追求。我们这些刚从学校毕业的青年人，在人生的旅途中第一次离开熟悉的城市，第一次离开家乡亲人，到一个全新的陌生林区创业，未来的工作生活将会怎么样，每个人心中都有着多多少少的茫然和未知。

"无名沟"与"无命沟"

到达场部的第二天早上，我们这届知青（共90人）集中在场部大会议室（平时场里开大会或开展各类文娱活动的场所），张凤午主任（当时场长称革委会主任）给我们做"上山下乡大有作为"的政治形势报告，前几届来场的知青代表讲他们的生活工作情况和上山下乡接受再教育的体会，以他们亲身经历的事例勉励我们新知青在今后的工作中，努力工作，积极向上，与老工人相融合，把学校里学到的文化知识应用到工作实践中去，虚心接受老工人的再教育，把自己培养成为无产阶级革命事业的接班人。老工人代表也给我们讲在今后的工作中要注意安全等事项，要求我们和老工人团结一致，把自己融入到工人队伍中去，成为合格的工人阶级队伍一员。

经过3天学习，我们就被分配到生产第一线。我们这批知青，无论男女都被分配到3连开公路。当时，场部生产一线有3个连队：1连在桥头工区，主要从事垦荒造林和抚育幼林；2连在山上从事木材采伐和装运；3连则是沿着2连采伐山头开公路运输木材。我们住在场部为我们的到来而新建的瓦房，吃在场部职工食堂。我被分配在3连青年班，开始了全新的知青生活岁月。

上山工作的第一天，我班的任务是到无名沟（作者注：因此山沟无名，故称"无名沟"）开公路，紧接我班后面路段开公路的是场部一个妇女班。那时，我们开公路使用的工具是铁钎、十字镐、锄头和木耙。中午，我们下班经过妇女班路段时，该班也在收拾工具准备下班，突然，从公路旁边的山坡上滚下一块大石头，砸在正低头收工具的陆姓女工头上，她被石头砸倒在地，鲜血溅到四周，当场身亡。我们刚好经过，都被这突然发生的事故惊呆了，脚都软了下来，恐惧顿时充满心身。这血淋淋的一幕，让我们一连几天都吃不下饭。晚上，女知青都不敢出门。

事故发生后，我们将"无名沟"称为"无命沟"。

艰苦繁重的劳动生活，随着时间的流逝一天天地过着，到了1978年底，经过2年的劳动和独立生活的磨炼，我们也慢慢地适应了山区的知青生活，身心都成熟了很多。这时，又发生一起打破平静生活的工伤事故，让我们心灵上倍感震撼，思想上再次得到提升。

那是1978年10月底的一个早期六下午（1年前，我们这些男知青大都被分配到2连木材生产班，女知青留在3连公路班，我被分配在2连2班担任采伐手，和我一起同届来的知青王某和分在1班，两个班工作地点隔一个山头，那天是周末，按惯例工人中午加班完成当天的工作任务，下午可以早一点下班回场部），王某和所在的1班，中午用索道吊装木材到山下公路车台归堆，王某和的任务是用钢索捆绑木材吊运到山下，在捆挷吊装过程中，钢绳突然折断，反弹打在王某和的头部，他当场倒地。我们得知情况后赶到出事地点时，王某和已身亡，静静地躺在大树荫下，老工人将一件工作服盖在他的头部，现场的石头上还溅留着不少血迹。我们默默地守在他身旁，没有恐惧，也没有悲哀，谁都不说话，山林静寂，四周的空气仿佛凝固了，但我们的内心世界却思潮起伏：一个朝夕相处、有说有笑的年轻生命就这么突然说没了就没了，这叫我们如何去面对……

在那个年代，那个充满艰辛的知青岁月里，我们这些知青内心深处都珍藏着一代人对前途和理想的向往与追求。我们经过一段时间的劳动和生活历练，大都成熟了，对人生的意义有了新的认识，不再像当初经历这种场面时那样惊慌、恐惧。而在现实充满艰苦和危险的木材采伐工作中，我们都怀揣着对未来美好理想的追求，勤勤恳恳，无怨无悔，坚持战斗直至生命最后一刻。王某和走了，永远地离开了我们知青队伍，他那短暂的人生，虽然没有轰轰烈烈的壮举，也没有辉煌的业绩，但他与当年成千上万的知青一样，用自己平凡的知青经历与青春生命，诠释了知青那一代人的时代精神风采。

东泉河畔的知青岁月

李英爱 / 东方知青 / 东方东泉农场

东泉河畔安下家

1975 年，我在八所中学高中毕业了。家里兄妹几个，就我读到高中毕业，理所当然符合上山下乡的条件。因为我父母都是工人，所以按战线划分，我属于工交战线子弟，被分配到了东方公社（现改为东河镇）东泉农场，接受贫下中农的再教育。下乡的前一天，在交通局办公室门前，战线领导为我们下乡知青召开了隆重的欢送大会，家属也参加。在会上每人发了一个用于洗澡、洗衣服的铁皮水桶，水桶外面用红色油漆书写了几个大字"上山下乡光荣"。我特别珍惜这个礼物，每次使用它都小心翼翼，生怕磕碰到，直到后来我卫校毕业参加工作多年，这个水桶还保存得好好的。

欢送会后的第二天早上，即 8 月 31 日，我便和同战线的五十名知青一起，在锣鼓声和鞭炮声中，挥泪告别了父母和前来送行的兄弟姐妹，踏上了专门为我们送行的汽车。汽车鸣着喇叭，载着我们这些充满着青春激情，怀揣着理想与憧憬，却又无知与懵懂的知识青年开始了人生中一段刻骨铭心的旅程。

东方公社离县城四十五公里，因为当时路况差，车开了将近两个小时才到达公社。从公社到我们要去的东泉农场还有三四公里的路程。因为农场当时只有两间草房，几个老职工在住，根本没有地方安置我们。所以头一个月，我们只能在公社礼堂打平铺，五十个人同居一室。男的睡前面靠门处，女的睡里头。那时候人都很质朴，虽然五十人同居一室，却也相安无事。

公社为农场配了场长、书记，是从附近的红村大队抽调来的。场长姓吉，书记姓符，我一直都称呼他们吉场长，符书记，具体什么名，我也没问过。知青里的符南平被任命为副场长，所以一共是两个场长，一个书记。另外，工交战线还配备了一个带队干部，姓林，我们都叫他老林叔。老林叔人很好，就是脾气有点急，还爱喝酒。到公社的第二天，场领导便带着我们步行到东泉农场。

这是我第一次见到我们即将安家的地方。东泉农场依东泉河岸而建。说是农场，其实就是两间草房和三棵杧果树，杧果树虽然还未挂果，但长得粗壮，看上去郁郁葱葱的。最让人赏心悦目的还是东泉河。弯弯的小河就像一条淡绿色的绸带，柔美秀丽。明静的水面上倒映着蓝天白云和两岸的树木，就像一幅大自然的风景画。在树影下，还清晰地看到一群群小鱼儿在水中觅食。和煦的风儿拂过水面，一道道金光在河面上闪动。在我的心目中，小河给我的感觉是那么质朴、优雅和美丽。

看完农场，接下来是筹备盖房事宜。场领导把我们知青分成几个小组，各自负责准备盖房用的材料。一个小组上山砍柴，一个小组专门割茅草，另一个小组则在场清理场地，挖泥土，做盖房的前期准备工作。我被分在了砍柴小组。上山砍柴是特别累人的活，男人干都非常吃力，何况是一个十七岁的女孩子。还没爬上山，脚上已经起了水泡。好不容易爬到半山腰，场长说这里的树可以砍了，于是大家停下来开始砍树。我看眼前杂草丛生，灌木横立，到处是藤和刺，感到无从下手。这时，吉场长走过来，手把手地教我。他先选好一棵碗口粗的桉树，然后把树周围的灌木杂草砍倒，再小心地把缠在树干上的藤刺和树分离，最后才挥刀砍树。经过场长的指点，我才渐入状态，砍起树来顺手多了，当然，我只是选不太大的树来砍。接下来，把砍好的树扛到山下，更是一项辛苦的活。负重下山，山坡陡峭，路面湿滑，稍有不慎就会发生连人带树一同摔倒的危险。记得有一次，我肩扛一棵砍好的小树下山，正走着，突然脚下一滑，幸亏我反应快，迅即把树木扔到一边，自己只是跌了一跤，没有受伤。砍树这活干了一周，总算解决了盖房所需要的木料。接下来是把砍好的木料进行筛选，大而直的木料留作房梁，另一部分由男知青用车拖到公社锯床板，小的木料留作床桩。同时，割茅草和负责挖泥土的小组，也完成了各自的工作。于是，盖房开始了。首先挖地基，把房梁立起来，房顶分别用木料排放固定，再在上面盖上厚厚的茅草，四周用泥巴和稻草混合，糊成泥巴墙，这样，房子就算盖好了。每间房里面安三张床，床也很简单，就是把四根木桩打进土里，周围绑上木棍，再铺上床板就成了。就这样，经过全场职工的辛苦劳作，用了一个月的时间，我们终于盖好了两排草房。9月30日这天，我们50名知青终于从公社礼堂搬回了农场，在东泉河畔安下了家。

繁重农活历练坚韧性格

在农场安家后，我们便开始了自给自足的创业生涯。在我的印象中，在农场几年，没发过一分钱，却也没有向家里要过钱，就像农民一样，靠劳作养活自己。我记得刚开始干得最辛苦的农活，就是种橡胶。因为我们农场周边已经有老职工开垦出的荒地，所以场领导决定先种橡胶。种橡胶，就要先挖好橡胶洞。挖橡胶洞可不是一件轻松的活。每个洞都要按事先用石灰画好的线的标准来挖，体积要达到标准。每天吃完早饭就出工，一到工地就开始挖橡胶洞。试想一下，一个十七岁的女孩子，势单力薄，在家也没干过什么重活，现在要抡起锄头把每个洞挖到标准尺寸，谈何容易。上午还好些，一到下午，天气炎热，坡地上尘土飞扬，炙热的阳光烤在背上，似无数钢针在刺。汗水濡湿了发梢，然后顺着额角，渍进眼里，淌下脸颊。真是挥汗如雨！就这样干到傍晚，才拖着疲惫不堪的身子往场里走。回到知青小屋，有时连脚都懒得洗就往床上躺，浑身骨头像散了架一样。就这样，经过几天的艰苦奋战，终于把橡胶洞挖好了，橡胶苗全部种上了。场领导考虑到橡胶是长期作物，不能让这些土地闲置，于是，又带领我们在种橡胶的土地上种上萝卜和花生。由于勤浇水，重管理，萝卜很快就有了好收成。我们把收回来的萝卜洗干净切成块，用盐腌过后再晒成萝卜干，暂时解决了蔬菜不够吃的困难。

　　知青岁月，收割青春，播种年华。它不像流行歌曲《小芳》唱得那么温情，更多的是"谁知盘中餐，粒粒皆辛苦"的艰难生存的体验。到了开春，该是播种的季节了。我们的稻田在西方村那头，离农场有几公里远。这次由符书记带领我们一部分知青去插秧，我也在其中。吃过早餐，我们便步行一个小时的路程，到达位于西方村的稻田。稻田的底层已经由老职工翻好并泡上水，稻田里已经准备好了小捆的秧苗。插秧前由老职工向知青们演示了一遍插秧的步骤，然后让大家跟着插。以前在学校时有学农课，也看过农民插秧，当时觉得很容易，现在轮到自己来插，才知道并不简单。除了弯腰躬背，无数次的重复单调动作，以致腰酸背痛，脖子发僵外，还要随时防备蚂蟥的侵袭。记得那时候，我学着老职工的样子插，边插边后退，可是过一阵，直起腰来一看，自己插的秧苗，不是歪了，行距不对齐，就是刚插进去的秧苗，又在水中浮起来了。见此情景，符书记走过来手把手地教我，他向我讲解了如何做到左手每窝分秧的苗数均匀，右手插进去的力度适中，做到秧苗不漂不浮，行距整齐。接着让我跟着他插。经过如此这般插了几遍，我很快便掌握了插秧的技巧。正插得起劲时，突然感觉水下的小腿处又痛又痒，赶忙抬起脚一看，一只蚂蟥不知何时已悄无声息地爬上小腿吸血，肚子已吃得鼓鼓的。看到这情景，我吓得把秧苗一扔，跺脚大叫。符书记笑着走过来，很快帮我把蚂蟥挑掉了，但被咬过的小腿，好长时间都还流血不止。有了这次经历，以后每次走过稻田时，我都心有余悸。

　　下乡后的第二年，全公社开启了一场轰轰烈烈的秋治坡大会战，上万人上山开垦荒地，掀起了种甘蔗的热潮，我们场也投入其中。俗话说，庄稼一枝花，全靠肥当家。为了把甘蔗种好，就必须解决肥料问题。场领导决定，全场知青一起出动割飞机草，用飞机草做原料发酵制造有机肥，以解决甘蔗种植的肥料问题。于是，我和同宿舍的吴素卿、吴敏丽一起，手拿弯刀和削成两头尖的扁担，结伴到离农场三公里远的红村附近割飞机草。这里的飞机草长得很茂盛，只是它们和一些不知名的藤条、芒草缠在一起，很难一下分开。为了能赶在中午前回到家，我使出了浑身的劲来割。开头是被藤条把脸划出血痕，后来又被芒草把手割破，最后又被树桩子把脚绊了一下，痛得我头上直冒汗。奋战了3个多小时，终于在中午前割够了一担飞机草。接下来是把割好的飞机草搬到路边，并找来藤条分两边放在地上，然后把飞机草一棵棵在藤条上叠放整齐，再使劲把两头的藤条拉紧，打死结绑住。最后用两头尖的扁担，先把一头使劲插入一捆飞机草，再使出吃奶的劲把插入的这捆飞机草连同扁担一起提起来，再插入另一捆飞机草。最后总算是把这一百多斤重的飞机草挑起来了。一路上走走歇歇，好不容易才回到了家。割飞机草的经历是我所干过的农活中印象最深的一次。在以后的岁月中，每当工作或生活遇到困难，受到挫折，我都会想起割飞机草的经历。在那小小的年纪，那么艰苦的磨难都挺过来了，这点困难又算得了什么呢！我想，就是知青生活历练了我性格中的坚韧不拔，有了知青这段经历，人生的态度就会永远乐观向上，人生的追求就会永远积极进取。

清汤寡水独创美味佳肴

知青岁月，不仅干农活辛苦，生活条件更是艰苦。刚到农场时，每顿除了大约三两米饭，就是清水煮菜，没有肉类和其他副食品。当时，我们都在长身体阶段，营养需求自然大。顿顿清汤寡水，加上劳动强度大，消耗快，饭量自然也大。有些男知青把分来的干饭捏成一个饭团，边走边吃，往往还没走回宿舍就已吃完了。我们女孩子饭量不太大，饭基本够吃饱的，就是没有菜难下咽。那时候，我妈妈总是买来肥猪肉剁成小碎块，放些豆酱、辣椒一起煮透，装进玻璃瓶里寄来给我。有时候我们也抽空回家拿一些食品回来补充。到吃饭时，我们同宿舍的三个人，都各自拿出自己从家带回的食品，互相分着吃。有时碰到男知青来串门，我们也叫他坐下一起吃。记得有一天，我走过老职工住的茅草房时，突然闻到一股烤肉的香味。循着香味走过去，看见符书记坐在一堆火炭前，手里抓着一根铁丝，铁丝上串着肉放在火炭上烤，香味就是从这里飘出去的。看到我，符书记热情地招呼我进去，并把肉从火上移开来说："熟了，可以吃了，你来一块吧。"说着顺手撕下一块肉递给我，我伸手接过问："这是什么肉，怎么这么香？"符书记说："这是老鼠肉，说出来怕你们不敢吃。"一直都听说老职工喜欢烤老鼠肉吃，因为我们宿舍后面的坡地，老鼠很多，他们晚上就在老鼠经常出没的地方装上一种自制的铁夹子，只要老鼠跑过碰到铁夹，就会被紧紧夹住，第二天早上他们就去收回老鼠了。接下来是把老鼠弄死了，然后剥皮，除掉内脏，剩下的肉架子先洗干净了，用盐水浸泡过，再挂起来晾干，然后就放到火炭上烤了。在那物质极度匮乏的年代，哪里吃过这么香气诱人的烤肉。不管以前对老鼠的印象如何，但在这一刻，我觉得这块老鼠肉是我吃过的食物中，最好吃的美味佳肴了。

俗话说，靠山吃山，近海吃海，我们农场紧挨着东泉河，自然要打河的主意了。夏天，东泉河水清澈见底，阳光下，可见小鱼小虾来往穿梭。所以吴运平、周义忠、麦亚发、钟志雄等几个男知青，经常拿着水桶、簸箕到河里抓小鱼小虾，回来开小灶加菜。看到他们经常满载而归，其他男知青也竞相效仿。后来干脆围起一段段的小河沟堵水捉鱼。就是挖土把河沟两边围起来，让水不再流动，才用水桶、簸箕慢慢捞鱼。最后，小鱼小虾也渐渐少了，他们就捡河边的淡水螺回来炒，或用糖、辣椒、醋拌生粉焖成酸甜味吃。有一次我看到吴运平、周义忠等几个人围在一起吃得津津有味，看到我，便叫我坐下，尝尝他们焖的酸甜淡水螺。我一筷子下去，哪里夹到什么淡水螺，仔细一看，淡水螺没有几个，大多是河边那些圆溜光滑的小石子。见此情景，我不由得心头一震，看到他们吃得那么香，心里又不由感慨万分。因为没有菜，他们分明是借助那些小石子来蘸那些酸甜酱料送饭啊！这道菜，一直让我铭记至今，我想，也只有知青和知青的年代，才能独创出这独一无二的"美味佳肴"。

风雨同舟，患难知青情

经历知青岁月的人，就会知道，知青，其实是很重情义的。从满载着我们下乡的汽车开动的那一刻起，我们就从学生变成了知青，从同学变成了场友，变成了知青这个大家庭中患难与共的兄弟姐妹。曾几何时，我们一起砍柴、插秧、种甘蔗，在超负荷的劳作中互相帮助，在泥泞道路的跋涉中相扶相携。在那青涩的青春岁月里，我们结下了情，汇成了谊，而这纯洁的知青情谊，曾经温暖着我们枯燥的心灵，令人难忘，历久弥新。记得那年冬季的一天，我和周玉凤、温小平、李雄、黄维龙、刘衍军等人，被派往场菜园浇菜。中午我们收工回家，刚离开菜园不远，走到一积水的低洼路段时，突然听到前面"咚"的一声响，走在前面的刘衍军已重重地摔倒在积水的洼地里。众人上前一看，只见他面色苍白，口吐白沫，咬紧牙关，四肢还不时抽搐。长这么大，哪里见过这种阵势，当时我吓得待在那里，手足无措，不知如何是好。还是年长几岁的李雄最先反应过来，他喊我们赶快过来帮忙。大家七手八脚地抬起他离开积水，放到平坦干燥的地面上。李雄就近找来一根拇指粗的木棍，撑开他的嘴，从上下牙齿之间插到口腔里。过后我才知道，这是为了防止他咬伤自己的舌头。李雄说，他这是发"羊角风"，他以前在家时见过有人发这种病，等发作过了就会醒的，所以叫大家不要害怕。当时正值冬天，因为刘衍军发作时摔在积水里，衣服都浸湿了。这时黄维龙二话不说，把自己身上的衣服脱下来，给刘衍军换上，尽管自己身上只剩一条单衣，冷得发抖，也毫不在意。渐渐的，刘衍军不抽搐了，牙关也不咬了，大家才把他嘴里的木棍取下来，把他抬到菜园的草棚里平躺，并轮流看护他，直到他醒过来。自从有过这次经历后，场里的知青们都很照顾他，重活累活尽量不让他干，特别是碰到去环境不安全的地方干活，如插秧等，更是不让他去。这件事，我一直记忆犹新，直到后来，我考取了卫校，经过医学知识的学习后，才知道刘衍军当时所患的病叫癫痫，俗称"羊痫风"，他当时的表现是典型的癫痫发作症状。

枯燥生活苦中作乐

知青生活，不仅劳动强度大，劳作辛苦，而且业余文化生活单调枯燥。当时大家最为高兴的事，是有空坐在一起聊天，说笑。所以我们都盼望天下雨，下雨天我们就可以不用出工，坐在一起闲聊了。每当这时，大家议论着场里的事，其他知青场发生的事，或各自道听途说的事，都很兴奋。总之，国事，家事，天下事，无所不谈。七嘴八舌，天南地北地吹，其乐融融，说到好笑的段子，都笑得前仰后翻。

到农场后不久，为了改善知青们的业余文化生活，场里自筹资金，自己动手，把宿舍前面的空地平整出来，知青们自己挑沙，挖石子，买来水泥，搞了一个简易的篮球场。终于有了一个可以活动的地方。自此以后，男知青们业余时间都喜欢聚在一起打篮球，切磋球艺。后来，在全县举办的知青篮球比赛中，我们场男队还获得了二等奖。

除了以上业余活动外，剩下最令我们感兴趣的，就是看电影了。电影是在公社放映的，为了看电影，我们要往返步行两个小时的路程，即便如此，我们也乐此不疲。有一次，听说公社放映新片《小花》，我、周王凤、颜小妹、吴运平、王全福等人，早早便吃完饭出发，因为去得早，才能占到好的座位观看。那晚因为电影放得晚，电影散场时已是晚上十一点钟了，大家赶快往回走。在回我们农场的路途中，必须经过一棵大榕树。这棵大榕树长得就像一把大伞，树叶一簇堆在另一簇上面，不留一丝缝隙，茂密无比。白天走过倒没觉得什么，可一到晚上，谁都怕从树底下走过。那晚，当我们忐忑不安地走近它时，不知从哪里窜出一条野狗，"嗖"的一声从眼前一跃而过。不知谁喊了一声："鬼来啦！"于是，大家就没命地跑，我怕跟不上大家，干脆把鞋子脱下来拿在手上跑。一口气跑到东泉河边，大家才气喘吁吁地停下来，半天说不出一句话。

知青生活几年，大家一起生活，一起劳动，男女知青之间，难免会碰撞出感情的火花，况且是在那精神生活极度空虚的年代。都说青春是恋爱的季节，没有爱情的生活是苍白的。我们场几对情窦初开的少男少女们，在场里开始了他们的恋情。他们相约于杧果树下，情定在东泉河边，并且一路走来，将爱情进行到底。进城以后，李雄和王珍、庄泰勤和赖开荣、陈国利和林云英等几对知青恋人，都喜结了良缘，到现在还幸福地生活着。

悠悠四十年，弹指一挥间。当年在东泉河畔那一段刻骨铭心的知青岁月，教会了我对生活始终怀有宽容、感恩、珍惜的心态，也历练了我坚韧不拔、自强不息的性格。知青的经历对于我来说是一笔巨大的精神财富。

三年红星农场知青经历

李伟良 / 东方知青 / 东方红星农场

1976 年，是我一生中最难忘的一年。那年我才 18 岁，刚高中毕业，就响应毛主席"知识青年上山下乡，接受贫下中农再教育"的伟大号召，和同学们一起来到了东方县红星知青农场，当了一名既光荣又寒酸的知青。3 年农场知青经历过的"甜、酸、苦、辣"，至今仍然历历在目。每当有人问起我的经历时，我都会自豪地说："我是知青，我下过乡，吃过红薯干，扛过枪。"这"四过"的磨炼，使我在近40 年的工作中，无论有多大的波折都更加坚强和坚韧。

开荒创业

1976 年 8 月 25 日上午，八所港务局专门为我们这批职工子弟上山下乡举行了一个欢送会，局领导给我们戴上了大红花，给每个知青送上了一个绿色的军挎包、一个水壶和一个洗脸盆。在鼓锣声和欢送人群的簇拥中，两辆解放牌卡车，慢慢驶出港区，把我们 50 多名知青及 2 名带队干部（一男一女）拉到了东方县红星知青农场（距离八所有 16 公里左右）。到达目的地后，下了车，原本在车上欢歌笑语的知青们，个个都傻了眼。这哪里是什么农场？光溜溜的，只有刚盖好的 8—9 幢所谓的知青宿舍，全部都是茅草房。房子的墙是用小木条绑好后，再用稻草和泥巴混合后，糊在木条上面，随便用一根筷子都可以戳破它。房顶是用茅草盖的。知青们只好叹气地说："将就！将就吧！"

红星知青农场是东方县委、县政府为了集中安置本县知识青年，于 1976 年初才成立的。当年就有本县的 410 多名知青下乡到这里。农场机构设立为一连、二连、三连、水果场和场部 5 个单位，每个连队都有带队干部。农场把八所港务局和铁路局这 2 个海南直属大企业的职工子弟分到一连，把县工交战线的子弟分到二连，把县农林水战线的子弟分到三连。我们一连的带队干部是庄镇玩同志，在1990年他曾任八所港务总公司党委书记、总经理。

种甘蔗是知青们的主要工作，种出来收割后，就卖给东方县糖厂榨糖，我们才有工分收入。由于农场基本上是丘陵地带，山坡上长满了树木和野草，所以创业的第一步是开荒砍山，第二步是平地挖沟，第三步是施肥种植甘蔗。

黎族山刀

刚下到连队，知青们人人手中都领到了一把叫"黎族山刀"的刀。这种刀是黎族同胞发明专门用于上山砍柴的。它带有一米长的木把子，刀口磨得非常锋利，刀的尾部带有弯钩，砍树木很好使。有一次，我们连队在砍山时，有一位知青不小心砍到了一个手指，当时鲜血直流，在场的一位女知青尖叫起来说："哎呀，流血了！流血了！"这时，只见我连的带队干部庄镇玩队长迅速摘了几片飞机草，用嘴咬烂后涂到了她的手指上，血立马止住了。飞机草有止血、消炎的作用，看来民间药方还是真灵的。飞机草也是很好的肥料哟。

知青们每天手拿山刀、锄头，披星戴月，早出晚归开荒、种甘蔗，长长的甘蔗沟中浸润着我们的汗水与泪水，甜蜜的甘蔗林里充盈着我们的喜悦与苦涩。在劳动中，许多知青幼嫩的手掌都磨出了血泡，但也没有办法，只好回到宿舍在被窝里偷偷流泪。劳动很辛苦，大家的思想都很单纯，也不想那么多。因为基本都是同学，大家互相照顾，日子过得也很开心。晚上也会到甘蔗地散散步，口渴了就"偷"甘蔗吃。知青们都练就了一身吃甘蔗的"本领"。那就是不用水洗，也不用刀削皮，把折断的甘蔗用衣服袖子擦一下，用口直接就咬，把牙齿当刀使。这种啃法既快又能锻炼牙齿。我们的伙食太差，吃一些甘蔗也可以增加一点营养。有一句俗话说得好，"干什么，吃什么"嘛。有的知青收工时就偷偷砍一点甘蔗放在宿舍床底下，有空就啃甘蔗。我们自己种的甘蔗清甜脆口，大家吃得很香甜、很开心，这也算是知青们的甜蜜事业吧！

下乡当知青这三年，我们还学会了种植甘蔗的方法：先用锄头开挖一条40厘米深，30厘米宽的沟。在底层放飞机草或肥料10厘米，把甘蔗种苗砍成50厘米长的小段（要有2节芽）。然后把甘蔗种苗用泥土盖深度10厘米左右。待露出甘蔗芽后，再埋泥土10厘米，以利于甘蔗发根生长。我们农场一般是每年的11月份就要砍甘蔗。在砍甘蔗前，农场都会召开全场知青动员大会，知青代表上台表决心，正儿八经地念决心书。砍完甘蔗后，就卖给糖厂榨糖。每年春节，农场给每人发10

斤白糖，这样就算过年了（前2年里都没有发）。

甘蔗属干旱作物，不需要太多水分来浇灌。有的知青在宿舍区的冲凉房后种上一点甘蔗，由于水分充足，甘蔗长得很粗壮。但我们砍来吃时，甘蔗根本不甜，原因是水分太多了。水分太多后，甘蔗内的糖分就少了，甘蔗就不甜了。所以我总结出一个经验：甘蔗长得太粗（大条）、节太长是不甜的。

肚子饿，吃锅巴

那时，国家给每位知青每个月的伙食补贴是8元钱，粮食是35斤。第二年就要自给自足了。我们连队自己有食堂，但伙食很差，每天吃的菜就是南瓜、白菜、萝卜干，炒的菜都没有油水。一个月几乎都吃不到一顿猪肉。当时居民买猪肉是凭猪肉票购买的。一个人一个月只有3—4斤的猪肉，粮食是一个人一个月35斤的大米（含5斤的红薯干）。我们当知青后，政府就不再供应猪肉票给我们了。每天的早餐就是白稀饭放一点盐就解决了。

我们吃的每顿饭都是由后勤的炊事员定量分饭、分菜。我有一个男同学，1米7的大个子，他干活力气大，也很能吃，经常吃不饱，常常要加1—2两的饭才够饱（当时炊事员就把多吃的饭用本子记录下来）。有一年，他的年终分红才22元，但扣除他平时加饭的钱，他不但一分钱都拿不到，还要倒贴钱给连队。中国有一句古诗：近水楼台先得月。炊事班的知青们肚子饿了就有锅巴吃。我有一个同学在炊事班，每天都会拿一点锅巴藏到房间里，晚上就偷偷拿出来吃，有时也会叫好朋友们来一块儿品尝。在锅巴面上放一点白糖，又香又脆，细嚼慢咽下去，真是美味一绝。锅巴味道鲜美，营养丰富，我也能经常沾一点便宜。如果没有朋友在炊事班，那你真的还吃不到锅巴呢。

我们在下乡的头2年中，基本上没有收入，就是一日有三餐。吃不饱，肚子没油水，怎么办？知青们想了一个办法，回家"捞"父母的。每当有知青回八所，他们都会从家里带一些煎好的新鲜鱼、炒花生、辣椒酱、猪油等，用玻璃瓶一瓶一瓶装好，一般可以吃上2—3天。不但自己带，还要帮要好的朋友捎一些菜或好吃的东西回来。每次从八所回来，知青们都是拎着大包小包，里头带的都是吃的东西。当然啰，知青们如果知道你刚从八所回来，肯定会带有好吃的，大家都会蜂拥而上拿着碗到你房间来抢菜吃，来晚了，菜都抢光了。这正验了那句话："有苦同吃，有福共享。"

"偷鸡摸狗"

在那个年代，知青们除了种甘蔗外，也常干一些偷鸡摸狗的事，比如偷鸡、偷香蕉、偷甘蔗、偷西瓜等。当时只是觉得好玩，填饱一下肚子。我们一连的铁路局带队干部金队长，自己养了6只鸡。有一次他回八所休息几天，一连的几个知青趁机偷了他4只鸡来杀。知青们美美地吃了一顿鸡肉。金队长回来后，气愤地说："剩下2只鸡，叫我怎么养，干脆偷完算了。谁偷的承认就算了，向我道个歉吧！"结果知青们谁都不承认，只是捂着嘴暗暗偷笑。

1977年9月的一天，我们连队有一个知青在开挖甘蔗沟时，抓到一条2斤重的银环蛇，这种蛇很毒，听说用来煲鸡汤很补。有人说农场党委书记符懋英养了10多只鸡。几个知青合谋后，决定去偷符书记的鸡。等到天黑后，派了2个人去偷鸡，一个放哨，一个到鸡笼偷鸡。很快就偷到一只3斤重的母鸡，杀出来后，还有小鸡蛋在里头呢！几个知青分头动手杀蛇、斩鸡。煲了一个小时后就熟了，蛇肉真是香，味道鲜极了！把房间门关起来，知青们痛快吃了一顿原汁原味的野味。事后符书记跟场部的一位知青说，这段时间自己养的鸡好像少了几只，这个知青打圆场说，可能是被蟒蛇偷吃了！符书记也就没话说了。

还有一次，场部的一个男知青，偷了符书记的鸡，杀好煮熟后，竟敢邀请符书记过来一起吃。在吃饭的时候，他对符书记说："我告诉你一件事，你要保密。"符书记回答说："那你讲吧！"这个知青说："我们吃的这只鸡是你养的。"符书记听后又好气又好笑，只好答应说："那这件事，我谁都不说，行了吧！"

还有一次，符书记房间后院里自己种的快要熟的一串香蕉被人砍走。这次符书记真是大动肝火，他派了场部的2名老知青去调查此事。他要求调查人员要到知青住的每个房间去搜，结果一无所获。后来我听说，偷香蕉的人，正是被派去调查此事的一个知青干的，你说这个"案子"怎么能查得出来。俗话说得好，"家贼难防"啊！

知青中的"女强人"

在红星知青农场一连，涌现出来了两位"女强人"，这两位"女强人"都是我的高中同班同学。一位是邱云霞同学，她是我们一连的副连长，在学校时她就是班上的学习尖子。在我们下乡的第二年，国家恢复了高考制度。邱云霞报名参加了高考，她初战告捷，考上了华南农业大学（属于国家重点大学），后又获得了研究生学位。她是我们班同学中，学历最高的一位，也是红星知青农场的知青中的佼佼者。后来，邱云霞与一位美国人结了婚，现已在美国定居。另一位是蔡淑兰，她是我们连队的第三任连长。她能说会道，做事精明干练，办事效率也高。她的父母都是老革命。在她当连长期间，工作认真负责，每天天蒙蒙亮就要提前起床，早上6:30，她就要吹哨子叫大家起床，还要到每个房间去大喊"起床啦""起床啦"。每次要喊两三遍后，知青才懒洋洋地起了床。早上8:30，又要吹哨子，到每个房间去大喊"出工啦""出工啦"。每次喊声音都是提高到八度，真是喊破了嗓门儿。蔡淑兰由于思想上积极要求进步，工作表现突出，于1980年底在知青农场光荣加入了中国共产党，是知青农场唯一的女知青党员。

扒车记

在70年代，海口至八所的车票一张才6元钱，知青农场至八所的车票大概7毛钱，但我们却没钱买车票回八所。每次回八所只好走路到公路上去拦搭拉木柴的"顺风车"，如果司机不给我们坐车，我们就冒着生命危险强行扒车。知青们个个练就了一身扒车的"本领"。

我们下乡的第二年，老电影开始恢复公映。知青们很想看看故事片，特别是爱情方面的片子。每当知青们听说八所有好看的电影，就三五成群专程回八所看电影。为了看一场电影，知青们把命都豁出去了。知青们还创造了一个奇迹，当天天黑前到八所看一场电影，次日早晨又赶回农场上班，基本上不会影响工作。

1977年8月的一天下午，我们4个男知青约好到八所看电影。我们一行就到县林业局的木材检查站去搭车。大约18:10，有一辆拉木材的货车被站检查人员拦下检查。这辆车装了半车木材。我们几个知青马上靠上去，我带着微笑对司机说："司机师傅，我们是知青，想坐你的车回八所行不？"司机大声回答说："不行。"看这个司机这么凶的样子，我们只好佯装退回到马路边。汽车检查完后，当听到汽车发动机启动时发出"嘟、嘟！"的响声时，在车子刚起步的一刹那，我们4人飞身跃起，我和一个知青先用双手抓住车后厢挡板，用脚用力一蹬，身子一蜷，迅速翻入车厢。然后先上去的2个人再把另外2人拉上来。司机从驾驶室反光镜上看见我们扒上了车，立即停下车来，走出驾驶室，怒气冲天地说："你们赶紧下车，这样很不安全，会把你们摔死的。"我们根本不理睬，死皮赖脸就是不下来，僵持了几分钟后，司机没法子，只好又启动了汽车。这回他要采取措施来整我们，吓唬我们一下。司机驾驶车辆开始走"S"形（蛇形），车子一会儿左拐，一会儿右拐。我们在车上个个憋住气，不管车怎样开，怎么摆布，我们抓住能抓的东西，死死不松手，场面真是惊心动魄。车子开了"S"形大约1公里后，司机见没有什么效果，只好按正常速度往八所方向开。当开到现在的三角公园时，司机气急败坏地把我们赶下车，其实他是想故意让我们多走一段冤枉路。司机一边走一边骂着说："你们这帮兔崽子，下次别想坐我的车！"我们下车后，给司机扮了一个鬼脸，挥挥手说："拜拜！"我们连家也不回直奔电影院看电影。看了一场老电影《英雄儿女》，真是开心极了，太过瘾了。

第二天一早，我们又到八所大厦去搭拉木材的车回农场。

那时，也有一个很善良的老司机，他可怜我们知青，只要是知青招手拦车，都会停下车让知青坐。他就是自治州物资局驻东方县物资站的刘师傅。刘师傅50岁开外，看上去憨厚、老实，脸上常常带着微笑。我们多数知青都坐过他的车。那时刘师傅停车，叫我们上车时的那个情景及他的音容笑貌，至今还在我的心里头无法抹去，有道是：好人必有好报啊！

外出打工

1977年底，农场先后派了几批知青到东方县砖瓦厂、县氮肥厂、县糖厂、县食品厂以及乐东、黄流等地工厂支援做工。主要工作就是挖泥巴、推斗车、搬运甘蔗、挑沙子等，总之什么苦活都干。我们是分班轮流到外面干活，农场也创造了一点经济收入。

当时，我担任一连二班班长，我带了11个知青（有男有女）到县砖瓦厂做工，干了三个多月，这属于重体力劳动。每天的工作就是用锄头挖泥巴，再用铁铲铲到斗车上，再把泥巴拉到烧砖窑的漏斗口上倒下去。每天就是这样重复干同一样的工，一天要干7—8小时的活，要拉近100车的泥巴。每天"面朝黄土，背朝天"，个个干得汗流浃背，腰酸背痛。

有一次，农场从我们连队抽调10多人到县氮肥厂做工。我也去了。我的高中同学蔡淑兰、邝惠平被分到厂食堂干工。有一天下午4时左右，蔡淑兰、邝惠平等几个人正在食堂干活，她们手中拿着菜刀正在切肉，这时候天空突然变黑了，电闪雷鸣，"轰隆"一声巨响，有一个像火球的东西，从食堂窗口窜进来，把他们几个人打得在原地转了一大圈。好在有惊无险，但把他们几个人都吓坏了。

向往绿色军营

在那个年代，知青们都向往绿色军营，那时能穿上绿军装是多么荣耀的事情。

当兵是许多青年梦寐以求的愿望，对于我们来说当兵是保卫祖国的需要，也顺理成章地跳出了"农"户，"一人当兵，全家光荣"嘛。那时姑娘们对"兵哥哥"也是情有独钟的。我的当兵梦想也终于成了现实，我也光荣地入伍，当上了一名军人。

1978年4月，县武装部到我们农场征兵，分给我们场征兵的名额才6人。知青们个个踊跃报名，我也报了名。一生中可能只有一次这样的机会，为什么不争取呢？在农场初次体检时，由于我的血压偏低被刷掉了。10月份，第二次征兵，这次武装部分给我们农场的名额是50多人，兵种也很好，是广州军区空军后勤部队。消息传来，知青们个个高兴极了！这次当兵有希望了，有奔头了。在农场初检时，我吸取了上次的教训，在体检前，喝了一点盐水，并做一点热身运动，这个方法果然奏效，一量血压120/80 mmHg，正常。初检通过啦！拿到体检结果，我心中暗暗偷笑。

没过几天，农场通知我到县武装部参加体检，但在检查五官科时，医生说我扁桃体肿大，这回又把我刷掉了。回到家里，我妈妈问我体检的情况，我把体检结果跟她讲了。我妈妈当时在东方县防疫站当医生，东方县的医生她基本上都认识，她马上到武装部叫医生拿体检标准来看。我妈妈跟医生及招兵办的领导说："我儿子扁桃体肿大，是因为这几天吃了热的东西，有一点炎症罢了，吃一点消炎药就好了，没有什么大的问题嘛。"招兵办的同志觉得我妈妈讲的也有道理，又同意我参加复检。复检时我终于每一项都过关，我真是太幸运了！

政审关，武装部要求很严格，要审查每个人的政治表现、家庭成员等。我们一连连长林保华是优秀知青，他特别想当兵，2次体检都合格，但因为他属"黑五类"分子的子女，每次政审都被刷掉，每次的结果都让他十分的痛苦和矛盾。后来，他考上一所大专院校，也是由于家庭历史问题没被录取。转眼到了第二年的3月份，武装部又到农场来招兵，招兵办的人说，去年招兵体检合格被淘汰的5个人（含林保华），这次可以破格录取，但林保华正在准备考学，当兵的事就不再谈了。老天爷真是太会捉弄人了！

1978年12月26日，红星知青农场有56名知青光荣入伍。我被分到了广州军区空军部队长沙机场大托浦场站警卫连。1979年2月，我又被调到广西前线空军宁明机场，后在部队入了党。1983年1月，我退伍回到八所港务局工作。先后任过铲车司机，《八所港报》编辑部记者、编辑部主任，工段党支部书记，安全管理人员等职。

随着知识青年上山下乡运动结束，东方县红星知青农场1980年底撤销。

（2016年4月11日）

我的知青生活回忆

符德红 / 东方知青 / 东方红星农场

1976年7月，我从琼西中学高中毕业，8月便上山下乡到东方县红星知青农场参加突击队开荒种地。当年，我仅17岁。除了响应毛主席"知识青年上山下乡，接受贫下中农再教育"的号召外，我当时还有另外一个想法：尽快找到工作，确保生活稳定，寻找发展前途，为国家的建设贡献自己的一分力量。转眼间40年过去了，今天回首这段艰苦的岁月，我觉得收获很大。个人思想成熟起来，也学到了一些工作方法，对我后来的人生进步打下良好的基础。

开荒种地奋战 40 天

一到红星知青农场，虽然人生地不熟，但在同事们的关怀帮助下，我很快便了解了那里的情况，适应了那里的生活。

开荒种地，是我进场后面对的艰苦劳动，在之后的40天里，艰苦的劳动一直无情地考验着我。我们每天都处于高强度的工作压力下，场地的伙食条件比较差，吃的都是萝卜干、青菜，鱼与肉很少吃到，用水经常紧张，有时大伙忙了一天，晚上想洗个澡都没有水。

"既然选择来到这里，就是为了心中的目标和愿望——锻炼自己，发展自己。如果这点苦都吃不下，谈何将来奉献祖国。"当时，雄心壮志深深扎根在我心里，虽然环境条件异常艰苦，但我一直没有怨言，没有退却。

40天的日子是短暂的，很快，我在红星农场的生活就结束了。之后，我打算继续挑战和磨炼自我，毅然决然选择了更偏远、更艰苦的山区——东方县猕猴岭林场。

到边远的山区继续磨炼

1976 年 10 月，经东方县知青办批准，我来到了东方县猕猴岭林场接受再教育，它位于现在大广坝水库中心区东侧约 20 公里处。在那里，我掀开了人生新的篇章。

来到林场后，场领导要我首先组建青年突击队，大伙齐心协力，规划测量，开山修路，让车辆通往林区，按国家计划采伐林木。开山修路不可小看，这可是一项非常辛苦而又危险的劳动，同时也考验队员们协作的能力。我记得那会，没有啥机械设备，每条路、每座山，都是我和队员们用锄头、铲子、拉耙等工具，必要时采用爆破，一步一个脚印干出来的。

如此高强度的劳作都能够坚持下来，这对我个人今后的成长无疑是有帮助的。林场那段峥嵘岁月对我个人，乃至很多同事，都是一段无法忘记的时光。

那时，因为我对工作认真负责，任劳任怨，苦活累活都想方设法去完成，为人处事公道老实，同时也懂音乐，会唱歌，不仅受到同事们的信任和喜欢，也受到场里领导的关注和重用。

当音乐老师，组建文艺宣传队

来到林场 2 个月后，我就被调到林场的子弟学校当音乐老师。一到学校，我看到学生们很喜欢音乐，很想唱歌，却不懂音乐，不会唱歌，我就暗暗地下了决心，一定要培养他们成为懂音乐、能歌善舞的学生，填补这个边远山区的历史空白。在学校里，我把爱国革命歌曲《我们是共产主义接班人》《祖国大动脉》等几首歌教给全校学生，在短时间内把学校的气氛搞得活跃起来。在那段时光，学校领导高兴，林场领导也高兴，学生家长更高兴。经过 2 个多月的努力教唱，全校学生的学习热情高涨，校园文娱活动丰富多彩，我感到非常满意和自豪。

我在林场子弟学校期间，除了当好音乐老师外，还组织了一个 40 多人的林场文艺宣传队，我任副队长主抓业务。我们大伙通过编排小品、相声、舞蹈、小合唱和大合唱等节目，经常在场部和连队及周边村庄开展演出，营造了整个林区的文化生活氛围，丰富了林场干部职工的文化生活。

从红星知青农场到猕猴岭林场，经过 2 年的艰苦岁月，我的思想成熟起来，认识事物的能力有了提高，社会阅历得到丰富。我能有今天的成长与知青时期的艰苦锻炼是分不开的，我永远不会忘记——我的知青生活。

墩头农场知青趣事拾忆

王保弟 / 东方知青 / 东方墩头农场

我在东方县墩头农场的知青趣事，虽已过几十年，至今仍历历在目、记忆犹新。

下乡

1975 年底的一天，原墩头公社办公楼的前门广场上彩旗招展，锣鼓喧天，"热烈欢送我社知识青年到农村安家落户"的大红横幅高挂在大门前，广播里不断地播放着运动员进行曲。65 名知青胸前戴着大红花，背挂行李集中整装待发，中共墩头公社党委书记携全体领导同群众为知青送行。当洪义刚书记发表了简短致辞后，顿时鞭炮声、锣鼓声、音乐声和群众的欢呼声互相交织在一起，知青们兴高采烈地上了插满彩旗的"卡斯"牌汽车，在车上又是唱歌又喊口号，不断地向送行的家长、领导群众、亲朋好友招手致意。汽车慢慢起动，带着我们踏上了新的征途。一时轰动整个墩（头）、新（街）、港（门）地区。

墩头公社经济作物场仅 2 年就安置本地 160 多名中学毕业生。有的知青或家长一得到公社组织知青到农场安家落户的消息就立即报名或为孩子报名，怕迟了赶不上趟。离休干部周老第一个帮刚毕业的小女儿周菊珍报上名，第二年小儿子周雄一毕业就送到农场；老干部黄何生一连将三个儿女黄月胜、黄月兰、黄月民送到农场落户；墩头社区的吴明三、吴明四，港门社区的吴宏平、吴宏安兄弟俩都是父母积极动员报名下乡；从事教育几十年的港门小学老校长主动将身边的小儿子赖天武动员到农场；周娜姑、周娜全姐弟俩则通过苦口婆心地说服母亲报名下乡的；有的知青想报名下乡，但父母不忍心让儿女当农民、做苦工，坚决反对下乡，但是，孩子们却悄悄偷来户口本，瞒着父母报名下了乡，情节十分感动人。

公社挑选一名副职领导林明豪作为带队干部（第二年由黄雄胜担任），又从农村中挑选一名基层老支书林瑞保担任场长。场里根据实际需要组建了粮产、经济、蔬菜、畜牧、造林和后勤班组，将知青一一做了安排。知青们不管分到哪个班、哪个岗位都毫无怨言，脚踏实地地去接受挑战和各种困难的考验。

挑瓦

我们初到农场落户，还没有宿舍，除了轮班到场部搭帐篷守护一些设施外，全都是借住在附近的闲置军营房内。场部在公社建筑队的支持下，正在争分夺秒地建两幢近600平方米的砖瓦结构房屋。经过2个多月加班加点，墙体已基本完成，接着就是盖面。为了不误工期，场里已定购一船约5万片的湛江瓦，货已从湛江运到黑秋港的东方船运公司码头卸货。那时运输工具十分短缺，原计划从海口来运输的一部解放牌汽车，因有其他任务不能如期来帮忙，为了确保材料赶上进度，场里决定用人工将5万片瓦运回场部。

场里购置了近百对畚箕、扁担，除了不能离开的后勤和放牧人员外，全部知青都到码头挑瓦。码头距场部有十几公里，早上用完早餐，就整队出发了。到了目的地，知青们争先恐后将瓦片按自己所能装进担子里，有些知青想在集体活动中表现自己的能力与决心，所以在自己的担子中多添几片。有好几个个子小的小伙子到附近借来了几部平板手推车，三四个人一起推瓦。

大家装满材料后担子上肩就赶路了，大家有说有笑，你赶我、我赶你，一路上充满生龙活虎的气氛。一口气走了三四公里，原来大家都连在一起形成队伍，这时渐渐拉开了距离，每个人都感觉肩上的担子越来越沉，脚步迈不开。有好几个知青不得不放下担子，手不由自主地往肩膀上摸了又摸，觉得又酸又痛，已经发红了，但见大队人马已去了好远，不由又挑起担子慢慢跟着走。

史琳、林志兰、庞兰等个子较大的知青，一直走在队伍的前头，坚持走过一半多的路程后才停下休息，等待后面的知青。有的知青担子一放下就顺势坐在地上，张着口、喘着气，显然都是坚持赶上来的。稍微休息就接着起程，而扁担还未上肩，肩头就感觉痛了，不少知青走起来双脚像灌了铅般迈步十分吃力，他们咬着牙关仍然坚持着，走一段歇一会，走走歇歇，不少人的肩头已由红变紫青，有的肩头已磨破了皮，有的脚底还起了泡。大家艰难地走了一程又一程，当看到离场部不远时，好像看到了希望，顿时来了精神，脚步加快，回到场部。

经过这次挑瓦的劳动，大家都领会到了"远路鸡毛变成铁"的道理。虽然伤了身，却是炼了心。经过一个星期的恢复，我们又继续进行第二次、第三次的挑瓦劳动，直到把整整 5 万片瓦完好地运回场里，保证了宿舍建设工期按时完工。

种田

人说百姓活儿苦，犁田插秧算在首，粮产班的知青确确实实摊上了这苦活儿，春天受寒冷，夏天受虫扰。

知青到农场后刚刚过完春节，就迎来第一次春耕生产。节前虽然已插了少量的秧，不过那时还不觉得冷，开春后的天气甚是寒冷，给我们下水插秧带来意想不到的困难。

早上已是八点多钟，太阳懒洋洋已爬上竹竿高，庞兰带着关贻兰、刘立英、李梅香、陈香、周娜姑、何引菊、钟才凤、钟振月，挑秧苗到整好的田块边均匀地抛到田里，准备工作做好后，就脱下鞋光脚下田开始插秧。当脚一下田一阵冰冷从脚上袭来，这样的感觉从未经历过，双脚首先是感觉刺骨般的冷，就如无数的小针在扎，十分疼痛，然后是疼胀，一直浸在水里的双脚都是麻木的。插秧的右手虽是一下一上但也红胀疼痛，过了一段时间也开始变青了。为了减轻一些疼痛，有的嘴里哼起歌曲，有的说起笑话，缓解大家的情绪，大家忍住痛苦在田里坚持了近一个小时，这时班长叫人找来些柴火在背风的地方烧起来，招呼大家将僵了的手脚烤一烤、揉一揉，好一会儿才恢复正常。就这样，插一会，歇一会，最后坚持到完成当天的插秧任务。

晚造生产开始，粮产班的女知青又迎来了新的挑战，这帮女生平时在家见到小虫、蟑螂、老鼠都害怕，更何况是近距离与水蛇和蚂蟥接触。知青们头顶烈日，挑着秧苗来到水田边，看到水中游来游去的水蛇、一伸一缩的蚂蟥顺着水响声向她们游来，大家身上都竖起了汗毛。虽然之前场长讲过如果被蚂蟥叮上，只要将口水涂抹在它身上它就自行脱掉了，但是胆大的可以自行处理，胆小的怎么办？连见都怕，哪敢用手摸！一拨人你看我，我看你，都不敢下田，还是班长主动先下，大家才硬着头皮跟着下。大家边插秧边不时瞪着自己的双脚，怕被蚂蟥叮上了，紧张了一会儿，不见蚂蟥出现，警惕性也慢慢放松，专心插秧了。想不到一只筷子大的蚂蟥从后面悄悄地叮上了陈香知青，但她并未发觉。旁边的知青发现后大声说："陈香，你被蚂蟥咬了！"吓得陈香急忙丢下秧苗，在田里又叫又跳，几圈下来蚂蟥还是甩不掉，急得她要哭起来，最后在周娜姑等人的帮助下，才把蚂蟥扒下来。由于被叮时间长，破了皮，血流不止，班长找东西帮她止了血，她的情绪才稳定下来。后来在有蚂蟥的田里作业，我们都事先备好石灰先撒到水田里再干活，这样蚂蟥就不敢出来叮人了。大家顺顺利利地完成了当年的夏种插秧任务。

犁地

为了赶上农时，班里的男知青必须在短时间里掌握犁地耙地的技术。场长让关九兴、周永清、黄志民、王志雄、史伟、文兴和、赖天武等知青集中在一块平坦的空地上，亲自教他们犁地。场长套好牛拉上犁，左手抓起牛绳，向上一扬吆喝一声牛便直向前走，犁一落地身后就犁出一条笔直的犁沟，来回几趟动作熟练，收放自如。停下后给大家讲了一些要领和需要注意的问题，大家都觉得并不难。接着场长将牛犁交给大家，让大家练一练，几名知青都争先恐后上前试一试，几个人轮着学，但牛好像欺生，不是快就是慢，犁把也不好掌握，觉得很吃力，不是犁地犁得过深或过浅就是犁不着地，几圈下来手臂都酸了。场长让大家练过好几轮后，将大家出现的问题原因跟大家说明，然后叫上关九兴操作，亲自手把手地边犁边讲。大家看后记在心里，按照场长说的手、眼、脚并用，操作起来就好得多了，虽然开始操作时比较紧张，手脚有些不听使唤，牛的速度也不善控制，但是凭着大家的那股热情劲，不怕苦不怕累，多练多琢磨，也逐渐地掌握了基本的要领。经过两天的苦练，已经能独立地操作了。

知青黄志民在独自耕作时，由于不熟悉那头水牛的脾气，加上不完全熟练操作，给自己造成了一次伤害。那是他学会使犁后初次犁地，他套好牛犁后慢慢犁了几圈，认为可以再快一点，就将拉着牛绳的左手高高举起，突然大声吆喝一声，耕牛受惊就快速行走，他也加快步子跟上，可是，高举的左手落下时顺势将牛绳一拉，牛顿时停下来，他没注意，身体向前一扑，犁把重重顶撞在他的胸肋骨和肝区部位，躺在病床上休息了整整1个月。

种菜

我们下乡农场不到1个月，就吃到了自己生产的蔬菜了，这对蔬菜班的知青来说是多么高兴的事情，殊不知知青们付出了多少。蔬菜班周人光、文和玲、苏英月、吴兴、黄阳惠、黄维兰等十多名知青，当接到场里的安排后第二天就选择了一片水源充足的地块进行整地，当天就整出菜垄并施好底肥，与附近的菜农联系菜苗抢先种上，争取用最短的时间种出菜来供应食堂。菜苗种上后，重点还在管理上，一造菜要施两轮肥两轮尿，肥是收集人粪、猪粪和尿，沤几天才使用。施肥时，可难住了知青们。他们生长在城市，远远闻到大粪味都要恶心，何况是面对面地翻搅，好几回，知青恶心得直呕吐。开始只是由周人光一人配粪冲水后，知青才挑去浇菜。这样一次两次，经多次接触后知青们才慢慢地适应亲自掌勺打粪水了。

最难接受的是到部队学校单位去收集人粪尿，几个人每人每星期轮流去一次，不少人感觉碰到熟人就难堪，所以去的时候大家都把帽子在前面压得低低的，就是不让人认出自己来，要不就是选在人少的地方或是人们休息的时间去收集。这样过了大半年，才慢慢地习惯过来。最后能大胆地挑着粪桶走回家，已经不怕人笑了。

赶牛

那年，我们第一批知青落户墩头公社经济作物场不久，时令正值隆冬，场里为了解决今冬明春农业生产耕牛不足的问题，场长带人到县畜牧场选了两头耕牛。因为牛回来后还要经过训练才能使用，为不误农时，就组织人把牛赶回来。场里从各班组抽调了12名知青，其中有关九兴、赖天武、符明荣、周永清、王志雄、陈张安、文兴和、周人光和我，按场长的吩咐我们准备了两部牛车、两部单车、牛鼻栓、牛绳、大绳及必备的工具，水壶灌满水。由于是第一次远行干活，大家既高兴又有些紧张，晚上都睡不着觉，不到五点就互催同伴起床，收拾用具上车，胡乱吃点早餐就赶路了。

场长带队，我们分乘两部牛车和两部单车，因路不好走，三十多公里的路程走了近四个小时，当到了目的地太阳已爬有两竿高了。在放牧员的指引下我们来到牛舍，大家分散站在牛舍四周墙上。这牛舍好大，都是水牛，可能有上百头。牛一见那么多的生人，顿时抬头、竖耳、瞪眼、双角向天，警惕地看着我们。我们从没见过这架势，心情开始紧张，头皮发麻，小腿不由自主地颤抖，身上直冒冷汗。等过了一阵子，紧张的心情才慢慢平静下来。在场长的指挥下，我们准备了四个套，站在舍墙上，等目标一靠近就将套抛向牛角，套着两只角才能套得牢。虽然知青们个个干劲十足，但因为是生手，套了十几回都没成功，牛像懂我们的意图一样就不肯过来。我们只好跟它兜圈圈，它不过来，我们就去找它，这样追来赶去最后还是让我们套到了它，大家可高兴了，立即把牛拉到舍门将头固定，场长顺利穿鼻拴绳，并装好前后保护绳后拉出牛舍安顿好。

套好了第一头牛，任务已经完成一半，从大家的神色看出心情都特别好，有信心有决心完成任务。另一头牛体形肥壮，性野，配上那对粗大顶尖似利剑的角，更显得它凶猛、剽悍。它时刻保持着一副警惕的状态，它灵敏不易近人，套了几次都不成功。当套到它的头上空时，它头一晃就避开了套，或者是把头一低就绕道走了，后来它就不再走到边上，让你的套抛不到它的头上空，这样对峙了一段时间。这时有的知青提议像套马一样用竹竿送套，并很快地找来两根竹竿装上套，这招果然有用，不怕牛离人远了，比较容易把套送到目标上方，但是竿长用起来吃力，用不了几回合手都酸了就得换人。大家虽然累，但是心里都有一个决心就是坚决完成任务。所以大家轮流换手，互相鼓励，坚持到底。这样坚持与牛周旋了好久，这时牛的体力也耗得差不多了，脚步渐渐慢下来，头晃得也少了，最终被我们牢牢套住。被套后牛奋力挣扎，我们让它挣扎了一会，才顺势将牛拉到舍门。大家拉套索的、抓角的、抓耳的、抓嘴的，把牛头紧紧按住，让场长把牛鼻穿上了栓，绑好了牛鼻绳，加固穿引绳后才把牛拉到舍外绑在木桩上。这时，知青们的脸上露出了胜利的微笑。

我们分成两组，每组6人，3人在前面拉，3人在后面赶，计划着先把牛赶过途中的灌木林再赶往场部，把牛绑在牛车后，人跟在牛后面就省事了。准备好后，大家各司其职，有说有笑起程了。谁也想不到，在短短的一段赶牛路上，竟会发生一件让人心惊肉跳、威胁生命安全的事情。

两头牛被我们一前一后拉着，走走停停来到灌木林中间，可能是因为中午天气闷热，其中一头牛蹬着脚不走了，不管如何拉，后边如何吆喝牛都不动，与人扛着。见吆喝不听，后边的知青就折来棍条抽打牛屁股，牛还是不动，知青又从屁股打到背上，下手也有所加重，这时只见牛从鼻子出的气愈来愈粗，眼瞪得红红的，大小像乒乓球一样，耳朵一竖，头一低，横着锋利的一对角疯狂地向前边的知青撞去。场长见状大喊一声"快走"。前边的周永清、文兴和、陈张安三人弃绳赶快逃躲，后边三人也因牛瞬间发力挣脱了牛绳而赶忙逃生。眼看牛要追到他们三人了，突然间牛又改变方向360°疯转，场长刚喊完躲避不及，被牛扎伤并撞出圈外围倒地。这时，只听见牛疯狂奔跑的脚步声和灌木林被踏断的声音交织在一起，一会的工夫就把一个直径25米的圆圈里的植物林踏成平地。牛不知走了多少圈，过了多长时间，直到累了牛才停下来喘着粗气，口吐白沫，这时我们才回过神来到场长身边。场长被牛角扎到小腿上划了一个两寸长的伤口，他双手捂着滴血的伤口，一副紧张的神色，见大家过来就问是否有知青出事，当听说大家都没事时，他紧张的面色才松了下来。牛场没有医院，我们按场长说的采来飞机草叶捣烂止血，没有工具捣烂，周人光就把飞机草放在嘴里嚼烂，嚼了几口才敷满伤口，然后用毛巾包扎好后，安排自行车将他送到县医院救治。

我们被突如其来的情况吓蒙了，如果不是牛改变方向，前面几个知青的后果不堪设想，也可能祸及面更大。为什么牛改变方向？大家都感到十分奇怪。当我们走到圈中间看后才解开了这个谜团。原来走在前面的三人为了拉牛方便抓手，就把两条绳连在一起并打起一个大结，他们松手后，牛拖着牛绳跑，碰巧这个结死死被卡在树头上，阻止了凶悍的牛向前，所以愤怒的牛才改变方向疯狂转起来。就是这个结，避免了一场悲剧发生，大家回想起来都觉得不可思议，庆幸逃过这一劫。大家情绪稳定后，才继续把牛赶回场部。这回，我们对牛不敢怠慢，不敢动粗，牛也像小孩犯过错一样听话多了。到了场部，我们将牛绳绑在牛车后用车牵引，人在后面跟着，一路倒也顺利。直到把这两头牛当作新到的客人一样安顿好，大家才有了一种如释重负的感觉。

上山下乡东方县商业农场散记

黄坚 / 东方知青 / 东方八所

1973年，我们乘着毛主席"学制要缩短，教育要革命"最高指示的春风，只读4年中学就毕业了。那年毕业后，听说中央有个文件，除独生子女外，所有人必须上山下乡，即：在校学生毕业后，须到农村锻炼两年才能去当兵、到工厂或是上大学。所以，我们这届学生除了个别享受政策的或随父母调离东方外，其他的全部都加入到上山下乡的洪流中。

我们这届学生还是比较幸运的，下乡到的是县办的农场。我们算是下到县办农场的第二届学生，享受的是同兵团一样的农工待遇。农场除了不发统一的服装和被褥外，第一年每个月有22块钱的工资，第二年转正后32块/月。比较特殊的是：县办农场享受农工待遇的知青我们是最后一批，从七四届开始直到"上山下乡"运动结束，学弟学妹们享受的是自收自支、自食其力的待遇。

县办农场全部都在东方县境内，最远的也就50多公里，近的就在县城八所旁边。到了周末，离家近的基本上都可以回家改善生活，离家远的就睡懒觉打发时间。那个时候交通很不便，离家远的想回趟家很不容易。那个时候的学生，在家时多少都帮过家里做家务，再加上每学期都有那么一两个星期参加如夏收或是修水利的劳动，对下乡劳动并不陌生，主要是对今后的成长和出路有点迷茫。

下乡前，县知青办给我们这批学生办了一个星期的学习班。每天早上7点半就到位，11点半才能回家，作息时间就跟机关单位上班的人一样。学习的内容是中央和省上山下乡的相关文件和伟大领袖毛主席关于"知识青年上山下乡"的最高指示。学完后要谈思想认识、要表态，到农场后如何接受贫下中农的再教育，如何在广阔的天地里"滚一身泥巴，炼一颗红心"，"愿做广阔天地里的一棵草，不愿做温室里的一棵苗"，等等，为将来当个红色的共产主义事业接班人而奠定革命的基础。学习班的场面是很热烈的，刚出校门，年轻人的雄心壮志和美好的远大理想加上那个时候人们的单纯的革命思想和热情，把整个氛围搞得生机勃勃。

办完学习班后不久，两辆大货车把我们30来个同学送到了离八所（县城）45公里远的一个叫月大村的地方，我们的农场就坐落在那里。我下乡的农场叫商业农场。农场周围的风景不错：东面是山，西面是月大村，南面是一大片坡地和一条乡村小公路。这条公路是从国道通到附近几个村庄和叉河水泥厂一块原料用地的要道，同时也通过海南铁路"石—八"线一个叫五七工区的小站，是我们出入县里及公社的一条唯一的路。北面是海南的第二大河——昌化江。戈枕水利的总干渠穿场而过，伴着哗啦啦的流水声，日夜不停地由东往西流。山区交通非常不便，我们要想回家一趟必须得走10公里左右到叉河火车站乘坐每天一趟的火车回家，而来的时候则比较方便，每天有一趟八所到石碌的客货列车，在离场部三四公里的地方即五七工区大概停两分钟，我们就占了这唯一的便宜。

一到农场，没见到什么贫下中农，倒是看到4个老干部：副场长林尤华，文昌人，是海南解放前参加革命的老干部；会计姓符，也是文昌人，40出头的样子，原是琼西剧团的首席二胡手；兽医姓梁，海口人，也是40出头，原在食品公司，后来据说建这家农场是为了养猪，所以就调到这里来了；出纳姓占，是本地人，30出头，据说是刚建农场时从农村招来的回乡青年。场长过几天才到，姓邢，叫邢定炳，也是一名解放前参加工作的老干部。一年多后，又换了一位场长，叫翁老弟，本地人，也是一名资格较老的老革命。

农场隶属商业局管，所以叫商业农场。据说1970—1971年，商业（含供销社）局要从农村招一批优秀青年到各公司工作，在上岗之前要进行思想和劳动培训，于是便在此选址建了这么个农场。农场的主业除了种水稻、红薯及许多农作物外，还兼养猪。这帮哥哥、姐姐们从这走出去后，就由我们来接，并且更名为商业养鸡场。县里领导的初衷就是把这里建成全县的商品鸡养殖基地，以便逢年过节时供应县城市场，但是，靠几个小青年来养几百甚至上千只肉鸡谈何容易。

我们到的时候，由于由猪舍改造的宿舍尚未建好，大家就集中睡在大仓库里。初来乍到，大家热情很高，早上起来跑步，准时上工按时下工，个个都显得积极肯干，但此热情不过几天，大家就进入正常的日出而作、日落而息的农场生活了。

农民怎样我怎样

农场名曰养鸡场，其实还是以农业为主，场里有三十来亩的水田，两百多亩的坡地（旱田），场里除了安排几个人养鸡外，其他的人统统去从事农业生产，如种田、种菜、养牛养羊，还有修水利沟、砍柴、挖饮水井、修鸡舍牛舍等。我们在农场的时间虽然不长，但基本上什么农活都干过了。也就是说，在农场除了有工资领和过集体生活之外，其他的工作都和农民一样。

种水稻即种田，种田的第一步是犁田。犁田的活在农村是壮劳力干的活，它不仅需要技巧，还要用臂力、腰力和腿力。这是种田最辛苦的第一道活。场里没有别人干过这个活，只有出纳这位农村出来的老兄会干，于是他就当教练，教我们这些十六七岁的"学生兵"们学犁田。因为只有一个"教练"和五头耕牛，场里就安排五个同学先学，然后再以点带面，教会全部男同学。

学犁田其实也不难，只要不怕苦，用心学就行。前面如海东、海峰他们学得很快，犁得很好。轮到我们几个学的时候，我便学着出纳的样子，扛着犁，牵着牛，走到地头，然后给牛套上犁，使劲地拿着小棍子抽打着牛，不停地吆喝着"驾！驾！"催着牛赶快往前走。我回头望望翻开一道道弯弯曲曲的沟沟，不由地想起电影《刘三姐》中罗秀才唱的歌："犁田耙地我知道，牛走后来我走先。"于是得意扬扬地把歌词改了过来，唱道："我走后来牛走先……"忽然，牛一下子跑了起来，把我也带上跟着跑，我怎么喊怎么抽都拉不住，还是出纳跑过来把犁往泥里一插，牛才停了下来，我也累得直喘气。出纳笑着说："此牛是头老牛，很听话的，可能从来没听过有人唱着歌犁地，是你唱歌惊吓着它了。"

从那以后，我干犁田活的时候再也不敢唱歌了。尽管很晒、很累，我也忍着一步一步扶着犁跟着牛走，有时不赶时间，就把牛拉到树荫底下偷会懒，名曰：太热了，让牛歇一歇，防止中暑。好在我干这活才几天就被调去干别的了，躲过了这又脏又累的活。

插秧。对于种田人来说，接下来的两道工序就是育秧和插秧了。插秧也是件很苦很累的活，而且从一大早就要弯着腰，两只手不停运作地干到傍晚收工。一天下来，什么叫腰酸腿疼，只在那时才体会到，加上海南的天气又热，人有时真的困得不行。最要命的是，我们农场所处的这个地区是疟疾病高发区，俗称"高疟区"。人在干活的时候，突然碰到雷阵雨，躲避不及，身子一冷一热，就有生病的可能。因此，每到农忙的季节，场里就有许多同学累得生了病，严重地影响了农时。这个时候，局里就会派一些大哥哥、大姐姐过来帮助我们完成任务。

拔秧苗和插秧苗虽然很辛苦，但也很有趣：拔秧的时候，左右手的手腕和手指在不停地动，两只手掌内的秧苗一满，便手一合从腰间抽出几根干稻草一捆，就成了整齐的捆苗了。聚满了两筐，再由送秧的同学送到耙好的田里供插秧用。一般是上午用两小时拔送秧，而后半天就是插秧了。插秧时两脚岔开，腰弯下来，左手把秧、分秧，右手取秧插到泥里，像蜻蜓点水似的，还伴有水的"叮咚"响声，有点奏乐的味道。但那背整天朝着天，使人有着"面朝黄土背朝天"那种酸楚的感觉。

收稻，也叫收谷。对于农民来说一年的辛苦全在每年两季的收成上。我们的体会也一样。"田家少闲月，六月十月人倍忙"就是在这个时候才能体会到。

丰收的季节，几十亩的梯田披上金黄色的戎装，稻穗沉甸甸地压弯了稻秆的腰，很是喜人。这个时候全场的男女老少都齐上阵，一个个弯着腰，挥舞着镰刀，在稻田中一窜一窜地往前拱，每人同时割五六垄稻子，速度就跟我们平时的散步差不多，但有个别力大的同学速度就快一些。"唰唰"的割稻声，带着利落的节奏感，也透着丰收的喜悦。但是，有些同学，尤其是女同学可就费了大劲了，不一会，胳膊就酸了，腰也已经不再是自己的了。面对着成片的稻垄，手里的镰刀越来越不听使唤，割不下就砍，手上磨起了血泡，一些女知青用手帕包着手，血还是渗了出来，而有些男同学早已割到地头，坐在那里休息了。看着自己眼前的稻垄还是一望无际，再看看身后留下的稻茬，一撮一撮的，实在难看，干脆一屁股坐在那里。这时，真是汗往地下洒，泪往肚里流。"谁知盘中餐，粒粒皆辛苦""赤日炎炎似火烧，野田禾稻半枯焦"等名句一股脑涌上心头。有的男同学看到女同学割得太费劲，就迎头来接，有人帮忙就更不好意思了，只好咬着牙拼命干。渐渐掌握了割稻的技巧，以后就感觉好多了。

脱稻谷也叫打稻谷。割下的稻谷需捆成捆，然后用牛车或手扶拖拉机运回晒谷场进行脱粒，晒干后才能进仓。

割完一天的稻谷，累的还没缓过劲来，放工的时候，除了把稻谷成捆装车外，每人还要挑两捆回到晒谷场。而后，匆匆吃完饭，又到晒谷场干活。过去没有电的时候，脱谷靠的是摔打和脚踩，所以才叫打稻谷。现在有电了，就用打谷机了。那时的电也不正常，经场领导与月大村的电工协调好后，一给我们送电，我们就加紧干，哪怕是干到下半夜，免得用手甩、用脚踩。记得当时有句口号叫：日干三刻，夜加一班，掉几斤肉，也要把任务完成。

政治学习是制度

在农场两年多的时间里，有一项制度是必须要坚持的：那就是每周一、三、五晚上 7:30 至 9:30 两个钟头的政治学习。

政治学习的内容主要是学习中央和广东省关于知识青年上山下乡的一些相关文件和伟大领袖毛主席在这方面的最高指示，有时候还拿来报纸学一学时事政治。一般是由一组组长文海东读一份文件或指示，再由二组组长杨胜读一篇报纸，这叫一起学习。而后进行座谈讨论，虽然没有离开农场这个小山窝，但也大谈畅谈祖国的大好形势。讨论的时候也是主要由几个干部（骨干）发言，最后，由场长总结并布置明后天的工作。大家发言还是比较踊跃和积极的，都有针对性地指出自己在劳动过程中存在的问题和不足，并表决心进行改正与克服，以早日加入到党、团组织中去。

有一次晚上停电了，天气很闷热，但学习还是要照样进行。为了能准确地学习文件和相关资料，场长从小鸡孵化室拿来两盏大的煤油灯，供大家学习。要知道人工孵化小鸡是用电来控制温度的。停电了就用煤油灯来调控，稍有不慎，几百个鸡蛋就会功亏一篑，但梁兽医说没关系，两个小时内没问题。那天学习结束后，发现一盏煤油灯不见了，场长正要找的时候，有个负责养鸡工作的女同学告诉场长，说是王建平同学拿走了。场长赶紧吆喝：建平，你拿灯去干什么？赶紧拿回来，孵小鸡用。王建平同学答道：场长，我拿回宿舍学"毛选"（即《毛泽东选集》）。场长听后，无所适从，有点无奈地站在那里。看到这，我赶紧叫建平把灯拿回去。

看场电影要走几公里

在农场，最使人苦恼的就是枯燥单调的文化生活。那时候很少有人买得起收音机，场里有几个同学有收音机，但天天收听的那些节目，除了新闻就是样板戏，《红灯记》《沙家浜》人人都能从头唱到尾，连道白也能一字不落地背下来，早听腻了。好在我们场里的会计原是琼西剧团的首席二胡手，他带了把二胡在身边，还有个陈琼文同学带了把小提琴，到了晚上或是下雨天不出工的话，他们就教我们拉拉琴，学唱海南戏和一些革命歌曲，总算是有了点生气。

大家最渴望的是去看电影，可惜几个月也看不上一场，即使有也是在公社或是在五七工区放映。从农场到公社要有七八公里路，到五七工区就近一点了，有三四公里路，都是走着去。一般公社放映我们就不去了。五七工区两三个月才放映一场电影，全场人是不落的。几公里路不在话下，很简单，因为我们要回家需走约10公里的路到叉河去赶火车，所以，看电影走这点路就不在话下了。电影全是在露天场院里放，除了工区的几个职工坐着看以外，其他人全都是站着看。有时候赶上下小雨，电影队的同志打着大雨伞放映，大家就等着在雨里把电影看完。而碰到下大雨，两三个月的希望就泡汤了。放映电影用的是小机器，16毫米的小片子，也就是《海港》《龙江颂》《智取威虎山》等样板戏，其他好的片子很难等到。

一次，我们听说五七工区放映电影，可能是国外的片子。收工后，顾不得吃饭就赶去，天还没黑，那里已是人山人海了。我们只好站在后头的山坡上伸长着脖子看。电影是阿尔巴尼亚的《宁死不屈》，这是难得的一次看外国片子，大家都被影片中的精彩表演和曲折的情节所吸引了。想不到，一个那么小的国家竟然能拍出这样好的电影。电影在放映的过程中，有几趟火车呼啸而过，影响了大家的情绪，气的大家直骂火车。回家的路上，大家还不停地唱着影片中的插曲：

> 赶快上山吧，勇士们！
> 我们在春天加入游击队。
> 敌人的末日就要来临，
> 我们的祖国要获得自由解放。

就为看一场电影，我们来回走了十来里路，还站了两个来小时，竟然一点都不觉得累，而且好几天干活都挺有劲。

除了看电影之外，为了稳住大家的心，根据多数年轻人的爱好，场里在打谷场上加上两块篮球板，划上线，就成了一个非标准的篮球场。我们几个同学的篮球、排球打的是比较好的，在学校的时候就是校队，甚至是县队的队员。我们成立了一支篮球队，在背心上印有"商业养鸡场"的标志，威风的很。这支球队的水平足以代表商业局乃至财贸战线了。这样我们平时除了自娱自乐外，节假日县里有活动，都是以我们为班底，经常打进前两名。场的对岸有几个大企业，叉河水泥厂、叉河氮肥厂和叉河电厂，他们的球队水平也蛮高的，我们也经常与他们举行友谊赛。当时，场里有部手扶拖拉机，一有活动，大家就挤在一起，"突突突"地往叉河开去，不管安全不安全，只要开心就行。还有打球不管输或者赢，只要能混一顿消夜吃就行，那时候能吃呀！

最难的是看病

前面说过，我们场所处的地区是东方县的疟疾高发区，俗称"高疟区"。这种病主要是通过蚊子来传播，山区的气候以潮热为主，很适合蚊子的生长，不要说晚上睡觉防蚊蝇，就是白天站着也会遭蚊子叮咬，更别说还要到田园里劳动和上山砍柴，特别是春、夏季节，这种病的发病率很高，我们全场人从场长到知青无一幸免，几乎人人都得过这种病。

场子较小，没有卫生所，也不设卫生员，场领导只是叫出纳每月从县里买回一些应急药应付。如果有时候碰到出纳不在家或是病情较重的话，需要到医院治疗，这个时候就麻烦了。前面说过，农场离县城较远，有45公里，而离公社约10公里。我们场处在东方与昌江交界处，到昌江的叉河镇也是七八公里，叉河是昌江较大的公社，那里有几家大工厂，人气很旺，而且是回县城坐车的必经之路。我们有什么事都往叉河跑，从不往公社跑，但是如果生病了还能走到叉河公社的话，索性就再加五毛钱买张火车票就可以回到县城看病了。

有一次，天气非常闷热，有位同学生病了，病来的很急，而且很重。这位同学身体一贯不是很好，发热的时候，几条手巾轮着擦汗都擦不干，过一会发冷的时候，几床棉被都压不住他发抖的身子。连吃了两次"奎宁"都无济于事，叉河的电话又打不通，场里唯一的一辆破手扶拖拉机也坏了，急得场长团团转不知怎么办好。这个时候只能送公社卫生院了。于是，杨胜、曾宪忠、王建平和我套上牛车，急忙往公社赶。可牛车毕竟是牛车，它的速度是可想而知的。一路上，这位同学又是呕吐又是头疼，搞得我们几个不知所措。将近两个钟头的折腾，终于把他送到公社卫生院，医生给他打针处置之后，病情很快稳定了下来。此时，刚好供销社有辆货车回八所，跟司机说后，把该同学捎回县城去了。我们几个往回走的时候，大家望着牛车，你看我，我看你，禁不住都笑了起来，什么叫"老牛拉破车"，这次体会到了。像这种用牛车送同学到医院的情况，两年多的时间里，发生过三四回。几十年过去了，现在我们偶尔见到这位同学都逗着问他：你还有命呀？！

养鸡是一门科学

我们场除了种田外主要是养鸡，顾名思义，商业养鸡场的主导产业就是养鸡，你要想做一些其他的事，首先必须得把鸡养好。现在养鸡看起来似乎很容易，在一片小树林里搭上几个棚子，把网一围，一个家庭一养都有上万只。可那时候好像很难养，不知什么原因，一个兽医带着两三个人养着几百上千只就是养不出名堂，还经常发生鸡瘟。在场里待了两年的时间也没有见过有肉鸡出栏。后来又听说，场里主要是培育种鸡种苗，为县食品公司养鸡场提供种苗。

养鸡是比较辛苦的。当时的种鸡很脆弱不好养，且责任重大，各级领导经常过问。记得农场改为养鸡场后，有一天，局里的汽车运来了几笼叫"洛克"的美国种鸡。这种鸡体形很大，据说很能生蛋，而且能经常产出"双黄蛋"，这就意味着这批鸡的后代都有可能育出"双胞胎"来。大家听说后都很兴奋，全部人都积极地做好迎接的准备工作。鸡运来后，住上了消毒后的房子，场里还专门安排了李初升兼任养鸡组长，还配有梁兽医外加两位女同学专门为这几十只种鸡服务，由此拉开了专门养鸡的序幕。只见他们手忙脚乱地一天忙到晚，一天喂几次，一次喂多少，除了稻谷还喂玉米、红薯、青菜叶，等等。隔三岔五的不是消毒就是灭菌，忙得不亦乐乎，逢年过节不得回家，病了还坚持工作……但是不知何故，就是看不到好的效果，而且还发生过几次鸡瘟，弄得他们几个都不好意思。大家也渐渐地对养鸡失去了热度。

养鸡最辛苦的是孵化小鸡。孵小鸡的时间为二十来天，主要是用人工孵化。有电的时候用电，没电的时候用煤油灯，人工控温，这样的话必须二十四小时有人值班。那时经常停电，弄得人很累，搞的孵化的效果不佳，出生率不高，成活率更低，经常挨领导的批评。养鸡除了防病，还要防蛇、防鼠。那时候生态环境很好，特别是我们那个地区，到处郁郁葱葱的，又很湿热，非常适合蛇鼠类生长。这两种动物又特别喜欢吃鸡和鸡蛋，因此，鸡舍的周围经常出现蛇和鼠。碰到无毒蛇还好，要是碰到有毒蛇那是很危险的。有一次，一条胳膊粗的蟒蛇来叼走一只母鸡，被李初升他们几个发现后，拿着棍棒就追上去。陈开宁同学更有趣，他先追上蛇后把蛇尾巴一甩，一倒背把蛇背在背上背回场部开膛破肚连鸡一块炖了，他们笑着说蛇口夺鸡，大饱口福。事后大家都说，这蛇这么大，好在是无毒蛇，要是有毒蛇，可不得了了。后来经常发现有毒蛇来光顾的情景，少鸡少蛋那是经常的事，防不胜防啊。

那个时候成批养鸡的成效不大，主要是养殖技术还未成熟。从选种、选苗、培育到防疫都不过关。一个县那么大，没有一个畜牧科研机构和人才，场里只靠一个从速成班出来，凭经验做事的兽医和几个从来未接触过养鸡的小青年在摸索，何时是个头，投再大的资本也是枉然。

发展多种经营

农场的领导还是有头脑的，除了抓好种田和养鸡外还提出了发展多种经营的意见。这个意见主要来自于养鸡只是几个人的事，种田也是忙过季节后，大多数人便闲了下来，再加上我们所处的地区比较适宜饲养牛羊和种植，因此，为了最大限度地调动大家工作的积极性和利用好资源，场领导便提出了发展养牛养羊业和种植一些薯、菜类的设想，这些设想很快得到了实施。

刚到农场时，场里把我们三十来人分成三个组。第一组组长是文海东，管着七八个人，主要负责农田生产，如犁田、田间管理等。第二组组长杨胜，管辖十来个人，主要负责农场的杂活，如砍柴、围篱笆、拉水电、挖水井等。第三组组长李初升，主要负责养鸡和后勤等。几个组长在学校里就是年级和班里的领导，大家基本上都听他们的。虽然分组，但分工不分家。到农忙时，大家都集中起来到田里干活去。

按照分工，养牛养羊的事大多落在了二组的身上。发展多种经营第一项工作就是养牛。场里原有几头耕牛，没有菜牛，要想发展养牛业就必须多养几头母牛。为了解决这个问题，场里求助于局里，局里通过相关的渠道，在琼中县订购了几头黄牛，要我们派人去把它们赶回来。当时的交通状况大家是可想而知的，要汽车运别说没钱，就是有钱也找不到车，只能派人去赶回来。这就苦了这帮小青年了。从琼中到场里有200多公里，汽车都要跑上一整天，人赶着牛走至少要四五天，且路上的天气及各种情况瞬息万变，有些困难是意想不到的。可这是任务啊！经过慎重考虑，场里抽调了身体较棒且有经验的占出纳带着曾宪忠、陈琼文、刘少沙三位同学，组成一个赶牛组到琼中去完成这个任务。

到琼中后，先把做饭的、防雨的、睡觉的、捆牛的等物件备好后，再到交易点把牛牵走，这才开始四五天的徒步"长征"……出发的那天正赶上雨季，路上真是苦不堪言。牛是未训过的生牛，很调皮，不听话，要赶拢它们头两天费老大的劲。路上碰上有村有店的还可以买点饭吃，要是没村没店的，只能自己支锅生火。为了方便，他们基本每天吃两餐，碰到雨天不能生火，只能吃饼干就凉水填饱肚子。白天赶了一天的路，晚上还要轮流值夜班守牛，第二天为了凉快又要早起赶路，那几天真是考验他们身体的最关键的时候了。当他们几位回到农场时，每个人都瘦了一圈，个个黑乎乎的，看了让人心痛。在这次行动中，曾宪忠确实起到了很大的作用，随身物品不能驮在牛身上的，基本上都由他来挑，晚上值夜，他熬得时间最长。此老兄生得人高马大，一身力气，皮肤有点黑，平时寡言少语的，但干起活来却生龙活虎。小时候他是我们的"司令"，下乡后，场里的脏活、累活基本上都有他的份，连场长都夸他是只"老黄牛"。

第二项工作是养羊。羊基本上都是在县里的感城、新龙、罗带公社一带采购。买到后碰到有车便顺路捎带回来，没有车便把羊先集中起来，然后用场里的手扶拖拉机开过来再拉走，没有像去赶牛那样辛苦。只是去买羊的时候一个村一个村地选，这办法很累人，但也很实惠，老百姓听说知青要养羊都非常支持，要价都很低，没钱人办少花钱的事。

养羊是一件很有趣的事，说不上辛苦。早上太阳出来后把它们赶出去，太阳落山之前把它们赶回来。场周围的草多，水利沟又在旁边，不需我们费多大的劲，它们自己就吃的滚圆滚圆的。羊的繁殖很快,一只公羊配三十只母羊,一只母羊一年生产两次,每胎两只,这样鸡生蛋,蛋生鸡,在我们离开农场回城的时候,牛没增加几头,羊不到一年的时间倒是由原来的三十只增加到了四十多只,且增加的势头有增无减,看来那个地方确实适合养牛养羊。养羊还给我们带来了一次意外的惊喜。有一次羊群回栏的时候,看羊的汪坤梅发现了一只十多斤重的小黄猄,马上惊叫了起来,这个时候刚好大家都收工回来,十来个男同学把工具一丢撒腿就追,边追有人边安排追赶的阵势,几个人往东将进山的路封住,几个人往西把守住路口,几个人把它往圈里赶,那里没有草木。这只小黄猄可能是迷路或是认错同伴了,当喊声一起后,受了惊傻乎乎地就按照人们指定的方向走,不一会我们就赶上了它。还是李初升跑得快,追上之后,扑腾几次,抓住了小黄猄把它背了回来。那晚农场打了一次牙祭,大家还边吃边说,"围猎"的情景是不是这个样呵,还有人说场长早该养羊了,早养羊我们早就有肉吃了。要知道那时候有顿肉吃是件不容易的事。

在决定发展牛羊生产的时候,我们便开始给牛和羊围圈和盖舍。我们这个地方有个传统的说法,牛可以露天放,但羊必须屋里装。羊怕晨雾(露水),因为羊吃了沾有露水的草就会拉肚子,羊为什么要等太阳出来后再赶出去,就是这个道理。因此,领导决定:牛圈自己去砍柴来围,羊舍自己动手盖。牛圈容易围,几驾牛车出去,两天内就能把料备齐,再用一两天的时间就能将牛圈围好。可羊舍不行,建羊舍要先把水泥、石头、砖头和茅草准备好,才开始放线挖地基、砌墙。这种活大家都没干过,不过既然领导定了,就依着葫芦画瓢学着干。杨胜和曾宪忠带着我们几个人边干边学,不懂的就多拆多砌几次,慢慢研究。有个小学弟叫杨先强,在家的时候给工地当过几天小工,大家就让他当大师傅。他皮也厚,胆子也大,负责撑墙角,大家跟着砌,虽然砌的不好看,但个把月下来,一座几十平方米的羊舍还是给弄好了,大家高兴的劲简直无法形容了。

除了养牛羊之外,我们还种植了红薯、木薯和各类瓜菜,解决我们的生活问题,因此场里的粮食和瓜菜都能自给。在全县各个农场中,我们的后勤保障做得算是比较好的,大家都很满意。

颇丰的收获

运气不错,我们这批人从下乡到回城或当兵,时间最长都不超过三年。在这两年多的时间里,虽不能完全说"滚了一身泥巴,炼了一颗红心",但大家都学到了不少的东西,接受了不少的社会教育,学会了劳动生产和生活,学会了尊重人,学会了互相关心、互相帮助、吃苦耐劳，更学会了自信和积极向上……

我们到农场后，始终受到各级领导的关心和帮助。他们除了在政治和生活上关心和支持我们之外，县武装部还给我们成立了一个武装基干民兵排，让我们在平时劳动之余，加强保家卫国的思想，给我们发了两把冲锋枪和十支自动步枪，还派人到现场专门指导我们训练。劳动之余，我们在排长张和益的领导下有模有样地按教官的要求进行训练，填补了很多时间的空虚。虽然发枪没有发子弹，但这难不倒我们。有几个同学是武装部子弟，搞子弹对他们来说易如反掌。弄来了子弹，和益、杨胜、宪忠和我晚上偷偷地出去"打猎"。那时我们哪懂什么"打猎"，实际上是想出去过把"枪瘾"。那晚出去转了半夜，都看不到"猎物"，还差点把老百姓的牛给射了，现在想起来都后怕。民兵排的成立对提高大家的军事素养起了很大作用，从我们农场出来的同学，每个人都会用枪。

领导的关心和支持是一种动力，场里的同学们个个都很努力。大家的表现无论从哪个角度来衡量都是不错的，尤其是团结搞得好。我前面说过，有人生病用牛车送医院的事就是最好的例子。下乡的时间短，没做什么惊天动地的事，大家倒也平平安安，还经常受到县里和局里的表扬和鼓励。由于工作做得好，杨胜同学被县里推荐到省里当选为"广东省知识青年先进个人"，并代表海南黎族苗族自治州到广州去参加"广东省知识青年先进集体和先进个人"表彰大会，受到了广东省领导的表彰和接见。这项殊荣在整个自治州地区也就是十多个人获得，而这项殊荣落在我们农场，我们倍感光荣。这与杨胜长期地积极地默默无闻地努力工作是分不开的。他是个老先进了，从小就当连、排、班干部，干啥工作都抢在前头，他在农场坚持到最后，终于当兵去了，实现了他幼时接他父亲班的愿望，他们全家都是兵。

最早回城的是王天光，他下来不到一年就回商业局了，被分配到罗带供销社工作。那年场里派我与陈琼文去罗带、新龙买种羊，他还接待了我们，安排我们食宿，给我们当向导，虽然人离开了农场，但还在为农场做贡献。

记得第一批到农场招工的是县商业局，离我们下乡的日子差两个月满两年。应该说是意想不到的，因为当时有个文件，无论是招工、参军还是上学，都必须下乡满两年才符合条件，而我们享受了没满两年就可以回城的待遇。因为有这样的机遇，场里推荐了文海东、朱海峰等八位较为优秀的同学并报局里审批，成为第一批回城工作的知青。这八位同学确实当之无愧，文海东是一组的组长，从学校到农场都是干部，工作上吃苦在前，享受在后，任劳任怨；朱海峰是"犁田王"，从犁田到田间管理再到收割，他样样是把好手。据说杨胜、海东、海峰他们几个当时都在积极地要求入党，要不是回城早，兴许他们会在农场加入党组织的。

　　紧接着县氮肥厂、感城糖厂、八所铁路局和港务局都陆续招工。到了 1976 年初，全场 30 余名同学先后离开了农场，开始了新的工作和生活。有的同学直接从农场去当兵，有的同学到了新的单位后又去上大学。

　　经过两年多的劳动生活，我们场有三对佳人喜结良缘。他们是陈琼文和王英霞、朱海峰和张贞贞、黄建光和张爱梅。据王建平说，建光与爱梅是我们离开农场后谈的恋爱。那时候建光向爱梅发起猛烈的进攻，几乎天天晚上约爱梅出去聊，爱梅老是给蚊子咬，怕患疟疾，后来受不了了就说"嫁就嫁吧，蚊子咬人太难受了"。这样他们就成了。

　　春华秋实，逝者如斯，一晃四十多年过去了，每每想起这段辛苦而又充满激情的岁月，心里都情不自禁地感慨，在感慨时光如梭的同时，也感慨那段岁月给了我们很多……尽管那时我们有过许多的幼稚与无知，有过许多的过错与不足，甚至发生过许多的笑话，但那段时光让我们知道应该怎样对党和祖国忠诚，懂得怎样去对待以后很长的日子！

板桥南港插队知青生活回忆

王布宏 / 东方知青 / 东方板桥

那是一段青涩而纯真的时光，那是一段令人回味的苦乐岁月，虽然已经过去 40 多年，但回首往事，仿佛就在昨天。

抉择

1974 年 7 月，懵懵懂懂不满 16 岁的我，在东方县八所中学高中毕业了（那时中学四年制，初中两年，高中两年）。"学了 ABC，等于锄头加簸箕"是那个年代的真实写照。没有既定的远大理想，只有校园内那高挂的横幅上的标语，"到祖国最需要的地方去"、"到广阔的农村去接受再教育"，牵引着我走向社会，探索人生。不假思索，没有忧虑，我毅然报名到广阔的农村去，誓当一名光荣的知识青年！刚从学校走向社会的我，人生道路的首次抉择，就在这激情的一念中敲定。

8 月是思亲的季节，即将下乡离开父母，离开从小一直生活学习的县城了，我顿感依依不舍。明天就要出发了，此时妈妈生病在住院，我心情沉重地来到医院看望妈妈。妈妈躺在病床上望着我瘦弱的身体，拉着我的小手，止不住的泪水夺眶而出，哽咽地一再嘱咐我，一定要好好照顾自己，多多保重。我只顾点头，眼睛早已湿红，俯首默默无语……

前行

1974 年 8 月 30 日上午，天高云淡，风和日丽，我们 30 多位高中毕业的知青，各自带着简易的行装，来到了集合地点，坐上由县知青办安排好的班车，在亲朋好友和各界热心群众的欢送下，满怀豪情地从八所向南出发了。我们要到离县城 60

多公里外最南端的板桥公社南港农场插队，当一名光荣而身份特殊的新型农民——下乡知识青年。半旧的汽车，沿着海榆西线的土路，卷带着一路的尘埃，经过近两个小时的颠簸，在一条清澈见底的河流边停下，这条河流就是南港河。那天，正好是这条河流上的第一座公路大桥开通。司机告诉我们，这座桥叫南港大桥，河南的那片土地就是南港农场的范围了。我打起精神来，仔细地左探右望着。过桥三公里后，车子往东拐了一个弯，驶进了南港农场的专用土路，土路两侧并排着整齐高大的马尾松。我们顺着笔直的土路，向前开了一公里，场部终于出现在大家的眼前。汽车开到场部小广场中央停下，只见车身的前后左右，各自排列着四栋茅草房，农场的支书和场长带领二十多位农工，面露笑容地欢迎我们这帮小家伙的到来。我被安置在南边的那栋茅草房里，三人住一间。那一晚，在暗淡烛光和蟋蟀声的陪伴下，我半睡半醒地度过了下乡的第一夜。

劳动

劳动是我们下乡知青的主课题。公社农场的劳动跟农村基本一样，各种农活都有。劳动时间基本上是"日出而作，日落而归"，劳动任务由农场下设的生产队安排，生产队长安排好劳动任务后，大家就在队长或组长的带领下各自去完成任务。每天以敲铁钟或敲房门为出工的通知信号。刚到农场的那几天，我们全体知青都一起到园地里劳动，大约十天后，杨支书见我是知青中年纪较小的一位，怕我经受不起太大强度的劳动，便安排我和另外一名男农工去看守甘蔗园了。

守园

我们筹备好几天的粮食和瓜菜，带着被子和蚊帐，赶上一辆牛车就出发了。到距离场部大约六公里外的山坡中的甘蔗园停下，在一大片甘蔗地旁边，我们选择了一块地势相对平缓一点的区域，稍微清理一下杂草杂物，铺下塑料布后再垫上草席，这就是我们临时的"家"和"床"了。虽然离场部只有几公里，但因为这一片没有开发，每次往返场部和甘蔗园，只有山间羊肠小道可走，加上灌木丛林茂密，总是觉得那段路格外的遥远而偏僻。白天，我拿着大勾刀巡逻，看有没有牛羊践踏甘蔗园地或有小偷盗偷甘蔗；晚上，则一手握刀一手拿着手电筒巡逻，不敢走得太远，也不敢靠甘蔗地太近，经常是在角落边乱喊一通，一方面是吓唬小偷、驱赶动物，另一方面也是为自己壮胆。还好，那时的小偷很少。夜巡两遍后，便回"房间"睡觉了。早上起来，蚊帐和被子全被露水打湿，身上被蚊子叮咬得红斑随处可见。我们用附近的小溪水做饭，一天只煮两次饭，没有肉吃，只用些萝卜干或煮些卷心菜、南瓜之类的素菜送饭，如果快断粮了，就回场部补充一下，一般情况下，都不回场部。一连看守了近两个月，进入十一月后，场里便开始派人来砍甘蔗，砍完运走后，我们就收兵回场部了。在农场的两年间，除看守甘蔗园外，我还先后看守过西瓜园、蔬菜地，等等。

养猪

从甘蔗园回到场部后，也没休息，农场老会计听说我懂弄"中曲发酵饲料"（我守甘蔗园地时看了一本介绍如何用水浮莲等做原料发酵成养猪饲料的书），就建议场长派我去养猪。养猪场在场部，当时大大小小有二十多头猪，之前有一位农工专门负责喂养。我从小在县城长大，没有养过猪，但场长说，你是知青，有知识，我相信你会养好猪的。我听后一时答不上话来，硬着头皮接受了任务。开始养猪时，我按书上所介绍的方法做了饲料，喂养了一周也没什么问题，大约十天后，可能喂养方法不当，有小猪不吃饲料了，躺着不想动，结果三天两头，便接连有小猪不吃饲料的现象出现。老农工把这一情况告诉了分管的队长，队长也没办法，只好叫人把不吃饲料的猪宰了。有肉吃了，当时大家很高兴，可以改善生活呀，何乐而不为？宰了十只八只小猪后，场长不干了，这样下去怎么能把猪养好养大，到年底没有猪肉分给大家过节怎么办？加上我提的要求，就不让我再养猪了，我又回到了劳动的大队伍中。

种水稻

大米吃起来很香，海南人几乎每天都离不开大米饭。然而，大米是怎样得来的？下乡后我更加理解了"粒粒皆辛苦"的深刻道理。

1974 年底到 1975 年初，海南遭遇了特冷的天气，人们说话时从嘴里都喷发出热乎乎的雾气。就是在这种连狗都赶不出门的冷天里，队长安排我们任务了，准备耕犁一块约十亩的水田，争取在春节前后把秧苗插上。到了田埂边，我们看到水田中还有一层约 3 厘米厚的水，由于天气太冷，水面上已翻白着不少小鱼，被冻死了。一位农工狠狠地吸了一口土烟，声音不大地说，把犁具套好，准备赶牛下地犁田。当我一脚踏进水田时，哎呀，我的妈呀，好似跳进了冰窖里，顿时冷得直哆嗦，双脚冻得不听使唤。大家赶紧上坡地生火取暖，过了好大一会儿，太阳出来了，我们又开始下田作业了，虽然感觉还是很冷，双脚发麻，但比起之前暖和多了。第一次犁田还真是需要一点技术的，耕犁时，右手握着犁把，前后用力要均衡，如果前压力太大，则犁刀深插，有时会造成"停车"，而后压力太大，有时则会使犁刀滑出地面；除右手技术外，左手的牵牛技术也是要过硬的，牵着牛绳子赶牛，就好像握着方向盘一样，必须把握好，要根据田地的形状开犁，要不然就会犁不准犁不透，起不到犁田翻地的效果。犁好田地后，接着就是耙田，把田中的杂草杂物清理掉并拉平田面，再施肥泡田，完成这些工序后就可以插秧了。秧苗是在另外的田地里早就培育好的，先把秧苗拔出扎好，插秧时从一小扎禾苗中取出几棵，一并插进水田中的某个点，插秧要有行有排，间隔适中整齐，插秧是弯着腰、双手并用倒着走的。那时农场的每个农工和知青，无论是插秧还是割稻，都要承包任务，不少人几天干下来，腰都直不起，年纪稍大一点的更是如此。还好，我们知青年轻，腰力还可以，但不管怎样，感觉还是特别的累，一到农忙季节，大家劳累一整天后，晚上都睡得很早。

插秧后，接下来还得管理，灌水、施肥、除草、排水、防鸟兽等，最后等稻子熟了才收割。如果在水田里收割，一般都会被水蚂蟥吸咬，常常是腿上鲜血淋漓，我就曾多次被水蚂蟥吸咬过。农场大约有几十亩的水田，在老农工手把手地耐心指导下，我学会了种田，我们每年都经历两次插秧和两次收割的过程。

抗旱

海南西南部属热带海洋性季风气候，每年从清明节前后起至端午节前后，都吹着干热的南风，基本上不下雨，大地是干旱的。一般的旱情属正常，但时隔几年往往会出现一次大旱，那就有点反常了。我下乡那两年的夏季，气候比较干旱，每年我们都要进行抗旱，为了保证水稻等各种农作物正常生长，在支书和场长的带领下，我们进行了抗旱自救的劳动。抗旱的办法有多种，引水灌溉、临时挖水井、人工抽水灌溉，等等。当时由于生产力水平的限制，不像现在随处都有抽水机使用，那时抗旱抽水只能靠人工。怎样才能把低洼处的池塘水抽到较高处的田地里？那时普遍的做法是：用一个铁皮制成的水斗，斗口是开的，水斗上左右面都有小孔洞，从水斗两边的孔洞里各穿上两条绳子，绳子的末端再拴上两根小圆棍，用作抓手。抽水时两个人各自站在一边，先是抓住绳棍，弯腰低头把水斗迅速放到水塘里盛水，随即两人同时起腰抬头拉起绳子，把水斗往所要灌溉的方向位置放水，两人的动作必须默契协调，才能抽到水，抽水是连贯持续进行的，实在太累时才稍微休息一下。我刚接触这项工作时，觉得有点好玩，但抽了没多久，就感觉腰酸脚麻手痛了。抗旱是不能停下的，我们得加班加点，"日干三刻，夜加两班"。这样的抗旱工作大约持续了半个多月，累的程度就不言而喻了。当时有一些男知青顶不住了，想偷点懒，队长没办法，就采取了"男女搭配，干活不累"的战术，果然起到了一些作用。我当时年纪尚小，队长也从来没有安排女知青与我一起合作过。

开荒

知青来了，劳动力多了，要扩大耕地面积，发展生产。场部决定：开荒。在场部的东面，尖峰岭北侧山脚下，农场有一大片未开发的原始小丛林山坡地，这些土地非常肥沃，是开荒的首选之地。在那个年代，根本就没有生态环保意识，只有开荒造田的欲望。

开荒安排在收割水稻后及砍甘蔗之前的这段时间里，农工和我们知青搭配分成几个小组，每个人手里拿着战斗武器——砍刀，身上再挂着水壶就出发了。面对绿油油而又有刺的小灌木，我们排成一字，开始砍伐树木和斩除藤草。大一点的灌木削枝去叶后运回场部当柴火，其余的留在原地用大火烧掉，就地当肥料。在开荒砍木的劳动过程中，我们很辛苦，每天都干得满头大汗，湿透全身，还常被藤刺扎破皮肤。流血是时常之事，小菜一碟，将飞机草碾压出汁后，涂在伤口处即可。等残枝杂草被烧掉后，场里便请来了自治州机耕队，队员们开着东方红拖拉机，从车上用钢丝绳拴住被砍伐后剩下的大树头，开足马力把树头连根拔起，集中堆放在一处，再开拖拉机耕地，我们跟在拖拉机后面把小木头、树根捡起放好，太阳快下山时，把木头树根装上牛车，牵牛拉回场部。在刚耕犁好的荒地上拉牛车，这是一门"技术活"，不会牵牛拉车选路，往往会在凹凸不平的垦地上翻车，造成装好的木柴翻倒，前功尽弃，有时还会伤到人。记得刚开始拉这种装木柴的牛车时，我就翻过一次，还从牛背上硬生生地摔下，还好，只是皮外伤。经开荒犁耙整理后的地，是一块很好的肥沃之地，待到下雨后就可以种上甘蔗、香茅等农作物了。

种腰果

南港农场的西南面有一大片坡地，很适合种植腰果，早年县里的外贸部门就有意跟农场签约，专门种植收购腰果搞出口。刚下乡那会，那片大坡地上只有几十棵腰果树，其余都荒着。腰果是耐旱植物，在农场，我第一次见到了真正的腰果树，树上结的果，果梨熟了以后是红色的，下面连带着果子，非常漂亮。除果梨可以直接食用外，据说果子外壳经压榨加工后，其油有多种用途，果仁则是我们餐桌上的美味佳肴了。为了创收，1975年初，场部决定大面积开发种植腰果。琼岛夏天的太阳非常火辣，我带着一组六七个知青，开始在比较结实的坡地上开挖树坑，要在较短的时间内完成挖近两千个树坑的任务，时间紧、任务重、人手少，每天我们每个人平均都得挖上近六十个树坑。锄头铁铲齐上阵，开工不到一天的工夫，我的手全起了血泡，即使是起了血泡也要坚持挖下去，痛得我直咬牙关。等把树坑全部挖好，完成任务后，两个手掌已惨不忍睹。雨季一到，我们就顺利种上了腰果，当果苗破土而出，看到绿油油的小不点，我的心乐开了花。

放牧

在农场放牧，主要是放牛和放羊两种，除耕牛基本上是用于从事农业生产外，其余牛羊都用于外卖或自留食用。我当知青时先后放养过好多次牛群和羊群，多数时候都是一个人去放牧的，早上八九点钟，从牧栏里把牛群或羊群赶出，一般都有二十头左右，赶到坡地草原上，让它们自由地吃草，它们吃到哪里，你就得跟到哪里，这是因为，一是怕它们走丢了，二是怕它们跑去吃庄稼，三是怕被陌生人把它们牵走。午饭是上午出来时就备好的，放在饭盒里随身带着，一般是白饭加萝卜干。最难熬的时候是中午，阳光炽烈，人又发困，只能忍耐着，实在受不住了，就找棵小树，蜷缩在树下眯一会，或干脆迎着太阳，头上戴顶小小的翻底旧草帽，低头坐下就眯。放牧的时间是一整天，直到下午才把牛群或羊群赶回。为了打发寂寞，消除无聊，出来放牧时，我时常是一手拿小棍，一手拿书本，放牧时只要牛群或羊群不跑远，相对在一个范围内吃草，附近又没有农作物，我就会看上一会儿书，但有两次不小心，牛群跑到老百姓的庄稼地里吃了作物，一次没被发现，另一次则被发现了，幸好吃得不多，人家把我说了一顿，我连连道歉，解释说自己是知青，没有放牧经验，下次一定会注意的，老百姓也看出我是知青，就不再追罚下去了。

打石伐木

为了改善知青的住房条件，从我们下乡起，公社领导和农场的头们就研究盖瓦房之事了。知青下到农场后不久，场部就着手实施这一计划，我们参与了这项既辛苦又光荣的工作。盖瓦房需要石头和木条做建材，于是我们开始分头行动。

打石。尖峰岭山脉伸向海边处有几座小山，不知从什么时候开始，就有人在这里打石头了，我们一拨人用牛车拉着工具来到石场安营扎寨，也没等休息，就开工了。两人一组，一人掌着铁钎对着大石头，另一人抡起大铁锤，往铁钎上用力锤打，不停地一锤一锤地打，直到打出一个小石洞，这个小石洞就是炮眼。在午饭或晚饭前，把炸药填进洞口，埋进雷管，引出导火线，吹响哨子，提示人们赶快离开现场，炮手点燃导火线后，也飞快离开，转眼间一声闷响，石头被炸开了。我们用锤子把炸开的石头锤打加工成小块后，就用牛车拉回场部去建房子。打石头虽是苦力活，但也要靠手艺，锤打的人需要不停地抡起大锤，反复地锤打铁钎，稍微不留神便会打空，甚至还会伤到掌钎人。刚开始打石头时，我当掌钎人，心里总是不踏实，生怕被锤子打到，后来又轮换打锤，又怕打到别人，只好小心翼翼地一锤一锤地打，整个活儿干下来，腰酸背痛，手掌上的血泡起了一轮又一轮，最后总算完成了打石任务。

伐木。盖瓦房需要用一批原木做桁条和门窗，自力更生，丰衣足食，尖峰岭上有的是好木材，只要肯上山伐木就能达到目的。出发去伐木前，三更半夜我们就起来先吃饭，当时没有什么油水和肉类吃，只有几块萝卜干下饭，大家饭量都很大，我每次都能吃完一斤以上干饭。饭后大家披着夜色，听着虫鸟的叫声，半躺在牛车上沿着山间崎岖的小道，一路颠簸地前行，也不知穿过了多少山坡地，终于在山脚停下。放下牛车后，打开手电筒继续牵牛上山，差不多爬到尖峰岭山脉的独岭半山腰处，这时夜幕已去，天空露出了鱼肚白，大地复苏了，我清晰地看到，这是一大片非常美丽的原始森林，各种各样的树木漫山遍野，热带雨林的特征——板根、绞杀、空中吊篮等画面非常凸显。我们从大森林中选出了二十棵树木，开始砍伐。那个年代到处都在伐木，当时不觉得这是破坏行为，伐完原木后，大家还很高兴的，推着木头放在特制的牛架上绑好，赶着牛把木材从山上拉到山下，再抬上牛车运回场部，回到家也快黑天了。

下乡的两年时间里，干的都是农活，除上述活儿之外，我还种过西瓜、花生、红薯、萝卜、香茅、油棕等，干过割草积肥、冬修水利、运送瓜菜到外地出售等工作。乡下的劳动大多跟种养有关，活儿繁杂多样，永远干不完，也没有周末的概念，除春节、清明等少数几个大的节日外，放假对我们知青来说是陌生而奢侈的，就这样，劳动伴随着我们走过了那段艰苦而又快乐的日子。

生活

下乡的两年时间里，我们过着"低碳"生活，从吃、住、行等方面去观察，便可大致知晓。

住。刚到农场的时候，我们住的是茅草房，后来在全场农工和知青的共同努力下，场里盖起了一栋瓦房，我们知青住上了简易的瓦房，这已经是很不错的了，因为老农工们还继续住着茅草房子。我们知青三人住一个房间，大约有十平方米，睡的床是用两张长凳子架上五块小木板凑成的。不少知青都用旧报纸或到公社供销小店买来白纸，张贴在床旁的墙壁上防脏。我开始也请人帮忙找些报纸贴墙，有一次到板桥公社办事，去商店买小物品时，偶然发现有中国地图和世界地图，出于对祖国山河的热爱和对大千世界的好奇，我便买了两幅地图带回农场的房间里贴在床旁墙上，睡前醒后都看一看，无意间我的地理知识有了很大的增长，没想到日后我参加高考，地理分数是我各科目考分中最高的，这得益于下乡时所贴挂的那两张地图，它使我记熟了中国和世界上的很多地方。

吃。农场的饭菜基本上都是自给自足的。我们吃饭很简单，集体用餐，吃的是大锅饭。早餐是一些稀饭，用萝卜干送饭，正餐是白饭，用青菜下饭，只有等到大节日时才有可能吃到肉类，平时只要有饭能吃饱就行。因为知青们都是长身体的时期，为了补充营养，不少人开始动脑筋，解决正餐以外的加餐问题了。有些人买些干面粉炒好后用瓶子装着，肚子饿时就用开水冲拌成糊面来吃。我们宿舍的三个人，把平时场里分给的地瓜先存放在床底下，晚上肚子饿了，就到室外空地上找三块石头架成一个灶台，用柴火来煮，夜宵就有了。还有少数人晚上到田间地头抓小鱼和青蛙或到小灌木杂草中捉野鸟等回来加餐，这算是很丰盛的夜宵了。那时很少喝酒，除了老农工外，知青们基本上不喝酒，大家聚在一起有肉吃，就已经是很高兴的事情了。到了较大的传统节日，农场也会杀猪宰牛羊，然后平分给大家，这时不少知青三五成群地围在一起，男生把肉类切割成块后，由女生来煮，大家一起食用，边说边吃，边笑边聊，气氛非常欢快。有一次冬季我们吃牛肉，还没吃多久，由于天气太冷，每个人的嘴皮上都被牛油抹结成厚厚的一圈白膏，大家你看我，我看你，笑成一团。抗旱或收割水稻的时节，劳动之余，我们经常在见底的水塘里或收割后的水田中抓鱼虾，这时候，小灶又火了起来，生活也得到了改善。有时候我们也到海边坡地上劳动，场里有不少旱地就在双沟村（当时这个小村庄只有几十人，坐落在海边）附近，这些坡地一般都用来种旱稻或扁豆，下雨时播下种子后，很少去管理，等成熟后才去收割。收割时我们会就地打地铺住上几天，晚上我们常到海里抓螃蟹，在海岸边的沙滩上，沐浴着月光，踏着海浪，追捉螃蟹，其乐无穷，这种原生态的生活乐趣，虽然已经过去了几十年，仍记忆犹新，那种快活的场景，历历在目，犹如刚刚发生……

洗。下乡时，我们农场知青洗澡的地方，在距住地一百多米处的水田边，有一口老井，这口井虽不深，但水源充足，总是溢满井口，清澈透明，水质甘甜，从不干枯。水井四周长着高大的椰树和各种茂盛的树木，井口周围用水泥铺成了平整的地板，大家不分男女，都在这口井边取水洗澡洗衣服，男性光着膀子，只穿一条小裤，用绳子系着水桶，直接从井里打水提上来冲洗，一般是先从头上冲湿全身，接着再提水备着，等擦肥皂搓身后，用备用水先冲洗脸部眼睛，再反复提水冲洗全身，直到冲洗干净为止。女同胞大多数是在井口旁边搓洗衣服，洗澡时则提着干净的水，到水井附近泥巴墙建成的洗澡房里洗澡，洗澡房有男间和女间之分。每当黄昏洗澡时，大家都围着水井，有说有笑有唱，各自忙活，非常热闹，一天的劳累被一冲而光。

在农场，上厕所也很有特色。在住房附近只有个简易的小便处，里面放个小缸或小木桶收集便水用作肥料，而大便处就没有了。那么到哪里上大号呢？一般都是到场部附近的小灌木丛林中，里面是天然的屏障，虽然没有划定男区女区，但按惯例大家都知道哪边是男区哪边是女区，非常自觉地遵守规矩，不会越界。

行。除出远门外，我们一般都坐"十一路"车（指双脚走路），以步代行。出去劳动，来回走上个七八公里的路是正常的事，就是到双沟村那样相对远的地方去劳动，我们也是步行的。大约是1975年下半年，农场买回了一台手扶拖拉机，因其头部是红色的，整个形状就像热带的一种爬行动物雷公马（海南话的叫法），所以知青们都戏称手扶拖拉机为"红头雷公马"。当时农场有了这台拖拉机后可牛了，平时我们不但能坐上拖拉机到公社办事，而且拖拉机还能用于发电、脱粒、拉运各种物品等，大家都好羡慕开拖拉机的知青小彭。

收支。在农场劳动，我们知青的收入和老农工一样，主要靠"工分"，年终或半年时按每人"工分"的多少进行"分红"。平时队长安排工作后，根据工作难度、强度和数量，每次都有记分员对每个人的劳动进行记分，然后把每个人得到的"工分"交给"保管"和"会计"进行统计并保存，定期张榜公布。半年或年终就按场部收入的总量，除去在生产投资的那部分费用和场部的其他开支，余下的部分就用于"分红"了，按可用于分配的场部收入总额除以全场工分的总数，就可以算出每工分能有多少金额了。就我而言，平均每个月除去伙食费外，大约有几元钱收入。

平时的这些微薄收入，除去每个月买牙膏、肥皂等日用品和买些小食品零用外，余下的不多，加上还要回家探亲，去除路费及其他花费什么的，基本上没有什么积蓄。场长曾在场部会上鼓励大家要好好干，争取干两三年后每个人都能买上一块手表。手表在当时是一个非常奢侈的大件了，直到离开农场，我们所有的知青没有一个人是因为"工分"收入而买得起手表的，全部人都是白手而来，空手而归。

活动

下乡两年间，我们经历了几次大的活动。

参加民兵训练。由于农场特殊的地理位置，位于海防前哨，知青们全成了一线民兵，平时都参加训练。有次训练我记得非常清楚，当时我还在吃晚饭，突然紧急集合令响起，我立刻放下饭碗，急忙挎上一杆步枪，迅速跟随着农场的民兵队伍，急步行军赶到七公里外的双沟村海岸边，面对大海，隐蔽在灌木小丛林中，埋伏了一整夜，天快亮时我们才解除警报，回到场部。

参加批判会活动。1974年，全国掀起"反击右倾翻案风"运动，我们虽在遥远的海角边，但组织上也要求我们参加"政治学习""批判会"，讨论、写活动感想，那段时间的会议也多了起来，而且都是白天劳动后，晚上参加学习讨论的。

参加周总理追悼会活动。1975年1月8日，敬爱的周总理逝世，我们是第二天在收音机里听到消息的，当时我和全场知青一样，心情非常悲痛，除了主动参加悼念活动外，知青们和农工们私下还烧香寄哀思，那种情感非常真切。

业余活动。在乡下的两年时间里，文体活动非常匮乏、单调。那时根本不知道电视是什么玩意，半年时间里能请来一次县电影队到场部放电影，就已经是一种享受了。平时晚上的时间基本上是看小说或相互瞎吹一通，少数人也会打牌，输者就含纸条，也有个别知青到野外去抓野鸟捉青蛙等，各有各的"活动"方式，以打发无聊和寂寞。有少数年纪稍微大一点的男女知青，也谈起恋爱来，最后离开农场时，有两对成功结为夫妻。那时，我年纪尚小，离开农场时还不满十八岁，压根儿就不懂得恋爱之事，有时候遇上有人乱开玩笑，说起男女之事，就会心跳加速，脸上立即泛起红霞。在下乡的日子里，除参加劳动生产外，我的业余生活主要就是看书。

参加演出。1975年底，公社搞文艺演出，要求知青组队参加，我们南港农场的知青和板桥公社盐场的知青组成了一个文艺宣传队，我也被抽选入队，不过说句实话，当时我的嗓子还算是不错的。在元旦演出的那天，台下人山人海，我有些紧张地走上了舞台，和另一名女知青一起演唱了一首《北京的金山上》，还没等唱完，台下已掌声一片，喝彩不停，那一晚我异常兴奋，彻夜难眠。

民间"三月三"。"美不过黎家三月三"，现在海南很多的市县每年都举办"三月三"活动，这种活动大多都是有组织的文体活动。我当知青那会儿，"三月三"是自发的民间活动，如今这种民间活动基本上很少看到。我们农场的东部有两个村庄，一个叫高园村，是当时中沙公社管辖下的一个黎村，另一个是乐东县管辖下的村庄，叫黑眉村，也是一个黎村。在我们场部不远处有个小糖厂，每当"三月三"这天晚上，糖厂周边就有"三月三"自发的民间活动。只见年轻的黎族男女同胞，每人都带着一把手电筒，开始是男的一帮，女的一群，从村里出来，到了坡地后，点燃堆放的柴火，少数人唱着山歌，大部分人则有说有笑，聚集在附近。如果有诚意，则几男几女就走到一起围坐聊天，或玩游戏、打扑克，或讲故事、说笑话等，如有男女"来电"的，两个人便悄悄地消失在夜幕中……

下乡期间，知青们的相互交往是纯朴的，人际关系是融洽的，我非常怀念在农场时的那种人际关系。

我在知青岁月的艺术人生

周焕深 / 东方知青 / 东方板桥盐场

1974年8月31日，我响应伟大领袖毛泽东主席的号召，上山下乡到东方县板桥公社盐场，1976年12月返城参加海南铁路工作，直至2009年在粤海铁路退管办工作至今。40多年过去了，当年所经历的一切艰辛岁月，在我的脑海里，仍然历历在目。特别是我在知青岁月里成长起来的艺术人生，留下了特殊印记。

下乡到板桥公社盐场

下乡前，东方县八所邮电局子弟的几位家长很早就打听到，工交系统战线的子弟被分配下乡到板桥公社办的南港农场。到底是怎样的农场？家长们都没个底，在猜测中担忧着……有一天午饭后，单位邻居子弟同学的父亲老冯叔和一位货车司机约好了，带着我们几个中学毕业生，上了一辆解放牌的大卡车，往十字路口南边那条去板桥公社方向的公路驶去。一路上，远望着荒山野岭，心里凉了半截，总感觉到短短四十多公里路程的板桥公社，一下子，却离八所是那么的"遥远"。不平坦的道路，折腾了一个半小时后，终于来到了板桥公社的南港农场。下车后，大家走马观花地巡视了农场周围环境。老冯叔再三叮嘱大家：今天带你们来这里看一看农场的现状、生活条件等各方面，肯定是比八所城镇差，你们要事先做好思想准备，等到真正下乡那天来到这里时，大家都要相互关照，安心在艰苦的环境中，接受再教育吧！后来，据县知青办的安排和调整，这次上山下乡的知青人员中，凡一家有两个孩子同时下乡的，尽量不分配到同一个农场。所以，我妹妹被分配到板桥公社南港农场，我就被分配在板桥公社盐场。

离下乡的日子越来越近。下乡所需的生活用品，家长们都一一为我们准备好了，只等着那一天的到来……

　　1974 年 8 月 30 日清晨，八所的天气是多么晴朗。在东方县县委路口（县印刷厂旁），排列着十多辆欢送知青下乡的大卡车。车上挂着醒目的横幅，红旗招展，锣鼓喧天，高音喇叭播放着毛主席语录的革命歌曲，正整装待接着各个战线的知青们。此时，人山人海，有县委和知青办的各位领导，有各单位干部职工和下乡知青的家长们，都纷纷地、依依不舍地前来欢送。有的家长还眼含着热泪，嘱咐着自己的子女，到了农场后要好好地锻炼自己，提高觉悟，使自己成为对社会有价值的人。初次步入社会，这也就是所有家长最担忧的一件大事。可不，当我们现在走出家庭，离开了自己从小就最熟悉的城镇，而去到那偏僻而又落后的乡村农场，生活各方面，多少都有些不习惯。作为知青，家长的这种心情是可以理解的。

　　在父母的陪同下，我和妹妹背着自己的背包和行李，手提着铁桶和草帽等生活用品，来到了欢送上山下乡的知青汇集点。此刻，我们兄妹俩同时下乡，我父母也同所有知青的家长一样，都有一份舍不得的忧愁。在这种热烈、欢呼的氛围中，我和妹妹告别了父母，也就兴高采烈地踏上了各自农场的欢送卡车。等其他车辆上的各条系统战线子弟都上满了车后，知青们依依挥手致意，向各自的家长和各行业系统战线的叔叔阿姨们告别。欢送车辆也缓缓开出八所地区，奔向各个系统战线的子弟下乡的农场。

　　当天上午，我们来到了被分配到的板桥公社盐场。

　　盐场离公社机关只有两三百米路，各个门市部都在公社附近，可以说，平时生活补给很方便，场旁边不远是板桥中学。劳动之余，到那里打打篮球，锻炼身体也不错。条件比其他系统战线的农场稍微好些。我们盐场一起下乡的知青，都是来自八所中学的同学。除了县工交系统战线的干部子女外，还有县武装部、边防检查站干部的子女，其他都是工交系统战线普通干部、职工的子女。还有少部分公社机关、学校干部的子女，分配到盐场。其中女同学有 19 人，男同学只有 7 人。可以说，板桥盐场是女人的"天堂"。我们盐场有句口头禅：无论何时何地，只要哪有女知青们在劳动，哪就有快乐！

　　下车后，知青们东张西望，都在忙着寻找自己"安家"的屋子，好奇地看着眼前那栋陌生的透风破旧的瓦房。我们盐场的场部，就坐落在大片盐田北部的一块平地上。东边有一栋旧茅草屋，南边有一栋旧瓦房（墙上砖块都被盐蒸气风蚀得成了粉凹状）各由东西两间大房和中间小房构建而成。每间大房里都筑起半墙砖，隔开成四个小间，每间住着三位知青。当时，我和同学文兴海、董志坚同住一间房，每个人的床都是场里工人们上山砍树运回来，锯成木板、木条而打木桩钉成的简易床。

其他男女知青陆续被安置在这旧瓦房的各个小房间。还有几位男知青被安置在小分场和那间旧茅草屋,与场书记和老工人们同住一栋。住的问题,就这么轻而易举地解决了。

下午,场里杀了几头羊,设宴招待了我们知青。会餐后,梁老书记带着我们到盐田里散步。大家信步行在盐田上,抬头望着蓝天,霞光万里、无边无际。视线渐渐延伸至海平线和宽阔的盐田水面,水面透明得真像一面镜子,反射出蓝天上的霞光,如水天一色。这时,大家不由自主地、兴奋地同声呼喊着:广阔天地,我们来了!

第二天,场长让我们先适应场里的生活环境,安排大家干点轻松的活,让男女知青一起在场里的一块杂草丛生的空旷地上除草。因为大家都是来自于一所中学,甚至有些从幼儿园、小学到中学都是同班同学,相互间都很熟悉,讲起话来无拘无束,你一言,我一语,谈笑风生,没一会工夫,大家就整出一块排球场大的场地来。为后来劳动收工后,大家做一些健身娱乐活动提供了场所。

下乡初期的生活起居

厨房。在原旧茅草棚的基础上,经过大家的加工改造,修整出一间简单的厨房。下乡的知青和盐工们开伙的人数比以前多,当然就给炊事员增加了一定的工作量,所以,场里每天轮流安排两位知青煮饭。这样,知青们每人都能体验一下,在家没接触过或少接触过的家务活。

洗澡间。女知青的洗澡间是在井边用砖砌的旧洗澡间,可男知青的洗澡间还没有解决,怎么办?场里的梁老书记建议大家,自己动手,男知青拿起刀爬上椰树砍椰子叶拖回来;女知青就在场老大姐们的帮助下,学会了用椰叶编织成一块块椰叶屏,最后在井边的两棵大木麻王树头下,挖几个坑用木条埋成一个方形框架桩,再用椰叶屏拼围起来,没花多少工夫,就搭成一个简易的临时洗澡间。这样也足够我们几位男知青在洗澡更换衣服时用。

卫生间。刚下乡那几天,大家都是勉强地跑到离盐场最偏僻的荒坡小树丛后解手,非常的为难。后来,知青们为了解决这个问题,拿起竹箕到海边的荒丘地带、坟墓旁拣来旧砖块,请几位老盐工师傅把这些旧砖块砌成一间很实用的厕所,解决了大家每天出工前最棘手的大问题。就这样,经过大家的努力劳动,解决了生活上方方面面的小困惑,使大家更安心地在盐场生活和劳动。

我下乡当年的一封家书

亲爱的爸、妈：

你们好！

近来你们的生活愉快吗？各方面过得很好吧！亚雄在校学习也用功吧！

我来盐场十几天了，已习惯了这处的生活，精神也好！前次你们寄来的虾酱等都已收到，最近寄的糯米炒粉与钱昨天也到邮电所去拿了。以后不要寄钱来了，前次的钱、米票还没用完，这里也没什么好买，只不过有时买些饼干。原来的钱已够用了。妍秋叔替带的鱼子干、面包，他从八所回来那天晚上已经拿到盐场给我。十一号那天县在公社召开了批斗犯罪分子大会，农场也来参加了，开完会后，亚燕、亚妹她们都和同学一起来盐场这里玩，等到下午五点多才走路回去，我刚好剩下几个面包也交给亚燕拿回去了。有天晚上，大桥那边放映《侦察兵》这部影片，场里也用拖拉机拉我们这些知识青年去看。那天亚燕她们没有出来看，我只是遇到妍杰、妍光他们。前天我们乘拖拉机到乐东边界那边积绿肥、割飞机草，也路过南港农场。去的时候没见到亚燕她们，因为她们还没出工。她们那里这几天都是从早上就到三公里外的一个海边的小村旁劳动，她们场的田就在那边，都是插秧、拔草。中午就在村里吃饭、休息，下午又出来劳动，到下午放工才回农场。所以我们割绿肥回来的时候，在路边见到亚燕、亚妹她们和同学在田野里劳动。司机还停车让我们下来到田里去走访，才回盐场。

盐场这地方吃菜问题比较困难些，每天都是吃南瓜。现在已开了一块大菜园开始种菜，解决这个问题。盐场还办了一个小农场，要做到粮食自给，十几天来主要劳动力都在农场上面，为了赶时节，忙着完成插秧任务。我和几个男同学多数都是在盐场搞些基本建设，有时盖羊棚，有时开开荒准备种番薯，有时到野外积绿肥，有时上农场拔秧、插秧，杂工繁多。劳动不太重，就是太阳晒点。这里劳动时间也不太久，一天干七个小时，早上六点半至十点半，下午两点半至五点半，晚上有时学习中央文件。盐场有电灯方便些，这里还有个半导体收音机，这样都能够听些新闻，晚上和场里的工人打扑克也是很热闹。我们有时下午劳动后也到中学那里玩玩球，我也到昌盛叔那里坐了一下，刚来盐场那时候，他也来这里找我谈话。生活各方面都像在家一样，过些农村生活也是有乐趣的。我们住的地方比南港农场好些，盐场的工人让我们住砖瓦屋，他们有些都搬到草房住。我们三人住一间小房，都是相熟的同学。我有时间也抓紧学习一些美术知识，有空才到野外写生。明天我们放假休息一天。这里一个月放假两天，即十五号、三十号。可能国庆节要放假四天。到那时候回八所再谈吧！我再找个时间写封信给亚婆，向她问好吧！

祝你们生活愉快！

儿焕深

七四年九月十四日

上山下乡的体验，是我美术创作的源泉

上山下乡时期，我美术创作的灵感，都来自板桥盐场的劳动与生活。那里既是我接受再教育的场所，也是我深入生活、体验生活，进行业余美术创作的最好基地。我从小就酷爱艺术，特别是爱好美术。上八所中学期间，就参加了学校的美术小组，当时，我们美术小组创作的一组反映校园生活的剪纸作品《教育革命剪影》（8张），还被选上参加海南地区美术摄影展览。这也是我在青少年时期，在艺术上获得的一份小荣誉。这得从我有幸遇到的一位平易近人的好恩师——曾祥熙老师（著名山水国画艺术家，现为海南省美协名誉主席）说起，他当时是东方县文化馆的一名美术干部，他是我人生征途中的导师，艺术启蒙的恩师，他的为人值得我一生敬佩。我至今都尊称他为老曾叔。我们的师生之情，非常深厚，现在我们之间一直保持着这种亲密的师生关系，并且互相联系着，为了艺术和生活的方方面面互相磋商着，就像是自己的亲叔叔一样，有啥说啥，没什么辈分之分。在他无微不至的关怀下，细心地教导下，我从小就打下坚固的绘画基础，并且具备了独立创作的能力。老曾叔给我指引了明确的创作道路，使我在人生和艺术创作的征途中，受益匪浅。1974年我下乡来到板桥公社盐场落户后，在这艰苦的环境下，我依然在劳动之余，每天只要有一点空余时间，我都要坚持从口袋里拿出速写本，必不可少地画上几张生活速写。下乡之后，绘画的条件当然比不上在八所时那样有宽敞的画室和画架，况且长期不在老曾叔身边学画。在乡下，都是自己从家里拿来一些绘画基础理论书籍到盐场进行自学。为了巩固自己的绘画基础，不断提高创作水平，一切都要靠自己的努力探索。只有坚持不懈地追求艺术，发挥特长，才能在逆境中有所进步。

有天早晨大家准备出工。那天是晴天，太阳光充足，吉场长在分工时马上安排我和女知青白桂云一起到盐田踩水车、把水抽上盐田晒盐。要求我们当天要踩水灌满好几块盐田，才能完成任务。所以，我俩拼命地用尽力气才把水池里的海水，循环地经过脚踏木轴，把水刮进木槽，一步一步抽上盐田来晒盐。这是挑战脚力的力气活。我们正忙着踩水车时，突然望见，对面场部来了一位公社邮电所的邮递员，拿着一封信件在向我们招手。我赶紧下了踩水车，过去一看，是东方县文化局寄来的一封通知书，通知我到县文化馆报到，准备赴通什参加州办的美术创作班。这机会难得，等收工后，我就拿着通知书递给梁老书记和吉场长看，征求他们的意见。没想到，他们都异口同声地答应了我的请求，非常支持我去通什，参加自治州这次的美术创作班。

我想，这次我要到自治州创作的这幅作品，应该是表现知青上山下乡的题材。这样的题材，我有下乡亲身经历过的生活积累和深刻的生活体会。把自己下乡锻炼所熟悉的素材表现出来，就得心应手。所以当晚，我就抓紧时间，构出一幅小草图，题目暂定为《姐姐又回咱山里来》，表现一位下乡知青上农业大学毕业后，又重新回到山寨里来，接受再教育，为改变山寨的面貌再做出新的贡献。画面表现的是人物画，从两个人物的动态和道具服饰，交代出各自的身份，从而体现出女知青下乡锻炼考上大学毕业后，现在又回到村口时，一位黎族小姑娘兴高采烈地跑上前去帮她提旅行包的事。以少见多，从侧面表现出热烈的迎接场面。

第二天，我就带着这张小草图，经过四十多公里的车程，到了县文化馆报到，顺便请教恩师老曾叔，给小草图提提意见，以便进一步地修改。不料老曾叔对小草图也有同感，很满意地对我称赞说："这张表现知青题材的小草图，构思很好，你

板桥盐场拖拉机速写　　　　　　　板桥盐场简陋的厨房速写

水粉画作品《姐姐又回俺山寨》的草稿（左）和完成的原作（右）

画对了，你是上山下乡锻炼的生活经历者，你最有发言权，一定要把这幅画画好。"
同时，在绘画技法等细节上，他也给我提出很多宝贵的意见，最后确定了这个创作
题材。后来把这幅画的题目改为《姐姐又回俺山寨》。次日，在恩师老曾叔的带领
下，我和符朝京（已故黎族业余作者）、徐绍琦（知青）等几位业余美术爱好者，
自带行李乘车奔赴自治州艺术馆报到，参加了这次美术班的创作。当年，我们这几
位业余美术爱好者，还算是县里的重点作者，受到州艺术馆的关注。创作班头几天
观摩草图时，我的这幅草图也得到各县美术干部和画家们的肯定，草图审查通过后，
我才松了一口气。

　　创作这幅作品的构思过程，对我有很大的启发，我暗自下决心，一定要把这幅
表现知青题材的人物画作品，画得更精彩，描绘得更生动感人。

　　真正的艺术作品，是在感化自己的同时，也受到观赏者和社会的认可，才算是
一件好的艺术作品。我印象最深的是，用了整整一个月的时间，就待在州艺术馆里
创作。吃也在馆里（专门请来厨师，在艺术馆后面临时搭起的厨房，为创作人员开
伙），画也在一楼大展厅里。只要把画画好，生活不用操心，各种画具、颜料都是
州艺术馆提供。在这种优越的条件保障下，要是画不好自己的美术作品，那真是对
不起州艺术馆的领导。刚到时，先到二楼找休息的地方，在地板上铺好自带的席子

下乡时期画的劳动现场速写

等卧具，才到一楼大厅（展厅）里找到预先划定好的各县作者创作的"画室"。在平常创作间歇，为了更好地发挥出自己的创作热情，老曾叔还带着我们到通什周边附近的黎村苗寨写生，收集到丰富的与知青题材相关的民俗创作素材，体验到与知青题材作品相关的现实生活，直接感受到与作品预先构思相关的绘画艺术效果。在美术创作班上，来自各县的业余美术爱好者中，也有几位是知青朋友，他们也是下乡到各县的农场，都是对美术有着浓厚的兴趣，有的画油画，有的画国画，有的画水粉、水彩，有的刻版画。这次大家为了共同的艺术爱好而走到一起，他们也同样对上山下乡有着切身的体会。从各个角度互相探讨各自表现的知青题材，整个展厅里，知青朋友们都以"上山下乡"为主题，各自施展着美术创作的才华，体现了热烈的艺术氛围。

创作的时间虽然紧迫，但大家通过互相交流，对各自的作品提出不同的意见，提了又改、改了又提，不断地精益求精，直至把自己创作的题材画到最满意为止。

经过一个月的刻苦努力，我终于在美术创作班快结束时，完成了我的水粉画《姐姐又回俺山寨》。后来，这幅作品被选上参加海南黎苗自治州美术摄影作品展览。续而还有两幅表现知青上山下乡题材的年画作品《逐年增多》参加州美展和速写作品《你追我赶送肥忙》刊登在当年的《海南日报》。这是我在下乡到板桥盐场期间，深有感受地创作知青题材的美术作品，从而表达自己在响应毛主席"知识青年到农村去，接受贫下中农的再教育，很有必要"的号召，下乡锻炼后的最大收获。真正体会到艺术来源于生活这个创作的座右铭。

古老的原始式脚踩水车

我们盐场除了在坝边那部电力大抽水机外，其他的抽水工具就是这种原始式用人工脚踏抽水的古老水车。我们下乡时，场里还保存有四五架。用木桩钉成一个支撑框架，劳动时就坐在低的横支架上，高的横支架用作扶手靠在上面，俩人用力一蹬那挂在架上的木轴辘轳就滚动起来，循环地带动一连串的竖状木板条块，在水池里不断地来回拦着水经长长的木槽，灌溉到上面的盐田来晒。海水经灌到无数的盐田翻晒，使海水的盐分浓度增高后，经检测就把盐浓度高的海水排到铺有卵石的结晶池里晒，慢慢就产出银白色的盐粒来。这就是最土的简单人工制盐法。

每年四月至九月的板桥盐场，因阳光充足，雨水少，是晒盐产盐的最佳时机。我们知青都要轮流到盐田里的踩水车上踩水晒盐，每人戴着一顶白色塑料盐工帽，头顶烈日，坐在踩水车上不停地踩，把海水灌到盐田来暴晒。在烈日和盐蒸气的熏烤下，还受着周围海水折光的影响，男知青们个个都变成了古铜色的脸庞，女知青还幸运，因脸上遮遮隐隐防日晒，肤色还是暗里透红，显得更健康了。

紧张的工作后，大家时常在休息时，还来到踩水车边漫步。特别是每个月到了十五的夜晚，在明亮的月光下，知青们经过一天的劳累，坐在踩水车上，让海风轻轻地吹拂在脸颊上，抬头仰望一望无际的星空，静静地一大口一大口吸着新鲜的空气，心情多么地舒畅。大家敞开心扉，互相对唱着一曲曲抒情的歌，这是大自然给劳动者回馈的福音，是城里人无法体验到的一种美的享受。

盐场有个小农场

我们盐场还有个小分场，离场部约有 3 公里的路程。为了粮食自给，每天都要安排部分知青步行上分场劳作，下午放工再步行回场。小分场有两间茅草房：大茅草房是给上分场劳动的知青和场工们中午休息的地方，内面还隔开小间为小仓库，让保管员和守场的老师傅住的；大茅草房西边那间小茅草屋为厨房。刚下乡时，梁老书记就安排两位男知青吉志平、文世能和两位场工老师傅，一起上小分场守场。

这次因板桥公社临时抽调知青保管员吉志平到公爱公社去参加工作队协助调查工作。这时，小分场缺一位保管员，梁老书记就征求我的意见，暂时上分场几个月接任保管员这份工作，等调整人员到位后，再回场部。我也义无反顾地打起背包，赶着牛车上分场当一回仓库保管员。刚上分场，心里是有点忧虑，因为离开热闹的场部知青同学群，自己孤单单地待在小分场，心里多少有点寂寞。特别是吉志平、文世能他们相继回场部和到公社后，就只剩下那位老师傅和我在分场守场了。农忙季节，大部分人都要上分场劳动。每天一大早，我就渴望着场部知青同学赶快上分场来凑凑热闹，解解闷。只要他们到分场来劳动，我就要煮一大锅的饭。时常没经验，会把这锅饭煮成"五花八门"，有时煮成锅底都糊了，上面的米还夹生。真是烦死了，众人的米饭不好煮啊！每天下午大家收工回场部后，晚上的小分场寂静得连蚊子飞的声音都可以听得到。夜晚，老师傅没事就饮点小酒哼几句琼剧唱段，自我陶醉一下，有时又吸几口竹筒烟，和路过在这借宿歇足的养鸭人聊聊天（有时没菜下饭的时候，养鸭人还会讲情义地留给我们几个鸭蛋应付一下）。而我在晚上，只有那部旧的收音机在陪伴着我，听一听革命歌曲和天下大事。我的美术爱好，在这个时候，能让我安静下来，画上几幅构图，为以后创作美术作品做好准备。自学美术也使我在这环境下过得更充实。总的感觉，分场的生活就是很乏味，没意思。遇上雨季，这里的夜晚就会热闹起来，在小分场这个荒草丛生的土坡地带，就会飞来许多海鸟，它们是顺着海沟逆飞到小河上游旁边的田洼上，避风避雨。因为下大雨打湿了它们的翅膀，飞不起来，只好躲在田埂或田洼旁。一到这个季节，我就和老师傅冒着雨走出分场，他拿着套鸟的网杆，我就在海鸟出没的地方，用手电筒照射四周，只要照到海鸟，它就乖乖地待在那里一动不动。这时我们就大有收获了。有时，可以抓到四五只。这样晚上的夜宵就不用愁了。有一次，也是下着倾盆大雨，大量鱼虾会拼命顺着大水往水沟里游挤在一起，只要把竹笼筐套子底部绑一个蚊帐布袋子，放在水沟的缺口处，用不上几个小时，提起来一看，没想到能套到一竹笼的河虾，高兴极了。马上拿回小分场下米煮粥，再蒸出一锅火红的河虾，俩人又吃上一次美味的夜宵。

　　自从到了分场后，日积月累，也渐渐地学会了很多农活。

　　农忙时节又开始了。场部的全部劳动力都要集中在分场，所以众人的伙食又成了大问题。当天场长特别转告我要做好米、盐、菜的补给工作。第二天大家要到分场来劳动，当天吃完中午饭后，我就马上赶着牛车往场部跑，还要赶在当天傍晚前赶回分场。到了场部后，我就跟总务称了一大麻袋米，拿几个开荒种的南瓜等菜类，还在大缸里舀了一大罐虾酱。所需的东西都准备好后，我就牵着牛车往分场赶。走着走着，当走往中沙公社那条路段时，不小心牵动牛鼻子，牵错方向，使牛往田边靠拢。眼看着牛车的轮子已靠近公路边缘，快掉下田埂（路面边缘与田埂边相差1

米之高），危急情况下，我急中生智，火速跳下车到田埂边，用肩膀顶住车轮，慢慢牵动牛让它往公路上面走。幸好没翻车，挽回一次大损失。这时的我，面带笑容，兴高采烈地沿着两旁荡漾着茫茫茅草的羊肠小道，得意地吹着小口哨，坐上牛车，慢慢地拖着物品往小分场走去。终于在天黑之前回到小分场，我和老师傅把物品搬到小仓库存好后，他就拍拍我的肩膀，安慰我说："赶牛之事，小问题，多赶几次就会了，一回生，两回就熟了。"

没过多久，小分场在一次大台风来临时，整个茅草房都被吹倒了。当时，我们几个人还在里面聊天。后来看屋顶木架有点摇摆，赶快跑出茅草房，一跑出门，房子就迅速倒了，吓得大伙愣了一下。这时风又刮得很大，我们就躲在牛车轮子旁，幸运地避过了这次台风。事后在分场也没重新盖起茅草房。分场的其他物品也陆续搬回到盐场。农忙时，我就上分场和大家一起干农活，当天赶回场部，自然而然地我也就留在场部，继续干我该干的活——小气象哨的天象预测记录和在盐田踩水晒盐。

失踪鸭子的命运

有一次农忙季节，我们上小分场收割水稻。在田间，大家弯着腰，背向阳光暴晒，汗流浃背地干活，累得真够呛！下午，在快要收工时，不远处，传来一群鸭叫声，看到养鸭人赶着一群鸭子从我们的田边走过。鸭群渐渐远去，赶鸭人的身影也渐渐在田埂丘坡上消失。但，附近稻谷旁，突然听到几只鸭子在"嘎！嘎！"地乱叫着……有位知青速到路旁望一望。原来这几只鸭子一不小心，掉进了路上一个大大的泥洼沼泽坑里，不能自拔，"落伍"了！好了！机会来了！稍等赶鸭人走远后，乘着快收工之机，大家这时也不觉得累，伏上去，你抓一只，我抓一只，手忙脚乱地把这几只鸭子逮住了。个个脸上都露出了笑容，大家高兴地嚷嚷着：今晚可有大餐吃了！从七公里外的小分场步行回到盐场后，干了一整天的农活，知青们本应该觉得很累了。往常收工回来后，洗洗手脚，就准备吃晚饭了。但这时，大家也不觉得疲倦了，赶紧放下农具，烧开水杀鸭做菜了。在当时那种环境下，能吃上香喷喷的鸭肉，再干上一两杯乡下农友酿的红薯酒，真是美味佳肴。天下哪有免费的馅饼，过了几天后，公社里来人了，到场里查问！据公社附近村庄的百姓反映，昨天下午，养鸭人在你们小分场赶鸭回家时，鸭群里"失踪"了好几只鸭。是否场里有知青捡到了？没话可说，瞒也瞒不过去，还是老老实实地认了。本来，"捡"鸭子没什么过错！可大家反省了一下，还是对不起老百姓。后来，大家还是派代表乖乖地到公社找领导做了检讨。

鲨鱼肝熬的油惹出麻烦

有一天，盐场抽水坝旁咸水小河对面的利章村，渔民在海上捕到一条大鲨鱼，拿到盐场卖给大家做伙食。农忙季节，场里大部分知青和场工都上分场收割稻谷去了，只剩下两位知青拖拉机手文兴海、董志坚和少部分挑盐入仓的盐工在场部劳动。今天有鲨鱼肉做伙食，大家很开心。他们除用鲨鱼做菜外，剩下一个鱼肝就自作聪明拿来熬成金黄色的鱼肝油。可想，当时没什么菜送饭的情况下，大家每人能分到那么二两鲜鱼肝熬的油，盛在口杯里，时而享用来拌饭吃，不知道多么美味可口。那天正巧南港农场的知青同学冯彦杰来公社办事，顺便进了盐场来找同学聊一聊。文兴海、董志坚当时留在场部保养和维修拖拉机，偶见久别的同学，兴奋极了，言无不尽地聊开了，交谈中，互相问起各场劳动、生活等情况。收工后，开饭时，想了想，用什么好菜来招待老同学？看到眼前那两口杯的鲜鱼肝油。就心想有好菜了，他们马上到公社供销社买来一罐红烧猪肉罐头，再舀上几勺鱼肝油配在一起，放入锅里煎了一下，三人美美地喝了点地瓜小酒，吃上了一顿美餐。事后，等到午休起床时，各自脸上都发觉烫热烫热的，涨红得像喝醉了酒似的很难受。觉得好奇怪，仔细想了又想，原来是：吃了过量的鲜鲨鱼肝熬的油，造成轻度中毒，脸上过敏了。得知原因后，他们心里才放下这块"大石头"。下午收工，我们都从各个劳动点返回场部，大家看着他们的脸上红彤彤的样子，哭笑不得。过了第二天，他们脸上还脱了一层薄薄的皮。这就是一件嘴馋者尝到"甜头"而津津有味的乐事，回味其乐无穷。

盐场的一艘小渔船

说起这只小渔船，它的好伙伴就是场里这位憨厚和蔼的梁老书记。古铜色的皮肤，一看就像是富有经验的老盐工，更像一位经受大风大浪洗礼的老渔民。他就是我们公社盐场的当家人。有时，他眼看着大家干活这么累，又没什么菜吃，心里有点过意不去。他一皱眉头，召集大伙，拿上渔网乘这只小船出海，捕捞海鲜，解决一下大家的伙食问题。

有次，大家上分场突击插秧任务。忙了一天，又步行回到场部，累得上气接不了下气，大家的腰杆都直不起来了。但一听说今天下午吃的饭菜有新鲜白带鱼，大伙眼前一亮，能有鱼吃了，是梁老书记带着知青们用场里的小船出海抓回来的。的确，这种洗白带鱼的鱼鳞水倒在地上，到了夜晚，月光一照，地上一片银光色闪闪发亮。那天炊事员煮了一大锅浓浓的白带鱼汤，知青们每人都舀了一大口杯汤。这种白带鱼汤特别鲜甜。吃一口饭，喝一口鱼汤，尝到鲜香的鱼腥味，口感不错，有些知青吃上了瘾，又到厨房舀了第二口杯。到了晚上，休息时，个个都感觉不对劲，拉了肚子。因为这种鱼是很凉的，吃过量就容易闹肚子了。

另有一回，是梁老书记和高铁师傅开这只小船出海抓回了好多大对虾，每只虾有十几厘米长。也是在我们大家上分场劳动，下午回来时才看到的。场部的老盐工们已经分好一盘一盘的放在井边（每盘约十只大虾），让我们从分场收工回来的知青每人取1份。那天，大家都不舍得吃，留着第二天拿来晒干，等放假时拿回八所，给家人品尝场里抓的大对虾。

再有一回，更有意思。梁老书记和师傅、知青们出海抓回几大网鲜小虾仔。太多了，吃不完，怎么办？就用三口特大水缸，腌制咸虾酱。知青王玉良兴奋地铲来几小桶盐巴倒进大水缸里。也不尝一下够不够味，反正封上口，等几个月后，打开一尝，真是咸苦了。没法补救只能咸腌咸吃。平常盐场大伙不管是野外露营割飞机草积绿肥，还是到分场劳动，都带着这些自己腌制的虾酱，当配饭充饥。只不过煮前得花好大功夫，舀到铁碗筛了半天，才剩下半碗虾酱。为什么？因为一碗虾酱，筛过后就有半碗粉沙子沉在碗底。总的来说，在那种没菜吃的环境下，能用虾酱拌饭吃，算是场里不错的生活了。

这只小船，解决了场里生活方面的大问题，归功于盐场的这位梁老书记。

盐场盖起知青的新瓦房

随着每年东方县知青办分配下乡到板桥盐场知青人数的增加，盐场原来的住房已经满足不了新来知青的安置。这个新问题摆在梁老书记和吉场长的面前，怎么办？只能靠我们场里这几届的新老知青想办法自主解决。吉场长在一次总结盐场工作汇报的晚上，动员了在场的知青们自己动手，亲自上山打石头。上哪去找石头？这个任务很艰巨，对于从城镇下乡到场里来的知青，根本完成不了这种超强度的体力活。但我们不能在困难面前低头啊！经梁老书记和吉场长的再三考虑，最后决定派出七五届下乡的知青王玉良、符继军和张晓华担任这次任务的"先头部队"，随后再陆续派出七四届的知青吉志平和老拖拉机手邓安炳等人员。据了解，板桥公社附近的山体，在东方与乐东交界的双沟处的山岭，是获取石材最佳之地。为我场的知青安好一个新家，也是我们所有知青的心愿。知青王玉良、符继军、张晓华二话没说，拿起大铁锤、钢钎、铁锹，带上各自的行李和生活物品，乘着拖拉机，向双沟大山进军。他们在双沟的公路旁边的几棵大树旁搭起一个茅草棚扎营露宿，这时的首要任务，就是到山岭上探寻石材隐藏的宝地。因为这块宝地吸引了附近乡村的百姓，他们都拥来这取石材。所以，后来人很难找到满意的山体取材。找啊找啊，功夫不负有心人。正当他们仨在发愁时，在山脚下，不知什么时候，滚下一个像屋子那么大的特大石头。稳稳当当地扎在那，等待着他们仨的到来。他们高兴地跳了起来，摩拳擦掌，下决心一定要把这块大石头拿下。他们坐在石头的小溪旁，缓一缓气，捧着清甜的山泉，喝一口，解解渴；洗一洗脸，提提精神。这时，吉志平、邓安炳也从盐场赶到双沟。符继军兴奋地走下山转告他们："我们已经找到采石的地方了！"他俩顺便在茅草棚旁，垒起灶台，煮好饭快速送上山去。让大家保持体力，准备开工。

接下来的问题，就是想方设法把石头炸开。面对这么大的巨石，要把它拿下，是对这几位知青的大挑战。"初生牛犊不怕虎"，不试一下，哪知道难不难呢？他们"登"上巨石，准备打"炮眼"。知青符继军戴上手套，在巨石顶部，手握竖起的钢钎；知青王玉良个头高，力气大，抡起大铁锤，往钢钎头上打，一抡一打，钢钎要不停地旋转才有功效。俩人你抡铁锤，我旋转钢钎，累了，就互相轮换工具。钢钎打热发烫了，还要找水浇喷，等冷却后再打，免得钢钎打热后会发软，降低功率。幸巧这几位知青小伙，在八所中学时期，经常参加学校学工学农活动，上水库搞水利，练了一身好力气。不管多累，都能顶得住。山上气温高，干起活来，又渴又累，最困难的是伙食问题，由于光吃饭没有菜，有时，回场部拿来点自制咸得带苦味的虾酱充饥。干这些体力活，又没有油水支撑着，几位正在发育的壮小伙，光饭量都要吃上七八两。就这样，经过最初几天的奋战，好不容易在巨石上打出几个"炮眼"。他们赶紧从茅草棚拿来炸药，塞满几个"炮眼"，就插进雷管，牵上火线后，马上点火，最后把这庞大的巨石给炸开了，再把大块石头敲打成更多的小石块。对于盖一栋十多间的知青瓦房所用的石材，这堆石头块是远远不够用的。所以，还必须继续留守在双沟山脚下采打石料。这时，先用拖拉机把已炸出的碎石块运回盐场（打瓦房的地基基础），然后再边打边运。知青吉志平刚到双沟采石料没多久，公社又派他去工作队了。只有知青符继军一人坚持守到最后一天运完石料，才返回场部。那天夜幕已降临，双沟的路边已经没有客车通过。符继军只好一个人壮着胆，采取快速"行军"连夜赶路，披星戴月，从十几公里外的双沟跑步回到场部。

经过几个月，在双沟采的石料，已基本完成盖知青瓦房用的石材。但，还需要买少量砖块来砌门窗框边沿和柱子。吉场长又派出刚上任的新拖拉机手知青符继军和一位年轻的盐工一起前往南港农场附近的砖窑去运砖。当拖拉机装满了砖块，在返回盐场的途中，也就是路过南港农场时，突然，天上乌云翻腾，雷电交加，"噼里啪啦"地下起狂风暴雨。农场的泥巴路面也被暴雨淋打得成了软绵绵的"湿地"，装满沉重砖块的拖拉机陷了进去。这时，雨越下越大，危急关头，知青符继军和那位年轻盐工用车上仅存的一条长长的钢绳紧紧地绑住车卡厢扣上，用力牵至拖拉机头尾部挂钩处，但拖拉机加快速度一拖，车卡厢的车轮打转得更厉害，根本就上不了路面，而是越陷越深。他俩被暴雨淋得全身衣服湿透，像落汤鸡一样，进退两难。在农场躲雨的众多场工，眼看着这危急情况，也没人敢冒雨出来帮一把。这时，我妹周燕在走出房门办事的瞬间，突见离农场不远处，雨中模糊的两个身影和一辆陷入泥泞中的拖拉机。她毫不犹豫地走出房门，在大雨中提着雨伞，奔去援助，借微小的一臂之力，撑着雨伞，为他人遮风挡雨，助人为乐。当走近他们时，才知道是她哥所在盐场的知青场友拖拉机手符继军和年轻的盐工在艰难地、拼命地拖着被陷的沉重的车卡厢。她为他们撑着伞，招呼他们先回农场歇一歇雨，喝口开水，温温身子，再想办法，把下陷的车卡厢拉上来。可是，符继军他俩心急如焚，也顾不上眼前的一切，着急中在路边捡起几块大石头，垫在车轮底旁，最后经过几般周折，上了拖拉机头一股劲地加大马力，才把车卡厢拖了上来，顺利地把这一车卡厢的砖块运到了盐场。吉场长当时也焦急地等待着这车砖的到来。眼看着这么大的雨，砖还没运回场部，担心是否拖拉机有故障，延误了？在他准备想办法派人去援助时，拖拉机已缓缓地开回场部。吉场长伸出大拇指，赞扬知青符继军和那位盐工，冒雨成功处理突发事件，不愧是大有作为的好年轻人。符继军他俩卸完车卡厢上的砖块后，脱下粘身的被雨淋湿的工作服，到井边洗刷征尘。

过几天后，吉场长又派我和符继军等多位男知青，还有一位煮饭的女知青王秋香，前往中沙公社的荒山野岭去砍树木，用作盖知青瓦房的木梁等用料。那天早晨，继军起床很早，他先启动拖拉机，观察运转是否正常。听到拖拉机的"轰隆"声响，我们也陆续起来，准备好砍树木的刀具、麻绳等工具，王秋香把备好的蔬菜、油、米、盐、锅、碗、勺、瓢都放上了车卡厢。大家在吉场长的亲自带领下，乘着拖拉机，迎着微微山风，沿着崎岖的山路，来到要砍树木的中沙公社的荒野深山地带。吉场长下车后，告诉我们，必须要找笔直的树木来砍，才能当盖瓦房的木梁用。否则，就白费功夫了。进了深山，空气很闷热。在找到笔直的树木后，没砍几根树木，身上已经湿淋淋的，用毛巾擦了汗水，又扭干。擦了又扭，扭了又擦，身体都快要脱水了。无论如何，还是要砍倒几棵树木，才能休息。这时，在河边的石台上已经做好饭的王秋香，喊大家去吃饭，我们才松了一口气。先吃饱饭，喘一喘气，再干。由于吉场长派人到黎族村寨买点猪肉加了菜，大家胃口就更好了。砍树，体力消耗很大，我们知青个个饭量也就增多了。等吃足了，喝够了，大家就在深山阴凉的大石板台上，稍躺休息片刻。躺在大山的怀抱里，悠然自得，简直像大山赐予我们天然的享受。体力逐渐恢复后，我们又回到深山里继续砍树木。吃过饭后，体能大大增加，砍起树木，劲头也越大。我们知青在山脚下寻找到更多像小腿那样粗的树木时，吉场长就叮嘱大家，每人能砍上五六棵树木，就可以收工了。为了完成任务，大家用尽力气，拼命地砍，我们把木条一根不少地从山里搬到路边等待装车，大家来齐后，马上把木条装上车卡厢，才算完成了这次任务。这天，上山砍树的劳累，使每个知青的身体都很疲惫，大家用最后一点力气，爬上了车卡厢，等待着拖拉机开回场部。在回来的途中，路过一段坡度很陡的下坡时，拖拉机手符继军减慢了速度。但不料，车卡上的木条没绑紧，几根木条松绑后，顺着下坡的惯性，直往拖拉机车头冲去，迅速从符继军头顶上穿过。眼看着这惊险的一幕，差点出现意外。这事过后，大家聊起来，都有点后怕。

筹建知青新瓦房的大部分材料都已备齐。石头、砖块、木材及买来的水泥等建筑备料，都如期运抵场部。现在就等待着后期的施工了。

梁老书记和吉场长召集部分盐场师傅和知青，再从附近村庄请来泥瓦工师傅和工仔。经过几个月筹建施工，在场部西北边的土坡上，也就是气象哨的前面盖起了一栋崭新的知青瓦房。这是我们知青用自己的汗水换来的成果。

这回我们盐场的新老知青都不愁住了。搬家这一天，吉场长为照顾大家，今天不出远门干农活了，只在场部干点轻活，就准备搬家了。那天，知青们的心情特别兴奋，你搬我抬，忙忙碌碌地从狭窄的透风的旧瓦房，搬进用自己双手盖起的宽阔的新瓦房。我被分配到这栋瓦房西边倒数第二间，和符继军同住一起。这回可有空间整出一个"画室"来，享受一下潜在心底已久的画画的乐趣。

1976年12月，八所港务局和海南铁路两大企业陆续来我们盐场招工，我被招工返城，分配到海南铁路工作。我睡的那张床，后来是板桥公社机关子弟七六届知青王国文上山下乡分来盐场后，接着使用。这间新房住着三届的下乡知青，我是七四届下乡的，在盐场锻炼两年出来工作后，是七五届知青符继军与七六届知青王国文一直在这间房同宿至后来他俩返城分配工作。

成长起步于东方县中沙农场

陈传兴 / 东方知青 / 东方中沙农场

人生如梦，时间如梭。上山下乡东方县中沙农场的知青岁月仿佛是昨天的往事，不觉已过去了40载。

送别

1975年我高中毕业，遵照毛主席"知识青年到农村去，接受贫下中农的再教育"和"农村是个广阔天地，在那里可以大有作为"的号召，投身于全国掀起的知识青年上山下乡热潮。

东方县的知青上山下乡，按父母单位所属战线安置。我父亲是水产公司职工，属农林水战线，因此我下乡的农场是中沙公社中沙农场。农场离县城四十多公里，与乐东县交界，比其他战线安排的农场要远些，且又是少数民族地区，在当时算得上是条件最艰苦的知青点了。

尽管离家并不远，节假日也可以请假回家，可一旦下乡成了知青，就意味着身份改变了——学生成了知青，城镇户口变为农村户口。

我临近毕业时，水产公司就派一位姓赵的办公室干部与我们几个应届毕业的子弟联系，宣讲形势、政策，进行思想教育和动员。说来也很奇怪，一方面是极力动员我们每一个毕业的子弟一个不落地一律上山下乡；而另一方面却是，不是所有高中毕业的学生都可以下乡，那些城镇居民的子女想申请上山下乡却不被批准。

在等待下乡的那段日子里，单位负责人常常召集我们召开座谈会，做动员、表决心。还给每人发放一些日用品，有铁皮水桶、帽子、蚊帐、口杯等，价值80元。水桶和帽子上还印着"知青上山下乡留念"字样。帽子是用竹篾编成的，像"越南帽"那种款式，很是耐用。

那时说是高中毕业，其实学制只有九年，相当于现在的初中九年级毕业。当时，毛主席指示"学制要缩短，教育要革命"。遵照这一指示，从我们那届开始，小学学制为五年，初中、高中学制各二年，共九年制。尽管说是高中毕业，其实我那时也只是 16 岁光景。

说实在的，对从未涉足社会且刚满 16 岁的我来说，当知青、上山下乡只是觉得新奇，并没有真正理解下乡后身份变化意味着什么，也想象不到上山下乡后的种种艰辛。

1975 年 7 月的最后一天，集中欢送知青上山下乡的日期到了，全县举行了声势浩大的欢送仪式。在解放路街道两旁，各战线知青在指定的地点集中，农林水战线的知青集中点安排在文化局门前。

那时的解放路两旁全是红旗、彩旗，到处都在敲锣打鼓，热闹非凡。大街上"知识青年到农村去，接受贫下中农的再教育""农村是广阔天地，在那里可以大有作为"的横幅和标语随处可见。当时场面壮观、热闹、隆重，盛况空前，看到这场面和阵势，我热血沸腾，觉得无比的兴奋、光彩。却并未意识到这一走意味着从此自己的人生与前途会有什么变化，也没有多想往后的路在哪里，只是盲目随大流。

上午九时，全县统一下令出发，知青、亲属、欢送的人群开始骚动起来。临别时，我站在卡车厢靠边的地方，听着妈妈絮絮叨叨的叮嘱。在车即将开动的那一刻，妈妈、大姐、二姐紧紧抓着我的手，不舍地拉着不放，脸上涌出滚滚的泪水，一直目送着车走远。那一刻，我才猛然理解人们常说的"儿行千里母担忧"的含义。

历练

中沙农场全称叫中沙公社农场，坐落在中沙村和大山之间的山脚下。中沙公社地处东方县东南部山区，紧邻乐东县尖峰岭，属热带雨林气候。场区有中沙河穿流而过，河水分汛期和枯水期，全年水量充沛，受季节性地表径流影响大，雨季时经常发大水，枯水期河水也长流不断。它的上游还形成两处景观独特的大瀑布。中沙河是当地老百姓的母亲河，生命之河，是难得的宝贵资源，千百年来孕育了无数的先民，当地老百姓生产、生活用水都离不开它。

河水流量大，河面宽阔，流经农场的河段，中间冲积成一个小沙洲。河水分两边绕流，自然形成两个区域：靠场部宿舍区的是男人洗澡的河段，沙洲隔着的那边河段是女人洗澡的专门区域，两处河段在洗澡的时间，异性是绝对不能靠近的，成为我们农场的"天然浴场"。在农场两年就算不是洗澡时间，我都从未去过女性洗澡的河段，有时干活需要过河对岸，我也绕过这"七仙女沐浴"的河段。再往下一点的河段是男女老少大家共用的区域，大家日常提水、洗衣物、洗漱就在这里。

说到中沙河，让我想起刚到农场时的一次放牛经历。当时农场安排我放牛，这算得上是得到关照的轻松活，然而，有时也不全然都轻松。小牛特别爱泡水，尤其是酷热天气时，更是嗜水如命。农场放牛的时间是早上10点左右到下午4点多这一时段。刚开始放牛时没经验，有一次碰上高温酷暑天气，下午赶牛回来过河时，那水牛一见水就着魔似的全部往河里冲，再也不听你使唤了，任由你怎么赶都不济于事，而且，一泡就赖着不走。眼看着到了出工的时间，我只能干着急。我赶这只，那只赖着，等我去赶另一只，原来那只又泡进水里，急得我满头大汗。

中沙河确实给我们农场的生产、生活带来了极大的便利，是我们场不可或缺的宝贵资源。

农场原为中沙公社社办农场，当地场工40人左右，我们七四、七五两届知青30多人，全场共计70多人。农场以种植业为主，养殖业为辅，兼做些季节性副业。农作物有水稻、玉米、花生、红薯、扁豆等；经济作物有橡胶、胡椒、香茅草、甘蔗等；养殖业有牛、羊；农闲时搞些副业，如采杜仲、砂仁，制造砍铲把、锄头把、扁担等；也开荒种山兰。可以说，下乡两年干过的农活，是我这辈子干过的最重的体力活。

在农场，我们每人最基本的劳动工具是一把山刀、一把锄头。特别是那把山刀，是必不可少的工具。由于经常使用，常常磨得锋利，用起来得心应手。渐渐地对那山刀爱不释手，直到我离开农场，还带回家用了好几年。

下乡两年干过的农活有：劈山开荒，种砍甘蔗，积绿肥，放牛放羊，收挖红薯，种花生、扁豆、胡椒、橡胶，插秧，砍柴伐木，采南药，割胶，采蜂蜜，等等。真正做到了接受贫下中农的再教育。两年中，所有农活中自己觉得最艰苦、吃力、难耐的是砍甘蔗、积绿肥和上山砍柴。

20世纪70年代中期，海南掀起"学习屯昌经验"的热潮——大力种植甘蔗，并提出"日干三刻，夜加一班"的口号。当时中沙公社是全县学习屯昌经验的先进单位，被县里树为典型。全公社集中搞一次甘蔗种植大会战，规模有两千多亩，给农场安排种植一百亩甘蔗的任务。

种甘蔗需要绿肥，场里要求割飞机草这种绿肥，每人每天的指标是1000斤。飞机草这种绿肥比较轻，要割到1000斤实在很不容易，需要割很大的面积和跑很远的路。为了减少往返挑肥的次数，我们常常把肥料捆成很大一捆，一担有一百多斤。这样一来，挑肥时可就不容易了，一担要挑两捆又大又沉的绿肥。挑肥用的扁担叫"尖担"（比扁担长，两头削尖，便于将其插进大捆的肥料）。挑肥时，先将捆绑好的肥料平放，并将尖担的一端垂直插进其中的一捆，随即将身体半蹲下来，将插好的这一头抬在背上，并利用这捆的重力将尖担的另一头插穿另一捆肥料，如此才能起挑。每挑一担要往返一两里地，甚至更远，最多时要挑 10 多担。为了落实任务，每次场里都派专人过秤。第一年，七四届有个老知青创造日积绿肥 1500 斤的全场最高纪录；第二年我创造了日积 1400 斤的当年全场最高纪录。

干了一整天的活，流了一整天的汗水。在会战工地没水洗澡，晚上我们不顾疲倦，还要赶几公里的路程到公社的那口水井洗澡。

砍甘蔗也是件很折磨人的农活。那时我将近 17 岁，正好赶上发育期。在烈日下劳作暴晒，脸上长满了大个的"青春痘"。每每砍甘蔗时，都是烈日当空，甘蔗地里密不透风，又热又闷。更恼人的是砍甘蔗时，叶上的粉末、叶芒粘在身上、脸上，又热又痒，刺激着痘痘发痒发热。这时候几乎忍不住，常常用手去抓挠。不抓不打紧，只要一抓就要命啦，总是让人停不住手。愈痒就愈抓，愈抓就愈痒，最后是发痒刺痛，红肿发炎，疼痛难耐，现在想起都让人心里发毛。

劈山砍柴在农场是习以为常的农活，但砍锄头把，却是一件较艰辛的重活。当时农场为了创收，经常组织人手去砍锄头把、铲把拿去供销社卖。但收购站对木材尺寸有一定要求，要长 2.2—2.4 米，直径要 5—8 厘米，且要笔直，不易长虫的木材。为了寻找符合标准的木材，我们每个人都分散四处寻找，甚至爬过几道山沟。

在中沙的热带雨林中要砍到这些木头并不难，但要搬运回来却并非易事。场里规定每人每天要砍 10 根，所以不管钻多深、爬多高的山，回程时只能一次性扛回来。10 根又长又粗的木头捆扎在一起，扛在肩上确实是很重的，且山路崎岖，枝叶藤蔓层层叠叠，扛着又重又长的一捆木材行走实在是很困难的。尤其是碰到下雨天，山路泥泞、湿滑，更是寸步难行，难上加难。有一回我扛着一大捆木头下山的时候，因为脚下打滑，一下子屁股重重地砸在地上整个人滚冲下去，屁股刚一着地，肩上的木头也沿着耳朵边砸下来，重重地砸在肩膀上，并压在肩膀上一直往下冲了好几米远才停。那一次，耳朵、肩膀被砸肿，屁股、双手被划破，苦不堪言。

历险

1976 年 11 月，有一次刮台风，农场接到上级下达的一项紧急防风任务，要求我们派人在当天晚上赶到陀兴水库防风抢险。记得我们当天赶到现场时已傍晚，等吃完饭已很晚。指挥部安排我们住的是一间很大很简易的民工茅草房。房子的跨度大，房顶都用"金字架"结构支撑横梁，十分的简陋，也不牢固。

水坝下游有一渡槽，宛如一道彩虹飞架两岸，是联通水库两岸的唯一通道。这不禁让人想起"谁持彩练当空舞"的诗句。我们当时住在指挥部的对面岸边。当晚，台风已经登陆，风雨交加，四周漆黑一片，我们一队人马也就早早地入睡了。

到第二天早晨六点钟左右，因为是台风天气，天色还很灰暗。台风突然"回南"，一下子狂风大作，夹着暴雨，一阵比一阵紧地咆哮着。当时我们还在熟睡，只听见领队的领导紧张地吼叫着："起来，大家赶快起来保护房子。"话音刚落，我们大家马上爬起来。只见工棚摇摇摆摆，顶部被风一阵一阵地将要掀开。我们急忙全部撤到外面，正准备用绳子加固房子，没想到刚一跑出来，一阵狂风吹来，一瞬间，工棚就被整体抬起来，重重地压下来，整个棚顶严严实实紧贴在地面上。人是跑出来了，但所有背包、用品全部被整个棚顶压着。看着眼前这一景象，大家长长地吸了口冷气。还好，没人出现意外，要不然，救灾不成，自己反倒遭灾了。大家都庆幸风来得晚，要是在深夜，大家都在熟睡，没人发现，那大伙根本来不及撤离，后果不堪设想。随后，大家开始寻找各自床位的大致位置，扒开顶棚的木头和茅草，掏出自己的背包、衣服及用品。

整片地区的简易工棚也都全部被狂风吹倒、倾覆。狂风暴雨还在继续，再也找不到什么地方能挡风避雨。通往对岸指挥部所在地的唯一通道是那座渡槽，但这时渡槽极度危险，已经被封锁。大家谁都没有雨衣，只能直愣愣地站在露天里任由狂风吹暴雨打。狂风夹着雨水直打在脸上，全身湿透，眼睛都睁不开，狼狈不堪。

无奈之下，大家只能躲进野外的灌木丛中。灌木丛有齐人腰部那么高，可以抵挡一点。就这样全部人都直露在野外，任由风吹雨打，领教狂风暴雨的肆虐与淫威。风雨中，我们躲在灌木丛中耗着近9小时。由于灌木仅齐腰高，只能蹲着，蹲久脚麻木了，就弓着腰站起来一会。地下全是水，不能坐着，一坐下就只能泡在水里。就这样从早晨折腾到下午，早饭、午饭都没有吃，又冷又饿，个个全身湿漉漉的，一直在发抖。经过这次历练，我才真的体会到什么叫作"饥寒交迫"。

到了下午3时左右，台风"回南"过后，风雨渐渐变小，水库没有出现什么险情。领导差人冒险摸过被洪水和狂风冲击得颤颤巍巍的渡槽，与指挥部联系后，批准我们可以打道回府了，我们才得以离开。

回程也并非易事。从陀兴水库往回走，由于暴雨和水库泄洪放水，一路上都是一脚深一步浅地蹚着洪水走。特别是走到加力村附近时，水深没到胸口，我们只能一个拉着一个，小心翼翼地探几步，走几步。十多公里的路程走了几个小时才到。

一整天没一粒米、一口水填肚子，同伴们个个全身湿漉漉，冷得直发抖，饥寒交迫，疲惫不堪，个个嘴唇都变成了紫色。回到住地，大家无奈地你看我、我看你苦笑，有说不出的千百种滋味。庆幸的是当时水库没险情。这的确是一次惊心动魄的防风救灾经历。

疟疾

六七十年代，中沙地区是疟疾高发区，只要在这里生活或来过这里的人，几乎都会感染上这种病。当时我们知青都最怕得这种病，但偏偏无一幸免都会患上这种病。一旦感染上，体内已带有疟原虫，它会每年都复发一两次。这种病在内地叫"打摆子"，在海南本地叫"发冷发热"。

这种病也是上山下乡知青中，我们中沙知青独有的"专利"。

起初，其他场友发病时我还不太在意，只感觉他们时好时坏，时冷时热，时而热得脱光衣服抹汗，时而冷到盖两张被子，把人折腾得只剩半条命。而且病好后复检，每个都是贫血和脾肿大，连嘴唇都变成紫黑色。没想到不久就轮到我"中标"。那一次疟疾来得很猛烈，一开始便是发高烧，随后便是发冷发热。发高烧时像火烤，发冷时像在冰窖里，冰火两重天在体内交替，把我折磨得半死。得病后全身骨头酸痛、口舌干苦、厌食、头部剧痛、晕眩。发病时间短则 10 天，长则半月甚至更长。整个人几乎十天半月全无食欲，愈后会贫血和脾肿大，面黄肌瘦，消耗极大，短时间内精神很难恢复。

友情

中沙农场属公社办农场，地处黎族边远山区，农场规模小，条件差，设施简陋，全场没有一间瓦房，原场工住的都是些茅草房和船形屋。七四届知青下来后，为了安置知青，上级才拨一笔款建了一排砖瓦房，共 10 间。正中间的一间用作农场办公室（兼财务室），另一头的大房间，给当时领队干部居住。每间房子放三张床铺，供 3 人同住，正好可安排下七四届的全部知青住宿。等到我们七五届的知青下来，场里就优先把女知青安排在瓦房里居住，我们男知青就集体住在一间大的茅草屋里。

大概过了半年，七四届上山下乡的知青因为种种原因离开，我们七五届男知青也就陆陆续续被安排进瓦房住。最后我们同批下来的男知青也就剩下几个人住在茅草房里，当时心里很不是滋味，有很强的失落感。

茅草屋十分破落，墙壁是用篱笆围着的。下乡的头几个月是夏天，尽管不如瓦房干净、明亮，但也还通风透风。现在正赶上冬天和雨季，十分的阴冷、潮湿，再加上同批下乡的都陆续搬进瓦房，自己还安排不上，心情十分沮丧、愤懑，觉得住在那实在难熬。好在赵家泰叫我搬进瓦房和他共铺，住宿条件才得以好转。大概跟他共住三个月，后来有空位后，场里另外分了床位给我才分开。

我们农场地少、人多，生产效率低下。知青们一年到头没缺勤，年底计勤算工分时，一分钱也不得，有的还欠吃饭钱。

在场里，知青统一吃饭堂。饭堂伙食很差，每顿只能有一个青菜或瓜豆类的蔬菜，有时甚至没有菜，就分到一碗白饭。一年当中只有年底杀头猪或牛，才能吃上一顿荤菜。我们常常好长一段时间什么菜都没有，什么酱油、豆浆、南乳都没有钱买，只能用开水兑盐巴配着送饭。那时我们正是长身体的时候，劳动强度大，饭量也特别大，碰到有要好的伙伴请假回家来不及停饭，我就把两份都干掉，还不觉得饱。那时连菜都难得，更别说是鱼肉了，一点油腥都没有，所以那时的饭量大得惊人，常常会感到饿得眼睛发直。

当时我们最怕吃的一种米叫"科六"，煮熟后像糯米饭似的，又少又黏，打饭的时候每人就一小碗，三份都不够吃；要是赶上老糙米那就高兴了，这种老糙米煮熟后"见饭"，打饭时可以分到一大碗，且又"耐肚"。

第二年后，我们几个要好的伙伴就合在一起开小灶，改善生活。那时，我们每人一两个月或者有事时都可请假回家，返回农场时都带些鱼、肉或好吃的东西。无论是谁带来好吃的东西全都得充公，交给女伙伴负责管理、加工，这时候是我们最开心的日子了。几个人轮流下来，每个月当中，有好些天我们都可以一起加菜，改善生活。

最有趣的是，菜加工好后，伙伴们都一拥而上拼命抢着往自己饭碗里装，来慢的就要吃亏了，精华都被捞完了，只剩些汤汤水水残次的部分了。所以，一旦伙伴们加菜，大家就要尽早把饭碗端来等待着开锅。记得有一次，一个调皮鬼来慢了，看到大家快要抢完时，他急中生智，一下端起小锅，往里假意地吐口水，这样大家也就停手不再抢了，自然锅里的全都是他的了。

农场的生活艰苦而有趣。至今，每每想起心里都会暗自发笑。那样艰苦的岁月，就是有了大家的相互取暖，相互搀扶，相互帮助，才能愉快地度过那段特殊的岁月。从中伙伴们也结下了深厚的友谊，这种友谊甚至陪伴了大家一辈子。

除了生活中大家互相帮扶，生产劳动中大家也是相互关心照顾的。

农场沿山路往上走几公里有个地方叫崩岭。崩岭说来也很奇怪，过山腰后，山顶部分像是被削掉一样，顶部突然坍塌消失，崩岭大概是由此而得名。崩岭的坡度很陡，从山脚到山顶坡度有 50—60 度。往上爬时差不多是头顶着上面人的脚，但是一旦爬上去后，上面很平，是个四周高中间平坦的台地。由于上面平整，植物茂盛，雨水充沛，是发展种植业的理想场所。

为了开垦崩岭，场里决定派人上去开垦。就这样，我跟几个老场工被派往崩岭开荒。或许是由于饥饿或是缺乏营养，那天早上出工，我提着斧头去砍一棵大树，没想到刚砍不到几斧头，就手一软，斧头砍在树干上弹出来，正好砍在右脚背血管上，血流如注，甚是吓人。在场的场友们看到这情景也都紧张起来，马上围拢上来救助。那几个老场工比较有经验，处乱不惊。他们一边让我马上平躺下来，一边赶紧找来布条当止血带，在小腿最底下部分接近脚踝骨的地方用力把小腿绑紧，止住上肢的来血。更幸运的是当地有很多天然止血草药飞机草。当时别说是创伤药，就连最基本的头疼、拉肚子的常用药都没带。俩老场工熟练地摘来一大把飞机草，利索地将叶子捋下来，两个人同时把大把的飞机草叶塞在嘴里嚼烂，和着口水和药汁、药渣捏成一大团，敷在伤口上，并用旧布条绑紧。

果然，飞机草是很好的止血良药，是土秘方。当地人要是有什么碰碰磕磕或者被刀斧划伤，都是用它来止血，就地取材。这可是不幸中的万幸，幸好有这些"飞机草"，我才得以急救疗伤，否则，止不住血的话，后果真是不堪设想。

我意外受伤的消息很快传到场部，为了及时得到治疗，必须将我从山上转移下山。正常情况下，一个正常人上下崩岭都是件十分困难的事情。由于坡度极陡，上山时需弓着腰一步步地往上爬，当地人戏称这一动作叫"山猫背仔"，言其难爬；下山时，要慎防脚下踏空而滚下山坡，故下山时，需放低身子，用手抓着路边的杂草或树枝，慢慢探着脚，踩实了再换另一只脚。下崩岭确实十分艰难，何况要将不能走动的我送下山，确实是件相当困难的事。经过场领导和一些热心的伙伴反复商议后，最终确定采取用担架抬下山的方案。这种事在当时是从没碰到过的，大家感到特别棘手。当时场领导组织了好几个年轻力壮爬山经验丰富的场工，用担架将我从山上抬了下来。由于山坡度太陡，往下抬时，他们几个人要分成两组，每一组四人，头尾各俩人，一组累了再换另一组。下山时，前面的要抬在肩上用力往上顶着，后面的两人则要半蹲下身子用手抬着，用力往后拉。每走一步都很艰难，十分费力。看着大家努力、拼命、疲惫的样子，我感动得流下了眼泪。

一回到场部，场友都过来看望、安慰。几个关系要好的伙伴更是关心备至，他们有的还拿出自己平时舍不得吃的好东西送来当作慰问品，如有的冲来一杯白糖水（当时算是稀有物了），有的怕我饿了，便拿来饼干或是炒面粉，并陪伴在我左右不停地安慰，让我极为感动和温暖。

这件事让我懂得场友的情谊的可贵，特别是好伙伴的真情，凸显出真情的宝贵和无价。

当时，我们农场生产效率不高，收益情况很不好，常常是入不敷出。有的年份我干一整年所得工分还不够偿还开伙食的支出，年底结算还欠钱。为此，农场常常会搞些副业给予补充，如上山砍伐铲把、锄头把，采摘杜仲、砂仁等南药卖去收购站。

大概是1976年6月底的时候，场领导组织全场员工上毗邻尖峰岭那一带的高山采摘杜仲、砂仁。尖峰岭地处海南东南部山区，属热带雨林气候，植被茂密，森林挺拔，藤蔓丛生，从地表往上多达11层植被。那里雨水充沛，夏季时，午后几乎天天下两个小时的暴雨，而后马上晴朗，烈日高照。那天下午2点钟左右，大家都采够自己的分量，挑着担子往回走。走着走着，就下起暴雨来，大家都被浇湿浇透。走着走着，我两眼一黑，手脚发软，怎么也站不起来，眼睛怎么也睁不开。不知是低血糖还是高山反应，还是饥寒交迫导致身体虚脱，总之就是软绵绵地躺在湿漉漉的地上，动弹不得。

场友们发现后，将我的担子分给大家挑，另派两人来搀扶着我走下山。但是，不管他们怎么扶我都站不起来，总是瘫在地上。因为每个人都挑着担子，又没有担架，不能抬着我走，这样大家只能停下来等着。下午3点多钟，饭送到了。由于极度的饥饿，又冷又硬的干饭，我端起饭碗就迫不及待地狼吞虎咽起来。填下饭后，情况有所好转，我在两个场友的搀扶下，艰难地往回走。

常言道："路远鸡毛变成铁。"这个民间谚语的意思是：挑着再轻的东西若路程遥远都会变得十分的沉重。

场友们在人人都挑着足够分量的担子的同时，再额外地分担三个人的担子，还要走二三十公里的山路，其艰辛可想而知，也不是常人能体会到的。

下山回到住地后，身体便渐渐恢复了正常，可是胃开始疼起来，一直连续几天，大概是从那个时候起就落了胃疼的病根，直到现在。

两次上山的遭遇在知青中是绝无仅有的。于我而言是两次刻骨铭心的经历。

爱情与禁区

当时在知青当中，谈情说爱是不允许的。凡涉及爱情就仿佛是闯入禁区、雷区，爱情是高压的红线，踩踏不得，触碰不得，逾越不得。我们农场除了当地老场工外，知青有七四届和七五届两拨人马，再加上当地场工的四个子女，人数为30多人，男女各占一半。论年龄大家都进入了青春期，特别是七四届的知青，比我们年长和成熟些。

这个时期的年轻人，朝夕相处，相互关照，必然会碰撞出爱的火花。朝夕相伴中，互相爱慕和追求，这才是年轻人该有的生活状态。确实当时有几对人走得特别近，甚至发展成为爱情。他们当中或公开或隐蔽，或明或暗。有的在农场时暗地里相好，回八所后再接触；有些是出来工作后，才知道当时某某与某某之间的关系。当时我年纪偏小，又是小字辈，心智也不大成熟，不谙世事，对这方面还懵懂无知。

我们知青点，除了农场的领导班子外，还有两个带队干部，一个是农林水阵线派来带队的干部，另一位是尧文国营农场派来带队的干部，他们的职责是配合场里抓知青的思想、纪律、工作、作风等。

在如何对待知青中谈恋爱的问题上，场领导与带队干部、公社领导之间存在严重的分歧。先后争论了好长一段时间，也没有一个定论。

此后，我们场里的年轻人就学"乖"了，在农场不来往就回八所再接触；公开不来往就暗地里来往，总之都是秘密地进行，不敢再公开。至于当时有无文件规定不允许谈恋爱，还是受极左路线的影响，禁欲主义至上，我们都不得而知。

采蜂蜜

东方县中沙山区，热带雨林茂盛，动植物种类繁多，有水鹿（山马）、坡鹿、野猪、蟒蛇、黄猄、野鸡、各种野生蜜蜂、野生鸟类及各种野生动植物。勤劳的男人，特别是有经验的猎手（当时尚未限猎），上一趟山都会有不少的收获。

有一回我们场里上山开荒，大伙收工回来的路上，发现一条蟒蛇正在吞食一头黄猄（已经吞食动物的蟒蛇是爬不动的），让我们拾了个便宜，捉回来全场加菜，其味特美。

那时候，有个其荣的老场工，跟我关系很好。一年的仲夏，我与他从山上干活回来，走在林木茂盛的山路上，突然听到"嗡嗡"的一阵声响。老场工很有经验，他马上警觉起来，弓起腰四处寻找。他告诉我："注意！有蜂巢。"这是个天大的好事呀，人家专门找都找不到野生的蜂巢，竟让我俩无意撞上。经过一番找寻，我们找到了那个蜂巢。老场工马上命我去找干柴草，于是我们分头找来了一些柴草，堆在地上。点燃后拍灭，让它形成巨大的浓烟，用烟熏的办法驱走蜜蜂。

蜂巢筑在大树上。割蜜前我俩就做好分工：我负责烧火生烟，他爬上去割蜂巢。因蜂巢离地较高，浓烟受风向影响，有时熏到，有时熏不到。浓烟一到，蜜蜂就"嗡"的一声四下散开；烟小或风吹偏点，它们就又飞回巢。就这样我俩与蜜蜂反复地上演着"驱赶—回来—再驱赶—再回来"的拉锯战。就这样赶了几次也没法真正让蜜蜂全部离巢,他爬到树上等待时机,好久都没法下手。后来他索性不等了,乘着一阵浓烟,他便赶快下手割蜂巢。

这时蜜蜂被激怒了,疯了似的围着他,叮咬他的脸、手、身上。他一边割蜜,一边忍着痛把叮咬他的蜜蜂轻轻抹掉。看到这个情况,我赶紧在底下烧火生烟。割蜜过程中,他好几次把大把蜜蜂从脸上、手上、身上抹掉,直到硬生生地把整个蜂巢割下来。带着收获的喜悦,我们步伐轻盈地踏上归途,回来后马上加工,和大家一起分享大自然的馈赠。

对于那次采蜜的事我常耿耿于怀,怨自己太笨,不会生烟,也埋怨那树太高,要是矮点就好熏了,同时也很佩服老场工,那么能耐群蜂的叮咬,那么能耐疼痛。后来我曾问他,当时疼不疼,他却举重若轻地说:"疼啊!但也要耐住,把它抹掉就好啦。"他的坚忍顽强,让我无比的佩服。

在下乡的日子里,在杧果季节,只要风大些,我就到住地周边的山里等待捡食风吹掉下来的熟透的野生杧果,味道很美。

山区虽然环境恶劣,却常常会获得很多大自然的馈赠。

带枪的团代会代表

二十世纪的六七十年代,全国战备形势紧张,海南属国防前哨,战备也很紧张。农场是青年人高度集中的地方,被编为"基干连"。每个知青都配一支自动步枪、上百发子弹,每人床头都放着枪支和子弹。有空时,我们经常拿来擦油做保养。每年组织两次实弹射击训练。

各级领导对共青团工作都相当重视,共青团在群众心目中的地位很重要,是党的助手和后备军——那时要入党必须先入团。当时中沙公社的团委工作很出色,备受团县委的好评和重视。公社团委书记叫冯朝铁(后曾任县农业局局长),在干部和青年群众中很有威望。

那年,公社团委要举行团代会,各村、各支部均派团员代表参加。给我们农场知青参加团代会的指标是20人左右。按会议通知要求,我们一行20多人带着枪,背着背包,典型的全副武装,雄赳赳、气昂昂地从农场赶到十多公里外的高园村参加团代会。队伍经过处还引来群众一阵好奇和围观。

等到会务组报到后,发现除我们外,其他支部都没带枪,大家便觉得奇怪。经过一番了解,最终谜底才揭开,原来是通知听不清引出的趣事。当时场部没有电话,公社的通知都是靠人口头传达。上百人的会议，公社团委就利用高园村小学教室将课桌并做床铺供代表住宿，所以要求各支部要自带背包和席。感城人的口音"席"与"枪"近音，传达通知的人就听成了带背包和枪。歪打正着，正因为我们带枪，使得我们阵容整齐，精神面貌好，竟获大会与会代表的一致好评。

精神生活

我们上山下乡的年代，文化、艺术、娱乐活动都很单调，精神生活极为贫乏。电视、电影、文艺演出几乎没有，可谓是九亿人民八部样板戏。业余文体活动几乎没有，文化艺术娱乐都被禁锢，偶尔播放一两部战争题材的电影，那是很难得的机会。

农场到公社所在地的中沙村有几里路程。一旦公社放映露天电影，我们都成群结队步行去看，完了又连夜赶回去。回去的时候，都借着月色赶路，舍不得用手电筒。赶上好天气，夜色好时就不成问题；碰到雨天或没有月色时，那赶路就很困难了，只能是一脚高一脚低地凭感觉走了，偏偏有一处是要走过一段水沟和水田，这段路每次夜晚走都特别艰难。有一次可能要下雨，天特别黑，伸手不见五指。大家只是凭着感觉赶路，不想我脚下似乎被什么东西咬了一口，感觉好像被尖细的东西猛扎了一下。由于天太黑什么也看不到，我认为是被蛇咬了，心里特别担心。

场部就在山脚地带，热带雨林地区各种毒蛇、蜈蚣、蝎子及莫名的虫蚁特别多。有的知青不慎被竹叶青蛇咬到，剧痛无比。要是被金环蛇或银环蛇咬到，那就没命了。所以夜间行走，最担心被莫名的东西咬到。回到住地后，叫来有经验的场工看，只是有两个小口，没有见肿痛，应该没有问题，害得我整个晚上都忐忑不安、忧心忡忡。

这就是我们所处的那个年代，为了看一部电影所付出的代价，其精神生活之贫乏和单调可见一斑。

我不知道每天晚上其他场友是怎样度过业余时间的，那时只要有时间我就钻进自己的天地里练习小提琴。大姐夫是当地小有名气的作曲家，也会几种乐器，我从刚上初一起，就在大姐夫的指导下，开始练习小提琴。在他的悉心指导下，等到下乡时，学习了五年时间，算得有了一定基础。在农场，不论白天、晚上，只要有空余时间我就练琴，特别是下雨不出工时，那是难得的机会，因此整个下乡期间，业余时间我倒是觉得过得很充实。

有一天，老场长把我叫到跟前，郑重严肃地问我，看我能否教大家唱歌。他说上级要求要教唱党报上刊登的新歌，苦于没有人懂教，一直没做，如若再不做要被上级批评，要我无论如何要承担下来。

那个年代不像现在，要传唱的歌曲，只能通过收音机播放收听，收音机没播放的新歌就只能看歌谱，自己学唱，不懂识谱，那只能跟着别人学了。因为是新歌，要有识谱能力，并且还要了解歌曲的一些相关背景、乐曲风格和节奏等相关知识，才能较正确地把握新歌。

在农场的两年里，老场长一直对我很好，很照顾我，经常护着我。他经常上山打猎，有收获时，总是悄悄地叫我去吃饭。对于他的照顾我非常感激。他说为了完成这个任务已找了好久，都不知道谁会教歌，在此之前，他曾叫过一两个知青，都没人肯答应。确实，在当时当地要找会教新歌的人并不多见。没想到他一说我便轻松地满口答应，让他很出乎意料。在他看来，这可能是件很难的事，可能要为难我了，没想到我爽快地就答应，让他反倒将信将疑起来。因为那时我只是在练琴，从未见我唱过歌，也没机会唱歌。看见他的疑虑，我满有信心地对老场长说：林场长，没问题，只要你定个时间集中教歌就行了。第一次集中教完新歌后，效果不错，老场长很满意，在会上对我做了一番夸奖，还勉励我继续担任大家的义务"辅导老师"。

此后一直教了几个月，整个社会环境的文艺活动也多了起来。后来我们农场还组织文艺队，参加县组织的知青文艺会演，也多次参加公社的文艺活动。随着形势的变化，我们知青点的业余文艺娱乐活动渐渐丰富起来。

挑灯夜读

1977 年，知青们迎来了改变命运的重大历史机遇：恢复全国高考招生制度。听到这个消息，知青们个个如沐春风，兴高采烈，奔走相告。消息像一枚重磅炸弹，强烈地震荡着知青们平静的生活，一时间，知青对前途充满着期待，仿佛看到美好的前程和希望。大家在喜悦的同时又倍感无奈和悲哀。"文革"期间，上学是与生产劳动相结合的，要参加劳动实践。当时一开学便是上水利、上分校（学校劳动实践基地），根本没上几天课，学校的办学受"读书无用论"的干扰，老师不用教，也不敢教，学生不想学，也可以不用学。真是书到用时方恨少。要参加考试，凭什么跟人拼呀？可面对着这改变命运、实现人生梦想的机遇，谁都不想放弃，那就硬着头皮拼吧——"强补"。

从接到通知到考试还有三四个月的时间。这段时间，大家白天还要正常干活，晚上才是自己支配的时间。为了补习，大家都玩命地挑灯夜战。说起那情景，印象至深的是那盏闪亮的煤油灯。

中沙农场地处边远山区，那时农场还没有通电，生产用电要靠柴油机发电，成本极高，生活照明用电就更谈不上了，晚上的照明都依靠煤油灯。要夜读就需有一盏好的煤油灯，为此大家都去买当时算得上最大的煤油灯。在四下都黑暗的晚上，那灯一点便照亮了四近的地方，感到特别的明亮。习惯了微弱的昏暗小灯，大灯点亮后让人感到特别舒服，当时心里对这盏灯十分的珍爱和呵护。

当时为了增加光的亮度，还想了很多办法，比如买来白纸贴在自己床铺的周围，增加反光的亮度，还很勤快地经常清洗煤油灯的灯芯、灯罩，灯罩干净，就更显得灯亮。

借着煤油灯的亮光，几个月来，每天晚上都要熬到两三点钟，先后强补了语文、数学、历史、地理、政治等考试科目；在那盏煤油灯的陪伴下，不断地在各学科教材里爬行，消耗无数汗水、脑力，忍受长时间的寂寞，啃下无数道难题，付出了难以想象的精力。

由于基础差，又没老师辅导，所学科目都要从最基础的部分开始，十分艰难，常常因为一道题而发呆。所幸的是，当时中沙公社对知青补习备考工作十分重视，特别是当时主抓文教工作的许副主任，他特别安排中沙中学的老师给我们补习语文、数学、历史等科目，给予我们知青极大的帮助。

尽管农场知青当中，不是所有的人都通过考学寻找出路，改变命运，但大家拼命地钻研，认真备考，不轻言放弃的拼搏精神，成为我们那代人特有的精神财富和共同特征，成为激励知青在人生道路上不断前行的强大动力。

知青是一段难忘的岁月

黎明 / 东方知青 / 东方乐安农场

1974 年 8 月 30 日，我们原海南铁路中学首届高中毕业生 27 名同学、首届初中毕业生 21 名同学和 7 名外校生（男性 26 人、女性 29 人，年龄最大 19 岁、最小 15 岁）共 55 人，响应毛主席"知识青年到农村去，接受贫下中农的再教育，很有必要"的号召，告别了父母、亲人、老师、校友和县城，浩浩荡荡地来到"广阔天地"——原东方县红江公社乐安农场，集体插队落户，接受贫下中农再教育。

42 年过去了，当年我和同学们在农场一起劳动、生活的难忘岁月，如今仍历历在目、刻骨铭心、难于忘怀。

下乡

1974 年 8 月 29 日晚，即将奔赴红江公社乐安农场，接受再教育的同学们和部分家长，在原海南铁路公司工建段会议室（现东方市铁路小学对面）参加动员、宣誓大会。在公司有关领导慷慨激昂的宣传鼓动和即将下乡的同学代表信誓旦旦坚定决心下，同学们个个摩拳擦掌、跃跃欲试，领了大红花和印有铁路路徽的铁桶、水壶后，恨不得立即飞向那片向往已久的广阔天地……

8 月 30 号早上，即将下乡的同学们个个胸佩大红花、手提铁桶、肩背行装包和水壶，告别父母家人后，汇聚在铁中（现东方市铁路小学）大门口前。在飘扬的彩旗和锣鼓声中，在领导、亲人、老师、校友的欢送下，他们分批乘坐大卡车来到八所火车站。55 人在带队干部谭恩意书记的带领下（1974 至 1976 年间伴随我们的带队干部分别还有申智德、赵贵云、韩子敬）登上 684 次客货混合列车，汽车则载着大家的行装驶向目的地。列车行驶近 28 公里到达抱板站后，同学们全体下车，在弯曲、坎坷的林间小路上又步行 6 公里，约一个半小时，集体来到了原红江公社乐安农场，受到了农场干部和老农们热情的迎接，同时，也拉开了我们接受贫下中农再教育的帷幕……

劳动趣闻

当年，根据生产范围和劳力分布等情况，虽然在农忙时，所有组别会统一安排、协同作战，但在平时劳动中，农场班组划分为4部分，分别是：

农业组，由老农担任组长，成员由农民组成。主要负责水稻的种植、除草、施肥、收割等工作。每年的农忙"双抢"（抢种、抢收）则是农场的头等大事。记得初次插秧，田间地头彩旗飘飘、人山人海、声势浩荡，给人耳目一新、好不热闹的感觉。在老农的教授下，知青们饶有兴趣学习各种农活，逐渐掌握了插秧应具备的手法、步法、分苗等技能，秧插得也有模有样。但由于平时穿鞋的习惯，让他们初次脱鞋下田，总会有许多的不适应。起初在田间，我们常看到她们在脚丫被扎疼了、破皮出血了、脚被蚂蟥咬了等情况时，会听到伴着水声"妈呀""哎哟"的叫声，并看到有人快速逃离稻田的狼狈情形。这时，老农会及时来到他们面前，了解伤到哪里，需要哪些帮助？如果是脚被扎破出血了，他们便将飞机草嚼碎后敷在伤口上；如果是被蚂蟥咬了，就帮他们先拔掉蚂蟥，再将口水吐在手上后，拍打出血的伤口进行止血。经过多次的历险和体验，大家才逐渐习以为常，困难也被一一克服，适应能力一天天好起来。突击队，由知青林清当队长，成员由知青组成。工作范围主要负责住房建设、修路架桥、架线，还兼农忙时的插秧、收割等工作。当年他们顶着酷暑、汗流浃背，干着繁重的体力劳动：爆破山头——运来片石，上山砍树——背回房梁，亲操灰刀——砌墙盖房。在资金缺乏、物资缺乏的情况下，自己动手，丰衣足食，没有坐、等、靠，而是向山里要资金，向山里要物资。靠勤劳的双手，为知青早日入住瓦房、农场内的通路、通话立下了汗马功劳。

枫茅组，则由农民和知青联合组成，叶秀娟和我为知青方面负责人。主要负责枫茅的种植、除草、砍柴和从枫茅草中提炼成油等工作，也兼农忙时的插秧、积肥、收割劳动。每当枫茅收割时，我们组内的男知青，就要两人一组轮流去从事熬煮枫茅油的工作。枫茅油的提炼是根据蒸发后，油轻浮在水面上的原理，将枫茅草煮"熟"出油后，再将它们油、水分开而收集油来。当年，我们的工作量是每天煮一锅枫茅草。每次将5—6牛车的枫茅草，抱进2—3米高的蒸锅里。经盖紧封密后，再像烧开水那样不停地在锅底加薪烧火熬煮。熬煮4—5小时后，停火冷却、开盖，再将熬煮过的枫茅草用铁耙从锅里扒出来，然后用铁瓢小心翼翼将浮在水面上的油盛入瓶中。完成该项原始而繁重的工作，除需要5—6牛车枫茅草外，还要耗掉8—9小时、烧火柴6—7牛车。在炎热的太阳下，十六七岁的我们就这样劳动着，时间是那样长、营养缺乏、体力超负荷、汗流浃背、全身没有一处是干的，甚至还多次出现人员中暑被从现场背回来的情形。尽管如此，每当我们看到一天辛劳熬出的5斤左右的枫茅油，可为农场带来80元左右的收入时；特别是在当时仅靠吃咸菜送饭的条件下，我们来煮枫茅油，还可以在腐烂的枫茅草旁，采集长出来的蘑菇用来熬粥，香甜可口；还可以在附近的地里，挖些农民收成后遗留下的红薯、花生等来充饥，且其乐无穷，像过年似的，我们几乎忘记了一天的劳累（劳动虽苦，但工分较多、还可以找到东西吃，所以当年大家都愿意来熬煮枫茅）。出售枫茅油也是农场当时经济收入的重要渠道之一。

后勤组，为知青任组长（第一年我任组长），由知青组成。工作职责为种菜、砍柴、为我们知青烧饭做菜。由于青菜种不上来且数量少，当年下饭菜主要为辣丝菜、榨菜、小咸鱼等咸菜，青菜基本见不到，吃肉就如上青天了。有一次，附近的水库缺水干涸，林清队长带着我们近15名男女知青，手持锄头、铁铲、水桶，填土围水并一段一段地将水舀干。当将抓到的4—5铁桶鱼拿到饭堂煮熟加菜时，大家高兴得像过年一样，打了牙祭、开了荤，甭说有多高兴了。

当年，尽管生活那么艰苦，劳动强度那样大，由于贫穷，我们的自身价值低下，仍收不抵支，一年挣下的工分还不够交一年的伙食费。年头还需回家向父母要钱来补贴。

卫生所，由经培训的赤脚医生陈姓农民任医生，护士由知青梁建斯兼职。虽然医术平平，设备、物资简陋贫乏，但由于有了这个卫生所，当年农场农民、知青小病小伤基本在场部内得到处理和解决。

除完成生产任务外，场部领导还根据公社各时期开展路线教育的需要，定期从我们知青当中选拔优秀代表组成工作队，到公社范围内的村庄开展宣传教育工作。知青叶秀娟、符明川、文金星、冯建国等人分批参加了工作队。同伴们都十分羡慕他们，大家都觉得他们在政治上进了一大步，在回城的天平上又增加了有分量的砝码（当年为了回城，大家除了想在忘我劳动、不谈恋爱、遵章守纪等方面获得好评外，还争取、捕捉每一次机会，更渴望得到领导、老农们的信任、重用和好评）。

插曲

刚下乡时，我们的居住条件非常的差。除女性住场部内的破旧瓦房、草房外，男性近 20 人则挤住在距场部约 2 公里，需行走一座跨越水利沟的小桥且建在小山丘上的大茅草房内。屋里遭到来自蚊子、蚂蚁、蜈蚣、蝎子等各种虫子的袭击就不用说了，还时常有各种毒蛇的光临。它们时而挂在房顶，时而出现在床底，让大家防不胜防、心惊胆战、惊恐万状。但最胆小的要数大个子的李敬坚同学了。每当大家准备击打"光临"房屋的毒蛇时，他总会嚷嚷："等等、等等"，于是大家停止击打，等待他的下步行动……起初，大家以为他的嚷嚷是告诉人们，你们别打，让我来打。其实不然，待大家停下来后，发现他急忙穿好衣、裤和拎着鞋冲出门外急忙逃跑、保自身安全，而让大家坐失打蛇的机会。领教了他怕死的行为后，以后再遇到蛇时，大家就不再理会他的嚷嚷，而合伙立即出击，快速将蛇置于死地。这一插曲，大家如今仍记忆犹新，聚会时常津津有味、饶有兴趣地提起。

宁金龙同学，我们现在见面时也常称他为牛羊倌。下乡时他被分在后勤组，负责放牧农场的牛和羊。他初次接触这个工作，在老农传、帮、带下，学着老农的手势、口哨，指挥着一群牛羊兵仔，倒也怡然自得，总有一番新鲜感，常常我们都收工吃饭了，他身上却带着牛羊的粪便味迟迟归来，还饶有兴趣地向大家讲述，今天进山放出去多少牛羊并让它们吃饱喝足却一只、一头不少回来，以显示其掌握这门技能的能力。但有个晚上，大家久久未见到这一熟悉的身影、牛羊倌金龙归来，十分焦急，"这么晚了，又是在山里放牧，会不会被别的动物伤害了？"于是纷纷到生产队长处请缨去找人。当我们和老农们经过牛羊棚时却听见了哭声，顺着哭声我们见到一个身影蹲在牛羊棚里哭泣着，走近了才发现是牛羊倌。一了解才发现哭着不回去的原因，是放牧的牛少回来一头，他赔不起。生产队长抚摸着他的头说："傻孩子别哭了，回去吃饭吧，明天会找到它的，不会让你赔的。"听到队长一席话后，牛羊倌才如释重负，高兴地随我们回去。

洗澡是个大问题。早期，一年四季大家都到水利沟里洗澡。女知青在上游，男知青在下游，"三八线"明了。因为长期洗女知青洗过的水，男知青总觉得不是滋味。但由于条件所迫，大家觉得也没有更好的办法，只能默默承受、相安无事、毫无怨言。倒是后来搬瓦房、建了一口水井后，原一直摇摇欲坠维持的暂时平衡状态发生了倾斜。那天大家收工回来，一身湿臭，而且又急于去叉河镇上看电影。于是，男女们谁都想先洗，互不相让。为争优先权，一女同学急中生智跳入井内（水仅过腰深），赶走了男同学，捍卫了女士优先的权力。

盼望星期天的到来。当年，我们吃的菜主要是辣丝菜、榨菜、晒干的小咸鱼等咸菜。第一年吃到青菜十分艰难，第二年较好一些。试想当年的我们正处于发育长身体阶段，超负荷的劳动后又得不到营养的补充，知青中经常出现头晕、中暑、感冒发烧、痢疾打摆子等情形。在艰难的岁月里，很感激我们的家人，母亲绞尽脑汁，为尽量满足儿女们饮食生活发挥想象力、排忧解难，准备了炒面粉，豆瓣酱、豆豉炒辣椒、腌酸菜、辣椒炒萝卜干等极其咸辣、耐吃存久的咸菜，品种包罗万象。所以，每逢星期天，我们就会翘首眺望着进场的山路，盼着家人的看望、母亲为我们准备的耐吃可口的咸菜和食品的到来。当年，每逢星期天，真有过年时等长辈发红包的兴奋。

业余文化生活

当年，虽然劳动繁重、生活艰苦且身处农村，但大家心中仍怀揣着学好本领，总会派上用场的理念。他们坚韧不拔、持之以恒的自学精神一直未放弃过。

山区的夜晚十分寂静，各种小动物都不分昼夜出来寻找食物，最可怕的是吸血动物的光临。由于吸血动物能快速传播疾病，造成只要有人患流感、痢疾打摆子，它就会迅速传染，将另一些人也拉下水，造成大家有难同当而一批批患病倒下。尽管如此，大家晚间的自学却从未停顿过。在陈疆、蒋勇的辅导下，我、蔡赢和曹健这些小提琴初学者均利用收工后、晚间的时间，两年内拉完了霍曼小提琴的3册教程，具备了中级演奏水平；我们知青宣传队还自编自导自演了舞蹈《开山歌》。该舞蹈再现了我们知青与老农并肩作战，发扬吃苦耐劳、不畏困难的精神，与天奋斗其乐无穷、与地奋斗其乐无穷，用柴刀开出了一片片良田、开出了一个个希望，为改变农村落后面貌，辛勤劳动、奉献青春的场景。编剧为陈疆、蒋勇、文幼军，作曲为陈疆、蒋勇（均用五线谱记谱），编导为文幼军，乐队伴奏有陈疆、蒋勇、蔡赢、曹健和我，舞蹈演员有文幼军、董跃进、严穗仙等。作品当年在原红江公社篮球场汇报演出时，反响甚大（原计划回城参加东方县下乡知青文艺会演，后因会演取消而作罢）。

平时，大多数人晚上则以看小说、字典，拉家常、做小手工等打发夜晚的寂静；偶尔也在场部或结伴成伙往返步行30余里到叉河镇内的水泥厂、电厂，观看现代京剧样板戏和诸如《南征北战》《渡江侦察记》《卖花姑娘》等电影。知青中自学最刻苦且有成效的非陈疆、蔡赢俩同学莫属。他们俩晚上拉完琴后，又拿起书本挑灯夜读、数年来坚持不懈。1977年恢复高考时，凭借持之以恒的毅力和扎实的基础知识，陈疆当年以英语单科成绩位广东省前20名之内（当时海南属广东省），以优异成绩考入北京外国语学院。毕业后分配到国家文化部外联局，从事对外文化艺术交流等工作，现任中国驻泰国大使馆文化参赞；蔡赢则考入华南理工大学，他在化工与机械制造方面颇有建树，长期担任总工、厂长等领导工作。

当年，场部除了有宣传队，我们还成立了乒乓球队、篮球队。由我和崔伟峰组成的乒乓球男队，1975年在琼西中学球馆内，获得东方县知青西片区乒乓球赛冠军；男女篮球队则定期抽空到叉河水泥厂、电厂进行交流比赛（回城后，知青文体骨干均被选入了铁路企业的文体队伍中，为企业增添了新的血液）。

自学的风气、文体活动的开展，不仅让大家身心健康、陶冶情操，更可贵的是在艰苦岁月中为知青们的安心、稳定、业余生活的丰富起到了一定的促进作用。

（执笔：黎明　整理：叶秀娟　林清）

在乐东抱由公社农场当知青

马桂芝 / 通什知青 / 乐东抱由

1973 年 7 月，我毕业于海南黎族苗族自治州中学高中部。毕业后的去向，按当时的规定中学毕业生不能直接上大学，必须要上山下乡，先接受贫下中农的再教育，才有条件被推荐上大学或到工厂就业。若到党政机关工作，也是选拔那些在"三大革命"实践斗争中脱颖而出的知识青年。这是当时的大环境，也是党中央的战略决策。我们海南黎族苗族自治州中学毕业生上山下乡的知青安置点，当时是按父母工作单位的所属战线划分的。由于我们属于工交战线，所以根据自治州的规定，就分配到了乐东县抱由公社抱由农场的知青点。在该知青点，我参加了两年农业生产劳动。两年的时间，虽然在人生的过程中并不长，但这两年是我人生的一个重要开端，经历了前所未有的艰苦磨难，甚至惊心动魄，至今刻骨铭心。

注销城市户口，上山下乡落户

城市粮食户口被注销的时候，心里还是"咯噔"了一下。

我们这一届毕业生，上山下乡到农村接受贫下中农的再教育，启程的时间是1973 年 10 月。记得中学毕业生上山下乡，首先必须要自愿报名，经过自治州知青办批准，然后到派出所办理城市粮食户口迁移手续。一开始，大家都很高兴，原以为只是办理一个户口迁移手续。后来实际办的时候，当看到派出所户籍管理员注销了我们的城市户口，并在农业户口上盖章的一瞬间，我们大家都突然明白了："这章一盖，我们就成了农业人口了。"虽然大家还年轻幼稚，不谙世事，有些懵懂，但对农业户口和城市户口之间的区别还是略知一二的。于是，这一瞬间，我的心里还是"咯噔"了一下。

"啊！"知青们说，"我们怎么成了农业户口了呢？"

派出所户管员说：“是呀！下乡知青的全部户口都转移走了。”

“啊！这样啊！”

“这可不是简单的迁移，而是注销城市粮食户口，从此我们就再也不是吃商品粮的户口了，而是没有商品粮供应的农业人口了。”

我的心里顿时有了一种失落感，一种与家人从此分道扬镳，从此因为城乡户口的分割，而产生的别离之情迥然而生。虽然一瞬间心里“咯噔”了一下，但并没有更多地去想，反正大家的命运都一样，也就没有了太多的顾忌。在当时的大环境下，上山下乡是毛主席的号召，是无产阶级革命事业接班人成长的必由之路，知识青年只有到农村的广阔天地去，才能大有作为。我们年轻人那种朝气蓬勃向上的心态战胜了一切，于是高高兴兴地上山下乡了。

临走的那一天，各条战线的知青，都集结在海南黎族苗族自治州首府通什（今五指山市）的广场，召开了一个隆重的欢送誓师大会。我代表知青上台表决心，坚决响应毛主席的号召，自愿上山下乡，到农村的广阔天地去，接受贫下中农的再教育。

那天天气明媚，阳光和煦，锣鼓喧天，红旗招展。知青和送行的亲人们，人山人海，气氛热烈，喜气洋洋。我们知青个个都戴上了大红花，背上了自己的行装，告别了自己的亲人，爬上了敞篷的解放牌汽车，离别了养育我们的通什和亲人，向各自的知青点进发。

记得当时母亲出差在外，没能来送行，是父亲在百忙中赶过来为我送行。父亲还送给我一顶军帽，直接戴在我的脑袋上，父亲说：“好好去锻炼啊！”

大家都很高兴，就在热烈的气氛中下乡了。

茅草房和木棍床的居所

知青点低矮的茅草房和没有床板的木棍床，就是我们知青的住所居地。

汽车离开了通什，沿着陡峭的阿驼岭公路向北蜿蜒爬行，向乐东方向前进。解放牌汽车爬阿驼岭走得很慢，挂着二挡，只听发动机喘着粗气，轰隆轰隆地号叫着。我们大家站在敞篷车上，迎着初秋的山风，惬意地浏览着阿驼岭南侧的美丽风景。汽车“哼哼”地爬到山顶后，开始下坡，转而风驰电掣。两侧纵横的沟壑，不时映入眼帘，不时一刹而过。这一路急弯套着急弯，沟壑连着沟壑，频繁的刹车，转弯的向心力，令车上的人无法坐稳，大家东倒西歪，紧紧地抓住车厢内可以抓手的地方，坐在背包上，相互扶携和依靠着，一个不留神，没抓好就会人仰马翻，大家在青春的欢笑中领教了阿驼岭急弯险峻的恐怖。下了阿驼岭，车先到毛阳，再向西过番阳，不久就到了乐东，七八十公里的崎岖山路，足足走了 4 个多小时。

汽车一路走，我们风尘仆仆。差不多到了抱由，远处看到许多茅草房，驶近了一看，茅草房都是低低的、矮矮的。同学们说，不会就是这里吧。果不然，汽车开进了这些低矮茅草房之中，同学们言中了，这就是我们的知青点。这些低垂的茅草房，就是我们这批知青下乡居住的地方。

这些茅草房虽然低矮，但一看就是盖好不久的。茅草是新的，泥墙也是新的，还没有住过人，显然是为我们这些知青准备的。分配宿舍的时候，我们才发现，茅草房各房的间隔有大有小，大的住 4 个人，小的只能住 2 个人，每个房间只有一个田字格的窗子。窗子是没有玻璃的，也没有窗户门，空空如也，既不防雨，也不防蚊虫蛇蝎，更不防盗，只是一扇透气透亮的泥洞。这个透气透亮的窗户，只有一个十字的木棍在中间，加上周围的泥墙，就像一个田字。后来我们知青自己学会了盖茅草房，才知道茅草房在糊泥墙的时候，只要留窗户的地方不糊泥，就自然留出了一个田字格的泥巴窗户。更稀奇的地方是，床铺并不是我们在家里用的床，没有床板，而是用山上的木棍搭成的床铺，并在木棍构成的床铺上铺上油棕叶编的帘子当席子。床架也很神奇，是用带权的四根大木桩，打在地下，四个木桩权上横上横木，再在横木上铺上木棍。这都是我们以前没有见过的，仿佛有到了原始部落的一种神奇。人们躺在木棍床上面并不平展，一翻身，棍子之间就吱扭吱扭地响，有一点动静，全屋的人和隔壁的人都听得很清楚。尽管大家都没有见过这样的床，稀罕了一会儿，也就开始收拾自己的生活用品。有褥子的同学，就把褥子铺到床上，还好一点，有一点柔软。没有褥子的同学，只能在油棕叶编的帘子上加铺一张席子，硬邦邦的。我记得，分配我的房间是 4 个人的房间，同宿舍的还有赵娥荣、丁菊、何月凤同学。这一晚，大家风尘仆仆一天了，擦洗后，带着新鲜感很快便进入了梦乡，结束了知青的第一天生活。

知青分工大干

第二天早晨起来，我们才知道，整个抱由村是没有瓦房的，都是茅草房。知青方面除了我们 1973 届以外，之前自治州中学已经有 1972 届的同学到这里来了。我们是四连的，他们是五连的，五连的人不多，只有六七个人，后来他们大多先于我们陆陆续续回城再读书去了。农场更早的还有 1968 届的汕头知青，他们的人也不多，汕头知青也陆续返城了，我们到的时候，只剩下一对结了婚的夫妇。这对汕头知青没有走的原因，一个是已婚，另一个是夫妇一直在搞橡胶接苗。我们 1973 届这一批知青有三十八九人，是前几批知青中人数最多的，记得我们班有杨青琼、符正萍、丁菊、何月凤、赵娥荣、孙令雪、张丽娜、朱友林（132 师）、孟斌、赵伟（162 医院）、陈平、吴慧芬、吴东平、林明英等人，他们大部分是海南自治州工交战线的子弟，还有一部分部队子弟。我们之后，抱由农场又有 1974—1976 届的知青到来，人就更多了。

我们 1973 届过的是集体生活，有一个伙房，炊事员也是知青。集体吃饭，一开始就遇到没有菜吃的问题。原来 1972 届的知青少，没有集体厨房，他们各自开伙，只种了一点点菜。现在知青人多了，原来的那么一点点菜不够了，一时又解决不了。一开始只好吃炒萝卜干，萝卜干吃完了，就只有靠酱油捞饭吃，很艰苦。这样下去肯定不行，知青的劳动强度又很大，于是，决定迅速成立种菜队，开垦新菜地，先解决我们知青吃菜的问题。但新菜的生长也需要时日，需要有个过渡时期。因此，我们知青的生活就这样艰苦地开始了。

紧接着就是开始劳动，最初是参加收割稻子。农场很穷，一天的工分就记十分，一天才两毛钱。先来的知青跟我们说，原来更糟糕，一开始每天十个工分才九分钱，以后才慢慢地涨到两毛钱。不能再这样下去，我们必须改变这种一穷二白的情况。首先要组织起来，把知青和社员的劳动力分好工，除了菜队以外，我们还成立了割胶队、五料队、农业队。五料队主要是搞副业，开荒种甘蔗、油棕、香茅等经济作物。农业队主要是种水稻解决全场的口粮问题。割胶队则是新组建的队，原来归属五料队，后来独立出来。因为农场的橡胶林，以前只管种，至今还没采收橡胶。据调查，我们场有大片的橡胶林，很多的树位已经可以开割了，但迟迟没有开割。主要原因是没有割胶的技术，也没有配套割胶的生产资料和工具，连胶刀也没有，更没有资金购置割胶灯和建设制胶厂。这其中有历史的原因：一是橡胶树种植后，实生苗需要八至十年的生长期，有个过渡期；二是黎族的社员没有技术，也不懂怎么去割，劳动力也不够；三是没有启动资金。所以场部的场长和队长就说："这样子吧，你们来了几十个人，就成立一个割胶队，由场部的陈明光同志任队长，马桂芝同志任副队长。你们知青来了，劳动力就有了，通过你们知青，我们可以向兵团求援。"陈明光是黎族同胞，复退军人，他是我在知青点入党的介绍人之一。

于是，1974 年底，我们割胶的准备工作就开始了。我们先到兵团学习，兵团一看我们是知青，很欢迎。他们派人手把手地教我们怎么磨胶刀，怎么割胶，帮助我们培训了一支十几个人的割胶队。我们抱由村很穷，什么都没有，兵团就把他们的割胶灯有意淘汰一部分，送给我们十多副。就这样我们第一次的学习，学习了十天。学完以后，兵团还派师傅来我们农场具体指导，看看哪一些树可以开割了，确定可以开割的树位。这样一来，场部的橡胶树就可以割胶了。但割了胶以后，怎样处理胶水，这又是接下来的问题，所以农场必须迅速组建胶厂。因为如果要把这个胶水直接送到兵团去，还没等送到就已经凝固了，不行。于是我们又抽调知青和黎族社员一起去兵团学习，兵团又积极地帮助我们筹建胶厂，为我们提供技术指导。因此，兵团对我们知青的帮助很大。他们的帮助都是无私的，不计报酬的。

割胶与"十不怕"，蜈蚣、毒蛇袭击

我们到兵团学习了10天，很快就掌握了割胶的基本要领，对如何开展割胶工作有了基本认识。我们在每棵树位绑一个铁丝环，是专门用来放胶碗的，接胶水的时候，胶碗就挂或放在铁丝环上。割胶的动作，有向上割的时候，也有向下割的时候，技术上头要求要稳，要割得直，要割得薄，开始速度要慢，不能把树割伤。

割胶是很辛苦的，每天早晨三点半大家都要起来，而我是副队长，三点就要起来，我负责叫大家起床，要跑全村、跑全场，去叫我们的割胶队员起床，深更半夜叫他们起床，一开始真难。凌晨跑全村，狗叫得厉害。黎族村庄的狗又多，家家户户都有狗，一条狗叫，全村的狗就都跟着叫，很大的动静。我们是城里来的女生，哪里见过这种阵势。一开始很害怕狗，后来慢慢地也就不怕狗了，从这个时候锻炼出来了，所以后来就不再怕狗了。城里来的知青，都是十几岁的孩子，都这么年轻，正是会睡觉的时候，凌晨三点半也正是大家都睡得最熟的时候，天还黑洞洞的。经常是把前面的叫醒了，谁知我一走，他又睡过去了。就这样来回地叫，知青们才能勉强起床，搞得我很累，很焦急，却很无奈。我们的割胶工作，必须争取在太阳出来之前的六点钟之前割完，这个时候，每个树位的胶水就产出的多。割晚了，太阳一出来，胶水就不流了，胶水的产量就明显下降，所以我们的割胶工作是一个披星戴月的工作，很辛苦的工作。

割胶工作的辛苦，还体现在要有"十不怕"的精神上，就是要不怕黑，不怕孤单，不怕鬼，不怕有坏人，不怕蛇蝎蜈蚣，不怕惊慌失措，不怕苦，不怕累，不怕脏，不怕没觉睡。这可是一个胆量的锻炼过程。一开始每个人负责的树位不太多，大家还能互相看得见，慢慢地我们割的树位就越来越多了，发展到一个人负责一百棵、一百五十棵、两百棵。到这个时候，两百棵树位往往就是半个山坡啦。一个女孩子深更半夜自己一个人走半个山坡，穿山越岭，那个时候就真有点可怕了。在月黑风高的日子，风吹草低，树木摇曳，林子里夜宿鸟的怪叫声和受惊吓后扑棱着翅膀飞掠的声音，小动物们夜间觅食急促的穿梭声，窸窸窣窣的，常令人疑神疑鬼，令人恐惧。天黑不用说，会不会有坏人，会不会遇到鬼，会不会遇到蛇蝎蜈蚣，都是心里很大的障碍，同时也是令人难以捉摸的危险和恐怖。没有胆量，没有不怕黑、不怕孤单、不怕鬼、不怕有坏人、不怕蛇蝎蜈蚣、不怕惊慌失措、不怕苦、不怕累、不怕脏的大无畏精神，是完不成割胶工作的。幸好那时治安比较好，路不拾遗，夜不闭户，尽管我们是在农村，又是在大山里头，却相安无事，基本没有发生人为的治安恐怖事件。但蛇蝎蜈蚣却不可避免，我在割胶的过程中，就遇到过一次差点被大蜈蚣咬伤的险情。

这一天凌晨，我又来到我所负责的树位割胶。如往常一样，我把树位昨天割的那个残留胶皮一拉，就开始割胶。割到一个矮树位，我往下割的时候，割胶灯的灯光正往下照射，我突然发现有一只很大的蜈蚣，正在往我的长筒雨鞋里头爬，而且已经爬进去一半了，另一半还在外面。"哎哟！"这一情景吓死我了，怎么办？第一次遇到这种情况，慌乱中我急忙用胶刀向爬进我雨鞋一半的大蜈蚣铲去，不顾一切地铲啊铲，胶刀把蜈蚣铲断了一半，也把自己膝盖上的肉铲掉了。我急忙把鞋脱掉，发现蜈蚣的一半掉在外头，一半掉在鞋里头。蜈蚣虽然断成了两半，但它还是活的，我就用另一只脚把断成两半的蜈蚣踢开。同时，我看到自己的裤子都是血，雨鞋里头流的也都是血。必须马上止血，怎么办呢？又没有药，手又很脏，满手都是橡胶水。我知道周围有很多飞机草，而飞机草可以消炎止血。于是，我就马上找那个林子里头的飞机草，把飞机草的叶子放在嘴巴里嚼一嚼，嚼完了就把它敷在伤口上。然后把自己穿的一件内衣沿着边沿撕了一条布下来。那天，正好我里头穿有一件薄一点的衣服。我就立即撕了身上的衣服，撕下来当绷带，把伤口绑起来。当时我旁边也没有人帮忙，一个人的树位占半边山，除非你大叫，别人才能听见。深更半夜，如果你大叫，必然会引起周围的人恐慌，割胶工作就会中断。为了不影响生产，我就没有惊动伙伴，而是自己坚强地咬着牙处理自己的伤口。伤口绑起来后，我的树位还没有割完，所以就又坚持把树位割完了，才回去。回去的路上，一瘸一拐的。当时血是止住了，但由于没有药物治疗，没有进一步消毒，腿很快就发炎了，而且肿得很厉害，腿肿到连裤子都穿不下了，最后我只好把裤腿剪开一些，才能穿进去。就这样先后剪了两条裤子，换洗着穿。

腿肿后，拱脓，后来才上了一点药，把脓挤出去，但很长时间都好不了。那时也没有什么药，场部连个卫生所都没有，我们知青有个药箱，但也没有什么药。还是自己带了一点消炎的药粉，起了一点作用。腿肿的时间比较长，伤口一直烂着。有一次下"蚌田"劳动，情况才发生了逆转。怎么回事呢？乐东有那种淤泥很深的"蚌田"，必须在田里把木排沉下去，人才可在田里耕种。"蚌田"虽有木排打底，但淤泥仍然很深，一般都可以没过膝盖。我在"蚌田"插秧的时候，发现蚂蟥钻进了我膝盖的伤口。那个蚂蟥还剩下一点尾巴在伤口的外头，要不我还看不到它。看到蚂蟥钻到伤口里，心里很紧张，感到一阵恐怖、恶心，就使劲地往外拽它。蚂蟥滑溜溜的，很难拽，费了很大的工夫，才把它拽出来。"我的天啊！"同学们惊呼起来："哇，像个小猪仔一样！"蚂蟥像大拇指那么大，肚子吃得鼓溜溜的。由于大蚂蟥吃掉了很多脓血，我一看伤口，哎哟！一个洞。自从蚂蟥把脓吸出来以后，再冲洗伤口，那个烂肉、腐肉就都出来了，伤口也就慢慢、慢慢地愈合了。大概是蚂蟥吃掉了脓血，而且蚂蟥的唾液有一定的消毒作用，我的伤口终于好了起来，至今腿上还有一个大疤瘌，说起来这也是一段很神奇的经历。如果用现在的观点来看当时的情况，腿肿得这么厉害，长期得不到治疗，搞不好就会得败血症，要锯腿的。可是那个时候，人们没有那么娇气，就硬熬了过来。现在回想起来，当时我们知青的劳动保护是很差的。知青点太穷，根本没有钱买劳动保护服，只有自己带去的一双高筒雨鞋和自己带去的衣服。

腿受了这样的伤，肿得这么厉害，我却没有休息，一直坚持工作，没有缺勤。当天除了割完自己的树位，还把自己割的胶水收回来，送到胶厂。因为这是任务，谁家的孩子，谁家抱，谁割的胶，谁就负责收。我们一般是早晨6点完成自己树位的割胶工作，之后就回来吃早餐，吃完早餐就磨胶刀，磨完胶刀后就去自己的树位收胶，收完胶一般是九点多了，收完胶就送到胶厂，过秤，看你今天割了多少斤胶，然后根据你的收胶记录记工分。每棵树位都是先割树的一半，割完一半，再割另一半，这才有利于橡胶树的正常生长。胶割完，我们都在开割创面的下面一点点，打一个鸭舌形的小铁片进树皮内，胶水就可以顺着开割的树皮，通过鸭舌铁片流到胶碗里。收胶工作是一碗一碗地收，用舌板一刮，就把胶水刮到桶里，再把胶碗扣着放回去。

遭遇蜈蚣不久，我又遭遇了眼镜蛇。

那天凌晨，刚到树位不久，我就发现了一条大蛇。这条蛇与以往见过的蛇不同，比较粗，比较大，它昂起了头，发出呼呼的声响。我们的割胶灯是顶在头上的，夜间行走，光线照射着前面的道路。这时，我在前进的路上发现了这条蛇，这条蛇的头部有明显的眼镜花纹。尽管我第一次见到这样的蛇，但我立即意识到这是一条有剧毒的蛇，而且是人们常说的眼镜蛇，甚至是眼镜王蛇。怎么办？我虽然很害怕，但仍然不能退却，深更半夜也不能喊人帮忙。急中生智，我便操起我预留在胶林里的长砍刀，"唰唰唰"地挥舞着朝毒蛇来回砍去。大概是眼镜蛇看到我手上拿着大砍刀，也可能是我的大砍刀把蛇砍伤了，蛇没有再表现出攻击的形态，而是灰溜溜地跑了。蛇一跑，有惊无险，我自己吓出一身冷汗，心里有点后怕。心想：如果不是我提前发现毒蛇，而是割胶的过程中被毒蛇咬到，那就很可能没命了。我也庆幸我们把大砍刀预留在胶林里了，否则还真的没有什么有效手段来对付这种会主动攻击人的眼镜王毒蛇。当时，胶林里的杂草很高，在劈林段里，我们用带弯钩的砍柴刀接上一个长长的木把，做成大砍刀，左右开弓，用于劈砍杂草和飞机草。飞机草是很好的绿肥，因此，劈下来的杂草和飞机草，可以压青做绿肥。由于海南岛是亚热带潮湿的气候，草木生长很旺盛，胶林里头草都长得很快、很高，所以割胶前我们随时都要劈草。一开始每回劈完草，我们都把大砍刀扛回家，后来大家都觉得没必要扛来扛去，挺麻烦的。于是，就把大砍刀藏在胶林的草丛里，大砍刀平时也就不拿走了。

自从这次遇到毒蛇后，自己的胆量又得到了锻炼，平时经常碰到一些小蛇，对于那些无毒的小蛇，我们一般都不管它。有时碰到有毒的竹叶青，也不在乎，一脚就把竹叶青踢走了。因为我穿一双雨鞋，小蛇对我一般无可奈何。但是后来我又遇到一条能吞噬小牛的大蟒蛇，几乎到了生死边缘，是黎族同胞救了我，至今思来仍毛骨悚然，后面再谈一谈遇到的这个险情。

当时，海南屯昌县提出"两个六点半，中午不休息，晚上还要加一班"的大干快上口号。乐东县也这样做，抱由知青农场也不能例外。在这种口号下，我们割胶工就惨了，早晨三点半披星戴月开工，六点多钟割完胶，回来吃早餐，之后磨胶刀，磨完胶刀又去收胶，上午九十点钟收完胶回来，还不能休息，还要到地里干活，还要到劈林段压青。下午还要去其他队帮助种红薯，种花生，或收甘蔗等，有什么活就干什么活。晚上还要到秧田去帮助拔秧、插秧，要干到晚上九点多才能回来，大家都累得要命。累到什么程度呢？虽然一身臭汗，大家却累得没有精力洗澡，甚至连洗脚的精力都没有了。晚上加班拔秧或插秧回来，大家两脚泥，一脚深一脚浅地回来，走到水井冲冲脚，大家都累得东倒西歪，有时候脚也没有冲干净，就上床盖上被子睡了。脚上有泥，就会把被子弄脏，又没有工夫洗被子，怎么办呢？于是我们大家就去买了那种装化肥的大塑料布，把被子套了起来，用塑料袋隔着被子，保护被子，不然的话被子会太脏。没有时间洗被子是一方面，洗被子还要用肥皂，那时在农村肥皂也不好买，这也是不能弄脏被子的原因。

断粮断顿见真情

这个时候，我们又出现了粮食危机。我们平时的生活本来就很艰苦，早餐就是天天吃粥，有时候有咸菜，有时没有，就加点盐，加酱油，无论男女都是吃一大盆子（大铁碗）。以粥为主，一般没有干粮，有时会有些木薯、红薯，那就很好了。

有一次，我们断顿了。头天派去县城拉米的手扶拖拉机坏了，米没有拉回来。第二天，剩下的米只够煮早餐，大概是煮早餐的米也不太够，粥里还加了些红薯，煮成了红薯粥。到中午的时候，还没有米回来，厨房没有米煮饭，大家放工后，中午就没饭吃。怎么办呢？场长就说，今天手扶拖拉机坏了，米拉不回来了，那大家就吃一点甘蔗吧，吃点甘蔗来"顶饱"（海南话，意为充饥）。于是，大家就全都钻到甘蔗地里头，砍甘蔗吃。我们种的是榨糖的绿皮甘蔗，平时不允许吃，听场长说可以吃甘蔗，大家就放开肚皮吃，吃甘蔗也蛮饱的，大家很高兴。吃饱甘蔗后，休息了一下，下午继续干活。谁知下午收工后，米还是没有拉回来，结果又钻到甘蔗地吃甘蔗充饥。

我们农场离县城有十多公里，场部只有一台手扶拖拉机，有两个驾驶员，一个是1969年的老知青，一个是黎族社员，平时遇到小毛病，他们自己可以修理。但这一次不行了，因为是大毛病，他们折腾了半天，也不会修。他们这次去拉米，才走了六七公里，就坏在路上了。那时候也不像现在，打个电话就有拖车来拖去修理厂修理。那天坏在路上了，上不着村，下不着店，又找不到人来修，他们就只好走路去公社，告诉公社农场的手扶拖拉机坏了，叫公社找人来帮助修或拖车。但他们到公社后，公社并没有力量及时来修，也没有人给农场的知青送米来。

结果，第二天知青们又吃了一天的甘蔗。

第三天还没有米下锅，黎族社员们听说我们知青断顿了，于是各家各户自发地给知青捐粮食。但由于黎族社员太穷了，也是杯水车薪。黎族社员有的给一把黑豆，有的给一把黄豆，有的给一把菜豆，有的给两根玉米，有的给两个地瓜，有的给两个木薯，有的给一把山兰（黎族刀耕火种、产量很低的山稻），反正他们有啥就给啥。这样，第三天早上我们知青吃了一顿五谷杂粮的百家饭，什么都有。

连续断粮三天，这么多知青忍饥挨饿的还要干活，这怎么办？场部的领导一点办法也没有，因为他们多年来都是处于极端弱势的处境。我们知青来之前，他们砍下来的甘蔗经常没有车运到糖厂去赶榨。他们到处求人去要车，但他们往往要不到车来拉甘蔗。结果砍下来的甘蔗就都在地里太阳晒着，水分都没有了，再榨糖就不行了，所以他们的效益一直都很差。

我们到后，一看这样不行啊！我就动员我们的知青，回去找车，因为我们都是公交战线的子弟嘛。我们还直接到那个乐东糖厂去找车，糖厂的领导一看我们是知青，一打电话，说我们是自治州来的，就都给我们派车来，而且是给我们派双卡。

知青一出马，我们的场长高兴啊。以前他们给人家送花生，送农产品，人家不收，只说糖厂的车安排不了。但我们知青一去，什么也没给，糖厂就给我们派双卡车。除了糖厂的车，还有其他单位的车，甘蔗不愁没有车运输了。现在回想起来，我们有的知青很会攻关，把糖厂的车叫来，这很重要，因为甘蔗装车也很有技术，很讲究的，要很会装，就装的很多。我们从外面找来的车，不会装，就装的很少，效率不高。糖厂的人很会装，效率极高。这样我们就有糖啦，有糖就可以卖钱，农场的经济就活了。后来我们又种花生榨油，就有油吃了，生活就有了明显的改善。这是后话。眼前连续断顿三天，怎么解决？我们给知青办打电话，他们说派人，却一直没有派人来，我们望眼欲穿的拖拉机也没有回来。看来公社上面一时也没有人帮我们，没有办法，我们就只能发动知青想办法，开始求救了。

当时我们知青点紧靠一个军用机场，这个机场经常会有军车来往于乐东县城。于是，我们就到公路上去拦车。我们手拉起手，就像电影上的红色少年那个样子，见去县城方向的车就拦。结果我们拦了飞机场的军车。司机一看是我们知青拦车，就把车停了下来，问我们为什么拦车。我们告诉他，我们要上县城，因为我们几天没有饭吃了，我们要去县城拿米，部队的同志知道我们知青这个情况后就说："那就上车吧！"

我们到县城后，先去找自治州知青办驻乐东县的代表，但不凑巧，他们回了通什。我们只好去找公社，要他们解决吃饭的问题。我们还设法打电话回自治州通什知青办向他们告急。公社知道我们已经好几天没饭吃的情况后，决定派车拉米给我们，同时还把情况通知了县知青办。自治州通什知青办得知情况后，就设法通知知青们的家长，家长们就立即行动起来，都准备了给自己孩子吃的东西。有的家长说要到知青点来看我们，于是其他家长就委托来人带东西。

这时，给我们支援最大，救援最快的还是部队。当时公社派给我们拉米的车还没有到，部队的车就先到了，这是132师子弟朱友林的爸爸派来的军车。部队不仅给我们拉了米来，还有蔬菜，有一麻袋的椰子菜（北方叫圆白菜），还有萝卜，还有猪肉，而且是半边猪。知青们这个高兴啊！全都拿出自己的铁饭盆，用勺子和筷子使劲地当锣鼓来敲，以示欢迎解放军，场面是少见的热烈。还是人民解放军的子弟兵在我们知青危难的时刻，最早来解救我们，知青们都感动得不得了，有那种久旱逢甘霖的感觉。已经把东西从部队的车里卸下来了，公社派的车才到。这下子我们有米了，没饭吃的危机终于解除了，那天我们就煮干饭吃啰。猪肉炒椰子菜，那个香啊，至今还记忆犹新。我们有饭吃了，还吃上了猪肉，但我们没有忘记帮助过我们的黎族社员们。我们的猪肉炒椰子菜烧好后，就马上挨家挨户给每个黎族社员分一点，让大家都吃上解放军送来的猪肉和蔬菜，大家都很高兴，以此来答谢黎族社员们对我们的援助。至于知青家长们准备的东西，是断粮危机过后才到的，虽然远水解不了近渴，但却是锦上添花。记得我母亲托人带来的是炒面和炸酱，还有一瓶猪油。

上山伐木，原始森林险遇大蟒蛇

我们下乡插队的第二年是 1974 年。我们抱由农场有一个民兵连，我当时是民兵连的副连长兼军械员。连长是黎族社员，但他当过兵，有军事素养。民兵以知青为骨干，副连长有两个，我是其中一个，负责管理枪、炮。一开始我们民兵连的装备很一般，主要是苏式的骑枪和重机枪。1974 年西沙之战后，上级就把我们民兵连的武器，配备得很全了，不仅给我们配备了半自动步枪，还配备了一门七五无后坐力炮和一挺高射机枪。我们的任务是警戒和保护农场后头的飞机场，我们的苏式重机枪和高射机枪都可以对空射击，我们的七五无后坐力炮可以打击敌人的装甲车辆，可以保护机场的公路，必要的时候，我们还有炸毁公路的任务。因为有了重武器，原来仅有的草房对管理枪炮的安全，已经不适应了。于是我们就决定为枪炮的管理安全盖一间瓦房。知青就成立了砖瓦窑队，自己烧砖，烧瓦，烧石灰。盖瓦房还需要木料做梁柱，我们就进山砍木料。

当时我们农场靠近长茅水库，进山有两条路：一条是陆路，绕过水库，要走几十公里，要走一天，太费时，不划算，而且木料采伐以后，长距离的运输也是个问题，解决不了。另一条是走一段水路，直接从水库穿插过去，距离近很多。虽然从知青点到水库边有一段陆路，也需翻山越岭，但水库的水路只有 200 米左右的宽度，回来的时候，采伐的木料还可以用山藤扎成木排撑过水库，就此可以避免长距离运输的问题。于是我们决定走一段水路。但我们没有船，只能临时绑一个小竹排，把我们的生活用具、米和衣服、被褥等放在小竹排上面，因为过去要住两个晚上，才能把木料砍回来，人则需游到水库的对面去。我是副队长和副连长，会游泳，肯定是要去的。这样我们就选了十几个会游泳的进山砍木头。记得我们扎的小竹排好像可以上去一个人，人上多了不行。水库的水虽然很深，但我们这一段的水面不是很宽，大家都准备游过去，如果实在游累了，可以扶一下竹排。男的一般都不扶竹排，直接游过去。

这次进山砍树，我又遇到了前所未有的危险。因为砍树很累，记得那天中午，我们十几个人躺在一棵大树的阴凉底下休息。我躺下后，眼睛很自然地往上看，大树婆娑，枝繁叶茂，其中有一个大树枝朝下，这是很自然的，也没有当回事。但后来越看越不对劲，咦！这个树枝是动的，慢慢地看出来是一条蛇，一条大蟒蛇（当地人叫腩蛇），在垂直地往下移动，越来越靠近我。腩蛇开始逐渐把口张开，越来越大，完全是一张血盆大口。蟒蛇的血盆大口离我只剩下几十厘米了，这顿时令我毛骨悚然。因为上山之前，当地的黎族社员就嘱咐过我们，这一带是原始森林，山上有大腩蛇。因为农场在水库半岛的山里养牛群，看牛人养的鸡，经常被蛇吃掉，蛇很多。岛上还发现有小牛被蛇吃掉的情况，所以他们知道有一条很大的腩蛇。他们叫我们碰到蛇不要惊慌，特别是碰到腩蛇时，不要跑，不要动，它就不会去追你。想起这些嘱咐，我就不敢动了，只能呼叫，我吓得不行了，声音都变调了，人也在发抖，我就叫："阿冲！阿冲啊！蛇啊！蛇啊！大腩蛇！在树上！"

阿冲是我们一起去砍树的黎族社员，他是抓蛇的一把好手。他反应很快，只见他迅速爬起，脱下他那汗臭的上衣，箭步过来，说时迟那时快，阿冲一下子就把上衣蒙到腩蛇的头上，又用袖子把蛇头扎紧。阿冲马上叫另外一个黎族社员，用刀背砸砍巨蟒盘在树上的身躯。这个黎族社员反应也很快，除了用刀背砸砍巨蟒外，还马上抽刀将腩蛇的尾端砍断。我看阿冲自始至终都紧紧地勒住蛇头。大概这几招击中了蛇的七寸，巨蟒突然"哗啦"一下子从树上瘫痪了下来，挣扎着滚落在地下，失去了威力。两个黎族捕蛇能手，未费吹灰之力，就将巨蟒捕获了。虽然我吓得够呛，面色如土，但其他人却很高兴，因为晚上有腩蛇肉吃了。腩蛇很粗，很大，足有农村老百姓用的大碗的碗口一般粗，可以大吃一顿。哇，我是第一次吃到腩蛇肉，还真好吃哟！很鲜美！什么是山珍海味？这就是，这条威胁我的生命安全的巨蟒，就是无与伦比的山珍，一边吃，一边惊魂未定，心有余悸。

大家一边吃着鲜美的腩蛇肉，一边还议论着中午的惊险。阿冲说，幸好他躺的位置在侧后方，他如果就在我旁边，蛇就能看到，他也不能动。但他在我们后边，蛇看不到他，当他从后头冲过来时，腩蛇正在全神贯注朝我袭来，目不斜视。因此，当巨蟒还没有反应过来的时候，阿冲已经一下子把蛇的脑袋给蒙上了，蟒蛇最怕人的臭汗味，否则制服这么大的蛇没有那么顺利。大家都恍然大悟，感慨地说，只觉得大树底下好乘凉，没想到树上有这么大的一条蛇，那腩蛇盘在树上，一点也看不出来，还以为是缠树的老藤。这次砍树遇到这么大的危险，原始森林真不能小觑，大家都历了一次险。幸亏另一位黎族社员也十分机敏，马上配合阿冲，还发现了蛇尾，并及时用刀砍那个蛇的尾巴，这才有惊无险，大获全胜。这个事件发生后，场里向公社做了报告，然后把剥下来的大蛇皮拿到供销社卖了，还卖了40元钱。那个时候，场里知青一天劳作下来的工分，才两毛钱，40元钱对知青场来讲，可是不小的收入。

　　这次遇险，对我个人来讲是惊心动魄的，很后怕。如果当时没有捕蛇经验丰富的阿冲和另一个黎族社员在场，只有我们几个没有捕蛇经验的人在，结果会是怎样呢？还能吃蛇肉吗？越想越后怕！

　　我们回来的时候，把砍伐的树用山藤扎在一起，做成木排，人就可以站在上边当船用，从水库划回来。后来，我们又去砍了好几次木料，终于把装枪炮的瓦房盖了起来。

民兵投弹训练遇险

　　由于上级配备给我们民兵连的装备很多，所以为了枪炮管理的安全，我们建了瓦房。当时有两个军械员，我是一个，还有一个是杨青琼同学。我们两个就住进了瓦房，其他知青仍然住草房。当军械员要管枪管炮，除责任大以外，最辛苦的就是擦那门七五无后坐力炮的炮筒。因为擦炮筒要求擦得锃亮锃亮的才行，所以对我们女生来讲，不容易达到要求，感觉是特别辛苦的事情。

　　我们民兵每年都要集训十多天，县武装部的人过来教我们，并指导武器的保养，教我们怎样射击，怎样擦炮擦枪，还要训练投掷手榴弹。所以，我不仅投过手榴弹的实弹，还学习了各种武器的使用方法。在自治州中学民兵营的时候，我的骑步枪就打得很好，在自治州的实弹射击中，我是第一名，还获得过奖状。到农场后，我打过手枪、半自动步枪、重机枪、高射机枪和七五无后坐力炮。这些轻重武器，我个人觉得最难打的是高射机枪。当时我们训练用高射机枪对空打气球，很难瞄得准，眼睛都流眼泪了，人也晒红了，还是打不准。

　　投手榴弹实弹时我们出过一次事故，差一点就没命了。当时，投手榴弹要求女的至少要投出30米远。训练的时候，你投不够30米，你就不能进入实弹训练。我自己只能投29米多，有时勉勉强强达到30米。因为我是副连长，领导也批准我参加了手榴弹的实弹训练。投手榴弹的要领是，拧开手榴弹的盖子，掏出手榴弹弹弦，将小环套在小手指上，然后用惯力将手榴弹抛出去。有个名叫林颂显的女知青，她平时训练的时候投得很远，能投30多米以外。但那天参加实弹投掷，不知怎么搞的，她竟把手榴弹投到战壕里头了。当时参加实弹投掷的知青们，都躲在战壕里，手榴弹落到战壕里后，就"唰唰唰"地旋转起来，手榴弹离我很近，只隔了三个人，所以我看得很清楚。说时迟那时快，站在林颂显旁边的一位武装部干事，一把抓起旋转的手榴弹并及时地抛了出去，手榴弹被抛进了前面的积水里，刚好下过雨，炸起水坑里的泥巴，哗啦啦地落了我们满身，把我们都砸成了泥巴人。

现在回想起来，幸好当时组织严密，一丝不苟，才能够化险为夷。当每个人投弹的时候，武装部的干事就站在投弹人的一侧，实施保护，随时防范意外的发生。因此，在这千钧一发的时刻，武装部的干事毅然决然用自己的生命保护了我们，避免了一场大事故，真是令人感动。2004年，我们这批知青为纪念下乡插队30周年，还专门回到乐东县拜访了当年对我们有救命之恩的这位县武装部的干事，他已经是县武装部的部长了。部长说："没想到你们知青这么有情，有义，有位（我们许多知青已经在领导岗位上），还专门来看我。"我们说："不是你舍身救了我们这些知青，我们就没有今天啊！救命之恩没齿难忘！"

知青的文化生活点滴

现在回想起来，我们知青的文化生活也还是丰富多彩的。首先是搞好广播工作，搞好墙报工作。其次，是组织大家认真学习毛主席的著作。再次，是组织成立了毛泽东思想文艺宣传队。第四，是备战备荒为人民搞好民兵训练。可以这么说，这些文化生活和民兵训练，对知识青年来说是终身受益的。

我们知青点的毛泽东思想文艺宣传队，排练了许多精彩的节目，以丰富我们自己的生活。我们演出的两个节目《胶林晨曲》和《洗衣歌》，还参加了抱由公社和乐东县的调演，后来又参加了自治州知青的调演，分别拿了二等奖和最佳表演奖。1974年，我被评为我们知青点学习毛主席著作的积极分子、优秀知青、优秀社员，参加了优秀知青的表彰大会和学习毛主席著作积极分子表彰大会。在参加县城知识青年代表大会的时候，我认识了兵团的许多优秀知青，记得有个知青叫范五妹，那时就出了书，大家都向她学习。我们知青点还评上了优秀知青点，所以《海南日报》当时就派记者到我们农场去采访我们，还给我们照了相，我们割胶，搞民兵训练，搞科研，学习等场面的珍贵照片，都是当年留下来的。

1975年9月，我在知青点加入了中国共产党。10月，我被选送到海南黎族苗族自治州师范学校读书，离开了乐东抱由农场。知青生活虽然只有两年，但对我的人生的影响是很大的。我懂得了如何种水稻、种甘蔗、种红薯、种木薯、种橡胶等经济作物，懂得了农业生产劳动，懂得了农民，懂得了如何自食其力。克服了城市青年怕蚊虫、怕蛇鼠、怕蚂蟥、怕蜈蚣的弱点，锻炼了胆量，学会了坚强。树立了不怕苦、不怕累的思想，树立了不屈不挠的人生观，这对我后来的人生道路，教益极大。

（由马海南协助整理于2017年1月22日）

忆火红的知青年代

何品晶 / 澄迈知青 / 澄迈林场

激越的青春

1975年7月22日，我们87位初高中毕业生来到了国营广东省澄迈林场，开始了知青生活。当时我虽然高中毕业了，但还没满16周岁。

林场位于县城的东南部，全场土地跨澄迈县太平、石浮、加乐、长安、瑞溪5个乡镇，分为红卫、红旗、红军、红新4个生产队，这4个队离县城最远的约50公里，近的约10公里，职工宿舍全都是瓦房，没电没自来水。当时林场约有200个知青，4人到6人住一间不到20平方米的房子里，每人每天的生活费约6角钱。

我们知青均参加了每年度的春季砍伐、夏季打穴、秋季造林、冬季防火线大会战，以及一系列林区作业，如育苗、间伐、积肥、护林、蒸油等工种劳动。为了改善生活，知青们和林场工人一起开荒垦地，发展农副业生产，如种植水稻、花生、番薯、甘蔗、蔬菜、胡椒，还喂养牛、猪、三鸟等，这近二十种工种我都干过，而且很能干。林场的确成为我们知青接受再教育的一所学校。

1975年秋，我们全部知青汇集到石浮下云村安营扎寨，在青达岭、哮喘岭拉开了造林大会战的帷幕。每天起早摸黑、工作时间不少于10个小时，每人肩膀上除了锄头，还得挑着一百斤左右的树苗，走在平坦的路上都很辛苦了，何况我们还要翻山越岭。特别是过那个可怕的"哮喘岭"，我们一个个咬着牙，拼命地往上走，哪怕是摔倒了，也赶紧爬起来，你帮我我扶你，一步一个脚印地向前，最后没一个人落下，终于完成了造林任务。当时已是夜里八点了，但没人说饿，没人喊累，因为艰苦奋战一个多月，造林1.5万亩，成功引种了加勒比松品种，填补了园内空白（现在保存完好的一点八千亩母树被联合国专家认可，林业部、中国林业种子公司备案批准为全国最大的种子供应基地）。过了两个月我们又集中去松土和施肥。就是那次给松树松土时，我踏到了黄蜂窝，被蜂咬了全身，夜间回到住地就发高烧了，好几天烧才退下，肿块两个周后才消退，可那时一点都不害怕，忍忍疼痛，笑笑肿包也就无所谓了。当然，如果不是大伙舍命相救，后果会不堪设想，大家都逗我命大，那一次我被评为先进，受到场领导的表扬。

大家可知道，夏天挖洞穴要用什么工具吗？

每人每天要拿三样工具：一把锄头，一把铲子，一把十字镐头。这三样工具的原材料都是铁，重量不少于30斤，像我们这样瘦小的女孩子拿上这些工具，步行到工地时，已经是喘不过气了，况且还要用它们在石子岭上挖上百个洞穴，每个要挖60厘米深、30厘米宽呢。可以想象，我们的小手是怎样的，开始时，手都是血泡，泡破了，痛得如刀割，但我们还是忍着，坚持着，就这样一天天的拼命干，一天天的忍，一天天的磨炼，最后手上全是茧子了，真正的像个劳动人民了。还有植树季节，人家是下雨停工往家跑，我们林场知青、职工却是越下雨越得出去植树，即使是狂风暴雨我们也一样要上班工作。烈日炎炎当空照同样挖洞穴，中午在岭上没树荫休息，我们只把头伸进矮小的草丛中躲躲遮遮就过了，身体大部分还晒着太阳呢。汗水流干了，渴了怎么办？到田间去，用草帽"过滤"田里的水喝，怕喝着小水蛭哩。所以，夏季挖完洞穴，我们个个都黑不溜秋的，好像是从非洲过来的。

还有砍伐时，我们这群青年人的那股冲天劲更是可怕。砍树时，人人手里拿的刀都有十几斤重，但是，照样是一口气就把一棵40—60厘米粗的树砍倒，而且还得用肩扛走，用手搬走，最后搬上车。一到砍伐大会战，不但到处都可看到砍的砍、锯的锯、扛的扛、搬的搬、拖的拖（拖树叶去蒸油），而且到处都可听到砍树、锯树的声音和"一、二、三加油"，"一、二、三起"，"一、二、三走"，"一、二、三下"的口号，好热闹啊！也就是这些声音鼓舞着我们埋头苦干，任劳任怨，胜利地完成一个又一个任务。

再是搞防火线大会战，所谓防火线，就是人工锄出宽5米的防火带。搞防火线要用上三种工具：一把刀，一把锄头，一块磨石。先用刀砍掉杂木杂草，也就是用刀开路，再用锄头锄去木根草根，搞出一条光溜溜的路来。如此这般，长刀和锄头很快就钝了，这时，要发挥磨石的作用了，用磨石磨利用过的刀和锄头。不过这一般都是晚上收工回到住地后的工作了，实际上是为第二天上阵做准备，因为每两人一天要完成90米长的任务。天还没亮就上工了，还没走到工地，全身都被露水和汗水浸透了，加上工作起来泥土往身上一贴，裤子已不是裤子了，就像穿着一层层厚厚的泥巴，大会战搞完我们起码要去掉四条泥裤子。而且，吃饭不按时，经常是下午3点到4点才吃中午饭，晚上8点或9点才吃晚饭。因此，我们大多数知青都患有关节炎和胃炎。尽管险象环生，艰难重重，林场的知青们，都没有退却没有当逃兵，个个都很汉子，很能干，不管是林工、农活样样都成能手。难道当年的知青是机器人吗？那时候，我们白天出去干活，晚上点上如豆的煤油灯学习毛主席著作，背诵《老三篇》，时时记得自己是祖国的接班人，力争做好一名共产主义战士。生活的空间，如一个大熔炉，人人都准备时刻接受脱胎换骨般历练，人人襟胸里都有一颗忠于党、热爱祖国的心。一句话，广阔天地，大有作为。

是的，在林场这个广阔天地里，我虽幼嫩，却由于严于律己，勤于历练，认真读书，积极工作，踏实做人，虚心向老职工学习，也练出一身不怕苦、不怕累的刚毅性格，受到同伴和林场广大干部职工的好评。我先后担任过生产队副队长、民兵排长、妇女主任、总辅导员、团总支书记、团委副书记，年年被评为先进工作者。1976年上半年，我还被县武装部举荐去海南军区迈南军分区学习，是当时唯一的一名知青代表。当时参加集训的以连为单位，基本上都是正式入伍的解放军战士，从各县武装部选派来的，编一个民兵连，我属于这个民兵连也是全连两个女兵之一。1977年8月还被评为县的知青积极分子，出席了海南行政区知识青年上山下乡先进集体和积极分子代表大会。1978年上半年我被县知青办公室借调回来搞知青工作，可后来却随着形势和机遇的变迁，自己考取了师范院校，成为中学里的高级英语教师了。

1997年，我们林场知青，应场部的邀请回去参加建场四十周年纪念活动。当我们踏上这块充满绿色生机土地的时候，啊，一览初秋的秀野，山花烂漫。按捺不住的情思，就像大海的浪涛汹涌澎湃，就如溪涧的碧泉潺潺流淌，追溯着火红的年华，寻找着青春的激情，那战天斗地的壮丽动人的画面，一幅幅、一幕幕、一篇篇都历历在目。那群山起伏、云雾缭绕处，银锄挥舞，我们顶烈日、冒寒风、披雷电、忍饥渴，以惊人的意志和力量绣出一片片美丽的绿绸，用苦涩的汗水和眼泪写下一首首气壮山河的诗篇。听，林海松涛，万种声韵，仿佛昔日星辰开工的钟鸣，山野送饭的呼唤，归途欢悦的歌吟。啊！多少个日日夜夜，刚告辞太阳，披星戴月，等待无油菜下饭，再点上如豆的煤油灯背诵《老三篇》，然后拖着疲惫不堪的身躯在连铺床上，做着甜蜜而美丽的梦。

往事已成历史，时光不再倒转。望着无边的加勒比松，郁郁葱葱，顶天立地，我们可以自豪而骄傲地对历史和世人说："我们不愧为林场知青。"我们装饰了大地，在环境中塑造了自己。我们带着坚韧不拔刚毅自强的性格，在改革开放的年代里，在市场经济的竞争中，在各自不同的行业岗位上，放出耀眼的光芒。

难忘的一天

1977年8月26日是我终生难忘的一天。这是海南行政区知识青年上山下乡先进集体和积极分子代表大会隆重开幕的一天。

这天，我和每个代表一样，心情是多么激动啊！清晨，东方刚露出鱼肚白，我们就做好一切准备，排着整齐的队伍，人人身上挂着崭新的上面写着"广阔天地大有作为"八个红字的书包，胸前戴着大红花和代表证，豪情满怀，兴高采烈，随着红小兵仪仗队，浩浩荡荡，往大会会场——海口戏院进发。

霞光万道彩云飞，大海碧波泛金辉。千朵万朵光荣花，朵朵都是向日葵。沿途上海口地区党政军民学校师生夹道欢迎。人山旗海，载歌载舞。鞭炮声、锣鼓声、歌声、掌声汇成一片响彻云霄，一阵阵鼓动着我们的激情，激荡着我们的热血。此时此刻，我们的心就像大海的浪涛，汹涌澎湃，不能平静。特别是，到了戏院门口，看到首长们站在那里，热烈鼓掌迎接，我们更是热血沸腾热泪盈眶。一双双曾经扛过刀枪埋葬旧社会的大手伸过来，一双双曾经握过锄头遍栽大寨花的大手伸过来，一双双曾经握过铁钳高举大庆红旗的大手伸过来，一双双曾经握过彩笔描绘社会主义新河山的大手伸过来，啊，手手相握，心心相连。这是关怀，这是鼓励，这是鞭策，这是力量。作为党的儿女，我们怎能忘记这令人振奋的一天？

会议在雄浑的《东方红》乐声中开幕，区党委负责同志致开幕辞，祝贺大会胜利召开，表彰我们的先进事迹，希望我们发扬光大。说"这次会议是互相学习，传经送宝的大会，是比学赶帮超的大会"，勉励我们高举毛主席的伟大旗帜，继续奋勇前进。致辞几次被雷鸣般的掌声打断，激起我们万丈豪情。最后，开幕式在《大海航行靠舵手》乐声中结束。我们怀着不平静的心情，返回住地。

下午，我们正在分组讨论的时候，区党委的领导来了。他们与我们肩并肩地坐在一起，仔细地问询我们各个地方的学习工作生产和生活情况，态度是那样的和蔼，感情是那样的贴切。我们一点也不感到拘束了，都纷纷地畅所欲言。首长们看到我们发言那么热烈，心情那么激动，感受那么深刻，他们的脸上也露出了满意的笑容。他们都说年轻人是早晨八九点钟的太阳，是祖国的未来、人民的希望，要求我们为祖国四个现代化贡献自己的力量。首长们简单的话语充满了殷切的期望和美好的祝愿，我们再次受到了鼓舞，大家纷纷表示一定不辜负党的期望，做人民的好儿女。

晚上，首长们又派车来接我们到大戏院看戏。这十分周全的关怀，深深地印在我们的心坎里，使我们感觉到生长在这样的国度，奋斗在这样伟大的时代，有着无比的幸福和光荣，更加觉得自身的任重道远，发誓一定好好在中国共产党的领导下，为建设我们的美好家园奋斗终生。

这一天，在我成长史上有着深刻的意义，我将永不忘怀。

敢于耕海的珍珠场知青

曾维春 / 澄迈知青 / 澄迈东水港

东水港是明朝以前形成的渔村，原先称港口村，分上下港，后改称为东水港。是老城县治时的码头必经之地，是澄迈县唯一被国家农业部认可的渔港。港湾面积7000平方米，水深1.5米至32.5米，东水港口至老城8000米沿海线，海域辽阔，海洋生物、滩涂带有机物质十分丰富。港湾内沙滩洁白，海水清澈，港湾内常年风平浪静，是海水养殖的好地方，又是船只避风的好港口。

1976年初，广东省海南行政区水产局在距海口约30公里处的东水港内湾炮台处，组建以海南水产职工子弟为主体的知青点。在广东省和海南水产研究所科技人员的大力协助下，该点知青们创造出了一片新天地。当时，包括科技人员、知识青年共有50余人，该场占地面积16余亩，海涂面积30多亩。1977年该知青点更名为海南水产东水港珍珠场（简称：东水港珍珠场）直至1993年撤场。

刚到场时知青们吃水难，基本上没电使用。当夜幕降临的时候，他们不得不拿出自己的煤油灯来照亮宿舍，碰上没法买到煤油时还得使用焟烛来照明。他们从家中带来的洗衣机、电水煲等电器之类的东西都使用不上，只好当摆设。出门道路泥泞，平时购买生活日用品，必须往老城墟去，没车是常事，必须步行，偶尔遇上渔船驶往老城赶集，乘上来回也得花一天时间。当时知青们的生活津贴每月仅15—24元，有时买点小吃零食要待中午下班后才能到东水港小副食店购买，往返路程5公里都得走沙滩路，夏秋季节烈日当头，沙滩很热，路不好走，去时一脸汗回时一身汗，为了点小吃真是迫不得已。刚到场时许多年轻知青被海风吹、烈日晒，加上水土不服，身体若出现不舒服时，要去老城看病，他们深有体会到农村缺药少医的痛苦。经过几个月的工作和生活体验，他们因海风吹烈日晒个个变黑了，大家对面相逢时你看见我笑笑，我遇见你笑笑。知青们男的变老了，女的变瘦了。经过几个月的磨合，大家相互理解，讲大局搞团结，心往一处想，劲往一处使，立下愚立移山志，敢教日月换新天。在上级的支持下，广大知青的艰苦工作换来了新面貌。1977年春节前架起高压电，安装变电器，他们乘着通电机遇，在场的附近找水源，挖了一口口径为三米宽二十多米深的水井。用水问题解决了，用电问题也得到解决，再买辆小车往返老城办事，看病也及时了，件件难事迎刃而解。大家喜笑颜开，大胆告诉自己家中父老，现在场内一切都好了，我们会安下心来发展，确保完成上级交给我们的各项海水养殖的科研任务。

东水港珍珠场的知青们在首任场长黄茂林同志的带领下和海南行政区水产研究所派出的科研技术精英谢玉坎、王锋、许志坚、曾赛风、罗学勋等人的积极钻研下终于取得马氏贝、白蝶贝从孵化、养殖到扦核的成功经验。越战越勇的知青们，在科研人员的帮助下又增加了对虾、螃蟹的孵化项目试验，在他们的共同努力下，对虾苗、螃蟹苗的孵化成功又解决了海水养殖专业户缺少种苗的问题。白蝶贝母本缺乏，有经验的潜水员带领知青们到广西北海、琼州海峡、临高等海贝专属区潜水寻找，找到母本后带回场内进行人工授精，进行孵化。从自制海藻供养小小贝苗，把贝苗放到休养箱，改放到海底屋，四个月时间内放回贝类专属海区吊养一段时间，最后放回大海养殖，在放养海区内要专人监护，还有洗贝洗笼，这一项又一项有序工作既需要体力又含有较高的科技含量。

知青们分组相互配合，时时刻刻观察幼苗成长，量水温、添藻料、增氧气。从孵化成苗到放养大海，贝类要进行扦核，不同贝类扦核的核珠分别为0.5—10毫米，工作过程受气温25℃的限制。知青们在科技人员的指导下，掌握了从养殖珍珠直至扦核、取珠等各项技术，使马氏贝、白蝶贝的养殖终于取得成功。

16年换了几位场长，邢益冠、罗学勋场长为增添科技试验资本，带领广大知青发展多种生产模式，建起了鱼粉加工厂、珍珠粉加工厂，增加场内经济收入。他们组织大家利用空闲时间，种植瓜菜、下海捕鱼抓虾、圈养鸡鹅鸭等，改善伙食标准增加营养成分，知青们的生活天天有乐趣。

东水港珍珠场留下不少知青敢于耕海的动人事迹，他们在磨难中得到锤炼，创造了令人瞩目的成就。他们每一个人都具有自强、自立、自信与自重的品格，他们闯过思想关、科研关、劳动关、艰苦生活观，他们把最宝贵的年华献给海水养殖珍珠事业。在东水港珍珠场上，留下了他们美好的回忆和奋斗的足迹。所有知青都为此感到光荣与骄傲。

回忆知青经历的锻炼

郭健 / 临高知青 / 临高五七农场

 1972年10月，我和当年从临高中学高中毕业的同学们一起，很快地被安排上山下乡当知青。那时，临高县有一个五七干校，是当年根据毛主席的"五七"指示，为县城的国家干部下放劳动锻炼而建立的。后来，干部们陆陆续续返回县城工作，除了几个留守的下放干部以外，实际上留下了一个空空的干校，和一大片无人耕种和管理的田地。正好，我们一大批高中毕业生也没有工作单位可以安排和接收。按照当时国家的政策，由临高县知青办安排，把县城里非农业户口的城镇高中毕业生，全部安排到临高五七干校当知青。于是，我和一百多个同学一样，第一次离开家人，开始走上了社会的人生道路。

 说来也很奇怪，尽管当时我们很年轻，但去当知青，上山下乡，似乎觉得一切都是很顺理成章，不必大惊小怪的事情。也许那时还很年轻，也不知父母有什么想法。估计他们只是心里有点担心而已，并不会像如今的父母一样，唠唠叨叨，喋喋不休地再三叮嘱。

 然而，下干校，到农场，并不是像小孩子过家家，闹着玩的。而是我们这些大多数只有十六七岁的少男少女，一开始就要学着当农民，跟农民一样干重重的农活，甚至比当时的农民还要干更强体力的劳动！

 也许是"文革"期间的中小学生们都已经习惯了在学校中劳动干农活的学习和生活方式，这就使我们很快地适应了在五七干校的劳动和生活。尽管我们的身体都很单薄很瘦弱，但我们绝大多数的知青几乎都在短短的一两年里，在老干部和老职工的指导下，很快地学会了开垦荒地、犁田耙田翻地、播种插秧、割稻子收稻谷、挖壕沟种茶树，还有养牛养猪、建苗圃种植瓜果、挑大粪浇蔬菜、种甘蔗砍甘蔗、抗旱挑水浇茶树苗，有的知青还学会了开拖拉机，什么手扶拖拉机、胶轮链轨拖拉机、大卡车啊，甚至还会用柴油发电机发电，等等。农村里一般的农活，我们基本都学过干过。而且一年后，无论是男知青还是女知青，大多数人就是一百来斤的担子挑在肩膀上，也可以做到在田埂上奔走，稳稳当当，大气不喘，健步如飞！

我们七二届是县里第一批到五七干校插队的知青。刚到干校，我们马上被分到连队，而且人员已经被安排好了，都知道谁分在哪个班。为了便于劳动分工和住宿，我们是男女生分班的。每个班有十多人，分在几个宿舍，每个宿舍住四人至八人不等，看房间大小。我们住的房屋，是原来下放干部们来干校劳动时建造和住宿的普通民居瓦房。

我们在五七干校的生活，既像是农民，又跟农村的农民不一样，因为我们有工资。我们每月的工资，只有18元！我们还有统一的类似于部队化的管理。早上统一由大队干部敲钟起床。各班集体排队做早操，之后一起去队部的食堂吃早餐，然后各班按照之前分配的劳动任务，统一出工。中午，统一收工。午饭后，午休。下午，继续劳动。晚饭后，自由休息。

那时候，我们干校还有大喇叭广播，每天早上和傍晚按时收听中央人民广播电台的声音和消息。当时用电比较紧张，只有晚上7点后才能开电，到9点就统一停电熄灯了。通常，在熄灯后，我还会点着蜡烛或煤油灯再继续看一会儿书才睡觉。

我最初是被分在一队二班。当时，我们班也就是十多号人，全部是男知青。当时的班长是原来干校的一位职工。但没过多久，班长当兵去了。后来由我们的同届中学同学刘毅平当班长。

1973年，七三届的知青们也来到干校。由于没有下放干部了，大都是我们知青，因此，根据上级的指示，临高五七干校改了名称，叫作临高县五七农场，但我们的内部编制没有改变。

由于县知青办的安排，七四届的知青去了龙波糖厂，没有安排到我们五七农场。所以我们班当时都是七二届、七三届的同学。有的还是我小学或中学时的同班同学。仿佛我们不是到了农村，而是集体转到了另外一个以学习劳动科目为主的中专学校。

两年后，我们的班长刘毅平也被选送到广州某所中专学校去上学了。于是由我接任二班的班长。

1975年，这是我到农场当知青的第三年。就在这一年，我的命运发生了重大的改变！

1975年3月，我被吸收加入了中国共产党，成为当时农场中为数不多的知青党员！也是当时农场中的先进知青！

1975年8月，我幸运地被农场和县知青办推荐上了大学！我们整个临高五七农场几百号人，当年只有4个上大学的指标！

　　我被推荐上大学时，还跟家里闹着说，我要坚持在农场当一辈子知青呢！现在回想起来也觉得有点好笑，甚至也觉得有点傻！当时，我们都不叫大学生，而是被称为"工农兵学员"。这是根据毛主席的指示，要从有社会工作经验的工农兵当中挑选部分优秀的学员上大学、管大学、改造大学，简称"上管改"大学。我也是被临高五七农场推荐上大学的一名"工农兵学员"。那一年，我们农场被推荐上大学的有四位知青，两女两男：符桂娥、林琼芳、王振昌，还有我。我们都是七二届的高中同学。而且四人中，有两位女知青曾经是我的初中和高中班同学。

　　符桂娥，原来是我们一队的知青，后来被调到农场场部当团委书记。她被推荐到中山医学院临床医疗系学习，是我的初中同班同学。林琼芳，原来是二队的知青，后来被县知青办抽调到乡下当斗批改工作队员。她被推荐到中山大学生物系学习，是我的高中同班同学。王振昌，原来是一队的知青，后来被调到一队队部当文书。他被推荐到广东师范学院（后来改为华南师范学院，即现在的华南师范大学）中文系学习。我也是一队知青，后来当了二班的班长，也被推荐到广东师范学院政史系学习。

　　虽然我们四人分别在三个不同的大学，但全部都在广州读书。过去的工农兵学员，绝大多数都是在本省内学习。当时海南还没有建省，是广东管辖下的一个行政区。1975年9月，我们四人一起来到广州的大学学习。时常，我们会在周末，约上老同学，包括原来在1974年被推荐上广州的中专学习的老知青同学一起逛一逛广州。

　　在我们广东师范学院的学员中，绝大多数都是从广东各地基层单位推荐来学习的优秀下乡知青。有几位还是从广东到海南的农场插队下乡的知青。

　　"文革"期间，大学的学制改革，一般大学的专业都是三年学制。在广州的三年大学学习期间，我们四位从临高五七农场来的知青都很刻苦学习，成绩也很优秀。我是我们班的优秀学员，既是我们班的宣传委员，也是我们政史系学生会和团总支的宣传委员。

　　毕业后，林琼芳和王振昌选择留在广州工作，我和符桂娥却选择回到了家乡海南工作。1978年7月，我完成了在广东师范学院历史系的学习，一毕业就直接被分配到了广东海南中学（现海南中学）当历史课老师。从此开始了我的教师生涯。

李林的大学梦和新疆恋人

郭忠泽 / 临高知青 / 临高五七农场

　　我和李林认识，是因在 1969 年上初中时在同一个班。班里分大孩子和小孩子两伙，我和李林是小孩子一伙的，怕大同学欺负，一下课就跑向篮球场。当时凭一支钢笔再写上班名就能借到一个球，因我们个子小，都借排球当篮球来玩。李林不爱打篮球，只是在球场边看着我们打球傻笑。上学时，我们总是在裤兜里塞上两本书就上学了，而李林的书包总是鼓鼓囊囊的，也不知哪里来的那么多书。要知道，当年我们这一代人在学时数量和知识结构上只能算是中等，当然受的也是不完整的教育。

　　上高中后，我和他不在同一个班，也少有来往了。1972 年正规教育开始回潮。上高二时，班主任颜桂枝对我们说："国家可能要恢复高考，同学们要努力学习，迎接高考。"我们也狂热了一阵，这一年我们的学习成绩也提升不少。我偶尔在校园里碰上李林，说到此事，李林显得非常激动，他是个书呆子，是我意料之中的。然而，这种正规化教育的回潮很快在"白卷英雄"的攻击下化为泡影。在此背景下，我们也于 1973 年秋高中毕业。由于正值全国的第二次知青上山下乡高潮，我和城里的同学一起奔赴县五七农场。

　　当我们乘坐的（站着的）敞篷大卡车来到五七农场，我被编在一队二班，李林恰好也和我同班，还有一位叫李平，胖乎乎的，和李林是澄迈老乡。以后我们天天在一起劳动。我们虽住不同宿舍，但晚上我总往他的住处跑，发现他的床头总是堆着不少书，不光有政治理论类，还有中学的数理化知识，我便好奇地问："你怎么还学中学的课本？"他说："如果有机会上大学，这些基础知识可就用得着了。"言谈中，我突然发现他和两年前判若两人。原来从上初中开始，上大学已是他一生的梦想，现在为了实现他的梦想正在做最后的冲刺。班里开各种会议，积极发言的是他。白天干活，埋头苦干的又是他。老一届知青都对他刮目相看，暗忖：这人怎么了？怎么这么拼命？

一年后，场里决定种植茶叶，成立茶叶苗圃班，我也被调到了苗圃班，因是独立班，也就很少和李林一起劳动了。两年后，老知青陆续因分配工作、升学、服兵役离开了农场，我们七三届知青也就成了老知青，李林当上了副队长，并入了党。由于受他的影响，我也不甘落后地当了苗圃班长。1976年碰上干旱，全场动员知青挑水抗旱保苗，水桶是我们从城里带来洗澡用的两个小铁桶，每个装满水重约30斤，一担水也就60斤左右，而李林却挑4个水桶，并保持一路小跑，成了众人瞩目的一道风景。当时我想：这不是不要命了吗？难道他是铁人？

后来，有好几天没看到他了，我向队领导打听，原来是他得了肝病，回城里治疗了。过了一个月，他才回到农场，人已显得憔悴，劳动也不再干体力活了，看来病得不轻。不久，糖厂招工，分配队里一个名额，他抢先报名，队里也当仁不让地给了他，谁都知道，他已不能继续留在农场了。第二年，我也分配回城，到县农机一厂，刚报到就被派到新建的氮肥厂，由于经常加班加点，地点在郊区，难得回一趟县城，也就没有见过李林。

1977年，国家恢复高考，我和许多知青一起报了名，我突然想到了李林，恢复高考对他不是一个极好的机会吗？不知他报名了没有。经打听，他也报了名，后来公布录取分数线，我名落孙山。在街上碰见他，他告诉我，他已被重庆土木工程学院录取，显得非常兴奋。我也替他高兴。他到学校后给我发了一封信，谈了学校的学习、生活情况。

1980年初，我再次被分配到县五交化公司，而李平也被分配去了加来供销社。某天，我收到了一封不知从哪发来的署名段威的一封信。信的内容大意是说李林已病重，将不久于人世，你和李平是他的朋友，该去探望一下他。信的内容是否属实，况且段威是何许人也不知道，李林现在人在哪信里也没说。但我还是到他父母的单位（公路工区）查了一下，得知他们全家已搬回原籍澄迈县了。李平和他是同乡，兴许了解一些，而李平在加来供销社工作，一个月才回一趟县城，待李平回城我对他说了此事，他才说听老乡说李林已病逝。这事成了我一生的遗憾。谁都知道，他的死是当知青时落下的病根。

2015年10月，临高县政协通知我参加海南省政协在昌江召开的知青史料征集座谈会。我萌生了应该给李林写点什么的念头，可写到结尾时，段威这个名字又浮现在脑海里。我决心揭开这个谜底，便拨了已全家迁回澄迈的李平的电话，兴许他知道实情。果然，李平说，段威是李林大学的同学，也是恋人，是个新疆姑娘。李林病逝后，她要认李林父母为义父义母，被拒绝，李林父母是不想让姑娘太牵挂。也不知她现在过得怎样，愿好人一生平安。

李林的生命是短暂的，但却圆了大学梦，也获得了纯真的爱情，他是幸福的。

忆临高五七农场知青岁月

郭忠泽 / 临高知青 / 临高五七农场

本文回忆当年在临高县五七农场的知青岁月。

欢送大会·忆苦思甜

1973 年 10 月 7 日上午，毕业于临高中学的县城各机关单位的子女，聚集在县委大院的一个会议厅，参加"知识青年上山下乡"的动员大会和欢送大会。七三届毕业生，有的是受 10 年教育（小学六年、中学四年），有的是受 9 年教育（小学五年、中学四年），所以大部分人都是未成年人。

县委书记潘琼雄在大会上做了动员讲话，他说："我们当年参加革命的时候，是父母在夜晚偷偷摸摸地把我们送到革命队伍的，而你们是敲锣打鼓地开汽车专送的，你们要在农村这个广阔天地干出一番事业来。"他女儿也是七三届毕业。会后，在一片锣鼓声中同学们分别爬上几辆敞篷大卡车，离开了欢送会场，驶向距县城十八公里的波莲公社属地的县五七农场知青点。

下到农场后的第二天，场部为新知青开了一场忆苦思甜大会，煮了一大锅野菜，每人一碗，叫吃忆苦餐。还邀请了一位当地的老贫农来做新旧社会对比的忆苦思甜教育。记得他说："我儿子常抱怨吃饭是天天蘸着红米酿，一年吃不上一次肉。我说，儿呀，有饭吃就不错啦，旧社会都没得吃，你是忘本啦。"

五七农场建置

五七农场就是原来干部下放劳动的五七干校，有不少知青的父母就曾经在这劳动过。干校时期的一连、二连改为一队、二队，另有场属苗圃班（橡胶苗）、科研班（胡椒班）、畜牧班、机械班。场部在一队驻地，有图书室、小卖部（供销社代销站）、卫生所。场部人员和一队在同一个伙房吃饭。尚有几个干部和部分职工同知青们一起劳动。七二届的同学已先来到这里，当我们这批知青来到后，为宁静的知青点带来了一阵喧闹。

我被分在一队二班，班长姓刘，是南下干部的子弟。队里有七个班，一、二、三班是男知青，四、五、六班是女知青，后勤班有男有女。各班分工也不同，一班是野外作业，开荒之类的，每次收工回来，总能顺手逮几只野味，开个小灶。三班是大田班，主要是稻田的种植和管理，也常在田沟里抓到各种鱼回来后大伙开小灶。二班是综合班，可二班的宿舍挨着伙房和仓库，有啥好吃的总是二班先上。一大锅汤端上后，二班把上面一层油舀得一干二净。大伙就用临高话编了个顺口溜，"一班管（吃）桑（山），三班管（吃）芒（田沟），二班管（吃）食堂"。一队男知青长得俊，二队女知青美女多，当时都说一队阿叔、二队阿姨。大家都是从一个学校出来的，彼此都认识，晚饭后，二队女知青总是往场部图书室跑，因为图书室在队驻地呀。一队男知青也常有事无事到二队串门，二队男知青总没好脸色。

生产、劳动

农场从干校开始，主要种植橡胶、水稻、胡椒、香茅、甘蔗等传统作物。场长叫庄文静，性格和名字一样斯文，是潮汕人，天天泡工夫茶喝。不知是哪天，他突然心血来潮，决定以种植茶叶为主，把农场建成茶场。他常说，我们农场是甘蔗起家，香茅发家，茶叶安家。于是，一、二队都成立了茶叶苗圃班，并组织全场骨干到琼中的岭头茶场参观学习。在参观完茶场后，队干部们在场长面前说，他们要扎根农场，把农场建成比岭头茶场还要好的五七茶场。当然，离开农场最快的也是他们。我调到苗圃班后，也去琼中岭头茶场学习了，这是我第一次出远门。

不论哪类农活，知青们只要掌握了技巧，当地的农场职工就干不过他们。茶苗紧缺，场里就联系到了陵水县田仔公社农场，说有茶苗出售，条件是派人去挖。场里组织了一、二队共二十人搭乘两辆部队的货车前往陵水。到达田仔公社后，住了一晚。次日早上，田仔公社农场场长便领我们到苗圃地，指了一块苗圃地说，这块苗圃就卖给你们啦，也够你们挖两天了，说完和场领队林干部回去吃早餐了。大约过了两个多钟头，他们二人再次来到工地，不看也罢，一看傻了眼了。原来估计要两天才能干完的活，已基本干完了，不得已再重新划出一块苗圃地给大家挖。干完半天活，田仔公社农场场长说，临高知青太能干了，佩服！

种植茶叶以前，每逢雨天是不出工的，并有每天四毛钱的伙食补贴（每月工资是 18 元）。茶苗移植，必须在雨天，因为省得浇水，当时的口号是"小雨大干，大雨猛干，没雨拼命干"。我们苗圃班在二队附近，也较了解二队的生产、生活情况。二队的男知青穿的工作服很破烂，破得可看到内裤，像乞丐穿的一样。我有个同学在二队后勤班种菜，常经过我们苗圃地。某天他经过时，我便开玩笑说：快看呀，这么大个人了，还穿开裆裤呢，引起全班女知青一阵大笑。为此，我这个刘同学好多天都不理我。

知青办主任王少斯到全县各知青点检查工作后，到农场检查工作时，看到二队男知青穿得很破烂的劳动服时，说：你们这种艰苦朴素的革命精神是值得其他知青点学习的。其实，二队男知青是故意挑破烂衣服穿上劳动的。

队里要盖茅草房，组织人到山上割茅草，两人一组。我和一位老知青在一块茂密的茅草地割了起来，当割完茅草后，显出一块土丘，并有小石碑。我大声说，不好，这是个坟，快跑！回去后，我也不把此事放在心上。

文娱活动

知青中有不少人是多才多艺的。七三届和七五届知青来了以后，全场已有三百来号人了（七四届去了另一个点），每逢节日，场部和队部都举办文艺活动。当时的内容几乎都是合唱、诗朗诵、快板、乐器之类的，而我在的苗圃班却有二人独唱、一人独舞，郑海峰唱京剧《共产党员》、王志高唱《我爱这蓝色的海洋》，而我则手风琴伴奏，苗圃班出尽了风头。苗圃班中有七二届的张知青，多才多艺，是场里的文艺队导演。此人敢做也敢爱，全场知青没人敢谈恋爱，他却爱上了同队的春知青，后来张知青被分配到东方八所工作，而春知青被分回县城工作，春知青后来另有所爱，张知青不能自拔，三十几岁才结婚。后来，县知青办组织文艺宣传队，抽调全县各知青点的文艺爱好者组成，为了便于排练和管理，几个海口知青也被安排到五七农场落户，由于一队美女少，便把几个海口女知青安排在一队。

野味

五七农场周边荒地尚未开垦，仍有许多野生动物，如野猪、蟒蛇、黄猄、斑鸠之类的，蟒蛇常爬到农场的鸡舍吃鸡。有一次知青们在甘蔗地砍甘蔗，就碰到一窝野猪仔，大家丢下工作，满蔗园追野猪仔。还有一次我们苗圃班上山劳动时，碰上一只野猪，几个男知青便猛追野猪，陈建忠追在前面，快要追上时，野猪一下跳入水库，陈建忠也紧跟着跳了下去，但双手一直拍打水面，原来他不会游泳，我和王才彪也顾不得野猪了，跳入水中，把他拉了上来。

二队知青在田里劳动时，曾在草丛中捉到一条三十多斤重的大蟒蛇，全队举办了一场蟒蛇大宴，其他班羡慕的很。

场部有一位符公安员，好喝两口，他常说喝酒要喝四两，知青们就都送他一个外号"老符四两"。他有一杆火药枪，喜欢打野味，公安局还给他配了一把不知哪年造的驳壳枪，他时常挎在身上炫耀。某天，我和郑海峰、方平到山上割藤。郑海峰看到一堆枯树叶，便用镰刀拔了一下，露出了一条大蟒蛇的肚皮。方平说快叫"老符四两"来，这样才有把握打死它。经我同意后他便下山去了。不久"老符四两"扛着他那杆火药枪，身上挎了那把驳壳枪急匆匆地上来。只见他火药枪塞药粉、铁砂，驳壳枪子弹上膛，先用树枝捅了一下蟒蛇，当蛇仰起头时，便用火药枪对准蛇头"轰"的一枪，紧接着驳壳枪再扣扳机"咔"的一声。驳壳枪没响，但枪的零件散了一地，原来是一把老掉牙的不能再用的、仅用来吓唬人的枪。蟒蛇死了，我们也凯旋而归，准备吃蟒蛇肉。可当天县里来了一个什么工作组，听说"老符四两"打了一条大蟒蛇，都跑到他那里把蛇吃了个精光，我们连汤都没喝上一口。从那以后，再也没见"老符四两"挎那把驳壳枪，郑海峰也时常数落方平，不该叫"老符四两"来。几十年来，我连蟒蛇肉是啥味道还不知道呢。

返城

政策规定，知青必须下乡满两年后才能回城工作、服兵役、升学。1972年、1973年下乡的知青都在十月份下去，如此推算，七二、七三届知青两年后都错过了升学阶段。场里规定，七二届先安排，我们七三届满两年后，七四届也满两年，届时已到1976年，场里推荐我上中专，并已体检，等待录取通知书，可国家恢复高考在即，也就削减了大量工农兵学员名额，我的名额也被削了下来。这就是命运。

1977年6月，我终于被分配到县农机一厂。

班里的女知青在我即将离开农场时，送了一个旅行袋给我，旅行袋内写有一行字："送给郭忠泽留念"，但日期却有了涂改，原来是1976年我将上中专时特意买的，由于中专没上成才留到现在。很感谢她们。

解决"菜荒"的奥秘

谢振文 / 临高知青 / 临高五七农场

我于 1975 年 7 月底到临高五七农场二队后，与同班同学谢顶一起被分到蔬菜班，时任蔬菜班班长的是七三届的刘永平。蔬菜班主要农活包括挑粪、施肥、浇水、育苗、移植和除草，虽然每天的活又脏又累，但是心里都是美滋滋的。

二队的菜地是一个由山泉小溪冲积而成的小盆地，盆地大致呈圆形，与周围的台地有 1 至 2 米的高差，面积约有 3 亩，距离队部约一公里。盆地周边的小溪长年不断流淌，小盆地十分适宜做菜地。因受小溪阻隔，到菜地的路要经过一座由三根树木搭建的小桥。走路时红壤土粘脚且由于小溪水的击打，小桥非常滑溜，每一次挑粪水过桥，都是惊心动魄，班里每个人都有过与粪桶一起掉到河里的狼狈经历。菜地主要种植的品种有叶菜和瓜果类，包括小白菜、卷心菜、椰子菜、豆角、青瓜、南瓜、冬瓜、木瓜等。

海南的夏天，高温多雨，叶菜的移植成活率极低，受高温抑制，蔬菜的生长非常缓慢，另外，高温、高湿易发生病虫害。所以，连队在夏天的蔬菜供给普遍不足，尤其是叶菜，供应主要品种是瓜果类；但海南人的饮食习惯是以叶菜佐饭，所以当时蔬菜班的每一个人都感觉到辛劳没有得到相应的回报，非常苦闷和压抑。

我与谢顶就读的临高中学的七五届 4 班是农业班，2 年的高中课程中，接触了较多的农业生产知识，对农业有一定的认知，因此，我们蔬菜班的几个成员时常讨论"菜荒"的问题，最后找出主要原因是因夏天太阳太猛造成的菜苗移栽成活率低。原因是找到了，但是解决的办法呢？我们最后是在茶班的扦插育苗的技术中得到启迪：搭遮阴棚种菜，为叶菜的生长提供较为阴凉的环境。有了想法后，我们积极地去斩竹子、找稻草、搭棚子、育苗移栽，一个月后，连队的食堂就有叶菜供应了。而后，随着秋天的到来，天气转凉，蔬菜的生产形势喜人、供过于求，由于吃不完，还拉到县城卖过呢。

　　当时有这些成绩也没有特别骄傲的感觉，只认为完成工作是分内之事。现在回想起来，我高中时的农业班、农场的蔬菜班、农村工作队等的经历是否对我有潜移默化的影响呢？还真难说。后来的求学生涯及随后的数次岗位变动都离不开农业。一生都是农民命，也许真正的蜕变动力来自于临高五七农场菜班的那段特殊经历。

水井轶事：我的女神

谢振文 / 临高知青 / 临高五七农场

我是 1975 年 8 月下乡到五七农场的。

被分到二队时，水井已有。当时心存疑惑：这是早期下放到干校的老干部开挖的还是七二、七三届的大哥们的劳动成果？

我自小对水井怀有特殊的情结！我家住在临城老城区"巷后"，文澜江边。小时候生活起居用水大都取自文澜江，虽然"巷后"临近药材公司的后边也有一口井，但距离我家相对较远，而且因小时候小孩"分派"的势力之争，"巷后"的小孩分成几群，在水井边居住的小孩与我不同派，所以很少到那口井边洗澡，与水井基本无缘。到农场后，终于能享用到只能在文学作品中憧憬的水井。

二队的水井，坐落在队部与饭堂的中间，正对的是地势比较高的宿舍，那里居住着女生。水井右边是男生宿舍，左边是饭堂。每天上工、吃饭和傍晚的个人卫生洗漱，水井是必经之路和必到之处。井口直径 2 米，井壁是用长方形的花岗岩砌成，上面长满了青苔。井水距离地面 2—3 米，水质清澈。水井的外圈是用石头砌成高度约为 30 厘米的围栏并刷上水泥浆，围栏直径约有 6 米，围墙里面是三合土铺成的具有斜度的台面，便于洗衣服。距离水井不远处，建有两排洗澡房。

五七农场地属热带海洋气候，农场大都是红壤土。红壤土黏性大、呈粉状，早上起雾或是雨后，走路非常粘脚，在干燥晴朗天气，又是尘土飞扬。由于天气燥热，二队的水井每天都人来人往，特别是下午放工后，更是热闹非凡。只是在中午时分，由于午休的关系，人较少。多少轶事、多少情丝都发生在此地，并存留在水井里。

当时的我，与七五届的其他农友一样，都是十六七岁就来到农场。懵懂之中，少年也怀春，渴望着异性的关怀，但不知如何追求与表白。只是非常羡慕七二、七三届的大哥哥们，特别是有女孩子帮忙洗衣服的男生，每天看到女生把洗好的衣服整整齐齐地送回给男生时，更是羡慕、嫉妒、恨。当时的临高五七农场，其知青大致可分成三个部分：临高干部子弟、临高县城和新盈居民、海口子弟（如水警区），我是属于临高居民部分，自卑感较重，所以从来都没有幻想过得到女孩子的青睐。虽不曾妄想，但是还是有过一次"艳遇"。

我生活自理能力不强，一般都选择在中午时到水井边快速洗好所有的脏衣服。有一天，大约是 1975 年国庆后的一天中午，我照常去水井边洗衣服。那天刚好人较少，只有一位女生在洗衣服，她看到我笨手笨脚地，就笑着对我说：放下吧，我帮你洗。我当时愣住了，也有女孩子帮我洗衣服？！她瞧我不知所措，就走过来把我的脏衣服揽下，说了句"我来洗，你回去吧，洗好后送回给你"。我当时的心里美滋滋的，回到宿舍后，心里一直都忐忑和兴奋。下午她把衣服送回，我高兴到连"谢谢"二字都忘了说。从此以后，我中午也多次到水井边洗衣服，要不就是人多，要不就是她没来，再也没有等到这等"美事"。而后，在 1975 年底，我被抽调参加了临高县农村路线教育工作队，一直想再次得到的"邂逅"就此终止了。

说到这，很多人可能心存疑惑，她是谁啊？我不是有意隐瞒，我一直都不知道她的名字，当时也没有胆量打听。只知道她是七五届农友，矮胖娇小可亲，带海边口音，可能是新盈中学或是我临高中学同届不同班的同学，当时隐约感觉到她好像是县武装部的子弟。这是我第一次得到女孩子的青睐，春心荡漾、刻骨铭心……可惜的是潺潺人生岁月小溪在走向大海的旅途中，把水井边的逸事磨灭了，只留下她的剪影。现在只想复原剪影，当面致谢……

我在 2013 年的五七农场聚会上简单忆述过这事，现在就让这美好的回忆永存心底吧。衷心祝福我不知道名字的"女神"，愿你幸福恒久，快乐常伴！

忆我的知青生活片段

吴好龙 / 临高知青 / 临高五七农场

我是 1975 年 8 月 13 日到临高县五七农场的，五七农场的前身是早期县机关干部下放劳动改造锻炼的县办五七干校，后改称为五七农场。五七农场的第一批知青主要是七二届本县一级机关干部子女和本县城非农业户口的初中高中毕业生，最后一批至七七届止，其中有七三届与七五届的海口水警区和新盈水区部队及加来机场个别七七届的部队子弟。全场历届知青人数近七百人，分设三个连队，相距不过二里路，场部设在一队。

1975 年 8 月 13 日，我随着一批七五届的下乡知青，乘坐着大客车从县委大院出发，离开父母，离开欢送的人群，被送到了临高县五七农场场部，后分到二队，开始曾在大田班劳动一个月，而后，当过伙夫（厨房）、挑夫（挑大粪种菜），1976 年 7 月后，主管本队一百多人的工资财务和饭堂，包括油米酱醋糖及面粉之类的采购（当时面粉紧缺，为了改善早餐我们还要经场部写介绍证明到县粮食局走后门写批条），还当过茶管班班长（管理茶园采摘茶叶），除了苗圃、养牛、养猪，几乎干遍了连队的所有工种。

一队与二队，主要种植茶叶和少量水稻，三队主要种植水稻和胡椒，每队都有后勤班养猪和种菜自给。

我们的伙食，大米是按居民粮本粮票每月二十一斤的定量供应，另外场部从自产的大米中每个人每月补助四斤，口粮相对保证，但肉类和油稀少。肉与油主要是猪肉与花生油，每人每月各四两的定量供应，偶尔连队会杀猪，加一两次加菜（粮油肉都是由场部集中三个队统一派车到十几公里外的波莲粮所和食品站去凭证采购）。蔬菜主要靠各连队自种自给，伙食标准每个月九元钱左右，最高不超过十元。月工资 18 元，满勤按二十六天计，每个月全场统一放假四天。留场出工超勤，每天按日出勤 0.72 元累计。缺勤即按 0.72 元扣除。如遇中午和晚上集体加班，一般以二两馒头或手擀面作为加班餐，或者作为义务劳动什么都没有。

看着林江老班长的旧相片，四十多年前在农场劳动锻炼的生活场景浮现在我的眼前。1976年初夏的一天，县知青办王孝斯主任到我场各连队检查工作。傍晚时分，我与林江、李跃民刚从菜地收工回来坐在宿舍门前台阶的地板上，端着饭碗正在吃晚饭的时候，王主任来到我们蔬菜班宿舍。打过招呼后，他望着我们手中端着的饭碗，开始与我们聊了起来，向大家详细了解我们的生活情况和劳动情况。当王主任看到我们吃着没油炒的冬瓜伴着殷红的辣椒下饭，嘴唇被辣得红红的时候，心情很沉重地问：拌那么多的辣椒这么辣大家都能吃吗？大家都笑笑地回答说：可以，将就吧！王主任哪里知道，因季节和我们种菜经验不足，冬瓜产量偏多而其他蔬菜严重不足，我们已连续吃冬瓜好长一段时间了，都吃腻吃怕了，只好采摘小辣椒用盐捣烂作为佐料和冬瓜混着吃。每到开饭的时候，其他班的许多兄弟们都习惯地来到我们蔬菜班宿舍和我们一起分享小辣椒。人多的时候，每天我们要消耗一大口杯辣椒（当时菜地曾种一些小辣椒）。也有不能吃辣的女生，从家里自备豆腐乳和萝卜干或其他干品。当时我们除了冬瓜其他蔬菜几乎断档，偶尔也去采摘原下放干部分散种在田埂周围零零散散的老树上等不到长大的小木瓜，应付一两餐。

接着，当王主任看到我们的穿着，特别是看到林江老班长穿着缝缝补补的裤子，无不感慨地说：从你们的穿着不仅仅看到了你们的劳动艰苦程度和劳动强度，同时从你们的身上看到了你们那种艰苦朴素、吃苦耐劳的革命精神与默默无闻的奉献精神。"新三年旧三年缝缝补补又三年"的雷锋精神在你们的身上得到了发扬光大，精神可贵！你们是好样的，是大有作为的！

领导的关怀和一番赞扬与鼓励，鼓舞着大家的士气，场面气氛比较活跃，令我至今难忘。

使我更难忘的是在林江班长的带领下在蔬菜班种菜的日子。

蔬菜班隶属后勤班管，林江是后勤班长，后勤班包括伙房4人、养牛1人、养猪1人、田管1人、财务1人和蔬菜班3人。1976年3月至7月，我和林江、李跃民在蔬菜班，肩负着120多人吃菜的重任。

如果蔬菜供应不足，直接影响全连队的方方面面工作，甚至可能直接导致人心涣散、思想不稳定，造成更多的请假回城等诸多意想不到的问题，做好后勤保障的重要性不言而喻。当然，之前大家都曾有过吃萝卜干、豆腐乳、烂咸鱼的经历，同样能坚守岗位不离场不请假，坚持完成各项劳动任务。但很快就要迎接一批新兵，他们能经受考验吗？这些，作为后勤班长的林江比我们考虑得更多，深感自己的责任更重。

林江临"危"受命，为了解决目前蔬菜供给严重不足的状况，他挖尽心思想方设法，充分利用有限的菜地，根据季节调整种菜品种，并多次带我们到一队的菜地学习交流。他还经常查看相关书籍，掌握各种蔬菜种植管理技术。他充分发挥大家的积极性，提高劳动效率，勤挑粪多浇水。我队有1号菜地和2号菜地。2号菜地离连队较远，我们要从连队的厕所一勺一勺把粪便舀到粪桶里，然后挑到三四里外的2号菜地，挑一担粪便一个来回至少要一两个小时，花费的时间太多。林江想出了一个办法，我们三个人自己动手在2号菜地挖坑另建一个大一点的粪池。建粪池需要从场部把水泥与沙石挑到2号菜地，我们三个人每个人挑两包水泥。讲到这里也许大家不相信我们能挑两百斤的水泥走那么远，确实，十七八岁的我们挑那么重的担子难以想象，但是，我们走了一两百米就停一下，走走停停，走过了那条三四里坎坎坷坷，并且两旁野草丛生的羊肠小路。肩膀被压出一道道的血印，没有唉声叹气。腰酸了背痛了，没有一句怨言。光着的脚板磨破了，没有停歇。大家都默默地坚持着，经过几天的挑运把全部材料挑到了三四里外的2号菜地，并自己动手把粪池砌好。我和李跃民不会建筑，主要由林江来完成。

在林江的带领下，我们早出晚归，每次最后摸黑到饭堂打晚饭的都是我们三个人。经过一段时间的努力，菜园里焕然一新，一垄垄绿油油长势良好的大白菜、小白菜、空心菜、茄子，和挂满竹架的小黄瓜让人赏心悦目。在较短的时间里不仅改变了蔬菜供应不足的局面，而且还有剩余，我们还把多余的大白菜进行加工晒干储藏以备用。由于蔬菜充足，猪圈里存栏数比以前有所增加，伙食得到了很大的改善。后勤班的工作在林江的带领下有声有色地进行，得到了大家的认可，被评为先进集体，林江被评为优秀班长和先进工作者。

1976年7月，由于工作需要，经队部指导员符志刚和几位队长讨论后把我调整到任务更繁重的岗位，主管本队的财务，发放工资，管理食堂和伙食结算，对外采购，管理外出参加路线教育工作队人员的粮票（每个月要用粮本转换粮票送给分散在各公社参加工作队的我队人员）。

恢复高考后的1978年9月，我参加中专考试被录取而离开农场，结束三年零一个月既平凡又平淡的知青生活。

在蔬菜班的日子

刘永平 / 临高知青 / 临高五七农场

1975 年的初春，是海南有史以来最为寒冷的一年。清晨我们蔬菜班几个人，穿着父辈们的旧衣服，光着脚丫，挑着粪桶，走在通往菜地的小道上。

虽然脚底已有了厚厚的老茧，但挑着担子走在带有露水的坚硬土道上，脚底还是钻心的痛。走完三里地，双脚已经冻得发紫麻木了。通过溪流上湿滑的独木桥时还得有超高的平衡技巧才行，不然，一不小心连人带粪桶就会掉下河去。到了菜地还要挑百来担水，因为只有及时的冲洗菜叶上的冻霜才能保住蔬菜不至于冻死。

伙房的美女到菜地割菜回来时告知场部，鱼塘里的鱼快冻死了。场长便通知大家前去捞鱼，多捞多得。我们蔬菜班几个人立刻丢下水桶赶去，只见两三个手指大小的"越南鱼"冻僵在寒冷的水里。我们脱掉长裤，只穿着裤衩跳进冰冷的水里拼命地捞，不一会儿捞了将近一铁桶的鱼。回到菜地，我们架起铝锅，燃起了柴火将鱼煮上。吃鱼时，虽然缺盐少油，但我们却吃得格外香，每人一瓶葡萄酒更是如醉如仙，在当时来说这顿饭是再美味不过了。既饱了口福，又补充了体能。

十七八岁的我们正是长身体的时候，繁重的农活对体能消耗很大，一个个瘦得跟猴子似的。记得当时每月吃一次猪肉，大伙儿都拣肥的吃。对现在的人来说是不可思议的事。

菜地离连队比较远，是在一个山清水秀的山谷里。小溪环绕着菜地，瀑布的流水长年不断，隆鸣声不绝于耳，世外桃源也不过如此。这里的空气湿润，土地肥沃。再加上我们"兄弟"五人的勤劳与同心，可以说是种瓜得瓜，种豆得豆。各类蔬菜长势喜人，绿油油的一大片，轻风拂来，碧波荡漾。精心的耕种和科学的管理，使蔬菜长势喜人，往往这垄没收割完，那垄已经开花了。当蔬菜供大于求时，我们也支援兄弟连队，也曾经运往县城和新盈镇贩卖。记得满满一大卡车青菜，在新盈才卖二十几元钱，连油钱都不够，得不偿失，我们被周司机骂得狗血淋头。

蔬菜班住在队部那排宿舍，在茶叶班的隔壁。我们五个愣头青同住一个宿舍，且一心都扑在工作上，很不注重个人卫生及内务整理。起床时不叠被子，衣服和裤衩到处丢。工作服穿到发臭也不洗，加上每天与大粪打交道，整个宿舍臭气熏天，几乎无人敢来串门，我们却久闻而不知其臭。大家都不同程度地患上了皮肤病，是一种长在大腿内暗处的皮肤癣（海南话叫"九歪"）。每到晚上，大家脱光裤子擦癣药水，虽说有点痛，但也不至于叫得那么恐怖，只是恐怕别人听见。每人持着扇子拼命地扇，那情景真是叫人啼笑皆非。

我们蔬菜班，什么时候都保持五个人。李国云皮肤白皙，任凭太阳怎么晒都晒不黑，不属于本地品种。他有着吴奇隆的鼻子和身材，是女人们喜欢的那种类型，难怪有的女同志偷偷地帮他洗衣服，我们就没有这样的艳遇！他还能写一手漂亮的钢笔字，毛笔字更是出神入化、挥墨自如。有着炉火纯青，龙飞凤舞，天马行空之功底。虽然不说是笔功盖世，也是当今各文化部门的抢手货。王四海是一个瘦高个，瘦得肚皮贴着脊骨。其兄也是同一个类型。他们其实并不比别人吃得少，每顿吃八两白米饭，不成问题，这纯属基因问题。是个人瘦嘴硬不服输的主。王四海和国云二人好像是属相相冲，几乎有拌不完的嘴，辩不清的理。但干起活来谁都不服输，锄地种菜技能没人能比。二人经常种菜比赛，速度之快，质量之好，让我们几个在一旁当裁判的都看傻了眼，几乎无法判断输赢。谢顶和谢振文是七五届才到农场来的，虽然是新知青，但我们同为天涯沦落人，都是到这广阔天地接受教育的，没什么新老之分，都干同样的活，挑同样分量的担子，当然也享受同样的乐趣。谢顶家世代贫农，根红苗正是个乐天派。整天嘻嘻哈哈永无烦恼，充其量也不过是个未成年人。谢振文和谢顶性格恰恰相反，整天沉默寡言，硕大的脑袋不知整天想着什么，或许是满腹经纶，或许正思考着哥德巴赫猜想吧。直到多少年后，我们才知道他是一个留美博士生，在一所高校当教授。正如毛主席他老人家所说的："广阔天地大有作为"。只有投身于革命熔炉之中，才能百炼成钢。很荣幸自己曾有过这么一群知青朋友。当今和同事、朋友喝茶聊天的时候，我才能有炫耀吹嘘的话题。遗憾的是自己没能有所作为，也没成材，没成钢。也许只练就了发达的四肢和坚强的革命意志吧！

忆在连队食堂的日子

龙建华 / 临高知青 / 临高五七农场

1973年4月，我从一队一班调到一队后勤班担任食堂会计。当时三队因为都是农场职工，故不设食堂，让他们自己解决吃饭问题或到一队食堂用餐。场部安排一队二队的食堂会计轮流到波莲食品站买猪肉，每人负责一天。那时候知青的猪肉是按肉票供应的。

临高民间有一个关于天气的谚语："七七四十九"。指的是，如果农历七月初七下雨，就会每天都下雨，接连下七七四十九天。从干校到波莲直至到县城，都是红土路。一旦下雨，脚底粘着一层厚厚的泥土，单车行走不得。1973年的"七七四十九"，我和二队食堂会计梁雄轮班，每人扛一天单车。后来梁雄不干了，时不时地漏他一天。还是场长聪明，叫农场干部郭彩宋把全场的肉票打包，每月拉回一只猪。知青的工资，第一年15元，第二年18元。一年过后，竟有一名女生把85元交到母亲手里。伙食费，早餐1角，午晚餐待月底结算后才定，一般为1角1分至1角3分之间。每月粮食定量为三十斤，从波莲粮所购买。另外，由于农场种植水稻，由农场补助每人每月五斤，超出不补，剩余归公。食油定量不到半斤，由波莲粮所供应。食堂做饭，按早餐每人二两，中晚餐每人四两半计算。可以自由加饭，男生大多加二两，女生极少加饭。女生会把剩余的定量送给男生。如果粮食定量用不完，食堂会计会到波莲粮所换成粮票发给知青。

蔬菜自己种。后勤班分为食堂组和蔬菜组，另外有一个人养猪。每天食堂组有人到菜地里摘菜。叶菜每个人半斤，瓜类每个人八两，豆角每个人三两。为了改善伙食，我们发动知青来帮忙。陈世光、陈树荣常托身为新盈粮食所所长的父亲采购面粉，刘国辉托身为新盈水产站站长的父亲采购咸鱼。逢年过节，我和食堂的采购谭卫平找到陈敬平父亲，当时任临高县水产局局长的陈祖深批咸鱼干。我俩每隔数日便到临城水产站买咸鱼。售货员萍姨是黄宁的母亲，对我们很好，开后门让我们进去，每次提着一筐出来。至今我们都要感恩这些知青的父母亲。我们曾向二队符定龙的父亲，一队刘国辉的母亲学发面。农场的下放干部黄良博和李煜昇，曾手把手地教我们发面和做面条。一队的指导员、老干部吴树芳很会种瓜，卖给我们的冬瓜最大的有四十多斤。食堂烧火，开始时靠知青们收工时每人带回一把柴。渐渐的没有荒地了，木柴不够用。只好到各个粮所采购谷糠。请农场职工王明豪把柴灶改为谷糠灶。有一次，我和谭卫平找到从干校调到美台粮所任所长的高飞、高淑玲的父亲高石太批得军用大米。多好的米呀！越看越好！越看越高兴！当时也不懂得，买军用大米是犯罪的。场长庄文静不晓得怎么就知道了这件事，把我叫去训了一顿。我心里还嘀咕，弄来了好米给你们吃，还骂我！我和谭卫平四处购买泡打粉。有一次去海口，坐在了老干部、农场司机陈冠民开的农场唯一的解放牌卡车的车顶上，来到了海甸岛。海甸岛坑坑洼洼的，每个坑都有一坑水……

我就这样一直到1974年12月25日离开连队上中专。

遵循母亲的话：好好干

陈雪华/临高知青/临高五七农场

1973 年 7 月，我从学校毕业回来，就响应了毛主席的伟大号召："知识青年上山下乡，走与工农相结合的道路是很有必要的"。在 1973 年 10 月，我就接到了通知，到临高县五七农场报到，在那里上山下乡，劳动锻炼。

那一天，我记得我母亲早早帮我打理好了我所需要的生活用品，还亲自帮我提着背包，送我到集中点（旧武装部），当走到那里时，看到那里的场面好热闹呀！集中点里有几辆大车挂着一幅横联，横联上写着"热烈欢送知识青年上山下乡"。有很多的父母都来送自己的子女上山下乡，他们有说，有笑，也有的哭了，那时，我的心情很激动，久久不能平静，想到将要远离父母就会依依不舍。当车子要开走的时候，我母亲脸上露出了担忧，她轻轻抚摸着我的肩膀，叮嘱我说："孩子，到了那里要跟大家好好相处，要服从领导的工作安排，好好干"。母亲的这一句话，我铭记在心里，我在心里对母亲默默地承诺，我一定要"好好干"。

开始第一天艰苦的劳动

到五七干校后（后改为五七农场），我分到一队五班，班长是钱建丽、何红英。班长对我们新来的知青很热情，给了我们很多的关心和帮助。五七农场知青在场部的直接领导和队部的工作安排下，一队知青坚持每个星期一、三、五晚上学习或班长开会。队部门前挂着一块用来做钟声的旧废铁，每天早上六点钟天还蒙蒙亮，队长已经敲响了钟声，听到钟声后大家起床，由各班班长领着本班知青做早操，然后再吃早餐。当钟声再次敲响时大家已做好了工作准备。早上全队知青偶尔也集中，由队长、指导员做工作总结或工作安排。我们五班每样活儿都涉及，比如：割香茅、积绿肥、挖胡椒洞、挑水抗旱，还经常冒着雨淋种茶苗，等等。

记得当时刚到农场没有几天，就安排我们挖胡椒洞，胡椒洞已标好线，按规格宽、深各五十厘米。这块地离我们宿舍有三百米左右，我扛起锄头和知青们一起开始投入到第一天艰苦的劳动。挖胡椒洞，很多知青不知从何下手，没有经验，力气又小，挖起来很吃力。有的挖上边宽下边窄，甚至越挖越窄没法再挖下去，大家相互看了看忍不住都笑了。我挖的还可以，因为我在初中放暑假的时候，经常去舅舅家跟那些同龄人参加劳动，有一定的经验和力气，在半天时间里我能挖好三个胡椒洞，而且在收工前，还帮我身边没有挖好胡椒洞的知青接着挖，直到挖好为止，我挖着挖着不知不觉手起了水泡，水泡被磨破渗出血来，痛得我连洗衣服都很困难。

香茅季节

在五班里，割香茅是老知青手把手教我的，刚开始不习惯，速度较慢，经过多次的练习才逐步掌握了这个技巧，割起来又快又顺。劳动当中最难熬的是，割香茅时弯着腰，背后对着火辣辣的太阳，红土热气在面前蒸着，我和大家热得汗流浃背，口渴没也有水喝，嘴巴干到说不出话来。当时我们知青面对艰苦时，别无他求，只求进步、只求无私奉献。

香茅季节，队里组织人员来蒸香茅油，共抽出四个人，包括我在内，四个人分成两个组，我与七二届的知青陈世光一组，林方奇与另一个知青一组，我们这个组专上日班，他们那个组专上夜班，圆形的香茅罐比较高，一次能装上几百斤香茅，一罐烧下来需要八到十个小时。上班时间我们把香茅装好，然后，我把香茅渣搬到下面炉灶烧火，炉灶前的头顶上搭着一小块搭棚，这是我们劳动时的工具。我每天也戴着一顶草帽，从上午七点三十分干到下午六点三十分，没有午间休息，在那里一直烧火，不停地翻滚香茅渣，目不转睛地盯着火焰。当太阳西下时，阳光全照在我的身上，再加上眼前火焰的温度，我身上流的汗水就像是被水泼过一样，衣服已全湿透。有时陈世光想帮我烧火，我在想：他要装香茅入罐，又要钩香茅渣出来晒，同样的辛苦，所以除了吃饭或喝水时才会让他帮我烧一烧火。上夜班也一样，从下午接班忙到明天早上五六点钟才能下班。我们两个班夜以继日地轮换，每天劳动时间有十一个小时，而且连续二十几天。由于蒸香茅油需要坐的时间比较长，我腰酸、腿麻、眼睛闭上时有种火辣辣刺痛的感觉。有时扁桃体发炎肿痛，当时我几乎撑不下去了。但是，想起我对母亲的承诺：一定要好好干。所以，我又默默地坚持下来，克服一切困难。从来不跟任何人诉过苦，喊一声累，更不能告诉我父母亲，因为他们会为我担心难过。

不怕苦、不怕累，争分夺秒埋头苦干

有一次，队里安排我们五班和另一个班到南宝公社附近山上割芒基草。我和知青们吃过早餐后，上了场部一辆卡车，车上没有凳子，一路站着。道路很差，卡车在路上行驶时摇摇晃晃，有时弄得整个人跳起来，要么你撞着我，我撞着你，动作很亲密。一路上大家不住地哈哈大笑。正好都是女知青，行动都方便。

到南宝公社附近山前下了车，一眼望过去是一片密密麻麻的芒基草。我们大家很高兴，都赶紧投入到割芒基草的劳动当中去。在割芒基草的整个过程中，没有听到任何人说话的声音，只有听到割芒基草嗦嗦的响声，原来大家都在争分夺秒，埋头苦干。干着干着，不知哪位知青说：肚子嗷嗷叫了。大家一看中午吃饭的时间已过，我们赶紧走到附近一户人家煮饭，大家简单吃点饭，很快返回割芒基草。芒基草茎、叶很硬，为了争取时间，加快速度，我不小心手都被扎破好几块，阵阵的疼痛。时间紧迫，顾不了那么多，坚持继续干完为止。当太阳快要落山的时候，我们载回满满一车的芒基草，等回到宿舍才发觉，天色已经很晚了。

一天忙碌下来，当疲倦的我躺在床上时，会感到力不从心，很累、很累。第二天早上都懒着起床做早操，心里想着，这还能坚持下去吗？在困难的关键时刻，我耳边回响起我母亲对我说的话："孩子好好干"。一句"好好干"给了我很大的精神鼓励，给了我无穷的力量。从那一刻起，无论做哪些活儿，都不怕苦、不怕累，全身充满活力，处处争先恐后。由于工作的突出表现，我很快被评选为班里的副班长。为了把班里的工作做好，我白天劳动，晚上还抽出时间和班里个别的知青谈心，鼓励她们要上进，向团组织靠拢，通过这样的谈心交流，个别知青的思想觉悟有了很大的提高，取得了很好的效果。

知青的精神

知青虽成为历史，但知青的精神是永存的，想当初，知青刚到农场时，每个知青身躯都是如此稚嫩。通过农场的艰苦劳动和锻炼逐渐成熟和坚强起来。比如：挑水抗旱，由于很久都没下雨，我们种下的茶苗眼看就要干枯，队领导决定挑水抗旱保茶苗。当知青们得知抗旱的消息后，迅速做好工作前的思想准备。在挑水抗旱过程中每个人都发扬了你追我赶，争时间、抢速度、不怕苦、不怕累的大无畏精神。由于这块地方是红土，在挑水的时候水洒到地上时，造成地面又湿又黏又滑，行走很不方便，所以我们都无法穿鞋子，只好光着脚板去挑水，从上午到中午一直来回奔跑，时间长了大家的腿又酸、又麻，甚至有些人脚都起了血泡走路都很困难，但他们没有停下休息过，咬紧牙关坚持到最后。如果没浇完水还得加班接着干，谁都知道很累，很辛苦，但没有人愿意说出来。记得当时有两位知青在挑水中摔倒了，全身都是红泥土，大家劝她俩回去换件衣服再回来，她俩表示：没关系，来回耽误时间，干完再说。我听到这句话和目睹这样的场面时，非常感动，眼眶里的泪水忍不住往下流。

知青们，让我们永远记住在红土坡上留下的我们知青辛勤的汗水，和无数个匆忙的脚印吧！

生活条件的困难也磨炼着我们知青。我们一队知青在用水方面很困难，一队有两口水井，一口水井是食堂专用，一口水井我们大家共同使用，在秋、冬季节雨水量少，很缺水，我们每天下午收工回来后，连饭都顾不上吃，赶紧到三队知青水井挑水，来回的路可以走上两公里左右，每人挑两桶水，一桶用来洗澡，另一桶用来洗些衣服，有些男知青还经常拿这事来开我们玩笑。而男知青他们经常跑到食堂对面的水田井冲洗，这口水井与水田的水相连，水很不卫生，但条件受限，也没办法，如果换了现在有谁愿意去呢？

我们知青虽然有苦，但也有乐，每逢节日放假农场都会组织各种活动。比如：男篮、女篮、女子拔河，都是一队与二队的比赛，晚上有文艺节目演出，节目多数是由七二届的知青张如谦自编、自导，有时还会自演，如：舞蹈、诗歌朗诵等。那时候的活动我都有参与，其中让我印象较为深刻的是：我和知青张如谦一起搭档唱临高戏的表演，还有作为当时的六班班长，组织并指导几位女知青演出"毛主席我们永远想念您"的舞蹈。正是有了各种丰富多彩的活动，才使得我们知青的生活增添了许多乐趣。

急大家之所急

由于后勤班的七二届知青陆陆续续离开农场走向新的工作岗位，人员需要调整，队长劳庆招安排我到后勤班去负责食堂里的工作。我们一队食堂包括场部各个班、组共有一百多人吃饭，除了早餐，每天要煮满满的两大砂锅大米干饭，每顿要炒两大盆的菜，炒菜时放油很少，有时要放少量的食用生粉溶水调配。有时候我们也会杀猪来改善大家的伙食，猪是由我们后勤班的知青黄丽珍来养，她养的猪特别好，又肥又嫩。蔬菜是由我们后勤班菜地组供给，菜地里有好多的品种：白菜、青菜、苦瓜、木瓜、空心菜、长豆、茄子，等等。每当我走进菜地里取菜时，眼前总是被一片绿油油的蔬菜所吸引，同时也看到菜地组几位知青：刘扬、谢林、杨豪忙里忙外，浇水、施肥、除草等。正是通过他们的辛勤劳动，菜地里的瓜果蔬菜才会随之丰富起来。逢台风雨水季节，我们以空心菜、木瓜为主。有时候遇到暴风雨路滑车开不出去，粮油供不应求，揭不开锅了，一百多人要吃饭，怎么办？我急大家之所急，想到知青二队食堂借大米，到了二队食堂我跟林班长说明来意后，他很热情地借给了我们大米，这才暂时解决了大家的吃饭问题。采购员林方能头脑灵活，每月都能购回来好多面粉，自己还把冬瓜做成冬瓜糖或用来做包子馅。每当做面食时，他都会和我们一起做。队里加班时要做加班餐，他每次都会主动帮忙，使我们有足够的时间把加班餐（包子或馒头、开水）送到加班工地去。他所购之物都需经过我验收签字方可，我们相互之间工作配合得很好。

在食堂工作的这段时间当中，作为食堂的负责人，我严格要求自己，对工作认真负责，不搞任何特殊化，工作当中以身作则，任劳任怨，在我们大家的共同努力下，食堂各项工作安排得很妥当，同时也完成了队里交给我们的每一项任务。食堂和菜地组合为后勤班，班里有男知青，也有女知青，我们在班长刘扬的带动下，大家互帮互助，团结一致，工作非常顺利，大家都很开心！

无怨无悔

再后来，队长劳庆招安排我到六班当班长。在五七农场三年多来，我去过三个班，每个班的工种都不一样。六班是积肥班，主要的任务是专积牛粪，供给全队生产的需要，这是一项非常艰巨的任务，作为一班之长压力是可想而知的。面对这个问题，让我想起了毛主席的教导：要相信群众，依靠群众。这才是唯一解决问题的办法。在全班学习或开会的同时，我就把积肥任务讲给大家听，让大家共同讨论，想不到大家不谋而合，异口同声地说：不管任务多艰巨，有多大的困难，我们一定要完成队里交给的任务。1976年我班接收到七六届的七位女知青，她们年龄较小，其中周云兰还不满十六岁，可是，她们人小力气大，每天都能出色地完成积肥任务。我们每天早上吃过早餐后，三至四人为一组，各自挑起箩筐，迎着初升的太阳又开始了新一天的工作。积牛粪需要一把耙子，当时在那个年代，经济条件很困难，队里没有分给我们耙子，让我们自己想办法。我们的办法是：把自己的十个手指当作耙子，把牛粪捡起来，捡了一块又一块，直到放满了箩筐，然后一担又一担地挑回到队里来。为了出色地完成积肥任务，我们什么脏活、累活都不怕，也是为了完成这个任务，我们不管日晒雨淋，照样踏尽了山坡，走遍了田野，不知走过了多少里路，穿破了多少双鞋子，大家都无怨无悔。（在这里我特别感谢我们全班的班员：云琼、符少丽、苏赛琼、王珍、吴清桂、王琼凤、徐东明、周云兰、杨爱芬、韩丽娟、毛淑连、符丽娜、谢娟坚）

实现对母亲的承诺

几年来，在五七农场这片广阔的天地里，无论是生活还是劳动，都磨炼了我吃苦耐劳的坚强意志。我深深地体会到，在书本里学不到的知识，反而在五七农场的实践中学到，而且学到得更多。在这三年里，我每年都被评选为生产先进工作者，实现了我对母亲的承诺——好好干！母亲，我真的好好干了！

我的上山下乡知青日记

卢军 / 临高知青 / 临高五七农场

1975 年 8 月 2 日

一抹朝霞映红天际的时候，海口水警区大院早已在忙碌了：一件件行李堆放在路旁，送行的人群三三两两地在谈论着什么……1975 年首批上山下乡的应届毕业生就要出发了。

家里准备了一顿丰盛的早餐：卤猪肚、松花蛋、煎鲳鱼、精面馒头、大米稀饭。

临别的情景是激动人心的：一面面彩旗迎风飞舞，欢乐的锣鼓声震云霄；同学在叮咛，父母在嘱咐。我们胸前戴着鲜艳的红花，行走在夹道欢送的人巷中，心中有说不出的光荣自豪感。再见吧，父母。再见吧，师长。我们——年轻的雏鹰，要展翅高飞了。

汽车在飞奔着，沿途洒下阵阵的笑语声。一块块青翠的水稻，一片片淡绿的香茅，一行行茁壮的橡胶，一层层茂盛的甘蔗……不时在眼边闪过。壮丽河山锦绣美景多么令人难忘。还有那尚未开发的荒山野岭深深地映在自己的脑海里。要把这些变成米粮川花果山，就需要我们新一代辛勤努力、奋力大干。有甘蔗的甜，大米的香，就需要我们吃苦。我想，有实现共产主义的远大目标，有坚定的革命信心和决心，就将会在苦中体会到无限的甜，体会到无限的欢乐。

到了，到了！我们新的家到了。这是一片起伏不平的丘陵地带。山上是绿油油的茶园，山洼里是青翠翠的稻田。我们受到了农场领导、老知青们的欢迎，品尝了香喷喷的自产山茶。接着就公布分配名单，全体水警区知青分别被分到三个队去。我、张文引、肖惠宝被分配到二队。文引与我分在一个房间。房间太小了，我们俩的大木箱实在放不下，最后只好把我的箱子放到付书记那里。房间约 15 平方米，一共住 4 个人。这里是红土地带，今天正赶上下雨。嗬，你看吧，走起路来鞋上足足粘上两斤泥巴。因此要准备防泥鞋（这里的特产），它像一个小板凳，再钉上两个胶箍。这都是后话。

吃饭，这可是个问题。中午在临高县城吃的炒粉菜汤早就消化了（还没吃饱），这里却是六点半才收工。瞧，天已经黑了，而老知青的习惯是洗完澡再吃饭。等候的结果真是前胸贴后背。今天加菜：炒木瓜、红烧肉（为迎接我们新知青的到来）。文引够吃了，但我却是半饱。嗅到饭菜的香味直流口水（饭还是糊饭），只好对自己说：忍忍吧，饿鬼。

明早可能要出工（6点30分），5点50分起床。止笔。

1975年8月3日

"起床啦，起床啦"一阵轻轻的喊声把我从梦中唤醒。唉……我伸了个懒腰，揉着惺忪的睡眼爬了起来。外面模模糊糊一片黑暗，还看不清人影。时间：5点半。等我穿好了衣服，老知青们已经做完了广播体操。——这就是到农场后的第一个早晨。

早餐：木瓜肉馅糖包两个，外加一两稀饭。

饭后，队长向新知青介绍了队里的情况。着重提醒我们思想上要积极要求上进，认真学习马列、毛主席著作，刻苦改造世界观，并宣讲了规章制度。农场付书记也做了指示，新知青们也表了态。

接着我们开始了第一次劳动。身穿劳动服，肩扛新锄头，迎着红太阳，大步走田头。任务：翻稻田。工具：锄头。多新鲜！从来只见牛犁田，没听说拿锄头翻田。骄阳烈烈，没有一丝风。我们正挥汗如雨地猛干时，忽然平地卷起一阵阴风，漫天刮来阴沉的乌云。总共不到十分钟，倾盆大雨骤然而降。快撤！等跑回宿舍时，已经成了一只落汤鸡——这是老天给我们第一天锻炼的洗礼。

午睡也是可笑的。中午吃完饭冒着风雨去洗澡，着凉了，又睡得迟，起床时，班长叫了三次，才蒙头蒙脑地起来。大家排队点名时（去场部开欢迎新知青大会），自己裤子还没穿好，眼睛还睁不开。后来到会场时，脑袋才清醒。

开完会后，给波罗蜜树苗除草。收工后给家里写了封信。

晚上吃肉星煮萝卜干，又没吃饱（中午也没吃饱），后来加了二两饭才洗了饭碗。乖乖，这是猪肚皮还是人肚皮？饭后到图书馆借了一本书《人体生理知识》。8月10日还。

时间：10点，止笔。任务：睡觉。

1975年8月4日

谈一下知青农场的情况。原有人数217人，加上本届临高中学毕业生60多人，海口水警区应届毕业生20多人，目前为301人。场部下辖三个队。一队、二队主种茶叶，兼管水稻、花生、香茅等；三队为后勤队，主种水稻、胡椒、甘蔗、饲料等，还养猪养鱼。农场土地共 4680 亩，目前还有一些荒地未开垦。茶园面积较少，到 1980 年将扩种云南大叶茶 2000—3000 亩。机械化有待以后实现（目前有 1 台汽车、2 台拖拉机）。到 1980 年知青人数将扩编至 1000 人。

生活条件还可以。场部、一队用自来水，二队、三队用井水。自行发电照明，电压稳定，晚上 10 点熄灯，停止发电。据说海口水警区也支援部分发电油料。四人房间（15—20 平方米）可点 100 瓦、25 瓦灯泡各一盏，比在家还亮。场部的图书室有画报及各种报纸（包括文汇报、参考消息等），还能借阅书籍。有一个乒乓球桌。农场还有小卖部（烟、酒、罐头俱有）和一个水泥篮球场。

我们二队共有六个班。一、二、三班是机动班（水稻、茶叶、香茅都管），四班是茶叶班，五班是后勤班（一组蔬菜、养猪，二组厨房），六班是苗圃班（培育茶苗）。我被分在二班。劳动时间：早上 6 点半到 11 点，下午 3 点到 6 点半。

今天买了 4 斤饭票，总算有了储备粮。这里粮食定量 35 斤，另外农场补助 5 斤，队里留 1 斤养猪，剩下 4 斤可以买饭票（从工资里扣钱）。如不买就退回场部。

还有一件头疼的事：拣柴。吃饭不能白吃，每人每月拣柴 250 斤（在劳动时间之外）；如果拣木麻黄枝叶则要 75 斤。但是目前连睡觉的时间都不够。艰巨！艰巨！

今天上午插秧，我可出了洋相。站也站不稳，蹲也蹲不下。插一把要一根一根地数，人家从田埂这头插到那头，我却连十分之一都插不到。要紧的是腰，180 度的大弯腰，活像一把大肉弓横挂在田里，有如千斤大石压在身上，那滋味无法描述。下午锄花生草，稍显轻松。

老鼠，老鼠！我在写日记，它在房梁上瞅我。瞧，多镇静。好吧，止笔。别让它偷看我的日记。晚上放电影《奇袭》。不去了，休息。

1975 年 8 月 9 日

学习体会：学习了柴春泽同志的先进事迹，深为感动。柴春泽和我们一样，同是中学毕业生，同是千千万万上山下乡知识青年中的普通一员，但是他能刻苦改造世界观，虚心接受贫下中农的再教育，自觉磨炼自己，在广阔天地里茁壮成长。最主要的是，他能认真攻读马列、毛主席著作，理论与实践相结合，坚定不移地扎根农村，"决心奋斗六十年"，"不获胜利心不甘"。他坚决同轻视农村、轻视农业劳动的旧思想旧传统彻底决裂，胸怀共产主义大目标，坚定不移地前进在毛主席指引的与工农相结合的光辉道路上。

学习先进，对比自己，问心有愧。临毕业时，学校掀起了要求上山下乡的热潮。

自己虽然也写了决心书，但却认为是形势所迫，因此惧怕艰苦，总是担心部队选的知青点好不好？条件怎么样？后来，听说到县办农场才松了一口气。从本质上来看，这是由于没有学好马列、毛主席著作，对上山下乡的伟大意义认识不足，与旧思想旧观念不能彻底决裂。有了这种思想的存在，势必会对扎根农场建设农场的决心产生动摇。吃不得苦，流不得汗，世界观也得不到改造。

柴春泽的先进事迹给我上了一堂生动的政治教育课，使我越来越爱上我们的农场。战争年代，革命前辈在这里打过仗、流过血。今天，老知青们胸怀革命理想，用辛勤的汗水浇灌出茂盛的茶园、茁壮的水稻。但是，我们还看到尚未开发的大片荒地，要把这些荒地变成美丽的茶园，正需要我们的艰苦奋斗。自己认识到，这里的一锄一担，都是在为社会主义建设出力，都是在为20世纪把我国建成社会主义四个现代化强国的宏伟目标出力，都是在为实现共产主义的远大理想出力。因此，自己决心以柴春泽为榜样，刻苦攻读马列、毛主席著作，坚决与轻视农业劳动的旧思想旧观念彻底决裂。热爱农场，安心农场，把平凡艰苦的劳动同实现共产主义远大理想结合起来。努力奋斗，勇往直前！

1975 年 8 月 24 日

今天接到了妈妈的来信（8月21日寄出），得知妈妈要探亲，今天启程，10月1日前回琼，9月份就不能来农场看我了。

同日，海口水警区政委朱副参谋长（朱卫国的爸爸）顺路来看我们下放知青。正巧我们今天加班，12点才放工，险些等了个空。

中午放工时，我和文引借了柴刀，放倒了早已侦查好的两棵枯树，满头大汗地扛了回来。过秤共110斤，离我们的定额500斤还差好大一截。

上午拔绿肥日本菁。我弯下腰刚拔第一棵，突然耳边一阵嗡嗡响，接着就像被燃着的香烟头烫了一下，火辣辣的痛了起来。原来，我不小心触碰了一只马蜂，它毫不客气地回敬了一下，耳朵顿时就肿了起来，赤红赤红的。事出有因，我忽然想起来前天下午割绿肥时的情景。那天发现了一个马蜂窝，有巴掌大。我们便在尖担上绑上枯草废报纸，点燃后往蜂窝上捅。只见浓烟骤起，干草烧的噼里啪啦响。几十只马蜂忽地腾空而起，上下盘旋，搜索着报复目标。我们紧紧趴在地上，像躲避炮火似的纹丝不动。一会儿便去收获战利品——有着几十个蜂蛹的马蜂窝。回到宿舍，我们便在火炉旁烤熟了蜂蛹。自己过去没吃过蜂蛹，提心吊胆地尝了一个。油汪汪的，像吃肥猪肉一样。烤熟的蜂蛹闻起来香喷喷的，就是不敢多吃，后来把自己那份都给王家雄了。今天的被蜇可能是那天的报应吧。

回望红土地的知青岁月

李安静 / 临高知青 / 临高五七农场

1977 年，我赶上了上山下乡的最后一班车，在海南岛临高县五七农场，度过了我人生中刻骨铭心的两年知青岁月。

农场新客

我高中毕业的那个 1977 年暑假前，在学校的大字报栏里，我们纷纷写下"我自愿：上山下乡接受再教育，坚决扎根农村一辈子"的豪言壮语。那时，所有的非农业人口毕业生，都按父母所在单位的直属关系分配下乡。我被分配到临高县五七农场。因为我父亲在邮电局工作，别无选择。7 月 27 日，年少的我，告别了亲人，被历史的车轮带上了下乡之路。

走的那天上午，天气很好，马路上挤满了送行的人。学校里的中小学生举着鲜花，在马路两旁载歌载舞欢送我们。父亲单位的领导，给自己员工子弟每人赠送几本用红绸带扎着的"毛选"，还鼓励我们说"到农场后，要一不怕苦，二不怕累"。之后，我们戴着鲜艳的大红花，带着父母的叮咛，光荣地爬上了敞篷的解放牌大货车，与众人挥手告别。

汽车缓缓地从东向西开去。母亲眼里含着泪花，但我的脸上却没有一丝的失意。我当时还差两个月才满 15 岁，这正是在父母身边撒娇的年龄，我不敢去想象农场的生活是什么样儿，更不晓得以后等待我的人生是怎么回事。我戴着大红花，莫名的一种光荣自豪感在心里油然而生，脸上被街上的热烈气氛感染得异常红润。

大货车驰出县城，经过波莲镇后就一直往山里开，越往前走山路越窄，车速越慢，眼前所见地下的红泥巴，比在县城里见到的颜色要深得多。不知过了多久，我们终于来到了目的地——五七农场。我们先到农场的总部集合，第一眼看到的是宽十几米、长近三十米的总部大礼堂，在大礼堂正门上方，毛主席所题的"广阔天地大有作为"几个大字，被红漆刷新，非常耀眼。我们被分到三个不同的连队，而且每个队与队之间的距离很远。当各队队长拿着名单用不同的嗓音扯着喉咙点名时，我心里忐忑不安，很害怕没有同学跟我分在同一个连队。听到二连五班班长点我的名字，我赶紧走过去。我站好后，班长用极度怀疑的眼光盯着我再次大声喊："李安静，李—安—静！"这时，我只好举手示意，我就是李安静。班长上下打量我，惊讶地说："这么小哇，我还以为你是来送家里哥哥或是姐姐的呢。"后来听场长说，我是这一届知青中年龄最小的一个。

是的，一个未满15岁的小知青，在这里，开始了人生旅途转折的第一步。

知青生活

从农场总部大概走20分钟小路就到了二连队，五班班长热情地给我们分配住宿。几排简陋陈旧的砖瓦小房，五人一间。班长面带笑容地对我们说："你们能到这里来，已是很幸运的了。这里是农场，不是农村。否则，你们要吃更多的苦。""大家赶紧把自己的东西收拾好，准备到饭堂打饭吃。这里每人每月35斤大米，打饭要记卡，能吃多少打多少，不要浪费。"我们每天早上6点30分吃早餐，7点准时出工。每月如果出满勤可领到18元工资。每月放四天假可以回家。当然，放假期间，班里都安排人轮流守护农场。

我所在的二队，有水稻田、甘蔗园、苗圃园，有一整片一整片绿油油的茶山，山脚下还有茶叶加工厂、机修厂和整洁干净的养猪场。因此，连队分工，有苗圃班、大茶班（种茶）、茶叶加工班、机电班、大田班（也叫稻班）、后勤班（饭堂、养猪）等。

刚到农场，我被分配到大茶班，班里大都是七三届到七六届的大哥哥姐姐们。我们主要的工作是种茶、采茶、管理茶树，那时人们都戏称我们是"采茶姑娘"。之后，我曾到大田班参加过"双抢"，还被调到后勤班煮饭和养猪。整整两年时间的农场知青生活相当辛苦。

1. 水田之舞

我到农场时，正是秋水稻"双抢"时间。第二天，班长安排全体成员下田收割稻谷。下田劳动对我这个又小又瘦的城里女孩而言，是一个很大的考验。农场的水田泥陷很深，我那时是1.5米的小个子，赤脚一踩，"咕咚"一声，烂泥齐膝，真是举步维艰。每次一听到班长安排我下田，我就想哭。最残酷也最令我恐惧的是水蚂蟥，这东西长得滑不溜湫软绵绵的，太可怕了。

第一次被蚂蟥咬的经历，令我终生难忘。那是初次下田收割稻谷时，我被埋在泥里的一只脚觉得有一种奇特的痒，抬脚一看，我的妈呀！一只又黑又软的蚂蟥已经吸上我的小腿。顿时，我吓得在田里跳啊跳啊不停地跳，一边把那只脚抬起拼命地甩，一边"啊……啊……啊……"地尖叫着。恐惧、慌张、手舞足蹈似的想甩掉蚂蟥。我很本能地用手里的镰刀去刮蚂蟥，结果"唰……唰……"几下，蚂蟥没刮下来，却已把腿刮伤。腿上鲜血淋淋，身上脸上溅满田里的泥浆，蚂蟥却像吸盘一样牢牢地粘着。我急得放声大哭！此时，有人冲我喊："快，快吐口水在手上把它揪下来！"我一听，又犯傻了，这恶心的家伙，稀软稀软的，软得吓人，口水吐在手上又怎么下手揪出它呢？还是旁边一位勇敢的好姐姐，把我硬拖到田埂上帮我把蚂蟥弄掉。尽管如此，我小腿上那块被吸过的伤口，鲜血还是流个不停。再看那只揪出的蚂蟥在水田里，仍然扭动着半饱的身子，一会儿伸长一会儿缩短，一会儿变细一会儿变粗地蠕动着。我不敢再下田，坐在田埂上流泪呻吟着。有好心可怜我的大姐安慰我别怕，有调逗我的大哥说蚂蟥吸过后在我的血管里会产卵发育。我的天啊！我一听，更加害怕了。这吸血虫会不会钻进我的血肉里安居呀？我越想越害怕，脸色煞白，哭声更大更酸楚，当时真是狼狈之极！

这之后一提到蚂蟥咬人吸血，我总是心有余悸。恰恰在大田班，一天到晚都要泡在水田里。来例假的时候对女知青而言是苦不堪言的。蚂蟥嗅到血腥味，便会跟上来。有几次我脚一站到田里，没几分钟就看到蚂蟥爬过来了，吓得赶快避开。其实，大田班有规定，女同志来例假的那几天，是可以请假或要求安排其他工作的。但是，我那时年纪小，认为女孩子来例假，很不好意思对人说，更害羞告诉男班长，因而不敢请假，硬咬着牙下田。记得一次给水田插秧时来例假，我站在田里，看着血顺着大腿一滴一滴地流到脚下的泥浆里，心想糟了，男知青们要笑话我了，蚂蟥又要来围攻我了。于是，悄悄地用脚把带血的泥浆或踩踏，或搅浑……那次插秧劳动，我一直心不在焉，进度与质量可想而知。收工时，我只能装模作样地在田里磨蹭，等到大家都走了我才最后一个离开。

2. 茶山歌声

在农场，我有将近一年的时间在大茶班度过。种茶是一件很辛苦的事情，一年四季没有空闲的日子。在下雨天，要趁着下雨把茶苗种下；在轻雾的早晨，要把茶芯一颗颗摘采下来。最辛苦的是给茶树杀虫喷农药了，因为要在天亮前趁着大雾给茶树喷农药才最有效。凌晨三点钟睡得正香的时候，班长就来敲门："起床喽，该起床啦！我们马上要走了，你们动作快点跟上呀。"每次躺在被窝里，听到班长的敲门呼喊声，我都会在心里狠狠地骂几句："臭班长！臭班长！讨厌！讨厌！"揉揉睡眼惺忪的双眼，极不情愿地从床上爬起，穿上厚厚的上衣和妈妈用旧裤子改装过的肥大裤子，背上大大的杀虫药桶，冲进混沌的夜幕中。茶山周边有很多坟墓，三更半夜经过这些墓地时，常常会听到一些像小孩的哭声，当地人说是鬼叫声，让人毛骨悚然。更恐怖的是，夏天大雨过后，路过墓地旁会有磷火，当地村民迷信地说是鬼火，"那是死者的阴魂不散，鬼魂在那里徘徊"。虽然，在中学的教科书里，我们都已经知道磷火被空气带动会跟人走。但是，万一被磷火粘上，也会让我这样的女孩子吓破胆的。因而，每次上山，我都不敢单独行动，都要与大哥大姐们结伴同行。在这样的凌晨时分，在这样阴森森的山路上，很多知青都会用嘹亮的歌声来壮胆，来驱赶心中的恐惧。记得我们班有一位叫阿二姐的大姐，歌唱得特棒，属于女高音。每次上茶山，她一开腔，我们也就跟着唱。有时她说她要练声别打岔，我们只好把声音压低些，一边欣赏阿二姐的歌声，一边低声随和。我们经常喜欢唱一些电影歌曲，如《刘三姐》的采茶歌，以及《卖花姑娘》《我们村里的年轻人》等。最经典的莫过于《刘三姐》的对歌："嘿——什么水面打跟斗嘞，嘿啰啰嘞；什么水面起高楼嘞，什么水面撑阳伞嘞……"我们女的，都是正儿八经按原歌词来唱，但轮到男的，他们就乱改歌词假装"莫老爷"了。

一路欢歌笑语，到茶山后，班长就开始分工，谁负责哪一个山头、哪一片茶林等。我们女孩子都是自动组合，两人一组，一是怕黑，二是怕蛇。茶山上的蛇，还真多，一不留神就会踩到茶树下的小青蛇。我们通常先要到山脚下挑水上来配农药。下山要走好长的路。好大好大的铁桶啊，好沉好沉的硬木扁担，水桶装满后憋足吃奶的劲才能挑起，而后趔趔趄趄地醉酒般地晃行。那时仿佛突然感觉到肩膀的存在，感觉到腰的存在。好不容易把水挑上山来，便开始配药水。一个杀虫专用桶加满水后50斤重，为防止药水洒到背上或脚上，必须穿上胶水鞋和雨衣，这样一来，行动不便，就显得更沉重了。我个子又小又瘦，有好几次都差点被桶拖倒……

在茶园里喷洒农药，清晨的大雾使整个茶园都弥漫在浓浓的迷雾之中。呛鼻的农药味，给人的呼吸增加了困难。每次杀虫药喷完后，我都感觉头晕目眩，疲惫不堪，有时腰、肩背、双手疼痛到麻木。杀完虫，已是早上7点多钟。天亮了，太阳出来了。我们脱下身上的雨衣，抖抖被汗水湿透的衣服，收拾好工具下山吃早餐。因为那时候在雨天种茶苗、晴天修枝除草，或是在雾天杀虫和采茶，我们通常都被露水和汗水弄得一身湿淋淋。因而，海南的知青，很多都患有风湿性关节炎病。

在大茶班，最快乐也相对轻松的工作就是采茶了。在阳光明媚的季节，清晨6点，天刚蒙蒙亮我们就头戴草帽，身背竹茶篓，上山采茶。那时绿油油的茶山美极了，空气中弥漫着淡淡的花香，翠绿欲滴的茶树丛中，不时传来知青们采茶时银铃般的欢笑声和歌声。采茶是个很赶时间的活，一般是在中午之前，就要将采来的茶叶交到场里的茶叶加工厂。按要求，每根茶叶都必须一芽两叶。采茶姑娘个个心灵手巧，节奏轻快，熟练采摘。我们用灵巧的双手敏捷地从茶树上摘下一片片嫩芽，不光茶叶采得快采得好，还要比赛看谁的茶篓装得满装得漂亮。我们常常喜欢把自己的茶篓装扮得像艺术品摆件一样互相欣赏，交流愉悦。采完茶，太阳已在茶山上空洒下万道金光，四周的茶园被染上一层金色。在下山的路上，采茶姑娘个个神采飞扬，背着茶篓一路走一路歌。那时间，歌声、笑声、阳光、靓影，构成了一幅声与色交汇的动人画卷。

3. 厨房交响曲

之后，我被调到后勤班。那时候的知青农场，每人每月 35 斤大米，是有饭吃饱的基本保证，但菜很简单。除了清炒木瓜、清炒白菜，或者萝卜干、空心菜、白冬瓜再加上一点点薄得能照出对面人影的肉片外，再没什么油水了。场里每月杀一次猪改善生活，那就是我们最奢侈的盛宴。每到杀猪的那天，大家都兴高采烈地敲打着瓷碗饭盆，奔走相告欢呼雀跃。

挑水、劈柴算是后勤班的重体力活了。这种重活，大都被那些大哥大姐们为照顾我这个小朋友而抢着去做了，我的主要工作是洗菜、煮饭、搞卫生。煮饭用的是土灶，伙房里架着很大很大的铁锅，必须有人在伙房外的灶里烧柴，我就负责这个活。晴天还好，如遇到下雨天，烧柴的活就不容易了，自己往往被烟熏得一把眼泪一把鼻涕的也没能把火烧旺。有时想利用灶里的余热引火时，把头凑近灶口用嘴吹，吹着吹着火苗会瞬间扑腾起来，突然把我的眉毛烧没了一半。我被火苗烤得满脸通红，火辣辣的疼，那是经常的事，而伙房内炒菜的大哥却在催喊："火烧大些！火烧大些！"令我手脚忙乱。此时我在伙房外就会听见"滋滋滋"倒菜进锅和"当当当"铁铲撞碰锅底不断翻炒的美妙交响曲。饭菜弄好停当后，大哥先吹一声口哨，然后打开嗓子叫喊着："开饭啦！开饭啦！"我敲响挂在门前用废旧铁轮做的"大钟"叫大家来吃饭，就这样，厨房里一首热闹的锅碗瓢盆交响曲才在我们的叫嚷声中结束。

在后勤班，每天凌晨三点多钟就要起床做早餐，在我这个正贪睡的年纪也是件很难熬的事。每天天还没亮，就要黑天瞎火地到斜坡下的水井挑水。厨房里有两口大水缸，挑五六担水都装不满一口缸，有时我会怀疑水缸是否漏水了。每餐饭做好并分完后，伙房洗洗刷刷搞卫生就是我们后勤班几个女孩子的任务了。锅碗瓢盆洗刷干净后，伙房里的大姐就会在锅巴上涂些猪油和白糖，卷起来偷偷塞给我一块。

每当那时，我的高兴劲就别提了，我觉得那是对我一天工作最高的奖赏，特别开心。

4. 雨天滑稽

以前没到后勤班时，我特别盼望下雨天。盼望雨能下大一点，下久一点，这样，队长就会通知我们不用出工了。除了指导员偶尔会叫我们集中开会或学习外，我们就可以美美地睡个懒觉；然后，以床当桌写写日记，看看小说，有时也会听收音机手抄歌曲。那时风行一时的俄罗斯民歌《三套车》，30 年代的电影插曲《夜半歌声》与《秋水伊人》等，我们都有抄。也有些女孩子用钩针钩台布、编草帽的。每遇到这种雨天，我更多的时候是坐在床上发呆，听"哗哗"的下雨声，透过窗户看一拨拨的红泥水从高高的山上往下流……有些人还会在屋里玩扑克牌、唱歌、吹口琴、拉小提琴。屋外的雨声和屋内知青们的欢笑声，简直就是天人合作的奏鸣曲，一片祥和。

说到下雨天，我又想起了我们队里最著名的"雨水自动洗衣"法。在连队厨房门前，有几根晾晒衣服的铁丝，下大雨时经常有人将脏衣服挂在铁丝上任由雨水冲刷，待出太阳晒干后才收回，整个过程全自动化。那就是我们男知青们当年发明的"雨水自动洗衣"法。有一次，我极无聊地坐在床上看窗外淅淅沥沥的雨，突然发现有一男知青拿着一条脏裤子，以百米赛跑的速度冲进雨中，在距离晾衣铁丝还有约莫一米远的地方，就将手中的裤子抛向铁丝。由于雨太大，加上他用力过猛，一甩，脏裤子没挂上铁丝，人反而滑倒摔了个四脚朝天。这精彩的一幕，让我们宿舍的女知青看到了，"哈哈哈……"大家都笑翻了。"雨水自动洗衣"法虽省事，但干净程度可想而知。不过，这种洗衣法对每天累得闭眼就能睡到天亮的知青来说，还是被沿用了很长时间，尤其受到男知青们的青睐。

还记得前文提到的雨天"防粘鞋"吗？那是当年我们知青发明的。将普通的平底木屐用木板制成小板凳式的高低木屐，然后在小板凳上面钉两片胶带。因为农场属于红土地，每到下雨天，到处都是黏性很强、鲜红而厚厚的泥浆。如果穿普通的平底鞋，脚踩下去，粘着泥浆的鞋子就拔不出来了。所以，当年的仿黏木屐解决了我们雨天行动的一大难题。更有趣的是，知青们穿上木屐在礼堂、宿舍走路，那种"踢踢踏踏"的响声，就像一首首打击乐一样清脆动听。

5. 雨夜惊魂

初夏的一个雨夜，我们都上床准备睡觉。刚躺下不久，我突然感觉蚊帐被什么东西重重地压了一下，同时伴有一阵"噼噼啪啪"的响声。那时我们睡的是上下床，我睡上铺，郑爱玲睡我下铺。看到有东西快速地从蚊帐顶跑过，我问爱玲："什么东西？"爱玲说："不知道，可能是老鼠吧。"我心想，老鼠不会有这么大动静吧？

正闭眼时，听到"嗞嗞，嗞嗞"的声音，我从床上探出头循声望去，定睛一看，墙边有好大一团黑影。我的妈呀！那团黑影竟然是一条一米多长、酒瓶口般粗的大蟒蛇，它圆滚滚的身子正懒洋洋地扭动着。我被吓得魂不附体，用手轻敲床板语无伦次地压低声音对爱玲说："蛇，有蛇！"这时，宿舍里5个女孩都看到蛇了，大家大气都不敢呼出。"天啊！蛇要是钻进蚊帐里来怎么办？"我顿时想。接着就悄悄坐起，用颤抖的手将蚊帐四周都压进草席下，之后用被子将自己裹得严严实实的，只露出双眼观察蛇的动静。看得眼睛都累了，可蛇一直赖在墙边不动。怎么办？怎么办？睡意一阵阵袭来，但又不敢合眼。我只能在床上默念："蛇啊蛇，蛇啊蛇，你别吓唬我们了！你快走吧！求求你了，你从哪里来就回哪里去吧……"我也不知道自己这样反反复复念了多久。终于，看到蛇蠕动了，我的心都提到嗓子眼了。不知道这条大蟒蛇将爬向何方？我瞪大眼睛，只见它像个贵妇人似的，缓缓地扭动着沉重的身子；又像一个善良的精灵一样，不忍心打搅我们这几个胆小的女孩子，慢慢地向门口的方向爬去。因为门是关着的，而窗是半开着的。很快，蟒蛇爬到门边，瞬间调头"唰——唰——唰"的从窗口爬了出去。我们长舒了一口气。那晚，惊魂未定的我，战战兢兢地彻夜未眠。

五七农场地处山区，四面环山，人烟稀少，蛇特别多。在水稻田边、茶园草丛里，我们经常遇到不同类型的蛇。有时，早上上茶山的路上也会看到整整齐齐的蛇皮，据说那是蛇蜕皮。后来，蛇见的多了，我也不怕了；再后来，晚上睡觉我经常梦见各种各样的蛇。

同壕战友

每当我回忆五七农场往事的时候，总有一些名字涌进我的脑海。

1. 海口水警区部队子弟

当年这些部队子弟给我留下的印象与众不同。首先，他们的名字很特别，也许是父母的军人情结吧，在儿女的姓名中，常会带有"军"或"卫国"这样的字眼。其次，他们在部队大院里长大，但他们下乡到这么艰苦的农场却不显娇气，样样农活都干得很出色。我佩服他们，更羡慕他们，羡慕他们在农场里是一个很和睦的小群体，羡慕他们每个月放四天假时部队会派车来接他们回家。

朱卫国，现任深圳市公安局纪委副书记，当年的三连队队长，是一个高大帅气的部队高干子弟。在我的记忆中，他收工后常到我们二队串门，整天乐呵呵的，好像农场辛苦的劳动对他是一种享受。我不知道他哪里来的这份激情和乐观，俨然是一个心态很好、热爱生活的人。当三十多年后的今天，我们在深圳相遇时，坐在一起追忆农场的那段经历，他没有丁点儿怨恨当年的上山下乡，反而说吃苦是一种磨炼，磨炼是人生难得的一笔财富。诚然如他所说，在深圳特区改革开放初期大搞建设最艰苦的时候，我们来到了深圳。因为有了那段艰苦的知青生活锻炼，我们学会了刻苦、勤劳和无私无畏，我们的性格变得坚韧、刚强和百折不挠。可以说，知青生活是我们最宝贵的精神财富，这些精神财富使我受用至今。

卢军，现任海南省呀诺达雨林文化旅游公司景区项目管理部经理，当年与我同在二连队，是一个皮肤白皙、高高瘦瘦、温文儒雅的部队高干子弟。我第一次见到他时就想，这么斯文白净的男孩，应该去当电影演员，到这里来天天扛锄头可惜了。可别看他长得斯文，干起活来却比很多人都强。他性格乐观，嗓音甜美，唱歌时情感丰富。有时，他会对着大山，唱一些铿锵豪迈的革命歌曲；有时，他会躲在破旧的砖瓦宿舍里，唱一些柔美圆润的情感歌曲。那时还没有电视，在那寂静的夜晚，他的歌声给我们带来了很多快乐。直到现在，当年与他同班的蔡大萍和郑爱玲，回忆起卢军时都说："那时我们干活累了，就会坐在地上听卢军唱歌！"

军玲，当年与我同队同班，也是部队子女，高挑的个子、匀称的身材加上两颗别致的虎牙，外表上给人一种高傲、难以相处的感觉。然而，跟她同在大茶班的日子里，我觉得她为人非常好，高傲的外表里藏着一颗善良的心，经常在干完自己的活后去帮人。农场出工，大都是承包任务的，尤其是那些工作量很大的任务，每人干完自己的活后都很疲劳。每当看到那些大哥哥、大姐姐们都准备收工了我还没做到一半时，我就想哭。很多时候，都是班长带领大家来帮助我才能完成任务的。有一次在茶园里锄草，我十分卖劲，刚开始时和军玲是并行的。她动作麻利，锄的飞快，没多久就把我甩出老远，急得我呀越锄越没力。没想到她把自己的那一片锄草任务完成后，二话没说，调头来默默帮我完成任务才一起收工。这件事让我感动了很久，直到三十八年后的今天，我还记忆犹新。

几天前，很偶然的机会在微信群里遇到卢军，我迫不及待地向他打听军玲的近况。三十多年过去了，我仍心存感激，很想当面向她表达我的感谢之情。可是，令我意外和震惊的是，卢军告诉我，"军玲因身体不好，前几年已驾鹤西去了"。听到这一消息，我悲泪盈眶，痛心不已！

2.海口市区子弟

在临高五七农场知青中，海口市区子弟不少。但给我印象最深的一个，已记不起他的名字了。好像他早我几年下乡，会吹小号，长得有点像现在的摇滚青年，留着酷酷的小胡子。刚到连队时，他老喊我"小朋友，小朋友"的。每次排队打饭，他排在我后面就揪着我头上的辫子说："叫叔叔，叫叔叔！"而后面的队友就起哄说："叫他爷爷，叫他爷爷！"我眼中的这位"叔叔"，很有那种"阿Q"精神，我们也有叫他"疯子"的。不过，劳动收工时，我们这些"小朋友"有时会把锄头强架到他肩上，让他帮我们扛下山。因为，他整天都乐呵呵的，仿佛什么事对他都是无所谓似的。在那个年代那个环境里，我很欣赏他这种生活态度，这样总比那些整天被升学、就业、恋爱等问题折磨得痛苦不堪的人强得多。他活得轻松，而且还会给身边的人带来许多快乐。

这位"叔叔"，你现在在哪呢？借此机会我真诚地向你问好！几十年过去了，我们的人生也不知转了多少弯，你现在还像过去那样轻松快乐吗？

3. 临高本地知青

这是五七农场最大的知青群体。

符志刚，现任广东工业大学物理与光电工程学院党委书记，是我们二连队当时的指导员。在农场里，每天出工、收工、到饭堂排队打饭，都能听到他爽朗的笑声和昂扬的歌声。脑海里的他，走路风风火火，干活劲头十足。他有很强的组织沟通能力，劳动之余，他会抓紧民兵训练，会利用下雨天或晚上时间组织大家学习马列、毛主席著作，或者进行各种文体活动。记得有一天晚上，睡到三更半夜时，他突然叫民兵集合拉练。"我的天呀，夜那么深了，还拉什么练？"我边起床边不满地嘀咕着。全体民兵戴着用树叶编成的草帽全副武装出行，我睡眼惺忪地跟着队伍。走着走着，"嘭"的一声，我撞到了一棵大树，草帽被撞散了，额头虽没有流血，却也起了个大包。撞树之痛让我当时有点埋怨他，但我还是深深地佩服这位积极向上的指导员。因为，农场生活虽然辛苦，但我们知青的工作、学习、生活、文化活动在他的带动下还是多姿多彩的。我们的生命历程中既然选择了知青，就应该充满激情！激情，对于知青生活，是诗，是歌，是人生不落的太阳！这就是那个时代的深刻意义！

很多我高中毕业的同学，如：郑爱玲、蔡大萍、何丽霞、王淑等，都与我一起下到农场。每月一次各连队都集中到农场总部，共同享受我们最高级的文化大餐——电影之夜，这是相聚见面最兴奋的时刻。我们一起分享从家里带来的小鱼干、豆瓣酱炒肉末和辣椒酱；一起分享各自连队里发生的趣事，尤其是还会偷偷议论老知青的爱情故事……难忘的事情太多太多了，同壕战友情，浓墨写不尽。

你们知道吗？嘿！告诉你们一个我和王淑在农场的"壮举"——花9个小时从农场徒步30公里回家。

初到农场的第二个月（9月），农场照例放4天假。王淑一大早从三队来到我们二队，邀我一起结伴回家。当时从临高县城来回五七农场，还没有长途公共汽车。要回家，通常都是提早打听农场总部是否有车到县城采购或办事，以便搭个顺风车。但农场车少人多，更多的人都是先走路出农场，然后边走边拦截过路的拖拉机、卡车甚至牛车搭一段路。运气好的可搭到县城，不然，搭到波莲镇也是很高兴的。

那天我俩步行随其他队友从农场出发，开始时是好多队友一起走的，走着走着，不知不觉好多队友都相继拦车走了。我俩看到有车路过却不敢拦，确切地说是不懂得如何请求路过的车载我们一程。我俩无奈地看着很多队友跑步爬上牛车或手扶拖拉机，只好放弃拦车的愿望。农场到家，距离多远？要走多久？不知道！我俩没想过，也没去问。两人就这样慢慢地边走边玩、嘻嘻哈哈的也挺有趣，毕竟不用出工劳动了嘛。我俩是沿着大路走的，不时看到很多队友或搭拖拉机，或搭大卡车与我俩擦肩而过。中午时分，烈日炎炎煎烤着脚下的红土地，我俩的小脸被晒得像熟透了的苹果。越走越觉得路途好远好远啊，脚走疼了，也不知何时能到家，而且饥肠辘辘。也许是人饥饿后的本能吧，王淑眼尖，突然发现山林里有野果，我俩毫不犹豫地冲过去。哇，有山捻，有山石榴，还有那些叫不上名的野果！我俩兴奋极了，拼命采摘，装在草帽里。累了，一屁股坐在地上，像两只小馋猫一样对坐开吃。先吃山捻，啧啧啧——熟透了的山捻好甜好甜啊！我俩一粒一粒不停地往嘴里塞。只见王淑腮帮子一鼓一鼓地拍着节拍吃得好快，我也不甘示弱，狼吞虎咽。红红的山捻汁粘满我俩的双手和嘴唇，真好吃！几分钟就把山捻吃完了。我用手背擦了擦粘在嘴边的汁水，紧接着抓起一个山石榴就狠狠地咬下去。妈呀！又苦又涩，难以下咽。我俩龇牙咧嘴"噗噗噗"地往外喷吐。之后，我和王淑面对面看着对方那滑稽的样捧腹大笑。肚子有底了，这时，我俩才发现，山林里有很多不知名的野花，红的、绿的、带刺的、带果的，骄阳一晒，浓郁的花香果味，让人陶醉。而蓝天下，阳光投下云朵的身影，在红土地上一片一片地飘忽着，时而覆盖时而揪开那原野中的斑斓色彩，大自然的生动和美丽让我们忘记了时间。我俩在山林间跑啊跳啊，摘了好多小花插到头上，头上的小辫子一颠一颠的就像两只飞舞的彩蝶，真开心啊！轻松、愉快，我俩酣畅淋漓地享受着这突如其来的"郊游"！

许久，我远望大路上没有行人了，慌了神，蹭地一下蹿起来，急忙催促王淑："快走！回家，回家。没人了，咱们快走！"我们抱着苦涩不能吃又不舍得丢弃的山石榴，又摘一束野花继续赶路。走到波莲镇，我们每人买了一个煎堆和一节甘蔗吃。那时5分钱一个煎堆，1毛钱可买到好长一节甘蔗，没吃饱，只是解渴解馋而已。不舍得花钱。因为，在农场辛辛苦苦干一个月只能领到18元工资，我却有个"宏大目标"：存钱给自己买辆自行车！所以每月领到工资都恨不得把一分钱掰成几瓣来花。太阳快下山了，妈妈看到左邻右舍和我一起下乡的孩子都回到家了，急得她呀，骑上自行车来接我。半路上看到妈妈，真高兴啊。但妈妈不能同时带我和王淑俩人，于是，妈妈推着自行车，与我俩一起走路回家。

是的，那是我和王淑 16 岁那年的"壮举"。我们用双脚丈量了农场和家的距离，收获了一次终生难忘的纯真旅行。尽管后来我的物质生活丰富了，曾经到过国内外著名景点旅游，但留给我最美好记忆的，还是那次红土地上九个小时的"纯真郊游"。

（2016 年 1 月 22 日）

临高五七农场知青趣事

李一军 / 临高知青 / 临高五七农场

我初中毕业后，于 1968—1976 年（期间 1969—1971 两年回校读高中），先后三下农场插队，接受贫下中农再教育，增长知识和才干，磨炼意志和思想，曾被评为临高县知青标兵。本文回忆 6 年知青生涯的插队趣事。

首次插队生险象

1968 年初中毕业，第一次下乡插队一年，地点为海南临高县博厚公社龙浪农场，场员多为龙浪村村民。16 岁的我怀着一颗虔诚的心，恭恭敬敬地拜老农友为师，从插秧、割稻到盖茅房、赶牛车，都是老老实实地从头学起，实行"三同"。当时生活困难，住茅房、吃状似人参的萝卜干，同房农伯难得做一条小咸鱼，吃剩花生仁般大的一粒也舍不得报销之，当金当宝留下一餐送"水饭"（即熟米煮的水米分离清可见底牛奶样的稀粥，我们将这种伙食戏称为"人参送牛奶"）。劳动过程中经常险象环生。管护胡椒树曾学捉隐藏在支柱木皮中的蝎子险被蜇伤，收割香茅草曾一手抓住在草中睡觉的大蟒蛇虚惊一场。

二次插队懒挨冻

1971 年高中毕业，第二次插队一年，赴河北唐山辖区丰南县良种繁育场并主动帮工繁育高粱、玉米等，按场员作息表出工、收工。与第一次插队相同的是，我切身体会到河北农友与海南农友一样热情爽朗、纯朴善良、勤劳俭朴，跟其"三同"也是受益良多。而与第一次插队不同的则是，目睹北方的高粱林、玉米林拉开漫山遍野的青纱帐，风吹过哗哗作响，比起南方的稻海随风翻金浪又别有一番情趣；而千里冰封、万里雪飘时节的"山舞银蛇，原驰蜡象"，大地一片白茫茫，比起南方的四季常青、绿树成荫似又更为粗犷壮观。领教了这里寒风刺骨、泼水成冰的厉害，我出门一定棉帽棉衣加棉鞋包米粽般地从头武装到脚。然而，某日外出看电影晚归特困，怕麻烦，突然心血来潮要与老天爷作对一次，不按常规生煤炉热炕头，倒头便睡。结果可想而知，赌气偷懒换来的是浑身冰冷一夜无眠。

三次插队笑白干

1972 年第三次插队，在临高县五七农场待了三年多。前两年在一队种菜（后任后勤班班长，管理菜地与食堂），在老干部庄文静（先任菜地负责人，后任农场场长）的言传身教下，大大增强了劳动技能，加深了工农感情。由怕苦怕脏转变为以苦为乐、以粪为宝，热衷于侦探厕情、争跳粪池、抢挖积粪，常为又找到新的有机肥源而欢呼。我们为每株瓜苗深挖洞多埋底肥（以发酵的人粪为主），结出的冬瓜立起来高过膝盖，一个重达 30 公斤；葫芦瓜主藤则粗过脚拇指，根系可延伸到 10 米以外，瓜棚下吊满大瓜小瓜。还有灯笼椒、西红柿，果实累累，大白菜、空心菜，青翠欲滴……一首笔者炮制题为《快乐的种菜郎》的拙诗，表达了我们"四条汉子"（我与一同种菜的农友谢勉湖、姜洪飞、林志海）的喜悦之情——"绿油油，红艳艳 / 七彩云霞飘落菜园 / 我驾着彩云来浇灌 / 如入仙境劲倍添 / 汗珠化水亮清清 / 浇开一片浪漫 / 心血变肥浓烈烈 / 灌出满眼饱满 / 浇呀浇，灌呀灌 / 满园春光醉了心田 / 香喷喷，芳绵绵 / 阵阵芳香缭绕菜园 / 我沐浴芬芳来采收 / 似醒如梦心儿欢 / 深情凝聚镰刀口 / 割下红黄绿蓝 / 厚意编成箩筐 / 装满辣苦酸甜 / 割呀割，装呀装 / 满园秋色奉献人间。"当然，乐极生悲的糗事也有——头年种一畦葛薯，精耕细作后大获丰收，个头大的有半公斤重；次年我主谋盲目扩种一亩十畦，却因人手不足疏于管理，个头只有鸭蛋般大小，最后葛薯总产量反而不及上一年。

贪小便宜吃大亏

1973 年在五七农场一队继续四条汉子的种菜生涯。6 月 17 日下午，又按近水楼台先得月的恶习从事用酸醋拌生黄瓜片解馋的勾当。吃完后，却一反常规将本该倒掉的酸醋汁也咕噜灌入肚子清肠洗胃，以便晚上赴老场员婚宴时多装肉菜（当时缺少油水又正值长身体，谁不嘴馋胃口大？某农友还曾与一货郎打赌赢了，白吃 30 个油炸面团外得 10 元钱，惊得货郎从此再也不敢来惹我们这帮饿鬼了）。谁知傍晚收工时却接到紧急通知：快速用完晚餐全场集合听最高指示的传达。已在食堂停饭的我们，只好饿着双倍掏空的肚子正襟危坐听了两个小时报告，散会时人家的婚宴早就结束了。可谓人算不如天算，偷鸡不着蚀把米。

半夜钟叫遭抗议

1974年起在五七农场三队任队长。当时一队、二队主要负责种茶，属主力队；我们三队种水稻、胡椒和养猪，属后勤保障队。队队均生产任务繁重，早出晚归，大干苦干。翻看我当时的日记，里面常出现"今天到场部开会领回生产任务……心里压力很大"字眼。场部订出"种茶五千亩，年产茶叶五千担"的五年规划，全场农友摩拳擦掌——向荒山开战，要大地献宝！决心书掷地有声："困难多不怕，我们敢闯敢干！技术要求高也不怕，我们有文化能钻研！"在路边按字体笔画播种长出的28个绿色大字更是立体生动："绿茶红心干革命，愚公移山换新天。青春献给毛主席，志在全球红一片！"劳动竞赛热火朝天，满头大汗顾不上擦，开水送来也没人去喝，人人比干劲，赛贡献。中午不休息，晚上再加一班。大雨湿衣体温烘干后继续干；午饭快速吞完短休600秒，袖套套着脏脚上床伸伸腰……我感动，我心疼。为照顾队员夏天少晒烈日少流汗，我同本队另外四位队干部老吴、志权、王吉、洪新打个招呼，未正式论证，也未征求队员们的意见就擅自决定将上午出工时间由原来的8点到12点改为6点到10点。主观武断，又一次上演好心不得好报——年轻人宁愿多流"午汗"也不愿少睡"晨觉"，怨声载道，结果"新政策"仅试行几天就寿终正寝了。

乱讲大话不守信

1975年由于场领导和农友们的信任、鼓励，我被推选为临高县下乡知青标兵，冲淡了心中的两大委屈：一是全场大会宣布首批知青入团名单，场团委原上报10人给县团委，偏偏只有排名第一的我未获批准；二是全场三个队的队长都申请入党，劳庆招、符志刚喜获批准，偏偏又只剩下我一人未能如愿。当然，我后来大彻大悟，创作了获北京《词刊》发表、作曲家谱曲传唱的歌词《三叹万事如意》——"万事如意曾经令我向往 / 到头来只是幻想一场 / 月亮亏损多过圆 / 天空晴朗不经常 / 上山碰上绊脚石 / 下海又遇顶头浪 / 噢！我陷入迷惘 / 事不如意曾经令我心伤 / 如今已教我变得坚强 / 来之不易倍珍惜 / 血的教训最难忘 / 困难是块磨刀石 / 挫折是碗黄连汤 / 噢！我不再彷徨 / 是否如意谁也不能料想 / 能做的只有奋发向上 / 认准目标就上路 /

昂首阔步莫张望 / 甜酸苦辣全是歌 / 成败得失都辉煌 / 噢！我不知不觉接近了希望。"曾一时头脑发热在大会发言中爆出"娶个农妹做妻子，扎根农场一辈子"的誓言，后来却虎头蛇尾，终随回城大潮的余波于 1976 年离场进工厂当了四年车工。

6 年的知青生涯是一笔宝贵的精神财富，教会我勇当困难的克星。我于 1980 年被调回老家广西北流，一直在电台任编辑、总编辑，一次次顶住上调渝、邕、京的诱惑，扎根基层业务，照顾离休老妈不动摇。期间克服无人辅导等困难，在职参加广西首届高教自考获地区同专业总分第一，提前领到中文大专毕业文凭并出席了广西第三次青年自学经验交流会。

知青情，永难忘！

（2015 年 11 月 18 日）

插队皇桐的知青岁月

林定国 / 汕头知青 / 临高皇桐公社

在 20 世纪 60 年代轰轰烈烈的"知青上山下乡运动"中,我曾到海南省临高县皇桐公社(现为皇桐镇)插队落户,生活了将近十年之久。那时,我还来不及读完高二,"文化大革命"就突然爆发了。我出于对自己家庭背景和经济的考虑,响应号召自愿报名上山下乡当知青去。

1969 年 10 月 28 日,是我一生当中难以忘怀的日子。这一天,我告别了所有的亲人和朋友,只身背着简单的行李,手里擎着"红语录"本子,随着涌动的人流登上了停泊在汕头港的"红卫轮",踏上奔向海南这片广阔天地的征途。在海上经过两天一夜的颠簸,终于到达了海口的秀英码头。当时,有接知青任务的各市县已事先安排了车辆在港区广场或路旁等候。我们下船后就马不停蹄地登上接送车,直接驶向落户所在地的公社,随之又被生产队派来的木牛车拉回村里。生产队长和贫下中农代表站在村口鼓掌欢迎,有些老人和小孩伴着看热闹。晚上,队长又集合全村社员在村边晒谷场上燃起一堆熊熊的篝火,举行了一场别开生面的会餐,我和几个被分配到这里的青年正式成为生产队的社员。

初来乍到,语言各异,人地生疏。生产队长让我们休息两天,还派一名中年妇女暂时帮做饭。初时出工,队长尽量照顾,派我们跟着上了年纪的老农干些轻活,如牧牛、养鸭子、到地里除草、收割时晒谷子等。两个月后,就让我们同社员一起出工。在农民的指教下,我们逐渐学会了插秧、施肥、割稻等农活,有的还学会了驾牛犁耙田的技术。可是,在评工分的时候,我们只有一般劳力的一半多点儿,也就是六七分工的待遇。一年到头,年终分红时,结余仅二十多元,但是我们毕竟是用自己的汗水换来了收获,心里还是得到了一些安慰的。

在当知青的岁月中,最令我记忆深刻的是那段被生产队派去参加全县大型水利工程建设的日子。那时候,党和政府都十分重视农业水利建设,提出了"水利是农业的命脉"的响亮口号，各地都兴建了很多水利工程。临高县集中了全县人力物力，先后启动了"跃进水库"和"道霞水库"的大项目（后者下马停建）。凡有知青落户的生产队大都安排知青们上水库工地做工。知青们也十分热心参加这种千军万马的集体劳动，虽然干活紧张繁重，但行动集体化，吃、住在一起，挑土、打椿、运砂、扛石……你追我赶，人人干劲冲天，场面热闹壮观，让知青们感到新鲜和刺激。水库建设工地指挥部还经常组织劳动竞赛，比进度、比质量，评先进单位、先进个人，通过广播和出版"战地简讯"进行宣传表彰，授予红旗及称号等。也就是在水库建设工地上，公社带队的领导了解到我有舞文弄字的爱好，有些文学基础，就拍板要我当"战地简讯"的通讯报道员，负责采写公社的先进材料。由于我充分利用业余时间，积极写稿，取得一定的成绩，受到指挥部有关领导的表扬，也得到公社领导的肯定。我的文字表达能力慢慢得到了锻炼和提升，思想上也有了新的进步。几个月后水库建设工程胜利完成，我回到生产队没过多久，就被公社安排到当时的社办集体农场。在公社农场干活虽然很辛苦，但每个月可以预支几元钱的生活费，有集体食堂吃饭，生活环境相对稳定。我除了正常和工友们出工，就是利用一切工余的时间积极为农场和公社采写通讯报导的稿件，经常冒着风雨深入社队企业采访先进事迹，不少稿件被县广播电台（站）采用，有的还刊登在《海南日报》上，由此被县广播电台（站）聘为特约通讯员。

经历了几年农村生活的磨炼，我在思想上进一步充实了那个时代特有的精神素质，增长了才智和见识，也切身体验到了农民刻苦耐劳的纯朴思想感情，积累了不少先进人物的优秀原型和生动的事迹，因而萌发了用文艺形式歌颂他们的念头。经过一段时间的反复构思和修改，我的第一篇两千余字的文艺习作《大爷和我》（小说）终于在《海南日报》上发表了。我备受鼓舞，下决心继续奋斗，这期间连续创作了《叶绿花红》《雷锋精神在农村》等几篇反映农村新貌的文艺习作，都被当时的报刊采用。在打倒"四人帮"之后，不久，我就离开了农村，被县城的一家企业聘用，成为一名工人。当拨乱反正、落实党的文艺政策的时候，我又荣幸地被选派到广州参加当时由广东省文化厅举办的"业余文艺创作理论学习班"学习，不久就被调到临高县文化馆任文艺创作员，同时兼职负责编辑出版《临高文艺》的工作。从此，我走上了一个可以展现自身活力的事业平台，孜孜不倦地学习和实践，先后创作了近二十万字的文艺作品（包含小说、散文、民间文学、戏剧小品等），有的还获得国家、省的奖励；并取得了中级专业技术职称，当选为海南省民间文艺家协会理事……

回首往事，每当忆及上山下乡的岁月，无不心潮澎湃。我可以无怨无悔地说，这段特定的社会经历对我一生的影响是重大的，在某些方面，它是我一笔可贵的"财富"。它磨炼了我吃苦耐劳、自强不息的精神素质，让我在后来的工作及生活中勇于担当责任和努力进取。

忆西昌五七农场的日子

王定中 / 屯昌知青 / 屯昌五七农场

下乡屯昌县西昌五七农场

1972年7月，我从屯昌县西昌中学高中毕业。那天，举行完了毕业典礼，拍完毕业照，接下来是师生合影，同学合影。晚上是毕业酒会。狂欢了一天，同学们好像都不觉得累。大家都是一个心思，明天得各奔东西，因此大家坐拥到天亮，才依依不舍地离去。

几天后，公社召集七二届高中毕业生开会，公社革委会副主任王光德主持会议并发言，号召同学们到公社农场（五七农场）、四场、综合厂、手工业社参加劳动，接受再教育。经过聚首，同学们有的报名去了四场，有的去了综合厂、手工业社，受高四班班长王周兴影响，因平时同学感情较深，三、四班共十八位同学报名去了公社农场。从此开始了我历时三年的知青生活。那年我虚岁十八。

之前的五七农场，有30多位职工，有各大队来的老青年，有汕头地区来的知青，有海口来的知青，还有在本县工作的干部和老师家属。因为青年人少，场里死气沉沉。自从我们十八位同学来了之后，情景大不一样了。一个月内，在周兴班长的带领下，我们建起了一个篮、排并用的球场。每天收工后打一两场篮球，然后吃饭，冲凉。晚上如果场里没有开会便聚集三四个人围在一起打扑克、骨牌，还有的下象棋，黄刚、林维德喜欢读书，写点文章。特别是黄刚同学（后来调到广东茂名市新闻广电出版体育局当局长，还出版过一本《绿之缘》的书），他有个叔叔在海南报社当农业版主编，受其影响爱写点报道什么的。两个月下来，大家都觉得这样的生活倒也有趣，与在学校不同的是少了上课和写作业。工作活动几乎是天天一个样。

场里共有职工50多人，除了有家属的职工外，剩下二十多位单身青年都在饭堂开饭。那时候伙食较差，每顿一碗饭外加一碗菜汤。逢节假日，场里会把自养的猪杀了才可以吃上一顿肉，平时很难吃到一块肉。

为了改善生活，周兴班长便组织场里所有青年人把农场前面的小河沟上下一堵，然后把中间一段的水掏干，大家一起下河捉鱼。那天一共捉了100多斤鱼。经商议，每位职工1.5斤，小孩0.5斤，余下的归食堂。那天，全场职工都吃到了鱼。要知道，那是野生鱼，味道相当鲜美。职工们议论说：只有你们青年人才能想出这些招。

捉鱼改善一下伙食固然好，但要紧的是饭堂的长期伙食。最起码要解决油和菜的问题。有一天晚上，场里召集大会，会上王达昭场长提出要想改善伙食，要换一个种菜工。原来的种菜工没经验，因此饭堂总是喝菜汤，很难吃上一顿炒菜。会上，王周孝同学自告奋勇领命种菜，并保证一个月就有菜供应饭堂，两个月后，结果如他所说，饭堂根本用不了那么多菜，就想办法把多余的菜用场里的牛车拉到西昌墟集市上去卖，卖了菜可以买些猪肉回来，既有油又有菜，一举两得。

知青美食：木瓜鲜鱼汤

记得，我去公社农场没多久才知道，公社农场除了种胶、管胶外，还负责管理南电水库。管理水库无非就是负责储水，天旱时负责放水灌溉农田。还可以在水库里养鱼，增加农场收入。一般是年初放养鱼苗，到十月份就可以收获了。平时场里派两名职工专门管理，鱼汛来时再从场里增派三个人协助捕鱼。一般都由王文江带两名职工去。王文江是退伍军人，在部队是通讯兵，曾任过代理排长，处事稳重，在场里也是个干部，威信较高。由于家乡有个钟情于他的姑娘在等着他，因此退伍，并追随这位姑娘去的公社农场。

我们到公社农场刚刚两个月便到了捕鱼季节。平时场里派王槐章、王志庭两位职工专门看管水库。等到了捕鱼季节，场里需要再增派三位职工去协助捕鱼。有一天晚上，场里专门开会选派捕鱼人员。会上，鸦雀无声，没有人报名。什么原因？谁都不清楚。这时，王周兴打破僵局，他站起来说：我和定中两个去捕鱼。他为什么不征求我的意见就直接点将？因为在学校期间，他干什么都喜欢邀请我，而我从来没有拒绝过他，所以我想都不想马上表示同意。

第二天我们三人便带上行李到水库捕鱼。捕鱼的过程很简单。就是每天下午四点钟挑上渔网到水库边，选好地段，划上水船在水库里撒网，完了以后，有的人起锅做饭，有的人搭简易的准备晚上睡觉的窝棚。接下来就是在水库里游一会儿泳，然后是喝酒、吃饭、睡觉。一般都不那么早睡，有时我们五个人会聚在一起讲故事，我们班长最会讲故事了。有时我们还会在一起弹弹曲子。职工王槐章会弹琴，我本来会拉二胡，但那时没钱买二胡，只好买个口琴，跟王槐章合奏。我就是从那时学会了吹口琴，但吹的不是那么好，仅仅是会吹而已。后来买来专业书本学习才了解到吹口琴的技法，才学到嘴含七孔，舌塞六孔，先把单音吹出来，然后舌头才有节奏的一闭一开吹出八度和音，就好比是另一种乐器在为他伴奏，这样吹出来的曲子才动听。有了这种活动倒也不觉得寂寞，时间也过得快一些。

我们晚上睡觉要分开两岸睡，这样主要防止有人偷网。第二天早上起床后收网，早餐不吃，留两人做饭，三人挑着鱼到西昌集市去卖，等卖完鱼再回水库吃中午饭、休息，下午起床后还去撒网。天天如此，人被毒辣的太阳晒得黑油油的，像根烧火棍。幸好在水库捕鱼时，伙食最好，每天两顿鲜鱼下酒，美极了。

有一天下午准备去撒网，便从宿舍旁摘了一个半熟的木瓜，准备今晚做菜。大家撒完网，王槐章已把饭做好，木瓜汤也煮熟，正准备喝酒。王文江提议说：去看一下有没有鱼上网，解一条来下酒。周兴班长转了一圈，果然看到有一条鱼被网住，他脱下衣裤，"扑通"一声跳到水里，他水性很好，三两下就游到网边把鱼解了下来。因为只有一个锅，只好把鱼和木瓜放到一起煮汤。刚刚煮开，王文江拿起汤匙抿了一口汤，"哇，好鲜美的汤啊"。那天晚上，大家饮着酒，喝着木瓜鲜鱼汤，边喝边赞，五个人把满满一锅汤喝了个精光，王文江喝完最后半匙汤后说："这简直是民间第一汤。"

事隔四十多年，每当与朋友喝酒时提及"木瓜鲜鱼汤"，还回味无穷。

难忘的 1973 年国庆节

1973 年国庆节，我到公社农场一年零两个月。那期间，文娱活动相当少，这一年多的时间里，就看过一场电影，还是县电影流动队来公社放映的。

国庆节，农场放假，我和王开文提前一天写好 10 元的借条，并磨着场长在借条上签了字。9 月 30 日下午到出纳处交条拿了 10 元钱，接着抄近路回家。路上我们情绪都很高，因为我们每人身上有 10 元钱。要知道当时的 10 元钱相当可观，4 分钱可看一场电影；2 角钱可以吃一碗粉条；3 角钱可以吃到加蛋的粉条；一元钱可买 11 个鸡蛋。路上我们在讨论第二天该怎样花这 10 元钱。经商定，准备第二天花 2 元钱买一双黑绒面布鞋；用 2 角钱看一场电影；中饭、晚饭用 2 元钱；剩 5 块多钱留作备用。因为第二天我们要逛屯昌县，并且准备看电影，过于兴奋，所以那天晚上失眠了。第二天天刚亮我们就起了床，匆匆忙忙洗漱、吃完早餐就一起乘车向屯昌县出发。在屯昌县逛了半天，按计划每人买了双布鞋。青年仔爱漂亮，用袋子把旧鞋装好，穿着新鞋继续逛街。本来准备看场电影的，不知什么原因白天没有放映，要到晚上才放映，而且又是新片。这新片的诱惑力太强，我们决定留在屯昌县过夜看这一场难得的电影。但我提出了一个问题：晚上去哪里睡觉？开文说："这好办，我邻居家的小孩王康雄在屯昌中学读书，看完电影去学校睡。"既然有地方过夜，那就安下心来看电影吧。

看完电影大概是9点钟，我们从电影院走到屯昌中学用了十多分钟。到了屯中，因为碰到一个在屯中做修理工的西昌公社朱芳园村人，他听说我们是西昌人，便很热情地把我们带到王康雄的宿舍。因为国庆节放假，很多同学都回家了，王康雄也回家了，宿舍里只有两个同学，还有好多空床铺。

我们找好铺位，正准备睡觉，突然听到外面很多人闹哄哄地来到宿舍门口，其中有一个好像成年人（应该是老师吧），说："刚才是谁在这间宿舍里睡觉啊？马上穿好衣服出来。"我们不知道发生了什么事，便穿好衣服走出来。还是刚才说话的那位"老师"，我们对那位似是老师模样的人说："我们是西昌仁教人，来屯昌看电影，来屯中找我们家乡的王康雄过夜。"那人接着说："今天是国庆节，为了孩子的安全，不明身份的人在屯中过夜必须有人担保。你们说是仁教人，知道仁教有多少人在外面工作吗？"开文比我年长几岁，且胆子较大，可以说不怕任何人。他蔑视地回答说："王开业，天津大学教授，你认识吗？王周仕，武汉设计院工程师，你认识吗？"不料，这样的回答使这位"老师"语塞了，估计他可能认识一些在县城工作的仁教人，却从未听说过这两个仁教人。他恼羞成怒，咆哮起来，大声喊："捆起来，送派出所。"开文慢慢地退到宿舍外面的空地里，我也跟着到外面来。开文说："哪个敢上来捆试试。"那位看似"老师"模样的人光是喊，却不上来，其他学生更是不敢上来。吵吵闹闹僵持了将近一个小时。

当时是王国贤当校长，广东汕头人，此人很有文采，精明，能干，他管理屯中很有成效。他把我们叫到一边问明了情况说："一般情况下在这里过夜都要有熟人，在屯中你们还有其他熟人吗？"我说："屯中老师李景兴是我们的体育老师，欧阳娟是我的班主任。"校长马上派人去请李景兴老师，不料，他家属在中建农场，学校放假他回中建去了。这下只好去请欧阳娟老师了。欧阳娟老师一见到我便亲切地说："这不是定中吗？"欧阳老师的这一声叫使刚才的紧张局势顿时缓和下来，之前的一切不愉快和误会都不复存在。"现在也太晚了，找地方睡下吧。"欧阳老师关切地说。"我们要回西昌。"开文坚决地说。看到我们这么坚决，又是两个人，欧阳老师也不再勉强。她知道我们心中有气，且由我们去吧。

告别了欧阳老师和给我们带来不愉快的屯中，我们徒步向县城走去。当时大约

12 点钟，走到纺织品公司街口时，却被 4 个荷枪实弹的民兵拦住了。虽被拦住，但我们一不做坏事，二不偷，三不抢，说话也是理直气壮，便质问他们。他们也不为难我们，对我们宣布一条规定：凡十二点后经过此地必须到派出所登记。我们便随着一个民兵来到派出所。当看到出来接待我们的民警时，我们傻眼了，这不是我村的王敦德吗？他当时是屯城派出所的副所长，比我们大几岁，那天晚上他当班。他看到我们时，用关心又带有点责备的口吻说："你们去哪里疯来，到现在还不睡觉？"我们把在屯中的经过向他述说，他说："你们刚才如果把我的名字亮出来，应该什么事都没有，不过你们这样回答也是比较有骨气的，像我们仁教人，我不怪你们。走，我带你们到人民旅店睡觉去。"

（2016 年 6 月）

雨水岭五七农场养猪往事

钟玉凤 / 屯昌知青 / 屯昌五七农场

1973 年，我从屯昌中学高中毕业，同年，被安排下乡。作为知识青年，我当真没学到多少知识。那年，我 17 岁，在同年龄的人群中我是最瘦小的，且体弱多病。作为知识青年上山下乡，也算高中毕业的第一份工作。

欢送我们的是屯昌县商业局局长，我和屯昌同届毕业的知青分别坐上两辆大卡车，带着美好的憧憬，赶赴屯昌县雨水岭五七农场。车厢里挤满了知青，吵吵嚷嚷、说说笑笑，知青们都很开心，一路欢笑到农场。

下乡第一天劳作：割稻子

谁都没有想到真正的艰苦从这里开始。到了农场，我被安排在一连的农业班，我的室友是美丽动人、娇俏玲珑的庄岸霞。她和我一起下乡，我俩的个头差不多，而且聊得来，有这样的伙伴和我同连、同班，以后也有个照应，我也不会感到孤单。不知是兴奋，还是初来乍到不习惯，就这样朦朦胧胧过了一夜。

不知道是什么时候，一阵急促的哨子声，打破了黎明前的宁静。男指导员喊道："起床啦，吃早餐啦，上工啦！"我揉了揉眼睛，望向窗外，天才蒙蒙亮，这么早。

室友都起来了，我也赶紧尾随场友起床刷牙漱口，赶着去排队打早餐。由于我在家动作慢惯了，等我打了早餐回来，前面的场友早已经上路啦！我怕跟不上，急急忙忙地喝了几口稀饭，也赶紧赶路了。

我第一天的劳作是割稻子。我最怕下田，特别是水田，想起那蚂蟥，心里就乱成一团，眼睛一直往脚下看，生怕被蚂蟥叮上，简直就没法下田。看到农友们都很积极很认真地干活，我也不能在坡上站着，便壮着胆子下田。"蚂蟥来啦！"我疯了一样地往田垄上跳，场友却哈哈大笑。我就这样一边割稻，一边看脚，这个阴影一直萦绕在心头，总是小心翼翼，第三天还把手割破了。

哭了半天，休息了半天。庄岸霞虽然比我小，但事事都是她教我，说割稻子，刀口要朝下，我也照着她说的做了，因为我人比较瘦小，没有力气，一直想着怎么样快一点赶上别人，也许心急，用力过猛，又把左脚割破了。

哭了一天，休息了一天，太累了。

在养猪班当饲养员

下乡 3 个月后，也就是 1974 年 1 月，领导把我调到场部养猪班，当饲养员。在这个班里我认识了好几位好场友，袁技术员和公猪配种员浦华，还有林花梅、朱卫红、江桂卿。他们是我的前辈，是 1972 年下乡的知青，有着丰富的饲养经验。在他们的帮助下，我不仅学到了宝贵的工作经验，还经历了人生中一段艰苦又艰险的历程。

第一天，养猪班的工作是打扫猪栏。有一个猪栏高高大大，围着一条很高很大的公猪，品种名叫"坦克猪"。当时江桂卿把母猪赶进公猪栏配种，猛地看见那头公猪向她猛扑过来，吓得她跟外面的人大喊大叫起来。这时候，公猪受到刺激，一下子扑过去狠狠地咬住了她的左脚，把她的左脚咬下了一块肉，流了很多血。当时，我不知从哪里来的力气，拿着扁担冲上去，我们不顾一切地把她解救了出来，想想都后怕。直到现在，江桂卿的脚上还留有一个伤疤。

在养猪场我们什么都要学，母猪下崽，我们要守夜接生；母猪生完崽后，我们要等着捡胎盘，这样免得母猪吃了胎盘以后没有奶。有时候高产猪连生十几头小猪，我们一守就是一整夜啊！特别是寒冷的冬天，第二天还要继续工作。

小公猪 12 天后就要阉割然后选最优良的猪仔出售，这都是农场当时最好的良种猪啊！这些都离不开技术员和这些姑娘的努力。

在农场的生活和在家里的生活是天地之差，无法相比的。由于我从小体质弱，爱生病，加上农场伙食缺乏营养，爱感冒，家里人设法帮我弄点好吃的来补养。

有一天，我中午去煮猪食，打开房门，发现有几个人在煮猪食的房内偷偷吃着什么。我以为是小偷，壮着胆子大喊："是小偷吗？给我滚出来。"不叫不知道，一叫吓一跳，原来前辈们偷偷在煮猪食的锅里煮鸡蛋吃！我看见浦华、江桂卿、林花梅、朱卫红他们几个嘴巴里塞满了鸡蛋，吞又吞不进去，想吐掉又舍不得，个个狼吞虎咽的样，狼狈极了，也吓我一跳。

他们也确实是太累太饿了！早上阉完猪后，又要给有病的猪配针水给猪打针，还要上池塘去捞水浮莲，由于竹竿长，水浮莲重，不时还有人因此跌进池塘，然后到机房煮猪菜喂猪，打扫猪屎，给饲料发酵，煮酒，接着又要煮下午的猪饲料，要多累有多累。忙完后再到食堂打饭，过了吃饭时间基本上也没有什么菜啦。这样也是情非得已了。

有时候饿得不行，还会和猪抢食。记得有一次，给小猪崽煮南瓜，我们把砍碎的南瓜放在锅里时，你看我，我看你，忽然灵光一现，何不多放一个大南瓜。煮熟后，大家迫不及待地用勺子剥开南瓜上面的皮，挖里面的南瓜肉来吃，还怕给人看见，真是饿起来连尊严都不要了。

有一次，父亲来农场看我，看见我瘦小的身体，挑着一对跟我差不多高的水桶，桶里面还装着几十斤重的猪饲料，他的眼泪一下子哗啦啦地流了下来。"侬呀，在家都没做过这样的工啊，它比你还重啊。"父亲哭我也哭，过了一会儿，我对父亲说："爸爸，这是我们农场最轻松的活啦。你看没有太阳晒，没有蚂蟥咬，也不用跟别人比赛进度，又没有领导管，只要自己学好技术，只要自己尽心尽力地做好本职工作就行。比其他人幸运多了！爸爸，我学会了很多养猪技术，回城后你出钱做老板，我当技术员，咱们办一个大大的养猪场，发家致富。"这才把我父亲逗笑啦！

1975年1月，我被通知调回县城到屯昌糖厂当一名正式学徒工人。回城后，我才知道我家里两年有三姐弟下乡，弟弟高中毕业，妹妹初中毕业，有文件规定，凡是一家有3个下乡的知青照顾一个子女回城。我父亲毫不犹豫地说："大女儿先下乡就让大女儿先回来。"当时我的父亲还受到知青办的表扬，说他是"不重男轻女的好父亲"。我的好父亲，几个月后他就过世了！

40多年过去了，回想起来，又恍如昨日。曾记得，我工作笨，但我工作认真，能吃苦，任劳任怨，不多话，积极向上，我爱学习，还积极投稿，常利用休息时间或晚上写稿，报道好人好事，得到过场长的表扬，现在想起来觉得很骄傲。

许多事如过往烟云，在记忆中消散，唯独那段经历总在我脑海中不停地闪现，因为我明白，那是一段刻骨铭心的知青岁月。

我十五岁的小知青故事

庄岸霞 / 屯昌知青 / 屯昌五七农场

1973 年 10 月，我响应党和毛主席的号召，来到了雨水岭山脚下的屯昌县五七农场当了两年多知青。虽然上山下乡的岁月里缺食少穿，充满了艰难与困苦，经历了生与死的考验，但我无怨无悔。在农场的历练中我的身心日趋成熟，意志更加坚强，它是我人生重要的精神财富。

我软磨硬泡当知青

1973 年 7 月底我初中毕业，那时我才 15 岁。由于受当时政治氛围和教育的影响，"知识青年到农村去，接受贫下中农的再教育，很有必要"的气息一直缭绕在我的心田，莫名地羡慕着左邻右舍的大哥大姐们能够上山下乡当知青。我没有听进父母亲让我继续读高中的劝告，悄悄地背着他们跑到屯昌镇居委会找负责上山下乡报名工作的叔叔要求报名当知青。那位正在办公的叔叔坐在椅子上瞟了我一眼后说："你不但年纪小，个子也弱小，以后再来报名吧！"他的话就像一盆冷水从我的头顶上浇了下来，把我气得连话都说不出来，急得满脸通红。过了一会，我噘着嘴拉着他的手说："我都十五岁了，很有力气，可以干很多活的。"但他还是不答应我。上午说不动他，下午我又到办公室里继续纠缠与他理论，我还列举了屯昌镇往年也曾经有过十五岁的人获准下乡当知青的几个事例，力劝他同意让我报名当知青。经过我一天的软磨硬泡，下午快下班时他终于对我说："你人小鬼大的，就让你当知青吧。"听了他的话，我的脸色马上由阴转晴了，乐得合不拢嘴。直到下乡的前三天，我才把自己已获准当知青的消息告诉了家人。父母亲听了都很吃惊，担心我到农场后受不了乡下艰苦的劳动和生活。尽管母亲不赞成我当知青，但她也不敢去居委会要求不让我当知青，只好在家里默默地为我准备了一些必备的行装，还反复地叮嘱我：“到农场后要注意照顾好自己，不要干太重的体力活……”

1973年的10月17日上午，我和县城的100多名应届毕业生戴着大红花，在屯昌县城各界领导和群众敲锣打鼓的欢送声中，乘着敞篷的“解放牌”大卡车缓缓地向着雨水岭脚下的五七农场驶去。经过约30分钟的行程，我们来到了农场一连的大榕树下。下车后，在农场欢迎的人群中我遇见了比我早一年下乡的屯昌镇街坊邻居林月花大姐。她高兴地拉着我的手说：“阿三仔（我的小名），你也来农场当知青啦。”能在农场里遇见熟人，让我感到十分亲切和温暖。当她得知我的名单已被分配到三连时，她就悄悄地对我说：“阿三仔，你不要去三连，就留在一连与我做伴吧。”我当即点头表示同意。后来经月花姐与连长交涉，我果真获准留在一连工作和生活了。我很感激月花姐对我的关心和照顾。在一连的两年多的时间里，我得到了月花、钟玉凤等知青们的许多帮助和关照，彼此结下了深厚的情谊，实现了我要当知青的愿望。

县知青办主任是我们知青的贴心人

1974年春节刚过不久，屯昌县遭遇寒潮，气温骤降，连续二十多天一直在2℃徘徊。每天早晨6点钟起床时，门外的草地上结出了许多白霜。不少知青的手脚和脸都被冻得红肿起来，有些人的皮肤和脚板上都冻出了裂口，有的裂口处甚至还淌出了血，农场的许多农作物都被冻蔫了。每到傍晚，有些知青用罐头壳在底部用铁钉钉出了几个洞后，系上一根铁丝，到食堂的灶膛里拣出些尚未燃尽的木炭装入铁壳里提着取暖御寒。

为了抵御寒潮侵袭给农作物带来的危害，农场里一方面紧急组织各个连队的知青在所辖的作业区里燃烧烟火，用上升的热气驱赶笼罩在农场上空的寒流气团；另一方面还让大家加强农作物田间管理。一天上午，连队里安排我们在一连通往二连公路旁的稻田里用手拔除田间杂草。在冰冷的稻田里干了一个小时后，我们全身都被冻得瑟瑟发抖，牙齿也在上下咯咯不停地打起架来。为了减少寒冷，我们只得将两只手插在兜里取暖，仅用两只脚的脚趾在田里拔除杂草。没想到这一幕被前来检查工作的陆连长看见了，他老远就冲着我们喊道：“你们这样用脚除草是不行的！”他走到田边，立刻脱掉了鞋子，挽起裤筒，赤脚走到田里，伸出了双手，用十指在田里拔除杂草，给我们做除草示范，并且要求我们按照他的方法进行田间除草。无奈之下，我们只得照做了。

大约干了半个小时，突然有一辆“北京”吉普车“吱”的一声停在了我们劳作田边的公路旁，从车上走下了王世贤场长和县知青办的王锡辉主任。王主任主动地向我们打了招呼："知青们好！"还问我们："这样的天气在水田里干活冷吗？"我马上回答他说："这么冷的天气，场里还让我们泡在冰冷的水田里干活，冷得要命啊。再这么干下去，我们会患感冒的！"王主任听后皱了皱眉头转身对王场长说："你们农场能否错开这几天的寒潮天气再搞田间除草？先安排知青们干些旱地活吧。"王场长听后尴尬地回复说："好的。"然后就带着主任乘车往二连方向去了。

下午出工时，陆连长不再让我们到水稻田里拔除杂草了，而是让我们到雨水岭的山腰上给橡胶树除草和施肥，干起活来全身都冒出了热汗，暖烘烘的，与上午在稻田里干活的感受截然相反。此时，我才意识到：下午我们知青劳动场地和内容的变更，是今天上午王主任冒着寒冷天气亲临知青劳动现场考察和指导工作的结果，是王主任在寒潮里给知青们送来了温暖，他是我们知青的贴心人。

班长夸我是个"大力士"

刚到农场时，连队里规定每个知青每月必须向炊事班上交 200 斤的烧火柴。那时，我们在雨水岭山脚下的天然热带雨林里仅用半天时间就可以轻松地完成砍伐烧火柴的任务。随着农场开荒扩大种植茶树和橡胶树的需要，雨水岭附近的林木逐渐被砍伐光了，我们日常所需的烧火柴要到远处的"二尖"山上才能砍伐到。由于"二尖"山高路陡，有些知青一天下来也不一定能够顺利地完成砍柴任务。

有一天上午，我和陈英南、李若梅一起结伴上山砍伐烧火柴。当我们爬到半山腰休息时，我瞄上了一棵两人都抱不过来的"三角枫"树，此树距地面 8 米高处有一枝分叉约 1000 斤重的大树丫。于是我对她俩说："我若能爬上树将这枝大树丫砍下来，完成咱仨的烧火柴任务是绰绰有余的。"她俩担心我很难攀到大树上砍下树丫。我说："请你们放心好了。"为了安全起见，我让她俩躲到远处的树荫下休息，就带上砍刀爬到了树丫处。骑妥后，我挥刀奋力砍了十多分钟，被砍的树丫开始下坠且发出了"噼啪，噼啪"的响声，树干顿时剧烈地摇晃起来。我赶紧扔掉砍刀，双手紧紧地抱着树干才没被甩下来，直到树丫落地时砸出了"嘭隆"的一声巨响后，我才慢慢地从树上爬了下来。她俩见到我真的把树丫砍了下来，都夸我比男子汉还勇敢。

接着，我们一起"三下五除二"地把大树丫砍成了几段。英南和若梅俩便抬着一段木头往山下走了。剩下的几段木头都很沉，我原本打算等她俩将木头送到连队返回时才一起抬着剩余的木头下山，但考虑到她俩往返一趟所需的时间较长，所以我就尝试着自己扛着一段木头走下山。我先将一段木头竖起，然后蹲在地上试图靠自己的力量将木头托到肩膀上站起来，但屡试不行。我又将木头拖到路边的大石头旁，把木头的一端搁在石头上，与地面形成了个三角形后，我才蹲下身子钻进斜面的空间里，用肩膀扛着木头站了起来，一步一步小心翼翼地往山下走去。俗话说："上山容易，下山难。"山间的小道坑坑洼洼的，仅能一人通过，路面又陡又滑，稍不留神就会滑倒或被肩上的木头砸伤。下山途中，我也不知道走走停停了多少次，但我一直咬紧牙坚持着，跌跌撞撞地到了下午 3 点钟才扛着沉重的木头回到了连队的食堂。炊事班的张班长看到我扛着木头艰难地回来时，急忙放下手中的活儿并喊上一名男知青走出伙房帮我卸下了肩上的木头进行过磅，这时我才感觉到如释重负！我连忙向他俩说了声"谢谢"。

当我刚坐在食堂的凳子上休息时，突然听到张班长"哇"的一声尖叫起来，我以为他是被木头压到手脚或是被蝎子咬伤了，就急忙跑到他过磅的地方看看，他却对我说："没想到体重不足 100 斤的你竟能从'二尖'上扛下了 171 斤重的木柴啊！况且连队里从未有男生从山上扛过这么重的木柴来此过磅。你真是一个大力士！"

雷公滩开荒大会战中的"三八班"

1975 年 3 月，屯昌县委动员了全县的有生力量，在枫木镇以西的雷公滩组织了由几千人参加的开荒造梯田大会战。我们五七农场也被县委摊派了参加雷公滩开荒大会战的任务。我随着一连"三八班"的十五名女知青组成的小分队，从雨水岭脚下背着背包，扛着锄头，步行了二十多公里到了枫木镇与农场的大部队会合。然后，我们被安排在附近国营南吕农场的一个连队刚刚腾出来的几间小仓库里宿营。在那里，既没有自来水，也没有电灯照明。我们只得靠挑井水来煮饭和洗漱，晚上用煤油灯和手电筒进行照明。夜里睡觉时，大家都被猖獗的跳蚤咬得浑身发痒。第二天，在开荒工地上吃完午饭休息时，大家聚在一起，七嘴八舌地议论起昨天夜里被跳蚤袭扰的惨状，彼此都伸出手或脚，观看被跳蚤咬后留在身上的红包，我也情不自禁地撩起了裤筒让大家看看我大腿上共留下 37 个被跳蚤咬出的坨包。当时就有人笑话我说："一个大姑娘不懂得害羞，竟然当众亮出你的大腿给大家看（因为当时有不少男知青也在场）。"我不以为然地一笑了之。

雷公滩开荒大会战，是我在屯昌县当知青时看到的最为热闹和壮观的劳动场面。全县有 10 个公社，3 个国营农场，驻军和县委直属机关，厂矿企业及知青场（点）等单位均竖起有单位名称的红旗，分布在工地的各个山头上进行开荒战斗。工地指挥部的两侧分别竖立着"屯昌人民多壮志，敢教屯昌换新颜"，"两个六点半，中午不休息，晚上加一班"的大标语，激励着工地上的人们忘我地披荆斩棘地修造梯田。

在雷公滩工地上，最引人注目的要数我们五七农场的"三八班"了。因为在随风招展的"三八班"的旗帜下，有着一个由十五位 18 岁左右女知青组成的战斗集体，她们个个朝气蓬勃、青春焕发，劳动之余，这个集体还不时地传出爽朗的歌声和笑声，感染着工地上的人们，是雷公滩工地上一道亮丽的风景线。在那些开荒的日子里，每当有人经过我们"三八班"的工地时，都不由自主地给我们行了免费的注目礼呢。那时"三八班"的班长是时任县委书记的女儿李芳。珠江电影制片厂摄制组的工作人员还特意到我们"三八班"的工地上给我们拍摄了劳动的片段和集体照片，遗憾的是我没能将这些照片保留下来。

我们的宿营地距开荒工地有 3 公里，每天早晨我们吃完早饭后就出发步行去工地。由于当时的劳动强度大，许多人都睡眠不足，有些知青早晨前往工地的途中因打起了盹而跌倒了。在工地上吃饭时，邻近的开荒队伍时常能吃上猪肉，而我们农场的知青多数时候只能是用酱油拌饭吃的，有时能吃上冬瓜拌饭可算得上是吃上了美味了。

上工地的开始那几天，工地上连个厕所都没有，害得我们解手时很尴尬，大家只得想方设法躲避人们耳目地找地方解决。弄得屎尿味在工地上到处弥漫，让人恶心难受。为此，我还跑到工地指挥部提意见："你们这些领导会吃会做（干活）却不会拉屎尿的，这么大的工地竟连个厕所也没有！"经过我提意见后，指挥部才给我们的工地拨来了一些木桩和竹篾等材料，让我们自己动手盖起了男女有别的简易厕所，解决了上厕所难的问题。

（2016 年 10 月 27 日）

忆在农场的砍柴火经历

周世发 / 海口知青 / 屯昌五七农场

1973 年 12 月 3 日，我佩戴着大红花与海南财贸系统的知青一起来到了屯昌县五七农场三连，连队坐落在雨水岭南坡脚下。远望山岭云雾缭绕，山林郁郁葱葱；近看小溪流水潺潺，小蝌蚪在水中结伴漫游，溪边还有一口清澈见底的水井。我们的宿舍紧挨着厨房，厨房的前面是一个堆放木柴的空地和一小片笔直的母生树林。

下乡期间，我们除了开荒种地外，连队规定每人每月要交两百斤木柴，供厨房烧火。对刚从学校毕业出来的十六七岁知青来说，上山砍柴不是件轻松的事。为了完成任务，我学会了爬山，学会了砍柴，学会了书本上没有学到的东西。

记得第一次上山砍柴，我怀着无比兴奋的心情，戴上草帽和水壶，拿起砍柴刀、麻绳和扁担。扁担是从家里带来的，特别好用。我小时候在家就帮助父母做家务、挑水，星期天或学校放假时，就跟小伙伴三三两两挑起箩筐去乡下树林里钩马尾松干树枝、树叶，捡回家当柴火，练就了能挑担的肩膀。临下乡前，母亲特意做了根扁担，说那里用得上，省力。我怀揣着母亲的祝愿出发了，沿着先人走出的山路，哼着"到农村去，到边疆去，到祖国最需要的地方去……"的流行歌曲，一步一步地往山上走，时而走过丘陵地带，时而穿越荆棘灌木。松树上的松鼠在跳跃，花丛中的蝴蝶在飞舞，忽然间驻足回望山下：山涧、田野和三连生活区尽收眼底，厨房的烟囱还在断断续续冒着炊烟，简直就是一幅画，美极了。"干活了，就地分散。"带队的班长殷慧青突然高声喊道。这时大家才回过神来，脚轻手快地四处寻找树木。经过一个时辰的奋战，人人都有了收获，我挑了足足两捆，扁担一头挑着母亲的祝愿，另一头挑着连队的嘱咐，心满意足地下山了。

有一回，我们沿着弯弯曲曲的山路向上攀爬，越走越远，连队厨房的烟囱已经变得模模糊糊，再也没有欣赏风景的念头，各自努力寻找要采伐的树木。当我看到不远处有一棵仿佛鹤立鸡群的大树，生怕被别人抢了，奋不顾身地向前冲，哪管衣服是否被灌木划破，赶紧上前在树上就是一刀，这树就是我的了。看看这树干有碗口般粗，枝叶茂盛，大概有百来斤，心里美滋滋的……当我把木柴拉回连队厨房，这时身体感到不适，皮肤特别痒，伙伴们说我脸部、颈部出现斑块红肿，让我赶紧找卫生员看看。这时我们班的老农王光典来了，他三十多岁，个子不高，浓眉大眼，说话铿锵有力，有一双干农活的好手，还是个单身，也是我们学习农活的师傅。看到我这个样子，问怎么回事，我说刚砍柴回来，便带他去看了木柴。他严肃地说："你砍了漆树。"叫我先去用盐水冲洗，他去捅蜂窝。漆树？第一次听说。原来漆树含有漆酸，漆酸有毒，接触到皮肤上就会过敏，又痒又痛。王师傅几经周折，冒着被黄蜂蜇的风险，捣毁了蜂巢，把蜂蜜涂在我的皮肤上，我感动得掉下了眼泪。经过几天的治疗，我痊愈了。

山上的黄果、山竹、中平、漆树、子京等树木在大幅度减少，砍柴越来越难。有人开始打起砍松树的主意，还有个别人不愿受这个苦，干脆夜里到厨房搬现成的藏起来，改天再拿出来过磅。

我是一名共青团员，也是一个新班长、一名入党积极分子，要以身作则，不怕苦不怕累，发扬老班长的传统，上山砍柴集体行动，相互协作。有一次，班里的黄瑞鹏在搬运木柴下山的途中，不小心把脚扭伤，疼痛不能走动，班里的同志搬木柴的搬木柴，扶人的扶人，一起回到了连队，共同完成了砍柴任务，同时也培养了团结友爱的精神，使全班扭成一股绳，劲往一处使，在各方面认真完成连队交给的各项任务，受到了表扬，也得到了连队的流动红旗。

山在呻吟，树在哭泣，小溪要断流，小蝌蚪害怕地躲了起来……

常言道："留得青山在，不怕没柴烧。"可是青山难留啊！全农场七百多号人，人要吃饭，烧饭要柴，柴要山上砍，砍了一棵少一棵，为了肚子也顾不上青山绿水了，这就是我们那个年代的现实和无奈。砍树是为了换取生存，也是上好人生的第一课，使我们每个人的身体和意志得到了锤炼。生活和劳动的艰辛，只有厨房背后耸立的烟囱默默地陪伴着、关怀着和激励着我们每一个知青，即便是最后离开的那一个。

（2016 年 7 月 28 日）

回首屯昌五七农场知青岁月

李仕敏 / 海口知青 / 屯昌五七农场

1973年12月3日，17岁的我高中毕业后就随着上山下乡的潮流从海口市来到了屯昌县五七农场。虽然在屯昌县我仅待了三年的时间，但在屯昌县的大地上，我和屯昌人民一起转战南北，每一个公社都曾留下我的足迹。

上山下乡到雨水岭

1973年14号强台风使海南财贸系统计划在琼海县设置的知青安置点遭受严重破坏，知青们仓促转移到屯昌县雨水岭脚下新建的知青安置点——屯昌县五七农场。五七农场属非建制单位，其经营方向和管理体制较为混乱，基本上是知青们在自我管理。知青们每人每月领取18元的工资。艰苦的生活环境和繁重的体力劳动让知青们快喘不过气来，吃不饱饭是常有的事。由于没有自来水，生活和饮用水均直接从水井里提取，不洁的用水环境造成了知青群体经常长疥疮，让大家痛苦不堪。

记得，到五七农场不久，连队规定每人每月要向炊事班上缴200斤烧火柴。第一次上山砍柴时，一群不识上山作业规矩的知青在没有人带领的情况下，提着砍刀像游兵散勇似的就登上了雨水岭砍柴。在半山腰的斜坡上，我发现了一棵又高又大的"子京"树，心中暗喜，这么好的大树竟没人砍，今天我砍下此树完成200斤的烧火柴任务是没有问题的。没想到，此树木质很硬，砍了半天我的双手都被磨出了满手的血泡，好不容易才将大树砍倒。就在大树倒下的那一瞬间，大树被附近的野藤勾住反弹回来重重地压在了我的身上，树枝刮破了我的脸和鼻子，鲜血直流。我挣扎了好久，才艰难地推开了压在我身上的大树，用嚼烂的"飞机草"敷在伤口上才止住了血。到了下午，我忍着伤痛好不容易才将120斤烧火柴扛回了连队（事后我才得知，当地人砍烧火柴只挑"中平树"砍，它的木质软，又耐烧），后来上山干活多了，我也练出了上山的胆量，提高了作业技能，多快好省地完成连队交给的各项任务。

参加路教驻大朗村

1974年3月，屯昌县委为了加快全县学大寨，赶昔阳的步伐，组织了工作队到黄岭、藤寨、南坤三个山区公社开展路线教育运动。我和农场的几十名知青也报名参加了工作队。在县城老戏院召开的工作队出征动员大会上，李清文、王霞立、曾祥跛等县委领导给我们工作队队员做了动员讲话和工作部署，那响彻云霄的"一批二干三带头""两个六点半、中午不休息、晚上加一班"的战斗口号回荡在屯昌县的天地间。动员大会结束后，我马上随工作队赶赴南坤公社石雷大队大朗村。

在石雷大队，每天清晨六点半，各生产队都准时响起了欢快、节奏感鲜明的木鱼声，这是生产队长催促社员们出工的号令声。白天，社员们在田间里忙活；晚上有时点着汽灯和马灯在村头村尾的"五边地"里开荒种红麻，有时在文化室里开会，组织社员们学习和宣传党的方针政策，教社员们学习文化和记工分。目的只有一个：尽快地改变屯昌县农村贫困落后的经济面貌。

那时，既要学习大寨大干快上，又要割资本主义尾巴，屯昌县农民的劳动和生活是非常辛苦的。为了完成上级交给的各项任务，忙得农村妇女连给小孩喂奶、喂猪的时间都难得，甚至无暇到自留地里收获已经成熟的地瓜而不得不任其熟烂在地里。每逢遇上公社或县里组织大会战，生产队就要义务出工，还要贴粮、贴钱。

1974年8月，石雷大队刚修好的"缩米湾"水库遭受了暴雨山洪的袭击，县委和公社紧急调集了几百名抢险队员在水库大坝的右侧挖了一条溢洪道排洪也未能消除山洪的威胁，大家只能眼睁睁地看着洪水漫过了大坝。虽然大家都意识到了如不能尽快开闸泄洪，水库的土坝被洪水浸泡久后随时都会垮掉，但是当时县里也无法请到专业的潜水员潜入水库底部开闸泄洪。我和大家一样心急如焚。那年的5月，我还参加过该水库大坝的修筑劳动，懂得山里人修筑水库大坝的意义和艰辛，我不忍心眼看着我亲手修筑的水坝被山洪冲垮。于是，我便自告奋勇地向抢险指挥部的总指挥符祥东提出"让我潜水打开水库闸门泄洪"的请求，顿时大家都对我的请求大吃一惊！都围过来问我："小李，你的水性好吗？你行吗？"我解释说："我自小就常在大海里潜游，也曾在万泉河的洪流中搏击过，请大家相信我良好的水性，就让我试潜开闸吧，总比大家一起干等着好啊！"总指挥见我态度坚决，终于同意了我潜水开闸泄洪的请求。

　　为了安全起见，我让大家找来一根拇指粗的麻绳，一头系在我的腰间，另一头交给岸上的同事抓在手中，万一我在水下有事，岸上的同志就可以顺着麻绳将我拉回岸上。那天，我只穿着一条裤衩，一鼓作气，连续三次潜入水库中摸索都未能寻找到闸门开关，虽然我的耳膜已被水压得发痛了，但我仍坚持第四次潜入水库底，终于找到了闸门开关。为防止在打开闸门的同时自己被洪水卷入水库的泄洪管道，我只得分多次由小到大、逐步地转动闸门开关，然后浮出水面，走到水库下面的出水口观察分析排水情况后，又再次潜入水底调整开关，加大泄洪出水量，直到将水库的水位降至安全线以下。看到水库得救时，总指挥激动地握住我的手说："小李呀，幸亏有了你奋不顾身地潜入水库开闸泄洪，大坝才得以保住了，你立了大功了！"为此，屯昌县还在全县通报表彰了我英勇抢救水库的事迹。我觉得，能为屯昌人民做点好事是很光荣的。

　　南坤公社是全县唯一一个黎、苗、汉三个民族共同聚居的地区，我的"三同户"的女主人也是个黎族同胞。我入驻的大朗村住着一个长期患肺结核的符氏农民，是个半劳动力和困难户，村中唯一的茅草屋便是他的家。每当下大雨时，他的家里就下着小雨。因为生病，村里人一般都躲着他。他的身体虚弱得连担水吃都困难。驻村期间，我坚持每天早晨给他家挑去三担水供他使用。一天深夜，他的病情发作，剧烈的咳嗽声闹得全村人不得安宁。我连夜打着手电筒到他家里看望，只见他声嘶力竭，似乎快要断气的模样。于是我连忙叫上队长林宏权和会计王大章，三人用一张毛毯在四个角上系上麻绳，穿上一条长木棒当担架，然后将病人放在上面，提着马灯，一前一后抬着将病人送往公社卫生院救治。

　　途中我们经过"竹丛头"村附近的橡胶林时，突然我隐约看到一条横向移动的黑影，我吓得急忙止住了步伐，大气不敢出。走在后头的队长喊了起来："小李，你怎么停下来不走了？"走在旁边的会计拿着手电筒上前一照，只见一条一点五米长的银环蛇正慢悠悠地从我脚前面横穿而过。幸好我及时止步，否则我会因踩到蛇身上而被毒蛇咬伤的。我们只好往后退了几步，让毒蛇走过后才继续赶路。由于我们连夜将病人送到卫生院，病人得到及时救治，终于转危为安。虽然那一夜的折腾让我们很疲倦，但我又经受了一次考验。

　　1976年6月，我和马超英等3名海口知青（另一名知青的名字已忘，只记得他时任儋县县委副书记，下乡期间已与苗家女子结婚生子了），应海口市委和市知青办的邀请，在海口市中山纪念堂给全市的应届中学生做上山下乡的工作报告。报告会结束离场时，突然听到有人喊我："仕敏，仕敏。"我回头一看，原来是我在海南侨中读高中时的班主任林喜超在招呼我。他拉着我的手向他身旁的同事和学生介绍说："这是我教过的学生，刚才就是他在大会上给我们大家做了上山下乡报告。"言语间洋溢出自豪和光荣的气息，似乎我能在大会上做上山下乡报告也给他脸上增添了光彩。报告会后，市委领导周训堂、陈南发、雪梅和市知青办张从让主任接见了我们三名知青。晚上，周训堂书记还在新华南路的北方馆宴请了我们。市知青办给我们赠送了纪念品，还发了 15 元的误工补贴。

在路线教育工作队里，副队长冯监尤、工作组长梁启法、吴春农、卢朴运如慈父般在思想上严格要求、教育和鞭策我，让我学会明辨社会人间的冷暖是非曲直，还介绍我加入了中国共产党。在大朗村，"三同户"王祝勇一家人在生活上给予我无微不至的关怀和照料，让我倍感温暖；淳朴的社员们手把手教我犁田、耕地，雨天里一起披着蓑衣在火烧过的山坡上种山兰稻的情景依然历历在目，是他们教我懂得了"汗滴禾下土，粒粒皆辛苦"的道理。

深田水库抢救落水女知青

1975 年 10 月上旬，屯昌县五七农场在深田水库旁的深田坡上组织了一场由全场知青参加的挖茶沟大会战。会战结束的那天下午 3 点钟，各个连队的知青们都已收工撤离了工地。身为二连指导员的我习惯性地在工地上巡查了一遍，以检查各班组的工作质量情况和是否有工具或衣物遗留在工地上。当我检查完毕准备返回连队驻地时，突然听到深田水库方向传来了急促的呼喊声："救人啊！救人啊！有人掉入水库了！"我马上循着呼救声的方向跑了过去。当我跑到水库旁时，看到三连的容彩虹等几个女知青站在水库边上望着已漂离了岸边十多米的张敏不知所措地大声哭喊着。落在水中的张敏一只手紧抓着眼镜，另一只手有气无力地拍打水面挣扎着。情急之下，我来不及脱下长衣长裤就"扑通"一声跳入水库中朝张敏游了过去。

虽然我从未有过下到水中抢救人的经验，但这时我的脑海里还是浮现了曾在纪录影片中看到过的在水中抢救溺水者时应注意防范的事项。因为我担心自己靠近落水的张敏时，有可能被她像遇见救命稻草一样不顾一切死死抱住我而发生危险，开始我计划用拳头击打她的太阳穴致她昏迷后才将其救上岸，这样的施救方案比较保险。可当我游到张敏的身边举起拳头准备击打她太阳穴的那一刹那，我发现她已精疲力竭不能动弹并开始往下沉了，我立刻收回拳头，改用手抓住她的胳膊，侧着身体慢慢地划水将她带回到岸上。张敏在岸上昏昏沉沉地吐了一地的黄水和饭渣，一阵剧烈的咳嗽后她才逐渐睁开了双眼并抽泣起来。看到张敏恢复神志，我才放下了心。正当我想坐下来准备休息时，没想到站在身旁的容彩虹等几个女知青冲着我喊了起来："仕敏，还有一个叫黄锦洪的女知青沉没在水库里呢！"这着实让我吓了一大跳，因为从我下水施救张敏到现在已近10分钟了，也就意味着锦洪被水淹没已超过10分钟，当时我想，即使能把锦洪捞上岸来也是凶多吉少了。为了抢救锦洪，我不得不打起精神再次潜入了水库中进行搜寻。就在我浮出水面换气时，三连的周世发也闻讯赶来跳入水中抢救锦洪。经过两轮潜水寻找，周世发将锦洪从水下捞出水面时，锦洪已耷拉着头，不省人事了。我和周世发一左一右挟扶着锦洪往岸边游去，在岸上女知青们的帮助下，扶起锦洪将其肚子放在我支起的大腿上，脸朝下，轻轻地拍打她的背部，让她吐出了腹中的污水和食物等。大约经过5分钟的抢救，脸色苍白的锦洪才慢慢地缓过气来，一会儿呕吐着，一会儿又号啕大哭起来。当时我却觉得她的哭声让我们在场的每个人都感到莫大的安慰，因为我们已将她从死神手中夺回，让她脱离了险境！

此事已过去40年，一直未再见过张敏，只是在2013年农场知青聚会时偶然与锦洪打了个照面，来不及多聊。俗话说："大难不死，必有后福"，祝福她俩生活永远幸福安康。

雷公滩开荒轶事二则

1975年3月，屯昌县委组织了全县的有生力量，在枫木公社的雷公滩开荒修造梯田，我们南坤路线教育工作队也奉命在枫木镇的居民家里打着地铺参加了这场热火朝天的大会战。

1.赶"兔"吃肉

会战的第一天，清晨5点钟我们就列队提着马灯和手电筒朝西往几公里外的雷公滩走去。一进入工地，我们就在上级划分的山头上挥舞砍刀，披荆斩棘，清除杂草，一直干到伸手不见五指才收工。次日，我们来到工地时天色朦胧，正当我们准备开工时，远处的山头上传来熙熙攘攘的叫喊声。我放眼望去，只见有好几支手电筒照出的光束在山上不时地比画着，像是有人在寻找着什么东西。在荒山野岭里我还是第一次遇到这种光景，感到很愕然。工作组屯昌籍的老孙看到我不解的神情便向我解释道："这种情况，可能是由于我们昨天在这一地区大范围开荒后，白天被吓跑了的飞禽走兽昨天夜里返回寻找原来的栖息地时迷失了方向，正巧被今天进山开荒的人们撞见而追捕着呢！"

过了一会，天色逐渐地亮了起来，一只狂奔逃窜的黄猄映入了我们的眼帘，它的身后有一群紧紧跟着追捕的人们。黄猄一会儿朝南边的山头跑上去，一会儿又转向东南方向的山坳里冲下来，好几个山头上都有人群注视着这一人群追捕黄猄的场面，呐喊声此起彼伏地回荡在山野间。失魂落魄的黄猄在逃跑中还被野藤绊倒了，但它很快地翻身站起又往前面继续奔跑。忽然间不知何故黄猄转过身子径直朝着我们所在的山头跑了过来，黄猄的这一举动让大家喜出望外，个个都摩拳擦掌等待着它冲到我们面前生擒之。就在黄猄离我们的工地约15米时，不知是谁发出了一阵咳嗽声惊吓到了黄猄，黄猄又再次改变了方向朝距离我们约一百米的山头上奔跑了过去。或许是黄猄跑到那个山头时已经筋疲力尽了，被那个山头上的人抱住生擒了。我们几个年轻人都按捺不住好奇的心情，立刻拔腿朝那个山头跑了过去，想目睹一下那只眼看到手却又被别人抓住的黄猄。当我们赶到山顶上时，那个捕获黄猄的人正一边用绳子捆绑着黄猄的四只脚，一边高兴地呢喃着："真是得来全不费功夫啊！"这时看热闹的人群中有一个人不满地说了一句："只不过你的运气比我们好一点罢了，我们辛苦地赶兔（黄猄）你却吃肉了，真是得了便宜还卖乖。"

2. 难忘的水晶石

当雷公滩开荒造梯田的工作进入第四天时，我们所在的工地上就转入了焚烧枯枝、干草和清理树根、乱石的阶段，并因地制宜地用挖出的石头垒筑梯田的田埂。在搬运石块和垒筑田埂的过程中，我发现了一块通体透明、内部呈现出均匀六柱体结构的石头。虽然那时我根本不懂得水晶石，但我还是被这块奇异的石头吸引住了，心里想："我是否发现宝石了呢？"

于是我拿着这块石头请教了工作组里见多识广的老孙。他接过我手中的石头仔细看了个遍说："这块石头很可能是块水晶石。因为这里距'羊角领'水晶矿区不远，也许仍属于该矿区的脉矿分布区呢！据说附近的农民在山上放牛或劳动时有人捡到过水晶石。曾有人出大价钱欲从一个放牛的大伯手里收购一块用于当枕头的水晶石而被大伯拒绝了。屯昌县城还设有水晶石的收购点。"我和同事们听了老孙的这番话后都很激动，觉得或许我们能在这次开荒造梯田的过程中找到一些有价值的水晶石而发财呢。我和同事们商量后一致决定，以我手中的那块水晶石为参考标本，大家一方面平整和修筑田埂，另一方面注意挑选和收集有分量的水晶石，然后集中到县城进行销售，大家利益均分。劳动休息之余，我们还跑到友邻工地上去搜寻水晶石。

经过几天的努力搜集，我们积累的水晶矿石已有一千多斤了。一天中午，我们冒着烈日用借来的自行车将约100斤的水晶石运往枫木镇，然后由老孙搭上班车将水晶石带往县城检验和销售。晚上，老孙回到枫木镇驻地向大家报告了下午到县城销售水晶石的情况："人家说我们捡到的水晶石属等外品，还不肯收购，我与人家好说歹说，人家经过再三挑选后才给了15元的货款。算起来，除了运费等也所剩无几。"听了老孙的话，我和同事们的心全都凉了，觉得我们这几天辛苦搜集水晶石的努力全都白费了。后来我们只得将所捡到的水晶石全部用于修筑田埂。

虽然此事已过去了40年，每当我想起那些丢弃在雷公滩的水晶石，心里总是隐隐作痛，因为现在每当我走进各地的珠宝商场时，我见到许多的水晶制品都远不如我们那时候在雷公滩开荒工地上捡到的那些水晶石品质好。如果当时我有条件将其收藏至今，那么它们必定是一批价值不菲的宝贝啊！

县委书记们对"屯昌经验"的评论

1974年6月，为了在广东省推广屯昌县"一批二干三带头，两个六点半、中午不休息、晚上加一班，革命加拼命"的先进经验，全省的县委书记来到屯昌召开了"现场工作会议"，让县委书记们在屯昌县进行实地考察和取经。

那时，我还在屯昌县的南坤公社搞路线教育运动，听到这个消息，我和工作队的同事们都为屯昌县能获得此殊荣感到惊讶！"现场工作会议"结束后，工作队的领导在会议上给我们传达了省委的"现场工作会议"精神后说，这次与会的不少县委书记对我们屯昌县的经验不服气，他们评论说："你们屯昌县学习大寨，学昔阳的干劲是很大的，但老百姓的劳动太辛苦、生活太穷了。"

这些县委书记的考察评语让我在思想上受到了很大的震动，觉得他们给予屯昌县的评价十分中肯，犹如一个高明的医生通过"望、闻、问、切"诊出病人的病根所在，让我的思想从蒙眬中初醒过来。因为我在南坤公社与农民"三同"，耳闻目睹了屯昌县的农民群众历经辛勤的劳作后，仍然长期处于贫困的状态。如我所进驻的石雷大队大朗村，当时一个青壮劳力一天的劳动工分为10分，劳动日值不足1元，出满勤一年也仅得300元左右，而老弱病残者的劳动收入就更少了。村里需要用钱时，主要靠着从生产队集体饲养的40多头牛里抓出几头出售后所获得的一两千元收入来应付各种开支。每次村里售牛后，社员们都争先恐后地要求队长或会计给予预支几十元或一两百元用以购买生产资料、猪苗或家用。石雷大队里有一个叫"甘蔗园"的村子，共有11户人家，因为贫困就有9户人家娶不到老婆，连35岁的生产队长也是个光棍户。该队长公开地说："因为贫穷我娶不到老婆，我也无心当队长带领社员们去学习大寨了！"南大队的黎族社员因粮食不够吃而成群结队挑着箩筐到公社门口静坐等候镇政府发放救济粮的情形时有发生。当时，屯昌县也是全国的贫困县（据了解，屯昌县到1997年才摘掉了全国贫困县的帽子）。

　　另外，我上山下乡所在的屯昌县五七农场，知青们在农场工作两年后仍然仅靠每月 18 元的工资维持生活，有了伤病也没钱医治，许多人不得不靠父母亲和亲友的资助，生活水平比当地农民还低。有些知青因饥饿难耐，铤而走险地到附近农村里偷鸡摸狗的事情屡见不鲜，甚至因此与当地农民发生了冲突。这种状况下总结出来的"屯昌县先进经验"，当然难以被广东省各地的县委书记们所认可。

　　不难看出，广东省县委书记们的考察评语，一针见血地指出了屯昌县极左思潮的严重性，反映了老百姓的怨气和屯昌县与广东省各县经济发展的明显差距，同时也给沉浸在沾沾自喜中的屯昌县委当头泼了一盆冷水。对此，我和许多工作队员也是心知肚明的，都认为屯昌县的"先进经验"名不符实，只是不敢公开评说而已。或许是屯昌县的"先进经验"受到了广东省不少县委书记的非议、抵制和冷落，全广东省学习"屯昌县先进经验"的热潮不久后就偃旗息鼓了。

　　屯昌县"现场工作会议"的召开，给我这个上山下乡不到一年的知青上了一堂非常生动而深刻的政治思想教育课，让我有机会在工作实践中领略了省委和县委关于屯昌县农业学习大寨的工作部署，体验了屯昌人民群众在学大寨运动中焕发出来的排山倒海气势和冲天干劲，见证了屯昌县学习大寨的历史进程和业绩。

女知青拖拉机手的故事

符莲 / 屯昌知青 / 屯昌五七农场

2016 年 4 月的一天，我在家里清理书柜时，一本旧书里忽然滑落出一个红小本子掉在地上，吸引了我的眼球。我弯下腰捡起来一看，原来是 42 年前我在屯昌县五七农场当知青时考取的一本拖拉机驾驶证。虽然只是个小本子，但却蕴藏着我知青时代许多苦与乐的故事。

我在屯昌长大，17 岁那年，也就是 1973 年 10 月，上山下乡到屯昌五七农场，分在二连。在一间大宿舍里，我和王小凤、杨传美、毕翠英等好多人住在一起。1 年左右后，由于表现突出，我被农场选为第一位女知青拖拉机手。

参加斗批改表现突出

我们连和其他连队一样，"两个六点半，中午不休息，晚上加一班"，挖茶沟大会战。早上红旗一片红，夜晚灯光一片明。我们和男同胞一样，工作时间长，难度大，身体薄，饭量大，油水少。各人的承受程度不同，特别是女孩子。"妇女能顶半边天！"祝雅当时的个子很小，但作风泼辣，不怕苦不怕累，嗓门大。当时，我觉得我就是用毛泽东思想武装起来的人，天不怕，地不怕，不怕和男孩子比干劲、比速度、比数量，就怕山蚂蟥和漆树。我对漆树过敏。"下定决心，不怕牺牲，排除万难，去争取胜利。"我们的口号是："小雨大干，没雨拼命干。"几个月下来，人瘦了一圈，晒黑了，但却精神了。

根据屯昌县委安排，我场组织了"斗批改"工作队，还组建了演讲队。我有幸加入演讲队。演讲，海南话为主，普通话为辅，不同的对象用不同的语言。我参加了短期培训（约一个星期），县委宣传部林爱国是演讲队领队，由他带我们进行"批林批孔"演讲，成员有我、祝雅和知青场的清云，还有另一名同志，现已忘记她的名字。从屯昌县城开始，我们轮流挑着行李，从羊角岭到黄岭，从黄岭到藤寨，从藤寨到南坤，从南坤到石雷，我们就是从公社到大队、到农村，从一个公社到另一个公社去讲，从一个大队到另一个大队去讲，从一个农村到另一个农村去讲，我们马不停蹄，走着去，走着回，走遍了屯昌大大小小的公社的上百个村庄。

那时，要求演讲队员深入农村，要凭两条腿去工作。一顶草帽，一个挎包，一个水壶，和农民吃在一起，睡在一起。打地铺，蚊子很多，有时候被咬得睡不着。祝雅个子很小，挑行李很吃力，时间长了吃不消；大家都一样，胳膊疼了、肿了，没人喊苦，没人喊累。毛主席说过："长征是播种机，长征是宣传队……"我们现在不是在长征吗？去南坤石雷公社（应该是大队）演讲，路途遥远，地方偏僻，几个很大的石头立在路边，水喝完了，肚子饿了，找不着地方，进去后，顾不上疲惫，看到那些到会的农民，第一次感觉到什么叫贫困，什么叫贫穷。我的心情很复杂，我饿了，但我感觉他们更饿。

演讲活动在 1974 年 7 月结束了。

成长为女拖拉机手的经历

1. "天上掉下来的馅饼"

1974 年 8 月上旬的一个下午，李场长来到二连找我谈话："小符啊，上级给我们农场拨了一部'东方红'四轮拖拉机。目前，我们农场还没有驾驶员，鉴于你下乡以来的良好表现，经场部领导讨论决定，准备安排你到县里参加拖拉机驾驶员培训班学习，今后你就是我们农场的第一位女拖拉机手了。"李场长的一席话让我心里高兴极了。那时，能有机会当个驾驶员或学个一技之长什么的，是我们这一代的许多年轻人梦寐以求的事。我心里想，平日里我未曾与场领导们聊过一句话，难道是天上掉下来的馅饼砸到了我身上？当时我来不及细想，生怕错过这难得的当驾驶员的机会。于是我面朝着李场长，举起右手庄严地说："我向毛主席保证，坚决服从场部的安排，一定好好地学习拖拉机驾驶技术，当一名合格的驾驶员，决不辜负场领导的厚爱和期望。"李场长听了我的表态后，微笑着说："你就等待培训通知吧。"

一个星期后，农场从县农机站请来了师傅，因地制宜地在农场里给我和两个男知青曾繁秀、阿贵举办了拖拉机驾驶培训班。每天上午，我们三个学员在一连的大榕树下架起大黑板，听师傅讲拖拉机理论课；下午，师傅驾驶拖拉机带着我们到农场的水田和坡地里学习驾驶操作。在学习的过程中，我才知道曾繁秀和阿贵两个男生之前懂得一些机械常识，而我却是一个对机械一窍不通的门外汉。但我不气馁，暗自下了决心，一定要加倍努力学习，决不输给男生，做到巾帼不让须眉。休息时，我到县城的书店里买来相关的技术资料，晚上点着马灯自学，白天带着问题勤向师傅请教。

在培训班期间，正值炎热高温季节，场里的拖拉机是没有驾驶室的裸车。每天下午我们在田地学习驾驶时，车身和驾座上都被太阳晒得滚烫，我们为了能早日出师也顾不上这些，往驾座上铺些草垫，戴上大草帽，围着毛巾遮挡烈日，汗流浃背地坚持练习操作。既晒黑了皮肤，又练红了思想，更坚定了革命意志。

经过了三个月的勤学苦练，我们三个学员都顺利地通过了驾驶员资格考试。记得我到县交警队领取拖拉机驾驶证的那一天，我捧着鲜红的驾驶证，手舞足蹈地跑回在县城的家里向父母亲和家人报喜，全家人都为我考取了驾驶证感到十分高兴。母亲还特地杀了一只家里养的大阉鸡，做了一桌丰盛的饭菜犒劳我，以表示家人对我的恭贺之情。这顿饭我吃得特别香，犹如吃到了天上掉下来的香喷喷的大馅饼。回到农场的第二天，我就从二连调到场部的直属排工作了。直属排的第一任排长祝雅也是从二连调任过去的，我和祝雅在直属排一起相处了一年多，我们俩结下了深厚的情谊。

2. 我被记者笑称为"灰姑娘"

1975 年元旦刚过，屯昌县委的领导带领县里的三级干部、骨干到定安县参观了万亩甘蔗坡种植基地后，就立即组织了几十部的推土机和拖拉机在屯昌镇与龙塘墟交界的荒山野岭上展开了打造几千亩甘蔗园的大会战。我们五七农场的拖拉机也被调到会战工地上参加机耕作业。

由于我自小在屯昌县委机关大院里长大，熟悉县委的情况，为了方便与工地指挥部联系机耕工作，李场长让我带领曾繁秀和阿贵组成的机耕小组参加了这次甘蔗坡机耕大会战。会战期间，我们每天早晨 5 点半就从农场驾驶拖拉机奔赴工地。为了能早日完成县委交给我场的机耕任务，我们三个人每天都在工地上轮流驾驶拖拉机犁地、耙地。工地指挥部要求我们做到"人停机器不停，两个六点半，中午不休息，晚上加一班"，晚上要工作到 10 点钟后才返回农场休息。

有一天上午，我正在烟尘滚滚的工地上驾驶拖拉机犁地，突然在拖拉机的前方隐隐约约地看到繁秀和李场长招手示意让我停车，我急忙将拖拉机停稳后问李场长："您找我有事？"他挥手指着工地旁边站着的两个人影说："那两个农业部摄制组的记者想找你聊聊并进行拍摄。"于是我便下了车，让繁秀上车继续作业，然后和李场长一起朝着记者的方向走了过去。我和记者打过招呼后，其中一个记者看了我一会就笑着说："你是灰姑娘啊！"我丈二和尚摸不着头脑地对那记者说："我不姓灰，姓符，名字叫符莲。"记者似乎看到我对他的话有些不解，接着对我说："你在这烟熏火燎、尘土飞扬的工地上干活，浑身上下都沾满了烟灰和尘土，难道你不就是一个名符其实的灰姑娘吗？"听完记者的解释，我才会意地哈哈大笑了起来，觉得"灰姑娘"的称呼还是很贴切的。我告诉记者，自从参加机耕会战以来，不管是烈日当空，还是刮风下雨，我们都是晴天一身汗，雨天一身泥的，都已经习惯了在这种"硝烟弥漫"的环境里驾驶拖拉机耕作。

在与记者的交谈中我才得知，省委为了更好地宣传屯昌县学习大寨的先进经验，特邀了农业部摄制组的记者到屯昌县各地拍摄纪录影片。他们在工地上拍摄时听说这个工地上有唯一的女（知青）拖拉机手正在工作，就特意过来抓拍我这个"妇女能顶半边天"的镜头，用以宣传屯昌县妇女学大寨、战天斗地的生动场面。记者希望我能配合他的拍摄。听说记者们要将我的工作过程拍摄成纪录片，我心里感到很激动。19 岁的我只是看过纪录片，从未有机会被拍入纪录片上映，自己能在纪录片中被拍成"角"是非常光彩的事啊！随后的几天里，我在工作中按照记者的要求，协助他们拍摄了一段"女知青驾驶拖拉机犁田耙地"的纪录影片。后来我听说，这部纪录片还曾在县委小礼堂放映过。遗憾的是我未能留下这次拍摄的资料作为纪念。但记者们赠送给我"灰姑娘"的美誉一直烙在我的脑海里，温暖着我的心。

3. 让我惊魂的甘蔗榨季

1975 年，我们五七农场迎来了第一次种植甘蔗的收获。为了防止甘蔗收割后因运输不及时而被日晒雨淋受到损失，李场长要求我们拖拉机运输小组要全力以赴配合各连队的甘蔗砍伐工作，保证及时把收割的甘蔗运往县糖厂过磅。

虽然我们农场拖拉机的拖卡额定载重量为 2 吨，但每趟装载甘蔗的重量都在 4—5 吨，属于严重违章运输。当时，从农场至省道的简易土路长期没人维护，路面上到处都是坑坑洼洼，凹凸不平的，超高超重的拖卡在行驶过程中东摇西摆，随时都可能因剧烈颠簸发生甘蔗重心偏移而翻车的事故。每次我们往糖厂运送甘蔗时，总是小心翼翼和提心吊胆的。为了运输甘蔗的安全，我曾两次向李场长提出要减少甘蔗装载重量的请求，李场长不以为然地说："你到糖厂看看就会知道别人的货车装甘蔗超载比我们更甚呢！"后来我到糖厂过磅处看到载重 5 吨的货车装着 10 多吨甘蔗的现象比比皆是，把我吓得目瞪口呆的。究其原因，主要是当时的道路运输管理不严和运力奇缺。唉，在那个"人有多大胆，地有多高产"的年代，这种乱象是见怪不怪的。但我心里一直认为违章超载运输是十分危险的行为。没想到，这种危险不久后竟然落在了我的身上。

　　一天下午，我和往常一样驾驶拖拉机往糖厂运送甘蔗，当车子临近屯昌县看守所路口时，拖卡上捆绑甘蔗的大缆绳突然发生断裂，导致拖卡向右侧翻，拖拉机的前轮也掉进了公路右边的排水沟里不能动弹，甘蔗散落一地，我也不由自主地从驾座上被甩到了公路旁的灌木刺丛中。我的小腿和胳膊等多处被野刺划破鲜血直流，所幸未伤及骨头。突如其来的翻车事故吓得我惊慌失措。为了给伤口止血，我只能强忍疼痛，挣扎着拨开刺丛，一拐一拐地寻找和采摘"飞机草"，用嘴嚼烂后敷盖在伤口上，然后在公路旁的一块草地上躺下休息。在炎炎的烈日下，我两眼瞪着散落在公路边上的甘蔗，以防路人哄抢；同时也企盼着能有农场的知青路过，好让他们回场报告我翻车的情况和派人来救助。我苦苦地等了2个小时也未能见到农场知青的身影，让我的心情十分沮丧。眼看太阳就要落山了，我的心情也烦躁了起来，如果天黑之前农场没有派人来救助我，那么我一个19岁的大姑娘就要在公路旁过夜了吗？想到这里，我的内心惊恐万状。

　　正当我感到有些绝望的时刻，恰好有一队屯昌县看守所的解放军同志训练归来时路过我翻车的地方。他们看到翻车和我受伤的情况后，就主动地提出要帮助我。这时我激动地放声大哭起来，就像一个溺水者遇见救命稻草一样，紧紧地拉着解放军同志的手说道："谢谢解放军的救助！"解放军同志二话不说，他们有的为我检查和包扎伤口，有的帮我收拾散落在地上的甘蔗。当捆绑甘蔗的绳子不够用时，他们就派战士跑步回看守所找来麻绳继续捆绑甘蔗。解放军同志还问我，是否需要派战士到五七农场报告你翻车受伤的情况？我说："不必了。我今天还要急着将这车甘蔗运往糖厂呢！"在我的请求下，解放军同志帮助我将侧翻的拖卡拖到了公路上并重新装好了甘蔗，他们又把我搀扶上了拖拉机进行重新启动和试车，在确定拖拉机和拖卡无大碍后，我再次向解放军同志表示了深深的谢意，随后我就忍着疼痛把甘蔗运送到了糖厂。

　　幸亏在危难时刻有了解放军同志的鼎力救助，我才得以化险为夷。回到农场后，我治疗和休息了半个月才逐渐恢复了健康。1975年八一建军节时，我还和李场长一起开着拖拉机，带着些礼物专程到看守所向解放军同志表示了感恩之情。

（2016年9月6日）

女知青成了糖厂的"白毛女"

杨静 / 海口知青 / 屯昌五七农场

一纸"屯昌糖厂榨季工"合同的签订,立马就把我们从雨水岭下的屯昌县五七茶场五连草棚迁徙到糖厂的简易工棚落户。故事发生在 1975 年 10 月 30 日。让我们没有想到的是 1977 年 4 月 18 日我们又从糖厂的平顶宿舍回迁到雨水岭下三连的瓦房里生活。经历近两年的时光,我们重回知青的起点。

我们一群来自屯昌县五七茶场的知青受聘于屯昌糖厂,成了季节周期性生产的榨季工人,开始接受领导分派的任务,到各个车间去接受工人阶级的再教育,而我则是去"石灰"房报到。我兴高采烈地来到石灰房前,透过敞开的门只看到满目苍白,屋子里面只有两个池子,一个池子里正浸泡着石灰,而另一个池子中间则竖着一根轴承连着几根横杆,它正在做着顺时针的旋转,不停地搅拌着稀释的石灰乳……

前来指导的工人师傅告诉我们,在石灰房里当值的每一个班次,就是将几十包经过烧制的海珊瑚石灰倒到池中浸泡成乳,再通过石灰泵的作用将其输送到二楼制炼车间的糖罐中与初榨的糖汁混合;如果出糖的晶体颜色是黄的,那就要多加石灰进行中和,这样才能提高糖汁的纯度,同时降低糖汁的黏度和色值,并为煮糖结晶提供优质的原料糖浆。简言之,糖厂工艺流程中的"澄清"就包含着这一道工序,但在这里,大家都戏称为"漂白"。

我和符明同在一个班组,每天看着堆放在墙边的几十袋石灰就会发怵。我们要用力抓握石灰袋的边角才能使上力搬运,且将这些石灰搬运到屋内的池子边上还有一段不小的距离。周而复始,不得不承认这是一项耗力的苦差事。这冗长乏味的体力劳动,慢慢地侵蚀着我们内心深处的美好愿景,好似有种莫名的失落,一腔惆怅只能长叹无言了。

当一包石灰被倒入池中的瞬间,我们犹如处在炼狱般地难受,那马上升腾起的几丈高的尘雾,刹那间就弥漫了整个空间,铺天盖地的微尘把石灰房重新粉饰了一遍，我们首当其冲，粉末附着在衣服上、头脸上，一切都躲不开被染白的命运，而石灰散发的又呛又辣的气味，不断地刺激着眼睛、鼻子、口腔，直达肺腑，伴随着胸闷，有时感觉气都喘不上来。这时，我们只能眯着眼睛，憋着一口气，凭着本能去清空石灰袋，然后再以百米冲刺的速度向着门口狂奔。而当我们跑到室外，被清新的空气温柔地包裹着，呼吸随之变得顺畅，视觉逐渐变得清晰，那甜味的幸福就会直达心底。不知道经过了多少回合的倒腾，忽然间，我被一幅动感的画面吸引住，只见符明那被漂白的身影不断地在眼前晃动，这"银装素裹"的妆容不就是一个活脱脱的现实版的"白毛女"形象吗？幽她一默，我童心大起，戏谑地向她喊了一声"白毛女"，想不到她回头指着我说："你也是白毛女。"我们相互调侃嬉闹着，不时地眨巴双眼让白色的粉末从睫毛上轻轻地飘落，让凝重变得轻盈，让心弦拨动安然……我们的身心重新复苏，我们再次勇敢地接受挑战。

石灰房的工作是最苦最累的工作，石灰中和的精确度是关系到糖的质量问题的。我和另一个女孩子扛着几十斤重的水泥包往水池里倒，粉状的颗粒瞬间弥漫整个空间，又呛又辣，这种机械的来往每天要重复几十次。石灰泵坏了，要用锄头等原始的工具搅动，汗流浃背，灰头灰脸，每天唯有不断地告诫自己，坚持，坚持，再坚持。

有一次，四个石灰泵都坏了，最简陋的工具就摆在眼前，我们只能用水桶提着石灰乳从楼下送到楼上，同时还要用锄头不断地翻搅石灰，清理石渣。这种高强度的体能消耗不断地挑战着生理的底线，手僵硬得握不成拳，腿虚弱得迈不动步，原始的操作进度直接影响了生产线的流水作业。周围满是焦虑的面孔，耳边都是催促的声音，疲惫不堪，神经紧张，真想走人，真想开骂，心中的怒火逐渐升温，愤怒的情绪几近失控。然而，这是流水线作业，工人师傅始终坚守在一线，用辛勤的汗水保质保量在努力完成任务。如果因为石灰房的工作进度跟不上而影响到整个糖厂的正常生产，我们是否还能处之泰然呢？否！逃避是解决不了问题的，只有接受眼前的现实，激励自己积极向上，提高工作效率，才能不辜负自己和工人师傅的努力。于是我们开始调整心态，奋起直追，被激发出来的斗志使我们不惧困难坚持着，车间里的工人师傅也适时地向我们伸出了援手。当四个石灰泵在我们的巧手检修下恢复了正常运转时，我们欢呼雀跃，喜笑颜开，这个热闹场景，让周围的工人师傅看了也情不自禁地哈哈大笑，对我们竖起了大拇指：这些女知青都是好样的！适应环境，坚持不懈，承担责任，成就自我，这里，便是我们最初的开始。

1976 年 11 月末，又到了甘蔗收获的季节。屯昌糖厂的机器开始轰鸣，榨季生产的帷幕就此拉开。糖厂压榨车间是我的第一站。外场，日晒雨淋，我的兄弟姐妹正有条不紊地卸下成捆的甘蔗并把它扔进输送槽里，这就完成了第一道工序；内场，机器轰鸣，我和工人师傅将碾压分离过的蔗水、蔗渣分别送往制炼车间和锅炉车间。经过一个月的实习期，我快速出师了。有一天，正当我手忙脚乱地控制着那些陌生的仪表时，余光看到2号池的蔗水即将溢满，高度的责任心刺激我三步并成两步冲到按键前启动了2号泵的开关，与此同时，一声惊呼，凹槽底下一只擦破皮的手举了起来。原来2号马达有发热的迹象，技术员暂停了机器，几个头颅正凑在一起，用铁丝捆绑着一条水管准备给2号马达洗澡降温，如果不是那灵光一闪的瞬间敏捷，我的"最高领导"——车间主任的一只手就将被搅进机器里。若当真废了一只手，情何以堪。值得慰藉的是，从那以后再也没有重大事故发生。而能引起小小骄傲的是，我能够尽快地、及时地排除无阻塞蔗汁泵故障。夜幕降临，车间灯火辉煌，维修机器，清洁卫生，我们已连续工作了26个小时。疲倦的身躯被一只蝎子激活了，它吻上了我的中指，这意味着一个整夜我都不会得到安宁。有人怜惜地说，要哭就哭吧，五大三粗的汉子都会号啕唏嘘呢。直到东方破晓，公鸡打鸣时，火烧火燎的疼痛才渐得缓解。

糖厂有一条蜿蜒曲折的河流，闲暇时，我们总会三三两两在河堤上溜达，看着夕阳，看着云彩，看着青山绿水，让简单的生活律动起来。别小看这条河，它维系着糖厂的命脉，保证水源，就能保持生产。我们修堤筑坝，夜以继日。拢沙装包、起运草皮，锄头、铁铲挥舞着；火星飞溅，石块分家，铁锤高举着。夜幕笼罩着四野，有些人已沉入梦乡发出轻微的鼾声。这时，糖厂广播打破了静寂，不停地呼唤着："全体党员、干部、职工……全部起来，抢救堤坝。"我们冲向河堤，只见河水猛涨，刚清理出来的堤坝马上就要倒塌，几天的劳动成果就要付之东流，我们尽快加入紧张的战斗队伍里。突然，一声巨响，河水冲开了一个缺口，水泵房摇摇欲坠，堤坝泥土大块大块地往下掉，险象环生。没有迟疑，来不及犹豫，只见一个个身影像箭一样射出，筑起了一道人墙，在河水巨大的冲击下，人墙随波起伏，手下一松，随时都会被卷走，生死已置之度外。谁是救世主？只有我们，还有解放军。有人说过，解放军是亲人，雷鸣般的掌声，向着亲人环绕；最灿烂的笑脸，向着亲人绽放。那鲜红的领章，炫得泪眼婆娑。小伙子生龙活虎，小姑娘更显巾帼风采。平时四个姑娘才能扛起的沙包，此时，两个人扛起就走，还健步如飞，石头、沙袋，在我们手中已掂不出重量，手伤脚崴，也感觉不到疼痛。雨停了，河水驯服了，晚风凉嗖嗖的。炊事员及时送来了姜糖水，温暖着我们的心窝。更重要的是，我们战胜了天灾，我们保护了堤坝。这是一个不平凡的夜。

我们见证了屯昌糖厂的成长：从一个15吨的小厂发展成为一个500吨的大厂。

中国工人有着许多优秀的品质，他们奋斗，他们勤劳，他们俭朴，他们是我们学习的榜样。在屯昌糖厂这短暂的日子里，有许多人、许多事会让我们心生感动。苦一点算什么？压力大一点算什么？起点越低，弹跳就越高。屯昌糖厂的发展，有我们为之献出的一点真情，有我们为之铺设的大道。我们不吝啬汗水，不吝啬纯真，我们挥洒着阳光，我们放任着激情。这不是我们的起点，也不是我们的归宿，它终将成为我们记忆的闪光点，不断地让我们感受到充满欢乐的悸动，感受到热情洋溢的美妙。感念感恩，我们更加自信地去追逐内心的憧憬与梦想，去体验灵魂的超越和自由，去升华生命的本真和诗性。

知青岁月里的讲解员经历

陈小丽 / 海口知青 / 屯昌五七茶场

1975 年 7 月 30 日,我高中毕业于海口五中(今海南侨中),和广大中学生一样,上山下乡到海南屯昌县五七茶场。在知青岁月里,我有幸到广东省农业展览馆和全国农业展览馆当了一年多的讲解员。

初到茶场的劳动

我来到茶场被分配到五连,全场共有 5 个连队,四连和五连是属于新知青连。五连新老知青共 128 人,其中女知青 54 人。分 7 个劳动班、1 个后勤班。一班到七班的班长是:冯森、韩丽、梁海涛、羊牧、舒军、邓华明、刘一芳、刘启元等老知青;副班长是李绍华、李玉勇、陈小丽、罗健建、蔡德、李清霆、邓成亮、李文等新知青。连部由指导员杨许忠(共青团支部书记)、连长潘强(共青团支部副书记)、副连长何邱雯、专职共青团支部副书记阎玉兰、总务赵泽松等人组成。大会战开始十多天,邓成亮被任命为副连长,新知青梁平接替了他的副班长;大会战前,李若雄调往场部直属排。

我们连的宿舍就是两间大茅草屋,男女各占一间;床是用碗口粗的杉木打桩,铺上床板的连铺,每两个铺之间有一个只能走一个人的过道;厕所和洗澡房都很简陋,两口井三个连队(二连、三连和五连)使用。二连和三连都是老知青,我们的到来一下子打破了往日的平静,特别是洗澡,每次都要排长队。

到茶场的第一项劳动是砍柴。各连队的烧火柴都是自行解决,连里安排每个月每人要完成二百斤柴火的任务。所以雨水岭就成了我们就地取材的好地方。我在茶场共上山砍过三次柴,每次都像噩梦一样:

一是上山容易下山难。山路陡峭,崎岖不平,好不容易爬到山上,好不容易砍了一捆柴,下山才是最难的,因为山路很窄,又经雨水冲刷,沟沟坎坎布满了沙子。柴火很重,脚丫又软,稍不小心就连人带柴滑摔下去,有时候辛辛苦苦砍下的木柴,被甩到很深的地方,捡不回来,真是欲哭无泪呀。几乎每次下山都有人摔跤,我也不例外。

二是僧多粥少树难找。每次上山,全场几百号人,谁都想找好砍的树,很不容易。有一回,我跟方小华上山砍柴,在山上转悠了好久才砍到几根比较粗的木柴,我们一根根往山下拖,先拖下来的放在路边,再回过头上山拖剩下的,来回折腾好几回,好不容易到了山脚下,才发现之前的木柴不见了。正好看见两个男知青在那,我们一致认定是他们拿的,伤心地又哭又骂。也许看我们可怜吧,他们一边争辩一边帮着找。找到了,我们破涕为笑,连声谢谢都忘了说。回到连里天已经黑了,扛回来的木柴,连长看都不看,连连说:不称了不称了,人平安回来就好了,我急得快派人上山找你们了。要知道连长这么开恩,我们真没必要哭着找木柴,七辛八苦,又累又饿。

三是山蚂蟥的偷袭。我第一次上山砍树,就被山蚂蟥狠狠教训了一顿。我砍一棵树的时候,砍着砍着突然发现手上爬满了细长的小虫,我大喊大叫,怎么都甩不掉,引来几个人围观说是山蚂蟥,大家七手八脚怎么帮我弄掉的我已经忘记了,因为我根本不敢看。更搞笑的是有一回刘金花在砍柴,突然用海南话大声喊山其(海南话的山蚂蟥)很大,大家听成山尼(海南话,一种好吃的野果)很大,争先恐后冲过去,结果全中了山蚂蟥的埋伏,有一个满身上下都中了招,跳起了迪斯科,场面混乱又好笑,总之山蚂蟥太可怕了。

第二项劳动是全场大会战。我们来到五七茶场的第二十天,茶场就组织了全场新老知青,大规模地开展劈山开岭、挖沟种茶的大会战。会战前的誓师大会上,各连队情绪高涨,拉歌的声音一浪高过一浪。五连在潘强的带领下,大家拼命地大吼大唱,嗓子都唱哑了,同时也唱出了大战前的豪情壮志。王世贤场长在会上宣布,大会战要开展大竞赛:一是赛进度,就是看哪个连队干的最多,任务完成得最快。二是赛质量,各连开沟种茶一定要保证质量,场部要派技术员来验收。三是赛宣传,每个连队要做好宣传报道工作,大力宣传好人好事,大干快上,力争上游。大会战分三个阶段进行:

大会战第一阶段,开山挖茶沟。8月19日,五连在连干部的带领下,高举五连的旗帜,浩浩荡荡开上了深田岭,开展大会战。"早迎启明星上阵,晚披月色归来"是我们劳动的写照。天刚蒙蒙亮就被指导员、连长大呼小叫催起床,来不及刷牙洗脸,睡眼惺忪地扛着工具就出工了。饿着肚子干到日上三竿才吃早餐。烈日下要干到十二点钟后才能吃上午饭，接着继续干到天黑才收工。每次午饭也是蚂蚁和小虫们的盛宴，大家围坐在树荫下吃饭，大群的蚂蚁嗅到气味蜂拥而至，有时要挪几次地方才能吃完饭。那时候要是知道蚂蚁可以吃，我们也许会把它们给生吃了。

深田岭以沙石硬土为主，草皮植被比较少，我们使用的工具只有锄头和铁铲，碰到带有沙粒的硬土，很用力锄下去只留下一个印子，碰到坚硬的石头就更别提了，真是束手无策。每天都祈祷着能分到好挖的地方。其他班都是男女搭配，两个人负责完成二十米，这样女的会轻松很多。就我们三班男女各干各的，男的干完就收工了，我们几个女的总是落在全连最后，有时连干部看不过去，经常会帮我们。

劳动虽然很辛苦，但也乐在其中。记得有一次太阳已经快下山了，大家累得坐的坐，趴的趴，就等收工了。这时邢海山放声高唱"打土匪、进深山……"还没来得及往下唱，潘强就马上接着唱："我不该哎哎哎（矮的同音）青红不分，皂白不辨……"原来他们在用《智取威虎山》的唱词互相挖苦对方，因为潘强的外号叫"土匪"，邢海山个子比较矮。其中的机智和幽默让大家捧腹大笑，笑声响彻山野。当天月色皎洁，在这欢快的气氛中，大家又来劲了，干劲十足地又多干了一个多小时。

大会战第二阶段，积肥施肥。连续苦战了一个月左右，第一阶段开山挖茶沟的劳动结束了，马上又投入到更紧张的积肥施肥劳动中。这个阶段唯一比较轻松的是不需集体出工，劳动时间自己把握，每人每天要积五百斤肥料。我经常跟刘金花结伴积肥，我跟她不同班，但我们是隔壁床，又是同学，到农场之前就很熟悉了。每次重活脏活她都抢着干，我们一起割下的绿肥，她都捆成一捆大一捆小，她每次都扛大捆的，走很远的路，而且还要爬山。她脖子后面都磨破了皮渗出血来，没有东西包扎，还要坚持完成任务。我却一点办法都没有，只是跟在她后面默默地掉眼泪。第二天，她还是坚持继续出工。也因此，我一直对她敬重有加，我们的友谊弥足珍贵。

为了找绿肥，大家可是绞尽了脑汁。听杨静说，有一回她和张梅燕去找绿肥，走到一个山坳处，看到大片绿油油的飞机草（比较好的绿肥），高兴地大叫起来，冲到跟前马上要开割，才发现旁边立着一块小木牌，上面写着：此处有人。肯定是其他知青干的，但她们不敢越雷池一步，望着唾手可得的绿肥，还是老老实实离开了。

因为各连都需要大量的肥料，很快农场附近的土杂肥和飞机草都被抢得一干二净。实在没办法，好多人都到水深齐腰的河里捞水浮莲充当绿肥。尤其是女孩子，有些来例假也下水，风险太大了，落下病来可怎么办呀。当时也没有连干部来制止，也许大家都不懂吧。好不容易把水浮莲捞出来，更令人生畏的是，挑着百十来斤重的担子，爬上高二十米左右的深田水库大坝，没有阶梯，在很陡的斜坡上，颤颤悠悠往上走，上了大坝还要继续走两三公里的山路，爬到山上，让连干部称过登记之后，才能把绿肥放到茶沟里。为了完成每天的任务，就这样一天得来回四五趟。

和各个连队一样，中午不休息，晚上连续干是常有的事。有天晚上快八点了，接到连里的通知，马上去割绿肥，明天场部要大检查。我和杨静、方小华、王海萍、张梅燕、胡少微、杨慧卿，三班女知青结伴而行，在漆黑的夜晚，四处寻找绿肥，因为太黑又怕虫怕蛇，我们一无所获，索性坐在路边说话。有的说不该来屯昌，有的说本该去定安的龙门或白莲，那里的知青点不辛苦。而我本来可以留城的，我家兄妹四人，大哥当兵，姐姐下乡儋州红岭农场，小哥陈琼斌早两年已经下乡到我们农场。因为担心我自个留城后，会影响小哥招工回城，一厢情愿报名来了，到了农场才知道他混得不错，还当了二连的连长，而我后悔莫及。说着说着不知谁哭了，大家都跟着哭了，而且是放声大哭。被路过去场部开会的杨许忠和潘强听到，走近一看全是他们的兵，心好痛啊，什么话也没说，让我们立刻回去休息。

大会战的最后阶段，种茶。这一阶段的劳动最轻松。第一步，从连部把茶苗挑到山上；第二步，将茶苗一棵棵种到施好肥的茶沟里；第三步，下山挑水上山浇茶苗；第四步，到之前割过绿肥的地方割芒箕草（一种常大片生长，有保水土之效，枝叶比较坚硬繁密的草），插在茶苗边上用来遮阴保水。这些劳动，虽然也要起早贪黑，顶着炎炎烈日，但是劳动强度减轻了很多，对我们来说，已经不在话下了。

八九月份的海南，白天的气温都在摄氏三十度以上，酷热难耐，每个人都要顶着烈日，没完没了地干，汗水湿透了一身又一身，饥渴难耐。遇到打雷下雨，根本没地方躲。很多人的手脚，都打了很多的水泡。我的手掌就打了几十个水泡，破了以后留下一个个小黑圈，看了会起鸡皮疙瘩。我的脚被蚊虫叮咬，长了很多脓包，又没有药膏纱布处理包扎，白天就这么开放着干活，到晚上要用毛巾被裹着才能睡觉，否则黏在凉席上很痛。我妈妈来农场，看到我的新被子血迹斑斑、脓迹斑斑，心痛不已。罗健健比我更惨，也是因为脚长脓包，导致病菌感染，得了肾病，被迫回海口医治。即使这样，也没有人临阵逃脱，更没有人斤斤计较，讨价还价；有的只是咬紧牙关，坚持到底。这就是五连人至今依然引以为自豪的五连精神。

两个月的大会战终于结束了。在全场胜利大会师的大会上，五连获得了表彰，也因此被场里选派到屯昌糖厂支援榨季生产。

从糖厂借调羊城当讲解员

10月底，五连又在连干部的带领下，兴高采烈地开进了屯昌糖厂。在糖厂我度过了快乐的一个多月，因为我们三班全体女知青，被分到压榨车间，工作就是随时查看压榨机运行是否正常，压榨出来的甘蔗水在水槽里过滤是否顺畅。如果有堵塞，故障简单的我们可以处理，复杂的就请工人师傅解决；工作三班倒，人停机不停，很轻松也很干净。没有上班的时候，我经常跟邱雯、小华、韩丽、一芳她们到县城转悠，与在农场相比简直是苦尽甘来啊。

就在我在压榨车间干得不亦乐乎的时候，更大的喜事从天而降。11月底的一天傍晚，我在车间当班，当时方小华和陈小洁也在，有个陌生人过来问，谁是陈小丽，我转身大声说是我呀，来人自我介绍是县知青办的王克辉主任，我当时根本不知道知青办是干什么的。王主任问我会不会讲粤语，我不假思索地说会讲但不流利。他又问，县里在广东省农业展览馆办展，准备借调你去当讲解员，愿意吗？我真不敢相信自己的耳朵，"讲解员"，而且在广州，多么吸引人啊，居然是我，仿佛在做梦。

从接到通知到离开糖厂不到一个星期的时间。离开糖厂的前一天，我到县邮电局打电话告诉家里这个好消息，我妈对着电话喜极而泣，说不出话来。让我难忘的是送别，在县公共汽车站，上车后才发现五连和其他连的许多人向我挥手。原来那天是星期日，场里放假，许多人到县城逛街，看到我们一行也跟着去了。当时我在车上抹泪，许多女知青在车下也抹泪，车开去很远了，大家还没有散去，我不敢往后看，我一直泪流到海口。离去的和留下的，每个人内心深处的酸甜苦辣，尽在不言中。

在广东省农展馆的日子

初到农展馆。1975年12月初，我跟随屯昌县农业展览筹备组一行，来到了羊城脚下的广东省农展馆。海南有五个地方在省农展馆参展，分别是屯昌、定安、琼山甲子公社、文昌和琼中营根。屯昌县派去3名讲解员：吴梅珍、陈映花和我；定安县的讲解员是海口知青，我中学同学，叫杭黎华；甲子公社的经验好像与中草药种植有关，讲解员是下乡的广东知青；文昌重点展出的是渔业方面的内容，来了两位讲解员，都是文昌妹子；琼中的讲解员叫潘海鸥。

几十个讲解员来自不同地区、不同行业，有赤脚医生、护士、教师、机关工作人员等，有半数是上山下乡的城里知青；年纪相差也比较大，我刚满18岁，属年纪最小的那一拨；二十几岁的占大多数；最大的有三十岁，是两个孩子的妈妈。讲解员的工资和粮票都是展览馆按月发，月薪是36元，比在农场的18元正好翻番，粮票好像是32斤。我无法想象，在这么舒适轻松的环境工作，还有这么多钱和粮票发，比起那些农友，我真是太幸福了，感激之情难以言表。

到广州后，那么多讲解员给我印象比较深刻的是，南海、顺德、东莞和中山来的讲解员，她们比较有钱，也很大方，经常请大家吃东西。特别是顺德的张晓玲，我们是同龄，她几乎每个月都回家，每次都会带很多好吃的来，比如炸油角、蛋散、豆沙糕、萝卜糕之类的东西，我都是第一次吃到。汕尾的肖楚娟大姐，穿着比较讲究，经常教我怎么搭配着装，是她带我上街第一次给自己买衣服的。李姐是正宗广州人，几次带我们去她家吃饭，我这才知道广州人喜欢饭前喝汤。

屯昌是广东省农业学大寨的先进县。"一批二干三带头"是屯昌县在农业学大寨运动中总结出来的好经验。一批：就是坚持党的基本路线，大批修正主义，大批资本主义，用马列主义、毛泽东思想教育农民，引导他们坚定不移地走社会主义道路；二干：就是在党的基本路线指引下，"鼓足干劲，力争上游，多快好省地建设社会主义"，像大寨、昔阳那样，树雄心，立壮志，自力更生，艰苦奋斗，大干社会主义农业，为巩固无产阶级专政建立强大的社会主义经济基础；三带头：就是坚持继续革命，带头学，带头批，带头干，带头坚持"三要三不要"原则，带头参加集体生产劳动，发扬党的优良作风，搞好领导班子革命化建设。

屯昌县农业学大寨的经验在省农展馆展出，县里办展筹备组有八九个人，只记得陈有俊、陈栋两位老师，还有屯昌知青场知青郭炜。展区以图片展览为主，同时展出一些实物标本，记得有一只生猪标本上千斤重。还有一张名为《胶林晨曲》的照片很吸引人，一个美女头戴胶灯，手举胶刀，晨曦下割胶作业。听筹备组的老师说，照片上的美女是下乡到屯昌的广州知青。有趣的是她代表广东农学院，也在展馆当讲解员，感觉人比照片更漂亮。比较特殊的是还有一部小型放映机和介绍屯昌县"一批二干三带头"经验的专题电影片，可以随时播放，时长十分钟左右。屯昌县的讲解词，紧密围绕着"一批二干三带头"的主题，重点反映了全县水利设施建设，农田基础，高产甘蔗，优质生猪，还有橡胶、胡椒等情况。筹备组的工作进行到1976年初，春节前展区的各项工作顺利完成，筹备组全班人马撤回了海南，留下我们三位讲解员。

在讲解员的岗位上。每批讲解员上岗前，都要集中培训，分别用普通话和粤语讲解，对讲解的姿势和表情都有一定的要求。第一次集体观摩，面对一大群馆领导和讲解员，特别是不苟言笑的大队长，我在展台上吓得语无伦次，双腿直发抖，从小到大哪里见过这种阵势呀。因为紧张忘记了讲解词，或广话跑调，引起大家的哄笑，特别是看到大队长也笑，大家笑得更放肆了。从海南来的其他讲解员，虽然吐字也不太准，但比较大方自然。看到大队长满脸遗憾的样子，我觉得自己是最差的。

但是我没有气馁，而是更加努力，不论在宿舍还是在展馆，都在背讲解词或模拟讲解，因为我有一个坚定的信念：一定要表现好，不能丢屯昌人的脸。这些困难比在茶场劳动算得了什么，在这里比茶场的战友享福多了。因此，我不敢有半点的懈怠。第二次集体观摩，我与先前判若两人，吐字清晰，表情自如，挥舞着手中的讲解棒，充满了自信。从紧张胆怯到应对自如，我终于挺过来了，大家都为我鼓掌，特别是大队长还表扬了我。我很高兴，因为在我心里觉得她像妈妈。

也许是因为我比较认真好学，人也比较勤快，大队长和馆里的师傅，有什么事都爱叫我干。比如，大队长让我当我们分馆的小组长，还安排我到综合馆兼职讲解，那可是展览馆的门面呀，这让粤语很棒的讲解员都嫉妒了。我还负责馆里小型放映机的维护。因为电影胶片比较容易卡机断片，每次出问题等师傅半天不来，我就自己学着接片。放映机架在展板后面，地方比较狭窄，光线昏暗，又很闷热，很多人不乐意在上面操作，包括电工师傅。我们分馆，包括其他单位共有四五部机子，不管是谁的机子出问题，只要找我我都乐意帮忙。因此，电工师傅就干脆让她们有事先找我，遇到重大的故障，师傅才来摆平。

广东话遇上普通话。有一次，我用粤语给广州市郊区来的农民老乡讲解，他们听得很认真，我也因此受到鼓励，把平时很少讲的内容也讲了。没想到讲解结束，他们围过来，用广东方言，七嘴八舌问了我很多问题，比如：生猪怎么能养得这么大，甘蔗怎么种得那么粗，还问到胡椒、南药等。刚开始我还可以用粤语应付几句，后来只能用普通话说了，他们听不明白，有个别人还很生气，以为我故意而为，而我哭笑不得。好在大队长过来巡视，跟他们解释：展览馆的讲解员，都是从各地来的，可以用粤语背解说词，但平常说话还不够流利。这才解决了广东话遇到普通话的尴尬，不然老乡们还以为我是方言歧视呢。

湖南参观学习之行。将近一年的广州生活很快就要结束了。1976年10月中旬，农展馆组织全体讲解员到湖南参观学习。到长沙的当晚，天降米雪，一粒一粒圆圆的，我们很多人从来没见过。第二天，天气明显降温，几十个讲解员冷得呱呱叫，大队长只得让大家先上街买御寒的衣服。我们先后参观了岳麓山、橘子洲头、长沙第一师范等名胜。印象最深刻的是到韶山瞻仰毛主席的故居。当时，毛泽东主席逝世刚一个月，去韶山瞻仰毛泽东故居的人可说是人山人海，水泄不通，只能在毛主席故居的水塘边和四周看外景，故居的屋子人头涌动，很难挤进去。我的头发、鞋带、衣扣、挎包被挤得乱七八糟，掉的掉，断的断，狼狈样被大家笑个不停。通过这次韶山之行，我深刻体会到伟大领袖毛主席在全国人民心中的地位和分量。大家不远万里，不辞劳苦，来到这里，就是为了瞻仰心中的圣地。

11 月底我回到海口家里，本想休息几天就回茶场。但是，还没来得及好好放松，更没来得及回茶场报到，就接到中共屯昌县委宣传部的通知，要求我到北京全国农业展览馆报到，继续代表广东省海南地区屯昌县当讲解员。这个通知是经过父亲单位的电话，通知到父亲再传达给我的，跟去广东省农业展览馆当讲解员一样，都是口头通知。很多细节没搞清楚，但有一条是清楚的，必须尽快到岗。这个消息让我和家人、朋友兴奋不已。首都北京是多少人心神向往，梦寐以求的地方啊，幸运之神再一次眷顾了我。

在北京全国农展馆的学习工作与见闻

1976 年 12 月初，也就是回到海口的第九天，我登上了飞往广州的飞机，又回到广东省农展馆，与从北京回来的李芳会合，她也是五七茶场农场一连的知青，在全国农展馆当讲解员，我去北京就是接她的班的。李芳给我介绍了许多情况，交代到北京后应该注意的事情，还把她在北京用的大衣、围巾和手套给了我，把我送上去北京的火车。

12 月 5 日清晨火车进入北京站。我刚下火车迎面感觉很清凉，走了好一阵子才发现下雪了，我顿时惊叫起来，引来旁人侧目。管不了那么多了，我放下行李，张开双臂，无声大笑起来。海南人第一次见到下雪都会异常兴奋的吧。出了火车站，按照李芳给的路线图等车，人真多，我拿着三个帆布包，几经周折，终于到了展览馆。很快，我就上岗开始了讲解员的生活。"能在这里学习工作很荣幸，这里除了接待来自全国各地的群众，还要接待国家领导和中外贵宾，大家要有高度的责任心和纪律性，团结紧张，严肃活泼，认真做好每一次接待工作。"馆领导的一席话，浓浓的政治气氛扑面而来，让我打起了十二分的精神。事后才知道，中共党员才能来这里当讲解员，我真是一个例外。

全国农展馆展出的内容很多，露天有成排成列的卡车、吊车、拖拉机和各种农机，还分主馆和副馆，海南琼海"三八"潜水队的事迹就在副馆水产馆展出。讲解员叫何龄，她本人就是潜水队队员，地道的琼海妹。在主馆，全国各省市自治区至少有一个地方来参展。广东省是屯昌县，展板面积比在省里小一些，位置相对比较靠后。这儿的讲解员队伍可谓是四面八方，有藏族同胞，全馆唯一的男性讲解员，还有新疆、云南、四川、贵州等地的少数民族姑娘，每次重大接待，她们都要穿上美丽的民族服装，真是羡煞人。讲解员宿舍分南方室和北方室，我的舍友来自湖南、江西、江苏、浙江和福建等地。馆里十天开一次澡堂，大人小孩挤得像一锅粥。我们的工资和粮票也是馆里发的，跟在广州基本一样，不同的是粮票分米饭和面食两种，经常有北方讲解员用饭票换我的面食票，各取所需，皆大欢喜。

全国馆与省馆的最大区别是前者十分强调政治、纪律和警惕性。接待重要贵宾，馆里高度重视，有时甚至停止对外开放，对我们而言只要坚守岗位，不随便打听说话就没事了。一般贵宾从进馆到离开，我们都不知道是谁。我记忆中公开的有来自西萨摩亚、马里、朝鲜、尼古拉、老挝、日本、圭亚那等国家的外宾。接待外国留学生，有时候会遇到比较尴尬的事情。有一次，我接待一批非洲留学生，他们清一色都穿军色长棉大衣，听讲解的时候几乎不看展板，一直盯着讲解员，而且挨得很近，看我紧张不自然的样子，很兴奋，你推我挤笑嘻嘻靠过来，我几乎被包围着，很讨厌。情急之下我干脆说：讲完了。反正他们也不在意我说什么。类似的情况其他讲解员也遇到过。有一回，我们几个讲解员被几个留学生围着问问题，说着说着就跑题了，有的问你们有没有男朋友，有的说可不可以请你们出去玩，没有人敢接话，因为开馆时间，不允许讲解员随便说笑。有个老外还伸手要搂身边的讲解员，说时迟那时快，她把腰一弯从后面躲开了。因为老外比较高大，她个子比较矮小，场面很滑稽，我差点大笑起来，被老讲解员董姐用眼神制止了。老讲解员说这是她们惯用的招数。

有一天晚上八点多，我们都在电视室看电视，突然接到展馆站岗的警卫战士打来电话，说是在主馆的方向听到有响声。当天是我和林丽值勤，负责闭馆后清场关灯关门。我俩披上大衣围巾就往外冲，从宿舍到展馆，要经过一片大湖和一大片果林，白天要走十几分钟。当晚气温零下三十几度，风吹到脑门上像刀割一样，呼啸声像无数只狼在嚎。我们顶着凛冽的寒风，在昏暗的路灯下，想快也快不起来，又急又怕。到那才知道有扇门打开了，怕是阶级敌人进来搞破坏，我们全面检查了一遍没发现有异常，最后分析是门没有关好，被大风吹开了。反正我是被吓坏了，不敢回宿舍，无奈之下警卫战士只好送我们，他背着枪走在后面，我们哆哆嗦嗦走在前面，很像被押送的犯人。第二天，我们整日惴惴不安，一是害怕警卫战士报告给馆里，二是害怕展馆出现什么问题。还好，一切平安无事。通过这次教训，我真正认识了全国农业展览的重大地位，在这里干什么都不能含糊。

闭馆期间赴大寨参观学习

全国农业展览馆每年都会闭馆休整一段时间（两至三个月），全部讲解员都回原单位待命，到正式开馆才召集人马，组成讲解员队伍。只要原单位同意，馆里还是愿意召回原班人马，所以，有些老讲解员在北京都待了好几年。有个从北京下乡到山西的老知青董娅，她就当了五六年的讲解员。每批讲解员离馆前，展览馆都会组织到外地参观学习，地点由讲解员提出来，馆里最后决定。我们这批讲解员，兵分两路，自愿报名，一路去大寨，一路去大庆，去大寨的有八十多人。我因为来自农业学大寨先进典型之乡，可说是大寨精神成就了屯昌，所以大寨是我最渴望、必须去的首选。

1977年5月3日，我们大队人马向大寨进发。当年大寨之行的几篇日记，记下了当时的情景：

5月3日。今天终于登上了前往大寨的187次列车，激动的心情就别提了，因为我们即将登上虎头山，尽情地呼吸大寨的空气，观赏大寨的山山水水。

5月4日。奔驰的列车呀，带着我们八十多颗激动的心，向前向前。6时29分下了阳泉车站，乘上已备好的专车，8点钟到了昔阳县第一招待所，吃完早餐，从9点半美美地睡到了12时5分，吃完饭给刘李伟（高中最要好的女同学）写了封信，便开始了下午的最有意义的活动。汽车缓缓减速，呈现在我们眼前的是一排排既整齐又宽畅，既美观又大方的大寨阁楼，上面是砖瓦房，下面是石窑洞。大家不禁惊呼道：这就是社会主义发展的道路，真是百闻不如一看啊。随着大队人马，我们从大寨的谷底沟转上小背岭沟，登上团结沟，下了狼窝掌至麻黄沟，达合作沟进老墓沟，这里展现的风光深深打动了我的心。眼望着块块平展展的梯田和绿茵茵的庄稼，怎能不让人联想到大寨的贫下中农在这里，洒了多少血和汗……今天真是个难得的好日子，在今天来参观大寨，更有一番意义。"五四"青年节，能亲临虎头山听大寨经验的介绍，更使我受到深刻启发与教育，我一定要向大寨贫下中农学习，继承发扬"五四"青年的光荣传统，努力锻炼成为又红又专的革命接班人。

5月5日。今天，我们足足游览了将近一天。七点半从招待所出发，先参观了赵庄。这是一个有一百多户人家的生产大队，自然条件也比较差，赵庄贫下中农在大队党支部的领导下，农业学大寨以来做出了很大成绩。农业学大寨的丰硕成果遍布全昔阳县，看到这欣欣向荣的社会主义新农村，无不感慨万分，思绪万千啊。如果全国都真正学大寨，掌握了大寨的根本经验，老老实实，脚踏实地地学大寨，使全国五万万农民都能过上大寨的生活，而且是更美好的，那该多好呀。这项任务将由我们这一代人去努力，去完成。通过今天、昨天的参观，我深深体会到我们年轻人肩上的担子不轻啊。祖国大地的山山水水都正需要我们这代人去努力、去流血流汗，用我们辛勤的巧手去描绘社会主义的锦绣宏图。

5月6日。参观的第三天又结束了，今晚我们在一起，畅谈了这几天所闻所见的收获和体会，真是畅所欲言，无所不讲呀，大家的感受都特别深。这几天我的心情特别激动，深深在想着一个问题，真学大寨还是假学大寨，反映着这个队的生产情况、人的精神面貌。而面貌的改变，决定着领导班子的问题，总之，学不学大寨，根本在领导。从大寨的自然条件看，无论是作业地方，还是水利条件都比我们那差得多，而我们却远远赶不上大寨，所以，根本在学大寨的大干社会主义精神。

5月7日。又是一个有意义之晚，今晚大寨贫下中农为荷兰来的公主亲王设宴、看晚会，我们也被邀请参加了。晚会的节目虽不甚精彩，但对一个农村大队说，却是十分少有，体现了社会主义新农民的精神面貌。演出的都是大寨的后一代，他们享受了前辈创造的成果，从他们天真活泼的舞蹈中，我看到了大寨的未来希望。尤其吸引人的是他们演出的道具与乐队。一个大队能有这样的宣传队，真不简单，特别是他们培养的小武术队真棒。演出结束，公主及随行人员走上台与小演员一一握手，合影留念。台下的观众报以热烈的掌声，整个礼堂充满着友谊的气氛。我的心情也随着掌声飞进了深深的思想：中国出了这么个大寨，吸引着国内的广大人民群众，天天有无数的人前来参观学习，而国外，无论是五大洲还是四大洋的朋友来访华，都必临此地观看。这全是大寨人的努力，艰苦奋斗，与伟大领袖毛主席精心培养扶植，和敬爱的周总理多次亲临视察指导有很大关系。我再次体会到学大寨的伟大意义。

5月8日。今天是参观县办企业。看到昔阳这一派蒸蒸日上、欣欣向荣的社会主义新气象，无不感慨万分。如果全国所有的县都像昔阳县这样，大干快干社会主义，发展该有多快呀。我们参观了昔阳县大寨水泥厂、大寨氮肥厂、农机修配厂、拖拉机修造厂。中午临近吃饭，又参观了大寨展览馆。听后感受甚深，无论是版面、解说词，还是讲解员的表演都令人满意，如能详细看看就更美了。

5月9日。是我们大寨之行最后的一天。清早，我们怀着依依不舍的心情，再次前往大寨，而且登上了大寨最高之巅虎头山。从这次登山，我更加体会到登虎头山不容易，非花九牛二虎之力。但我想，大寨人每天登的不仅仅是有土长草生石头的自然山，更是在登社会主义的最高峰，他们一步一个脚印地攀登在我国农业生产的高山前面。想到这，仿佛看到五万万农民，正紧跟着大寨的脚步，加快速度，登上险峰，领略社会主义的无比优越性。虎头山啊，你虽然气势磅礴、昂首挺立，可你在大寨人面前却是那样的温顺、胆小、无奈，我并不是在贬低你、丑化你，而是在赞美你献出了自己雄伟的身躯，为大寨贫下中农添光争气。你时时都在展开充满活力的臂膀，迎接来自国内外的群众、朋友。今天我是第二次来到你的身边，感谢你教会了我大干社会主义的道理，我一定为描绘千千万万个你，贡献青春的力量。

下午两点开始出发返京。

　　大寨之行，对我的教育非常深刻，当时就下定决心，回到茶场，一定要好好干。

　　1977年的休馆时间从6月份开始。5月27号，我告别了朝夕相处半年多的展览馆和讲解员，登上了北京开往广州的列车，在广州火车站见到陈有俊老师和罗健健，高兴得跳起来。罗健健也是五连的知青，是在我之后借调来省农展馆当讲解员的。6月1日我回到海口，圆满结束了讲解员的工作。

　　1978年3月，我通过招工离开屯昌县五七茶场到海南气象局工作，结束了两年多的知青生活。

（2016年8月18日）

忆雨水岭上那次救火经历

林曼玲 / 海口知青 / 屯昌五七茶场

1975 年 7 月 30 日，我在海南侨中高中毕业后，响应党的号召，投身到知识青年上山下乡的时代洪流中。我们外贸系统的子弟被分配到屯昌县五七茶场接受贫下中农的再教育。今日回想起农场的知青岁月感慨万千，许多往事历历在目，仿佛就在昨天。印象最深的那次救火经历，刻骨铭心，难以忘怀。

记得，那是 1976 年 2 月的一天，各连队的部分知青来到深田水库西侧雨水岭的荒山坡上，进行清理坡地的工作。知青们把前几天砍下来的树木和挖出来的树根、杂草，堆积到山坡中央，以便点火烧炭。

王场长在下达任务时一再强调这次的烧山任务不比往常，事先要沿着荒坡开出一条十米宽的防火道。各连带队的干部分别把守在防火道上，防止火苗窜过防火道烧着与荒坡隔界的松树林，而松林的后面是连绵的雨水岭山脉。这毁林的罪名谁都担当不起，各连要确保万无一失。

开始点火了，知青们围着一个大圈，拿着长木棍，把没烧着的枯枝、杂草往火堆中心堆拢。火越烧越旺，火花不住地发出噼噼啪啪的响声。站在火堆旁的知青脸都被烤得红扑扑的，豆大的汗珠子由额头滚过脸颊，好像一朵朵含露绽放的花朵。大家边干活边说笑，逗乐。好美的一幅劳动图画！如果有照相机我真想拍下这一幕场景，留作长久的纪念。烧山的工作进行得很顺利，眼看就要大功告成了，守在防火道上的我真想上前去凑热闹。回头看到守在防火道上的符场长正在认真地拾捡杂草、树枝，我打消了念头。正在这时意料不到的事情发生了。一阵大风由东向西刮过火堆，吹起了一圈烧着的杂草从上空飘过防火道，正巧落在松树林里干燥的杂草丛中。"呼"的一声着火了，顷刻间烈火熊熊，浓烟翻滚。符场长见势不妙，带领几名离他近的知青，率先冲进树林，他们呼喊着，跑到火苗的前面举刀猛砍那些尚未着火的树枝想断开火路，把火势控制在最小的范围之内。紧接着二连的指导员李仕敏向远处的知青大声呼喊："大家别慌，快砍一把青叶树枝跟场长他们一块救火。"说着只见他挥着手中的青树枝箭步冲进树林。我看到同伴们奋勇拼搏的身影，赶紧抓起一把树枝奔向有火苗蔓延的地方，双手不停地挥打着，力图让火势减小。烟雾中隐约看到跑在前头的李仕敏指导员抬手捂了下眼睛，事后知道他的左边眉毛被火烧掉了一半，他顾不上痛，更加奋力地救火。同时我额前的刘海也散发出一股浓浓的焦味。脚底的胶鞋融化了，冒出一缕淡淡的青烟，脚掌被烫得生疼。周边的知青与我们的情况大致一样，跑着，扑着，大家在林子里分散了。也不知道时间过去多久，大火终于被扑灭了。只见四处都是焦炭，遍地狼藉，野草和灌木被烧得一干二净。幸好大部分松树完好无损。大家都松了一口气，陆续地从树林里往外走。

回到工地上的头件事是不约而同地抬头张望，都在寻找自己熟悉的那张面孔，看看伙伴是否也安然无恙。这一看顿时引起了满山坡的嬉笑声。原来看到的全都是一张张黑乎乎的脸，只有那双眼睛在闪着亮光，根本分不出张三李四来。那模样儿实在是太好笑了。因为事发突然，都没来得及想到自己的脸何尝不是如此呢。因见大伙一个个都用手指着对方，笑得东倒西歪，直不起身来。我稍后走出来，看到这场面，也笑得差点栽跟头。一想到自己是女孩子，还是别被大伙看到这样子，就头也不回地朝深田水库方向走去，很快大家都明白过来了，全部往水库边跑来。我们一边洗脸，一边又忍不住地大笑起来，暂时忘了手脚上的伤痛。这一串串响亮的笑声冲散了刚才山坡上紧张的气氛。

收工了，知青们扛起锄头和长刀，朝着各自连队的方向走去。他们渐渐远去的身影，今日还留在我的脑海中。有了知青生活的经历，我想将来无论走向社会的哪个岗位，我们都会是建设社会主义的有用人才。四十年过去了，我们每个人都经历了不同的风雨，有失落，有收获，有失望，同时对生活也充满了希望。今天我们当年的知青已近甲子，我们曾经为共和国奉献了青春年华，可以自豪地说青春无悔。

（2016 年 8 月 18 日）

忆路线教育日子里的苗寨情

殷慧青 / 海口知青 / 屯昌五七茶场

深深的入党愿

2016 年是中国共产党建党 95 周年，在这个特别的日子里，我又想起了 41 年前我站在党旗下宣誓的那一天。

1975 年春节后，大约是农历初八，我回到苗寨。那是我从 1973 年高中毕业后下乡到屯昌县五七茶场的第二年，也是我参加路线教育工作组进入苗寨的第 11 个月。这一天傍晚，太阳下山后，我收工后与"三同户"黄阿爹扛着犁头，赶着耕牛往回走，远远看见队长站在田埂上对我喊："殷同志，有好事情哟！"他走过来从上衣口袋掏出一张纸，用坚韧粗实的双手递给了我。我一看，是入党通知书。满脸皱纹的老支书笑着恭喜了一句："你的入党申请被通过了，明天到公社去开会。"我顿时百感交集：我被批准入党了，明天我就是中国共产党党员了！

第二天天没亮，我就背着军挎包，带上手电筒，拿着打蛇棍上路了。这些是我每次到大队部或者公社开会的必备武器。从我下乡的新安生产队到南佬大队要走十多里山路，路上坎坷不平，要翻过两座小山，蹚过几条小河。天刚亮就到了南佬大队部，在那里与我们南佬工作队的林队长（我的入党介绍人之一）会合，又接着再翻过一座山，过两条小溪，走了近十公里山路，终于准时在上午九点半到达我们路线教育南坤工作团所在地——南坤公社。十点整，我们五个来自不同生产队的知青，在公社广场的大榕树下，对着鲜艳的党旗，举起右手，在工作团陈秘书长（我的另一位入党介绍人）的带领下，庄严宣誓："我自愿加入中国共产党，遵守党的纪律，严守党的秘密……为实现共产主义奋斗终生。"

那一天我整日都沉浸在无比激动和自豪的情绪中。

我满怀喜悦，当天晚上趁着月光连走带跑地回到生产队。上床时已是深更半夜了，看着手掌上那开荒种地、割稻砍柴磨出来的十多个茧子，觉得自己这一年在黎苗寨与苗族同胞们一起劳动，一起生活，不管多苦多累都是值得的。点上小油灯，我从枕头底下拿出自己心爱的日记本，在上面一字一句地写着：今天，我入党了，我成为一名光荣的中国共产党党员了。

浓浓的苗寨情

我入党后不久，1975 年 3 月的一天，我们被召集到公社开会，这是一个路教的表彰和总结大会。在会上，当时的县委书记王霞立总结了屯昌县路线教育的"伟大成果"，并同时宣布我们这一期的路教运动结束了，所有知青回到原单位。我就要离开这个待了一年的苗村，回去原知青点——屯昌县五七茶场了。

3 月 20 日，是我们路教工作队离开的日子。那天我还是照常天不亮就起床，出门来站在屋前土坝中，环视着自己在这里的家，晨曦中仍然安静的土屋和开始苏醒的稻田。一种依依惜别的心情，让我久久不能平静，往事历历在目。

1 年前，我报名参加了由县干部、公社干部和下乡到屯昌各农场的部分知青组成的屯昌县路线教育工作队，到当时屯昌最落后的 3 个公社——黄岭、藤寨、南坤去搞"农业学大寨"运动。而我，当时刚满 17 周岁的女孩，被分配到最苦，最边远，最贫困的黎村苗寨——南坤公社南佬大队新安生产队工作，与那里的苗族同胞同吃同住同劳动，晚上还要为村里的乡亲们读报纸，讲时事政治。

我身后的那间土屋，就是我的"三同户"黄阿爹的茅草房，墙身已出现一道裂缝。这个草屋分为四间房，两间住人，一间做饭，一间储物。屋里显得阴冷潮湿和黑暗。记得进村的那一天，村长叫村里的妇女主任领我去她家住，也就是我的"三同户"黄阿爹的茅屋，我住的那间旁边是储物间，放了一些谷米、番薯和其他杂物，到了晚上，只有一盏昏暗的煤油灯，微弱的火苗被从窗缝吹进来的风弄得飘忽不定。我坐在床中间，用席子压着蚊帐，静静的夜里，成群蚊子在蚊帐外嗡嗡飞舞，几只老鼠围着我的蚊帐刺溜乱窜，我不敢入睡，在床中央迷迷糊糊坐了一晚上，直到听见天亮前的鸡叫，当时可把我吓惨了，我到现在还惧怕老鼠的毛病就是在那时吓出来的。第二天，黄阿爹和黄阿妈知道了这件事，就把储物间清理干净，他们搬进去住，把杂物和粮食换到他们原来住的那间房，老鼠们也跟着搬迁了，我才可以睡个安稳觉。

黄阿爹和黄阿妈平时对我很照顾，他们俩有六十多岁了，身体都不太好，却坚持把山兰米留给我吃，自己吃番薯或木薯干煮的粥。有一次，村里人在山上打了一头野猪，队长分了一小块山猪肉给黄阿爹，他们欢天喜地像过年一样的高兴，回家把肉切成小块，放进大铁锅，加上山兰米，再加上一些我叫不出名字的草药和香料，还放了很多盐，熬了两个小时。到了吃饭的时候，黄阿妈盛了一小碗放在我的前面，说："殷同志，这野猪很难打到，这肉你多吃点。"我连忙说："阿爹阿妈，你们一起吃吧。"但他们却只是喝了些稀饭加咸菜，这肉糊只用筷子戳了一下就不吃了。晚饭后，阿妈找来一个坛子，把锅里的肉糊倒进去，用树叶加盖子把坛子密封好，黄阿爹在院子里挖出一个坑，阿妈就把这坛子肉糊放进坑里，然后再埋起来，她说，十天后就更好吃了。一个星期后，我接到通知到县里开知青表彰大会，接着又回了海口，再回到村里已经是二十天后了，我从家里给他们带来很多好吃的东西，比如豆瓣酱加肉丁、豆腐乳加花生酱什么的。他们见到我回来可高兴了，吃晚饭的时候，特地从深埋的坛子里盛出一碗黑乎乎的"肉糊"，里面还长满了"东西"，说是特别留给我的。"哇！"那个气味差一点就把我熏得晕了过去，胃里翻江倒海直作呕。我说："阿爹阿妈，多谢了，我真的受不了，还是留给你们吃吧。"他们也不再坚持，高高兴兴地端到一边去吃了。

我在苗寨的时候，每天早上五点起床，先到离家三百米远的水井挑水，等把家里的两口大水缸都装满就天亮了，吃了阿妈煮好的番薯汤，带上开水就跟着阿爹开始了一天的劳作。

那时的黎苗山区，基本上还是延续古老的刀耕火种的生产方式，先用砍刀把整片山坡的植被砍倒，暴晒几天后点火烧掉，然后人手一根竹棍，身上背个竹编的小背篓，里面放着山兰稻的种子，用竹棍在烧过的地上戳个洞，放进几粒稻种，埋起来就行了。等老天下雨，长出新的稻苗，过几个月就能收割了。

我们的工作，就是教他们学习开梯田，种水稻。我们先到大队部向县里派来的农技师学习种水稻的知识，然后帮他们用山兰稻的种子换水稻新品种，再教给他们给水、施肥、除草等农业知识，晚上收工回来还要到生产队文化室给村民读报纸。我是一边打瞌睡一边用半咸半淡的海南话读，村民们是一边睡一边听，最后在一片呼噜声中队长宣布：今晚的学习到此为止。

山里的土地很肥沃，经过一年的精耕细作，庄稼长得非常好。收获的季节到了，黎苗同胞们捧着比往年多得多的金灿灿的稻谷，由衷地感谢共产党，感谢工作队，也由衷地感谢我这个汉人小姑娘同志（他们都是这么叫我的）。

我们的茅屋房子建在半荒坡上，屋旁的菜园是生产队分的一分多自留地，很肥沃。那叶藤下面静静躺着的大南瓜，是我们剪蔓授粉的杰作；那挂满枝头的红番茄，是我们从县农科所带来的种子的成果，让放牛娃嘴馋不已；那出苗后的青菜、萝卜开始争先恐后地长大。语言已难以表达，能多为他们做点什么成了我最大的心愿。

我刚下乡时，还不满 17 岁，到了农村搞路线教育刚满 17 岁。虽经一段时间下乡锻炼，体格并不强壮。农活就是开荒整地，技术含量低，我是积极投入，挖土、开梯田、插秧，样样都干。生产队第一次给我评了 9 分，其实这是社员对我的照顾，也是对我吃苦耐劳、虚心好学的一种肯定，我的心里暖暖的。

1975 年 2 月底，我带着苗胞们去齐膝盖深的水田里插秧，脚底被田里的一块石头划开了一个大口子，鲜血直流。怎么办，回去还是坚持干活？我的脑海里立即响起了一个声音："下定决心，不怕牺牲，排除万难，去争取胜利。留下来，把稻田插完再回去。"鲜血把稻田染红了一片，社员们很感动，大家七手八脚硬是把我拉上田埂，大家帮我包扎好伤口后，我发扬连续作战的精神，把整片稻田都插完了。那天晚上回到家已是满天星星了。

我们生产队的公粮要交到南佬大队粮库。秋收后我和村民一起，挑着上百斤的粮食去交公粮。队长照顾我，只让我挑 60 斤的担子。我们离粮库越来越近，感觉肩上的粮食越来越重。我一步一步踩着石墩过了河，前面是陡坡，爬上一半就把我难住了：一步高点的石梯，我怎么也跨不上去，也许昨晚没睡好，也许我挑累了，也许我本身就没有上去的能力，我弯着腰，使劲撑着手中的木拐，腿发抖了，肩上的担子摇晃了。在这危急的时候，一只大手伸了过来，拉着我跨了上去。这个农民大哥的手，这艰难负重上行的一步，让我终生难忘！

当过完磅秤，爬上木梯将箩筐倾斜，金灿灿的稻谷像瀑布一般流入大大的粮仓中，我顿时感到特别的轻松快乐。

收工回家，夜幕已经降临。我们进屋生火煮饭。在煤油灯微弱而跳动的灯光下，我们吃饭、洗碗、喂猪、洗脚；为了节省煤油，一盏灯从这屋端到那屋，还得小心翼翼地用手挡风。一切都是那么习惯和娴熟。进屋扎好了蚊帐，驱赶了蚊子，疲劳的身子终于可以休息了。

每天晚上睡觉前我总喜欢点上油灯，从挎包里取出心爱的日记本。我一手拿笔，一手赶着叮人的蚊子和扑光的虫子，我看着想着：在这里的日子不多了，我得记下这难忘的每一天。

3 月 20 日这一天，要离开这里了。趁早，我还是到屋后的山下去帮阿爹挑满水，帮阿妈煮熟番薯汤，再拾点牛粪吧，到农村就懂得了"有收无收在于水，多收少收在于肥"，让我们的土地更肥沃吧，把好的收成留给我的苗族同胞们。

天突然下起雨来，雨点打在房顶的茅草上滴滴答答响，田园显得那么安静、享受。我知道下雨天多数人要待在家，趁此机会，我戴上斗笠，披上蓑衣，去向乡亲们道个别。

雨停了，太阳从远边的山头升起，这时社员们扛着锄头，三三两两来到了门前院坝。啊！是乡亲们来送我了，是生产队要给我开欢送会。我当时心潮澎湃，感动不已。院里站满了人，听见队长大声地说："我们今天来欢送殷同志。他们工作队是响应毛主席号召，来这里接受贫下中农再教育的，也是来帮助我们的。大家都看到了，她吃得苦，肯学，我们一点没看出她是干部子弟。她现在要回去了，希望殷同志今后不要忘记我们这里……"我看着那一张张熟悉、亲切、留恋的面孔，我能忘记吗？此时眼泪已模糊了我的视线。我没能多说什么，只是不住地对着乡亲们点头道谢。

该出发了，我向苗族乡亲们挥手道别，他们一直目送着我远远地离去……

（2016 年 7 月）

知青经历铸就坚强收获真情

徐惠娥 / 海口知青 / 屯昌五七茶场

知青是我走向社会的第一身份，是此生无以复制的峥嵘岁月。当知青，铸就了我坚忍不拔乐观向上的好品格，处事坚强的意志力，收获了满满的友情、爱情……

新知青迎来开荒战

1975 年 7 月 30 日，放弃留城机会的我带头在高中毕业班上，以班长的名义签名要求参加上山下乡。随着浩浩荡荡的大卡车车队，我们怀着激动的心情来到了屯昌县雨水岭下的五七茶场五连，提着行李走进老知青为我们新盖的茅草房。只见房内架设了两排粗糙的木板床，中间一条通道，地上是沙土地，走起路来尘土飞扬，十分简陋。心想，这能住人吗？刮风下雨会漏吗？半夜连门都摸不着呢！我们放下行李，铺上草席、被褥，宿舍马上就有了生气。五花八门，色彩斑斓，很快就成了女生们快乐的小窝。

到了晚上，一向洗惯了热水澡的我，第一次领教了井水透心的凉。入夜休息时，一只暗黄色的灯泡离我床铺十几米远。因在家晚上有看小说才能入睡的习惯，没办法，只好悄悄到小卖部花 8 分钱买了二两煤油，点上了小油灯躺在蚊帐里看起小说。随着飘忽的微弱灯光，我暂时进入了另一个美好的世界。这时，睡我边上的小王说："惠娥，这茅草屋着火的话，第一个抓的就是你。"我说："在这荒凉、寂静的山沟里，没有娱乐，不看书会呆的。"到了半夜，要起夜了，想想几百米远的厕所，心里怕得实在不敢去，就推醒了身边的金花，一起出门。但眼前一片漆黑，除了鬼影般唰唰响的树叶，伸手不见五指。不行，只能到房后解决了，往后夜里就不敢多喝水了，一想到半夜出门会遇到蛇鼠就全身发毛。

我们休息了两天，场部就下达了开荒的任务，早上 6:30，许指导员一声口哨：

"起床了，准备上工了。"我们紧张得要命，用前夜备好的井水洗漱，急忙到伙房排队吃早餐，百多号人的连队吃饭、打开水、洗澡都要争先恐后的才行。

一到山上，烈日当头，杂草丛生，荆棘满山，无从下手，这时老知青班长冯森和舒军耐心地教我们怎样用刀砍杂草，清荆棘，这一刀下去不要紧，手背上就被利刺划破了，鲜血直流，掌心里也隆起了血泡，痛得恨不得把手剁掉。接下来就流血脓。在工地上一眼望去，个个知青都是汗流浃背，满脸通红，大家都不时互相鼓励一下，战地广播也不停地播送好人好事，鼓励新知青要能吃苦，不怕累，坚持完成任务！

尝到了劳动的苦头就开始想家了，看到宿舍里有人接到家书，就怪老是出差的爸爸。好不容易盼到一封家书，曾经在四野解放大军的老爸信上说："阿侬，你要坚强，下乡劳动的艰辛你从未经历过，但要努力锻炼，别人能干你也能干，不要偷懒、开小差，俺上山剿匪，下海打仗，为了解放海南岛，掉脑袋都不怕，你这点苦也要扛下来，你是军人的后代，要挺住！"我流着泪看完，咬着牙沉思。看看左右所有的知青都吃一样的苦，但都无人逃避，借故回家，我也就下决心，好好干，决不丢老爸的脸！

国庆节到了，海南财办及商业、外贸局派干部来慰问知青们了，听说俺爸也来了，回到宿舍，放下锄头，就躲在门后使劲地哭，难过得不敢出门见亲人。这时爸爸进来叫我，我一头扑在他怀里大哭，他也热泪盈眶，看着又黑又瘦的娇娇女，心疼极了。当我把一双划满新旧伤痕的手给他看时，他说："是俺的闺女！坚持就是胜利，不要掉队啊！"

有了老爸的鼓励，顿觉我成长了，有出息了！马上就高高兴兴地和舍友们分享亲人带来的慰问品，有大酱五花肉、酥饼、猪油、白糖、炒面粉，等等。

从到连队第二个月开始，场里规定每月每人砍200斤木柴给伙房用。我第一次上雨水岭砍木柴搬回连队伙房，已经到吃中午饭的时间了，结果就累得再也上不了山了。我和刘金花后来每月砍柴就分为三次搬木材，从早上八点上山，到完成任务时已是下午五六点钟了。当端起中午的剩饭，看着就是咽不下，想起在山上找树和被山蚂蟥咬得鲜血直流的情景就胆战心惊，泪流满面。

挖茶沟，打硬仗

一个月的开荒任务完成了，深田水库的几座山上满山遍野的绿色披衣，被一群群稚嫩的小青年硬是拔个精光，土地裸露出来，成了光秃秃的山头。有一天，连里通知晚上到场部开动员大会，这才知道有一场更大的硬仗在等着我们。场长动员："我们的茶场已开垦出来，马上要挖茶沟种茶了，茶沟规格是 50 cm×60 cm，每人每天挖 11 米，为完成任务，要求大家发扬大寨精神，两个六点半，中午加一班，大干快上！"

我们四连和五连都是新知青，不知道其中有多苦，就信心满满地回去做准备了。

挖茶沟的第一天早上 4:30，满天的星星眨着眼睛，许指导员就吹哨叫起床，因到深田水库工地要几十分钟，所以要提前一个小时出发。大家深一脚浅一脚地走在田埂上，不时有老鼠和青竹蛇等窜出来（我们的美女何连长都被蛇咬过），胆战心惊地走到工地，天都没亮，我们就拿锄头当枕头躺在乡间公路上。

当我分到 11 米的挖茶沟任务时，一锄下去，手震麻了，坚硬的小石子迸出了火花，只碰破表面的土，别说 11 米，连 1 米都难挖啊。这时老知青班长们看出来了，就对我们一班的人说，男生挖土，女生跟在后面铲土，全班任务一起完成，这下我们女生才松了口气。尽管还用臂力往沟上甩土，但也不用一锄一锄地和硬石子干仗了。真心谢谢温暖的班长大哥。

到了中午，吃饭休息一小时。真是烈日当空，想解手，一眼望去满山都是人，根本没有解手的地方，连茅房的影子都没看到，只能忍着，口渴却不敢喝水，所以很多女生都憋出毛病了。吃饭时间想找个阴凉地方都没有，只有在山脚下有荆棘丛草的地方，男生用刀砍出个洞洞，我们就钻进去，一屁股坐在湿润的爬满蚂蚁等昆虫的腐败的落叶上，实在累得不行，就枕着草帽一头倒下，起来时被蚂蚁咬得呱呱叫，红肿，疼得不行。这要是在家里，已是吹着风扇，睡在凉席上美美地午休了，谁会想到有这般景象。

就这样，上午一身汗，下午一身雨，收工后只见个个都是背着一圈白盐渍湿漉漉的一身回家。为了早起省时间，我就在夜里梳好头发，把长辫盘在头上，抓一把饼干放在口袋里，备好手电筒。

有一次，在种茶的工作中，顶着烈日干了一天的活，下午天降倾盆大雨，眼见天就黑了，大家像落汤鸡一样跑开躲雨了，茶树还没种完，任务是完不成了，只听见连长喊了声："共产党员、共青团员给我上，把茶树种完！"我们就继续冒着大雨，硬是坚持把茶树种完了。

挖完茶沟，连队里要每人每天完成几百斤积绿肥任务，主要是割飞机草等植物或下塘捞水浮莲。我和金花因完不成任务，就干到半夜饭也没吃，连里派人半路把我们接回来，我们已累得一屁股坐地上起不来了。

短短几个月的开荒、挖茶沟，积绿肥，种茶的历练，造就了多少可歌可泣的劳动能手和好人好事，练就了我们能干快上的坚强意志和勇往直前的精神。

苦中作乐，收获友情、爱情

经历了几个月的艰难困苦的劳动锻炼，我们晒黑了，长个了，饭量也大了，成熟了，逐渐懂得了劳动创造世界的道理。农场里每月发的18元工资，交了15元伙食费，剩下3元，只要有时间我就冲到县城美美地吃一盘肉炒粉条，看一场电影，买几本书，买些日用品，工资就花光了。

白天再累，晚上也要看一会书，随着书中的主人公进入到另一个世界，任凭其命运游荡在书的海洋。有时夜深了，从三连传来老知青悠扬的琴声和深沉的歌声，这一刻是我们最惬意最享受的时间，听着小夜曲很快就入梦乡了。

在劳动中，知青们都是互相关心，不分彼此的。有一次我得了重感冒，发高烧，盖三床被子也不暖，卫生所陈励来给我打了退烧针还不行，这时场长夫人也过来帮我刮痧、煮草药，吴惠英帮我熬粥、洗衣服，煮热水给我擦身，真心感谢她们，让我很快地康复了。

在种茶回家的路上，因天黑，走在水坝上不小心一脚踩空连人带锄头翻滚下坝，左手骨折了，又不能马上到医院，疼得我大哭一场，心想就这样残废了，直挺到天亮才上县医院看病，医生建议回海口治疗。这时陈克海自告奋勇地护送我回海口并陪我到市中医院做治疗。因家长上班，他便帮我换药、做饭，直到我能自理。

回到农场，领导分配我当场部事务长，工作轻松了一点。这时陈克海也当了拖拉机手，每次坐他的车上县城买菜办事，他都帮我当搬运工。有时炊事员阿刚回城休假，他就帮我做饭挑水、劈柴，对我关爱有加。

回城工作几年后，陈克海成了我的先生，还是那样关照我，让我衣食无忧地度过了三十多年。

当年知青的峥嵘岁月，把一个天真浪漫的少女磨炼成一个坚韧不拔、不畏艰险，意志坚定、有担当的女人。在四十多年的奋斗中，不断成长。1985年我考上了省商业学校学习企业管理，并入了党，在海南友谊商场任针纺部经理、办公室主任。

人生无常，活在当下。知青的经历让我终身受益！如今我先生陈克海被脑干出血的病魔放倒了。我以坚实的同甘共苦的感情基础，以坚强的意志和他一起跟病魔抗争到底，共渡难关。知青情怀奠定的我们的爱情经得起考验，不离不弃，有我在就有他在。感谢屯昌五七茶场战天斗地的知青生活，给了我足够的坚强撑起残缺的家！感谢知青给我生存的力量！

（2016年8月18日）

我在屯昌五七茶场当知青

王川 / 海口知青 / 屯昌五七茶场

难忘下乡那一天

1973 年 12 月 3 日这一天，是难以忘却的知青下乡的日子。

那天，我和下乡知青一起坐海南商业车队的汽车，在海口市里转一圈，接受人们敲锣打鼓的欢送。我恰好坐着李仕敏父亲开的那部解放牌汽车。人在车上，摇摇晃晃，总觉得路是那么远。突然，车停了。有人喊：该方便的方便了，不方便的，车不停了。我伸一下腰，揉一揉膝盖，掀开车帆布，看一下车停的地方。这时，有一位女知青，喊了一下坐在车头的李任敏："你能关一下车发动机吗？这油味也太呛了，都快晕了。"李仕敏想都没想，关了车发动机。这时，李的父亲回来了，见状喊一句："谁关的发动机？""我关的。"李仕敏话音未落，只见李的父亲一巴掌打在李仕敏的脸上："滚，到车上去。""啊！"女知青惊了一下，看着爬上车厢的李仕敏说："不好意思，不……""没关系。"

看到李仕敏的父亲，我又想起我的父亲，不知道那代人，为什么火气总那么大。忽然，我又觉得这一天，不正是可以逃离父亲棍棒的时候吗？

不知何时，我又忘了这一天。记得，"文革"时在外婆家的日子，那时候，总停课。外婆总是对我说，去找一些柴火回来。我和大姨的两个儿子，一块到五公祠附近的公路边，去捡一些树枝。五公祠的附近有一块石碑，石碑的两边都刻有文字，一边刻着海口，一边刻着府城。我们几个会围着石碑跳，口里喊着："海口、府城、府城、海口。"捡完树枝，还会到五公祠下的田间地头，拔一些马兰草当柴火，有时捡一些农民不要的菜，或挖一两个地瓜。外婆总是很高兴地说："一会煮给你们吃。"

有时候，拿上几分钱，到街口买个番薯或要一个甜酸辣。

不知何时，我又忘了这一天。记得，一次，大姨买回一筐小虾，那虾极小。他们一边分拣，一边取出虾堆里的小树枝、杂草、树叶等，洗净后，放在大缸里，用椰子壳碾压，后放盐、放酒，装瓶。在瓶中的小虾，红红的，看到这总幻想着有块白肉，能狠狠地蘸一下……

不知何时，我又忘了这一天。"文革"时，街上每天都到处散传单，我上街去抢传单，抢着，抢着，没想戴在头上的帽子被人抢走。记得一次，跟随造反派进入琼山中学。校园里一片狼藉，学生都走光了，我在校内宿舍里找到一本破损不全的《林海雪原》，回到家中，坐在角落里，静静地看，那故事叫人安静，叫人入神，叫人忘记了外边嘈杂的世界。

不知何时，我又忘了这一天。跟随下放的父母，来到红岭干校，到了上初中的年纪，总感觉自己长大了。父亲的文化程度不高，总爱翻看我的作业。看作业就是看红杠，看成绩，每当看到打叉的地方，这责备，那怪罪，总没一件好，说到激动处，一巴掌就会落在身上。我喜欢长大。记得上高中的时候，那时的物理课，需要自己动手组装收音机。几个神奇的电子元件组合在一起就能发出声音。那时候，是想尽办法，找磁棒、线圈、可变电容、电容、电阻、三极管、二极管、喇叭，装着、调试着，在自己的世界……"怎么还不煮饭，弄什么弄。"父亲把我那组合给摔了。我看着怒气冲冲的父亲，又看了我那投入心血的组合，我什么时候才有我自己的天？

"下车啰！下车啰！"从海口出发的车队，满载着当年应届毕业的初中生、高中生，浩浩荡荡地来到屯昌县雨水岭山脚下，开始了那一段知青的生活。

初到农场的生活和深田水库大会战

从屯昌县城去西昌公路六七公里处左拐，有个深田水库。沿着水库路，走过库坝区，就到达场部，这就是屯昌县五七茶场。场部沿路而建的几幢瓦房，和公路下成直角的有两幢，一幢是场部办公室和卫生所，一幢的前面是晒谷场，晒谷场往下是鱼塘、养猪场。一连设在这里。我分在二连，二连从场部路直下，过了几块大水田、一个山坡，就看见一座庙，庙与二连两幢瓦房相毗邻，路从两幢瓦房的中间穿过，两幢瓦房的距离较宽，可作晒谷场，还修建了半个篮球场。

沿着公路，右边是一大段树林，林里种着咖啡；左边是一大块坡地，种着花生、番薯等。继续往下，右边有一间厕所。厕所是按房梁分，一边是男厕，一边是女厕。男厕门对公路，女厕门对着一片开阔地。在开阔地上有几簇刺竹林，矮矮的，密密的，1974 年，偷窥女生事件就发生在这里。第一幢宿舍里，一间是小卖部，其余的住着女生；第二幢宿舍住着男生，往下有间厨房，厨房往下的路有一口水井，还有一间从房梁平分的洗澡房，再往下是农田。记得刚到场里时，我和陈汉珍、蔡干、王琳、于海洋、吴兴、黄日、华龙就住在第二幢中间的宿舍。我找到床，放下下乡时父亲单位发的草帽、水壶、水桶、锄头、砍刀和家里准备的木箱，那是我全部的家当。刚放好行李，宿舍里来了一个高个子的知青，身边跟着一个矮个子知青，找蔡干，言语中有些偏激，似有摩擦，说着说着要动手，只见蔡干语言不卑不亢，一边收拾行李，一边瞄着高个子，高个子挑衅了一会，不敢动手，悻悻地走了。

五七茶场，这是农场，也是一个男人世界的开始。

1974年，正值全国开展"农业学大寨，工业学大庆""全省学屯昌"的农业运动。开荒造田、平整土地、迁坟进山，造就当时大面积的农田、坡地，还修建了纵横交错的水利工程。五七茶场也掀起砍伐开荒，挖沟种茶运动大会战，在雨水岭下，在深田水库旁，我们没日没夜地干。"两个六点半，中午加一班"，"早上红旗一片红，晚上灯光一片明"。

茶沟从每天10米挖到每天25米，沟底宽40厘米，沟面宽45厘米、高40厘米，连排长每天用特制的框架，检查工作，完成不了不休息。在砍伐开荒的土地上，到处是树桩头、树根、藤根，还有可恶的白石，这白石坚硬得很，不少锄头败在它脚下。没几天，锄头坏了，铲坏了，钢钎撬弯了。"金鸡牌"锄头坏了，换上"建设牌"锄头。知青的蛮力，不怕苦的精神，在这里体现无余。知青除挖茶沟外，还要挖沟种甘蔗。种甘蔗，要从场部的鱼塘挖塘泥，挑塘泥经过二连到三百米远的山坡上，一个来回要走五到六公里，每天挑10担。大量的体力劳动，透支着我们的身体，渐渐地吃饭多了，加餐的次数也多了。有人瞄上了家里，豆豉炒肉装在瓶子里，不断地送来，后来家里也吃不消了。知青们开始瞄上鸡，瞄上土地里的地瓜、甘蔗，水沟里的鱼，菜地里的冬瓜、南瓜，树上的椰子，凡是想到的都会去弄来吃。

一次种花生，到仓库（二连到三连的中间有一仓库）去掰花生种子，在掰花生的过程中，知青们趁管理员或连干部不注意时，把花生掰进水壶拿回来煮，有的直接生吃。这件事被发现后，连干部就把当时最毒的农药（六六粉）混在花生种子中，有的知青不怕死，竟然用手弹弹花生上的药粉，掰开后，把花生仁抛到空中，用嘴接。一双手都是六六粉，花生掰久了，鼻孔也吸进不少六六粉，眼睛被六六粉熏出泪，手洗了好久都觉得臭。不知道是谁想出的歪招、害人招。

在农场，除了大会战可以放开肚皮吃外，一般情况下，都很难加到餐。在二连加餐较多的，除了我还有宝良、柳青、华龙，等等，当然还有其他知青。1个月18元生活费，交了15元伙食费，加餐可能就会花完剩余的3元钱。还有粮票，每个月不用算，都会知道结果。一天，父亲来场看我，我给父亲打饭，父亲看了，不吃，看着我吃，那一斤的米饭瞬间干完。父亲很惊讶，我送他到屯昌后，在屯昌的饭店里，父亲又点了一斤饺子，让我吃，我还真不客气。一次，陈汉珍拿出两斤粮票在小卖部买了两斤半饼干（八两粮票一斤饼干）。晚饭后，坐在床上打扑克，大家你一块，我一块，原定第二天早上才吃的饼干，竟吃完了！大家你看看我，我看看你，又看看那装饼干的空纸袋。

清明时节，下了一场雨，吴宝良在二连水井处不远的水田里抓到了青蛙。他在下田前，将脚下的那双鞋反扣，下田抓青蛙，一手就两只，神奇得很，知青们纷纷效仿。黄日和华龙去场部公路旁的水田捉青蛙，下到水田一看，蛇也特别多，有眼镜蛇、银环蛇、金环蛇、灰蛇等，它们也吃青蛙，第一次见这么多的蛇，头皮都麻了。说到蛇也有一怪。一天，吴宝良在庙区听到鸡叫，想夜晚进去。那是清明刚过，月还很亮，乘着夜色向庙门靠近，突然，发现庙门前两根柱子上各缠着一条很大的蛇，吓一跳，慌忙跑回。我获知此事，是真是假，也想看一看，是龙庙？好奇心驱使，前往。没收获，在回来的路上，宝良拉了我一下，手指着地面。地面上一条蛇，它昂着头，身是盘着的，尾巴一卷一卷地运动走了，不像其他蛇那样走。这是什么蛇？有人叫它为称星蛇，也是毒蛇。

还有一次，我、陈汉珍、黄日、华龙、吴宝良一起去水沟里捉鱼，我们拿着水桶、畚箕、锄头等，还拿着点石灰粉。我们从水沟头放下石灰，沿着水沟一路捉那些晕了的鱼。我们走到一个水沟湾。这个湾是长时间被水冲刷而成，沟底到沟堤的落差有2—3米。当我们认为没有鱼，准备回时，一条大蛇从沟堤上伸下身来，碰到了水，"咚"的一声，黄日以为是鱼，拿着畚箕迎上去，蛇头正对准他，说时迟，那时快，宝良挥锄砍了下去，蛇一回缩，身子一跃，又回到沟堤上。哇，蛇真大，是眼镜王蛇。陈宝良脸色发白，喃喃"打蛇不死，危害三年"，心情闷闷不乐。

有一次，宝良偷鸡被发现，连领导要开大会。宝良要在会中检讨，他捉了一条蛇，用针线把蛇的嘴缝住，带到会场。当他上场作检讨时，就放了那条蛇。蛇的游动引起了到场知青的恐慌……在雨水岭下砍山开荒，经常会发现一种叫竹叶青的蛇，它的头呈三角形，身上从深绿色到浅绿，跟树叶颜色一样，稍不小心，就会被咬到。一次开荒中，于海洋发现一条，好奇地捉来看，不想被叮了一下。雨水岭的山中还有一种树，人碰到，脸会肿起来，有人叫这种树为"漆树"。

挖茶沟大会战的烽火烧到深田水库，那场面极大，那是全场会战，那时的决心书、请战书、挑战书、入党申请书、入团申请书、战地报道、战果记录，层出不穷，广播声、锄头敲击声、加油声、呐喊声，声声贯耳，一片热闹景象。中午，也有挥锄声，真正做到了"小雨大干，没雨拼命干，两个六点半，中午不休息，晚上加一班"。那时候不知哪来的力，那么不知疲倦。一天的劳作后，下水库洗澡成了唯一乐趣，又放松，又能洗去一身的污垢。

有一次运气好，分配到的挖茶沟地段石头少，任务完成快，正好梁振书也完成了，就一块来到水库放水沟渠的地方，发现这水库里有一张网，好奇！下去捞，居然有条大鱼卡在网上，惊奇！立马把鱼抱在怀里，脱掉背心包起来，赶回二连驻地。知情的几位知青也赶回来，在野地里支起锅灶，无奈锅太小，鱼有十斤左右，用砍刀切鱼，肉块大，只好一块鱼一块鱼地煮。一边熟了翻过来吃，另一边熟了再吃，有时翻过来的鱼没有熟透，照吃不误，哈哈，比拾到金子还高兴。

深田水库大会战已接近尾声。一天傍晚，早早收工的知青，聚集在公路水库这边，准备下水洗澡。突然，有人喊一声：快看！我顺着叫喊者手指的方向看去，啊！水库对岸有一大家伙，不知何物，它跳进水库，朝水库中间游去。远远望去，它的头比水牛的还大，游动很快，不一会就到了水库中间，有朝我们游来的迹象。突然，它潜入水中，吓得我们跑上岸。再看，不见浮头，是什么？没人知道。一会，再一会，迟迟不见踪影，心感不妙，收拾衣服，赶紧溜。数月后，不知何原因，水库放水。那探秘的欲望，驱使我赶到水库边。水干见底，我焦急地巡视库底。库底一览无余，只有许多死去的树留下的树干、树枝和树桩。底部的一条小沟里浅浅流动的水里，还有几条小鱼。

100 斤蔬菜和 200 斤柴火

在农场，除了挖茶沟、犁田、耙地、除草、插秧、割稻、搭草房、修理农具的工作外，还要完成一样特殊任务：每人每月砍 200 斤柴火，种 100 斤蔬菜。这任务还是利用休息日完成。

有一天是星期日，我和许振华上雨水岭砍柴火。雨水岭山脚下及山坡较缓处，已被茶沟占领；较远处的山沟里，能砍的也被其他知青捷足先登，找了半天，越爬越高，越走越远，好不容易找到能砍的柴火，发现离回去的路程太远了，只好选小的砍，又怕完不成任务，就这样，俩人选能扛回来的木头。扛木头下山，道路崎岖不平，时而被刺勾住衣服，时而脚下踏空打滑，历尽艰苦。带去的水喝干了，口干舌燥，衣服尽湿，不行了，休息一下。看到一处杂草少的土堆，放下木头，顺势躺在土坡上。这时，许振华扛着木头走来，"这儿不能休息，你躺的地方是个坟。"啊！我跳将起来，扛着木头，跌跌撞撞又继续前进。好不容易回到连队厨房的空地上，丢下木头，那木头却从地面弹起来，我迅速闪开，但还是被木头碰了一下，这时的腰又酸又软。木头过秤，八十多斤，唉！我的妈，又要麻烦场友捶腰按摩了。

在二连按摩技术较好的要数海洋了，经他一按，腰痛的确减轻不少。平时，大家劳累时，都是你帮我按，我帮你按，除非腰扭大痛，才去找医生。在农场，腰伤的人不少，好在年轻都扛过去了，再说哪来的钱看病。一次，熊南辉要我陪他去县城看腰伤。从二连的水井处，沿田埂小路，路经看守所和一处保存很好的自然林，再走过村边小路，上公路来到县城。

在县电影院的那条巷子，找到那个门诊。熊南辉怎么知道这个地方，又怎么知道能治好腰伤？管他呢，好不容易上县城，逛一下呗。

种菜，大姑娘上轿头一回。种什么菜？怎么种？知青，知识青年，有种菜知识吗？傻眼了。有人提议种冬瓜、种南瓜。啊，好主意，别人也种这些，随大流，一失百失，一得百得。我和黄日、华龙、国辉等，在厨房后的空地上，挖了很多坑，放了许多冬瓜籽和南瓜籽，也不知是否合季节，总想肯定有一种菜会种出来的。

庄稼一枝花，全靠肥当家。我们找来牛粪，每天下午浇水。还真有奇迹发生，十天八天，瓜秧出来了，我们浇水更勤了。不知谁拿刀把长势良好的瓜秧拦腰斩断了，怎么回事？说这样瓜苗会长得更好！还拿着牛粪压住瓜秧断处。不久发现，在瓜秧断处长出几根粗壮的瓜秧来，还真是奇迹。

收获的季节来了，那时冬瓜收得多，不用怎样管理，真有意思。一时间，厨房天天冬瓜菜，吃得胃酸直冒，脸上的青春痘少了不少，身体也松软无力。有人说是冬瓜吃多了，体寒，会影响心脏，要配辣椒中和一下。一时间，我们到处找辣椒，摘辣椒，到最后，没辣椒竟吃不下饭。好在技术员宿舍的房前屋后种了不少辣椒。吃完冬瓜吃南瓜。南瓜一吃又连续好多天，吃着吃着，人的脸色也黄了。有人说南瓜的湿气太重，那有什么办法。有人尝试生吃，生吃南瓜，味道有些甜，但吃多了，肚子会抽搐起来。有人炒南瓜籽，这方法不错，可惜南瓜籽皮太薄，嗑半天没几粒，干脆连籽带壳一起嚼。在农场的伙食里，难得有肉。有肉，那像过节一般热闹，打饭，哪怕多给点肉沫、残汁，都是高级别享受。这机会不多，厨师们还是把肉切得薄薄的。夸张地说，风稍大点，肉就会被刮跑。

40年场庆的那顿午餐，那一块块的大白肉，叫人感慨，叫人思绪万千。

文化生活的点点滴滴

1974年、1975年，场里陆陆续续来了不少知青。场里也增设了四连、五连。知青中，不少人带来乐器，如口琴、笛子、八线琴（马达令）、吉他、二胡。记得钟澡进和舒军会拉一点二胡，其余的谈不上技艺，弄个响声出来罢了，不过还是把知青那热闹劲鼓起来了。在二连，如果谁拿来新玩意，连里都像炸锅似的，你来一下，我来一下。

凑热闹是年轻人的天性。记得，有一次，中国体操队来县城表演，来的有世界冠军马艳红。这消息让连里炸了锅。我和黄日等几名知青，早早吃完饭就赶赴县城。体育馆里人山人海，水泄不通。后来说什么水土不服，身体有恙，马艳红不表演了。白跑一趟，但还好看到了其他队员的表演。回来的路上，手电筒的亮光宛如一字蛇行，甚为壮观。

看电影都要到场部去看，知青一般都没凳子，或懒得带，只要有一个坐，他的大腿定有他人坐上，别人也依次坐在另一个人的大腿上。这就是知青。

你看开口就爱笑的路金起；有点耳背的黄日；有点近视的于海洋；天天喊着加饭的我、宝良、柳青；还有喊打喊杀的志力；一天到晚都不知疲倦的陈宝良、张川；会打太极的熊南辉；会打回马脚的王宁；会打四门的许振华；还有斯文至极的王琳。二连人才济济，什么样的人都有：有喜欢当领导的人，有的不是领导，却又比领导还领导得强；有大嗓门的人，没事都大叫一通。

在连里，王小风、祝雅连长、李任敏指导员都喜欢连队的文化建设。许振华爱画画，他的中国画很见功底，连队墙报的插图都是他画的。我也喜欢投稿。我们连里还自发地组织学习小组，我、陈汉珍、吴兴、良业还有谁，记不清了。记得有一天，相约上山去看日出。早晨，天刚发白，我们就上山，选一处茶沟，找块石头坐着，静等着太阳升起。一会，太阳升起来了，太阳像个大镜子，发出白炽的光，亮亮的，十分耀眼，不像书上写的红红的太阳。太阳上升不久，脚下的野草高兴地伸展开来，叶子上那晶莹的水珠，不一会便无影无踪。太阳为什么是镜白色？是烈日？再回头望一下，太阳光像把利剑穿透云层……

有一次，学习小组在宿舍学习，不知是谁，突然吟诵起来："姑娘，你是汪洋中的一只小船，每当你向我轻轻地走来，我的心，就像船底划开的海浪，每当夜深人静的时候，你的语音容貌就会浮现在我脑海，令我久久不能忘怀，每当你冷漠地对着我、看着我，我的心啊，像刀割般的痛苦，啊……"当时觉得还挺优美的。现在，倒觉得酸酸的。

文艺会演，写稿、定稿、排练都选在休息时间。三句半，敲鼓的是钟澡进，敲锣的是许振华，我第三个，还有一个像是张川，记不清了。在台上表演，台下知青的欢笑声和阵阵掌声，那是对我们付出的一种肯定。那心情好一个棒！

参加斗批改工作组

1974 年末，屯昌县根据形势的需要，组织斗、批、改工作组。全场都有知青参加，连里也有 30 多人参加。我也参加，这是我真正接受贫下中农再教育的一次体验，也是知青生活的一个插曲。

南昌团的带队团长是王昌甫，县公安局的一个副局长；东岭组组长是县文化馆的副馆长，副组长是屯昌坡心人，姓李。我、关玉石、路金起，还有一位，忘记名字了，分在南昌公社，东岭大队。我分在东岭村。东岭村距南昌公社约五公里，不在主干道上，因背靠东山岭而得名。

工作组的主要任务是，平整土地，大造梯田，兴修水利，把屯昌建设成旱涝保收的农业大县。在政治上，统一思想，统一规划，统一行动。具体工作安排，还是先斗地主。

当时，在工作组小组会上，我们这些知青第一次当领导，有畏难情绪，怕开不好会，不懂讲什么。组长说："你们年轻人有干劲，有冲劲，这是你们的优点。开批斗会，要先喊口号，调动群众情绪，再讲资产阶级的危害。地主是资产阶级在农村的代表，剥削有罪。斗地主，是防修反修的必要，是走社会主义的必然之路。"听完组长的话似乎有些信心，但开起会来，还是不知从何讲起，心中总是有些忐忑不安。开会前和村队长碰头，队长说："我队最高成分是中农。"那还是讲生产的事吧。生产队里的生产工作，主要是种田。经济作物有：甘蔗、红麻、木薯、地瓜、花生、芝麻、黑豆等，其他的是养猪、养鸭、养牛。

村里最高工分的，每天约一角二分到一角五分钱。农民家里的经济主要是挣工分，逢市日，挑担菜去卖，换点油盐酱醋等。家里养猪，还不能多养，也不能擅自杀猪，要交公，每年每户还上缴一只鸡。平时的生活，靠"三边"地上种一些菜，补充家用。

"斗批改"的任务就是铲除资产阶级的土壤，把私人的"三边"地彻底铲掉。当时的口号是：要社会主义的草，不要资本主义的苗。这一来，农民的日子更难过了。"三边地"是指田边、沟边、村边的地方。在当时看来，"三边地"属于农村人民公社的边角废料。农民在"三边地"种东西，体现了农民见缝插针的功夫和劳动生产积累的生活智慧。在田边的水坑旁，在田灌溉口，水冲刷成的沉积地，一般不长庄稼的地方，种上三五棵芋头，杆茎能做菜；水渠、水沟旁，宽不能成垄的，三五米长，种上空心菜，空心菜可一茬一茬地割，割了还会长出来；在村边的空地上，隔林、隔竹边挖上几个坑，埋上些瓜种，压上牛粪，任其生长。地少，点多，积少成多，改善了生活，如家里来个客人，到村周边去转一转，就能做出丰盛的菜肴。农民家的自留地，通常种番薯，为的是养猪。番薯地不用浇水。种菜的地要靠近水源，卖菜要挑上五公里到南吕市去卖，路远菜贱，卖不了几个钱，在当时还只有上了年纪的人可以挑去卖。

整治了"三边"地，我的日子开始不好过了。房东没给我好脸色，一日三餐都是煮地瓜，要么，白米饭也没有个菜，一连几天，真受不了。

有一天，跑到另一个生产队。那村队都姓王，见我来很高兴，这村的房东和工作队队员（知青）一块下到田里抓鱼，总算补充了一下人手。刚到农村时，村里的青壮劳力都被县里抽调去兴修水利去了，村里大部分是老弱妇孺，但农业学大寨的工作不能丢。

下乡没几天，参加村里的挖沟种甘蔗。我拿着房东的锄头。这把锄头是三插式，就是一根锄把、一枕芯、一插扞合成，锄刀长二十厘米左右，锄刀钢硬度不够。我挖了不到十米，锄头就修了两次，最后那次还是碰到石头，锄刀卷起来，房东看了，心疼起那把锄头来。我看一下旁边的村民，他们使用锄头，多在锄，少在挖，工作进度很慢。看这情况，心急没用，甘蔗沟要挖35厘米深，宽30厘米左右。下午，我请了假，直奔农场。回场后，我找了几把开荒崩坏的"金鸡"，又找来一把"建设"，急忙回村。房东见我拿锄头回来，心喜得很。我们农场的锄头，锄刀在30厘米左右，虽有几把崩坏的，稍修一下，总比房东的锄头好。

第二天一早，我又来到甘蔗地。村队长走过来，提出要和我竞赛挖沟，好啊！挖沟是我的强项，在农场里练出来的。村队长有四十出头，人不高，挺壮实的。比吧！村民得知，相当兴奋，有人鼓劲，有人猜测，都认为队长会赢，因为当时的我太瘦小了。结果，我赢了！几天后，十多二十亩的甘蔗地，挖好、上肥、埋上甘蔗。村队长不服输，和我较上劲了，搞完甘蔗，搞农田。犁田也要跟我比，好啊！都练过。我犁田没他好，但犁地的面积都差不多，犁完地，耙田，耙完田后，插秧，一鼓作气，村队长顶不住了，朝正在插秧的我喊一声："休息嘞！"我洗手上田埂，村队长便向我走来，给我一支烟，我摇手说："不会。""不会？不会不行，到时上坡休息，不抽烟，人会说你偷懒，抽烟的人，人家不会说，你当工作队队员，是我们的领导了，是干部了，哪个干部休息不抽烟？"我想也是，于是，接过村队长的烟。久而久之，我发现在男人的世界里少不了烟。三五个男人在一起，一定会有人抽烟。陌生人，一支烟过去，距离就会缩短，谈话也会亲近一些，做农村工作，交流、谈心都离不开烟，渐渐我也学会了吸烟。

一次交公购粮，需把村队里的粮食挑到五公里远的南昌公社粮站。村队长又一次要和我比挑粮，我说好啊，挑一百斤。村队长说："你挑九十五，我挑一百。""还是一样多吧！"说着，村会计就给我称九十五斤，村队长一百斤。在送粮的路上，村队长停了一下，我一鼓作气，直接挑到粮站。

第二天，我等村队长下地，他媳妇来找我说，村队长腰痛，起不来了。啊！我赶紧上卫生院，拿了两瓶药酒上他家。我和村队长的劳动竞赛，也让村民看到了一个不再是学生模样的知青，倒像是一个吃苦耐劳的农村人，渐渐地靠近我的村民多了，反映问题、唠嗑的也多了起来，我和村民是越走越近。房东也对我好很多。一次皮肤瘙痒，手指缝中也越来越痒，房东到处去找蛇，说吃蛇，皮肤会好。一次淋雨感冒，房东一看，说："这是斑蛇。"对我是又刮、又掐，病竟然好了，真感谢他们。

在工作组工作一段时间，很快就到了1975年春节。节日放假，我也准备回海口。村队长来找我，说："我们要杀一口猪。""杀吧！"心想自己养的猪，又逢过节，杀一头猪又不犯法，没当一回事。村队长又说："我们会去防疫站开证明的。"过年回来，房东告诉我说："队里分我两斤肉。""哦，知道了，放在家里一块吃吧。"还没放下行李，工作组组长找我说："事态严重，全大队就你首肯村队杀猪。"我问："没事吧？"组长说："幸亏有防疫站证明，不然……"我不知道村队长已办了病猪证明。那年头，自己养的猪除上缴外，猪只能卖给公社食品站，食品站按份额返给养殖户，不许私自宰杀。被人摆了一道，还好，工作组不再追究。

邻村的村队长都希望这是个好的开始。我也取得村民的信任和肯定。"农业学大寨"运动的蓬勃发展，村里的壮劳力频繁被调出，村里劳力紧缺。农忙时，上街卖菜的都要"请"回来。记得有一回，隔壁村的一家姑娘要出嫁，迎亲的队伍来到村头，工作组组织人手追赶，抓人下田，吓得姑娘花容失色，拎着鞋子就跑，迎亲队伍也作鸟兽散，狼狈得很。

那时的会议多，有小组会，有大组会，有全公社大会，有政治会，有生产任务会等。最怕的是全公社农民大会，要五六点起床，敲锣，还要一家一户地叫，凑齐人数，走上五公里。如开一天会，中午还没地休息，晚上打着手电筒回去。有一次，真的困了，骑着单车摔在路沟，就睡了，幸亏有人叫醒、搀扶，硬撑着回村。有一个村干部，每次开会，都将垫屁股坐的砖头搬回家，一年后，这些砖头能盖个洗澡房了。

农忙过后，平整土地、造梯田的运动又开展了。各村的任务指标都下达了，要把田里、地里的，有碍生产的坟墓都迁进山。工作的范围越来越大，工作也从村里做到村外。"雷公滩"平整土地，就是在中线公路的一个村子边不远的坡地上。

"雷公滩"搞完后，又移师枫木的木色水库的山下。木色水库是开荒，当时的木色水库上的山都是原始林，山脚下的植被茂盛，山林下，落叶积淀都有一尺高，松软的地方可没过膝盖，松松的落叶中，有蜈蚣、蝎子。蜈蚣很大，长的都有三十厘米，黑褐色。我曾被这种蜈蚣咬过一下，脚肿得不得了，当时并不感觉痛，没放在心上，继续干活。

木色水库开荒的头一天，隐藏在山里的黄猄被惊得跑了出来，被干活的村民打死。十多天的木色水库大会战，吃的是大锅饭，睡的是在枫木市区农民的家里，席地而睡，很不习惯。

平整土地后的田，很贫瘠，要积很多肥。那时的飞机草，红萍，砍树叶堆沤的土包，随处可见。

农业学大寨，全省学屯昌。每个村都要有样板田，有亩产千斤的示范田。我们村也不例外。当时亩产平均不超过六百斤，为了实现亩产千斤，我和村队长都有不同意见。一是种子，当时农民种的是珍珠矮，要改种"六六一"，珍珠矮的亩产是四五百斤，但它的抗风性好，不吃肥，谷子结实，好存放；"六六一"谷子长，有重量，但不抗风，吃肥料，用它做的饭过午便馊，村民给它一句："六六一，煮稀饭臭馊。"公社的意见不能不听，也不能不执行，挑几块地，试着种。第二，秧苗间距，能不能多插些秧，村队长又拿出农田"八字方针"："土、肥、水、种、密、保、管、工。"那可不能随便乱种。我讲不过村队长，就按村队长意思种，结果，样板田亩产才八百多斤，被工作组评为落后村单位。

一年的"斗批改"工作很快就结束了。"三同户"的房东及村里的乡亲、村队长都出来送我。房东拉住我的手，"要经常回来哦！"乡亲们你一句，我一句，"多回来看看我们"。村队长帮我拿行李，坚持要送我到南昌，我没让送。村队长说："你可一定要回来，怎么说走就走，一点准备都没有。"乡亲们依依不舍，我挥手告别。

回到农场，农场变了，有不少新知青，连干部也变动了，有的到别的连队当干部去了。第二栋宿舍前，盖起一栋草房。草房很大，能容纳全连人员开会。我住进草房，黄日、华龙、黎国辉、路金起、关玉石、许振华、振书、王宁、熊南辉等都在，我们又经常在一起。不久，吴兴搬进来，他带来留声机，草房又热闹起来。

1年多来，我发现我变了，我学会了吸烟、喝酒，学会了思考，学会了用海南话读报，学会了与人交流，甚至喜欢女孩子了，啊，我长大了。在农村这个广阔的天地里，知识用得很少，体力却用得很多。

知青难以割舍的爱

1975 年，斗批改工作结束，农场里热火朝天的大会战也结束了。

知青里，千人千面，各有所长，各有所好，家境不一，却在五七农场的工作劳动中结成朋友。从相识到相知，从相知到朋友，从朋友到"哥们"到兄弟。

在连队里，同来的知青中，有的当上班长，有的当上连长，有的还到别的连队当官，二连真是人才济济。参加斗批改人数全场最多（33 人），向各连队输送的干部最多。黎国辉，1974 年下乡知青，讲义气，好交友，会炒菜，好喝酒。一次无事，去附近村里的小卖部，买半斤米酒，两人干喝着回连队。黄日，1973 年下乡，耳残疾，听力不好，一次在山沟抓鱼，差一点被眼镜王蛇咬到；陈宝良，1973 年下乡，大大咧咧，不拘小节，爱开玩笑；路金起，斯文，什么事都会慢人一拍；王琳，1973 年下乡，与事不争，与人不争，好独往独来，家境较好，慢条斯理；番强，好强，喜当官。

王小风副连长，长得眉清目秀，说话声不大，不爱训斥人，却有着领导样；祝雅副连长，个子不高，却爱一脸严肃，发号施令时，不苟言笑，嗓门又大；薛明珍，人称大美女，苗条的身材，高挑的个头，瓜子脸，一副广妹的模样。二连的许多姑娘，如：吴亚女、李亚英、周文风、陈德珠、陈花、吴妙珍等，下乡时，个个眉清目秀，学生妹模样，一年过后，走在路上都是戴着草帽，卷着裤脚，挽起衣袖，露出晒黑的胳膊，像农民又像女汉子，说话声音洪亮，已经没有了姑娘的温柔模样。

有一天，一位女知青告诉我一个秘密，说有一位女知青看上我了。看上我了，为什么？那缺吃少穿的年代，爱上我，图什么？心里忐忑不安，又压抑不了自己那激动的心，索性去见一下。在女知青的宿舍，看到她时不敢直视，手不知应放在哪里，紧张得语无伦次。渐渐地放松了，竟找不到话题，忽然，发现心的距离是那么遥远……好了，还是走吧。一天，我和路金起在二连小卖部旁偶遇唐玲，她眼睛不大，说起话来，细声慢语，不急不躁。她在说话时，眼睛对着你看，言语中不作态，不扭捏，不顾左右而言它；言笑中，笑不露齿，笑在心里，像是一种馈赠，忘不了那纯真的笑。

唐玲是一位可以和我说上话的女知青，可惜，她走了，走得那么急，甚至不知道原因。

不知什么时候，一位女知青走进我的世界。她不高，圆脸不出众，嘴唇有点厚，头发有点粗。和她说话却是投机，突然间有许多话，总觉得讲不完，有时候会莫名地兴奋，有时候会想她，有时还会莫名地痛，那种痛，痛彻心扉，是刺骨的痛，难以言语。想不到在这里会遇到我的真爱。在那食不果腹的年代，她爱我吗？会和我有一样的感觉吗？那一句话，在心里徘徊，始终无法说出口，一晃40多年。

40多年过去了，每当想起她，想起这段没有结果的故事，心中还是会涌起思潮。40周年的那个聚会，我又迫不及待地找到她，还是老样子，虽然已过了不惑之年，但还是年轻时的那般模样，见到她仿佛又回到农场，又回到1975年，又回到往日的时光。这么多年，知青青年结成朋友、成死党、结成夫妻的不在少数，还有多少暗恋的故事，淹没在时光里，永藏在心中。

忘不了我的初恋，忘不了我的农场，忘不了我当知青的时光，忘不了雨水岭，忘不了我的二连。

在历史的长河，这段时间并不长，却是一段难以割舍的记忆，回想起来，酸楚中带着甜蜜。

（2016年5月）

五七茶场知青生活回忆

林华业 / 海口知青 / 屯昌五七茶场

知青下乡烙印

我是海口市第一中学七五届高中毕业生。毕业前，学校早早就做了大量的有关知识青年上山下乡的宣传教育工作，还特别邀请了当代赫赫有名的知青模范人物邢燕子来学校，介绍她接受贫下中农再教育的心得体会。同时，父母单位的政工干部，也纷至沓来上门做家庭的政治思想工作，要求积极响应毛主席"五七"指示精神，送子女到农村去，接受贫下中农再教育。我们这一届的高、初中毕业生，除了个别符合条件留城的外，到农村去，已是唯一的抉择。按要求，我向学校递交了一份决心书。可能是我的决心书写得比较好，学校安排我和其他班共3位同学，一起接受了《海南日报》的采访。第二天，采访内容上了《海南日报》的头版。我的班主任还让班里的读报员将这篇文章连续读了三天。

我是在父亲的单位报名上山下乡的。同单位、同批、同行共10人。当年一报名，很快就收到了一份盖有"广东省海口市革命委员会知识青年上山下乡工作办公室"红色公章的上山下乡光荣批准书。地点是广东省海南行政区屯昌县五七农场四连。

我们下乡出发时间是1975年7月30日，早上8点钟在海口人民广场集中。我父亲单位的政工干部上门收了家里的户口本和粮食簿，办理了我的户口和粮食迁移。海口市知青办照顾我们知青，给每个知青发放了若干尺寸的布票、一条棉胎和一条棉毯的"购买证"。那时候，国内物资供应非常紧张，国家实行计划经济，许多东西都要凭票供应，例如：买米，要粮票；买食油，要油票；买猪肉，要肉票；买鱼、鸡、食糖、香皂、肥皂、煤球、手表……甚至买火柴也要凭票才可以购买！能够得到海口市知青办送来的这些"票证"，对于我们这些即将到农村去，接受贫下中农再教育的知青们，犹如雪中送炭，大家都很高兴！

7月30日早晨，单位派来一辆解放牌大卡车开到了家门口，随车来的带队干部帮忙装行李上车。单位给每个知青发了一朵纸质大红花、一只行军水壶、一顶斗笠、一只铁皮水桶、一把锄头和一个用旧包装箱木板改钉的小木箱。那天，海口人民广场，红旗飘飘，锣鼓喧天，人山人海，四周布满写有标语口号的红色条幅，司令台上面的高音喇叭不断地重复着至今都忘不了的旋律："到农村去，到边疆去，到祖国最需要的地方去……"那场景太鼓舞人心了！当时感到自己能赶上这股上山下乡的革命洪流光荣极了！

在海口人民广场，我见到了许多同学和朋友，他们也和我一样，即将离开这座熟悉的城市、学校、家人、亲戚、朋友，分赴农村去，投身火热的知青生活。大家彼此之间留下了通信联络地址，道声："珍重，别忘记给我写信。"

海口市委、海口市知青办等有关单位，为我们这一届上山下乡的知识青年举行了隆重的欢送会。诸位代表在台上做了慷慨激昂的发言。最后敲锣打鼓、燃放鞭炮游行。男女知青们胸戴大红花，身挎水壶，背着斗笠或草帽，意气风发，兴高采烈排成四路纵队，顶着烈日，徒步经过司令台接受首长的检阅。游行队伍从广场的西门口出发，经大同路、解放路、新华路、中山路、博爱路，回到广场的东门口结束。

知青的游行队伍所经过的街道两旁，挤满了前来欢送的人群。在这些欢送的人群中，我们这些知青再次看到了许多熟悉的面孔和亲朋好友。在此相见、离别的时刻，大家彼此之间只能相互招招手，或者打个招呼，有不少知青看到了自己的亲人，离别之情，千言万语难以表达，忍不住的泪水流了出来，只对着亲友说一声"再见"，然后，擦干眼泪，跟随队伍，匆忙而别。

路边整整齐齐停靠着许多汽车，这些汽车，是各个单位派来运送知青上山下乡的专用车辆。车厢周围，悬挂写有标语口号的红色条幅，插在汽车上的红旗迎风招展，宛如一条红色巨龙，非常壮观！各单位的带队干部，带领本单位的知青分别登上汽车，浩浩荡荡，离开了海口市。按照已经定好的知青安置点，各奔前程。

我们单位的大卡车早已停在海口公园旁的路边等候多时，在那里，我饱含热泪告别前来送行的家人、亲朋好友，开始了刻骨铭心的知青生活。

光阴似箭，日月如梭。回眸一笑，40年已成过去时，其中不乏蹉跎岁月可留念，唯独1975年7月30日这一天的情景，已经深深地烙印在了我的脑海里，难以忘怀！

知青劳作生活片段

1. 船没了

我下乡到屯昌县五七农场（后改为屯昌县五七茶场），被分配到四连当知青。四连是一个新组建的连队，新知青比较多。连队的驻地就坐落在雨水岭山脚下的深田水库的拦水坝旁边。宿舍是一排新瓦房，伙房是一间新茅草屋，这里依山傍水，山清水秀，风景秀丽，美不胜收！

1976年初，五七茶场培育茶树苗，要搭建草棚给那些刚出土的幼苗遮风挡雨，需要大量的木料，木料的规格要求：带分叉的木条长1.2米，直木条长2米。木料直径4—5厘米。这些木料需要有人上雨水岭上面去寻找、砍伐、搬运下山。五七茶场场部把这个光荣而且艰巨的任务交给了我们四连。雨水岭是一座大约21平方公里的大山，属于热带雨林形态的原始森林，其地形险峻，树木葳蕤，荆棘丛生，山里面生活着许多飞禽走兽、毒蛇、各种有毒的昆虫、漫山遍野的蚂蚁和山蚂蟥。要完成这个任务非常困难。

深田水库像一条碧绿的带子依偎在雨水岭的山脚下。为了保证按时按量完成场部安排的砍伐木料的任务，提高劳动效率，物尽其用，四连连长王青同志决定利用五七茶场唯一的一条小船，派人划船借道深田水库水面，到达雨水岭的山脚下，运载那些木料回连队。四连的同志们在雨水岭上砍到符合规格的木料后，直接扛到山脚下的水库旁边放下就可以了，不用再肩挑人扛走三四公里的山间小路回连队。王青连长的这个决定，大大减轻了同志们的负担，有效地提高了劳动生产率，深受同志们的欢迎。

符祥星副场长下来我们四连蹲点检查、指导工作。一天的早晨，我和他一起，两人划着小船，去雨水岭的山脚下，要把昨天四连同志们砍下山的木料载运回连队。

清晨，深田水库的水面显得很平静，青山、翠竹、蓝天、白云倒映在水中，构成了一幅美丽的画。一阵微风吹来，刚才水平如镜的水面立刻泛起鱼鳞般的波纹，在晨光的照耀下闪着点点银光，像撒满了珍珠一样。微风一过，水面又恢复了平静。我俩一前一后坐在小船上，划船前进在深田水库宽阔的水面上，此时此刻我们两个人没有心思来观赏这一幅美丽的画卷。因为我俩要趁着早晨的凉爽，先去载运一船木料回连队再吃早餐。

小船满载着木料，船舷贴着水面。我和符祥星副场长俩人奋力划桨，开始返航。红日冉冉升起，金灿灿的阳光照射在水面上，水面迎着清凉的晨风，抖擞精神，翻起层层波浪，不时拍打在我们的小船上，溅起一朵朵浪花。随着两岸的青山绿水逐渐地往后退，小船离我们四连的驻地越来越近。王青连长正站在水坝顶上看着我们，等待我们的小船靠岸后帮忙卸载船上的木料。眼看就要完成任务，可以去吃早餐了，心里很高兴！我坐在船头上，一边划船，一边情不自禁地唱起了《洪湖水浪打浪》。这是我通过自己制作的那台"矿石收音机"，收听广播电台，从广播电台那里刚学来的一首歌曲。我还没有唱完"洪湖岸边是呀嘛是家乡啊"这句，坐在船尾划船的符祥星副场长已经被我那"美妙的歌声"逗得捧腹大笑，手里的船桨差点儿掉落水中。他连声说道："你这个家伙，四肢发达，五音不全，五音不全啊！"然而，副场长同志的善意批评，并没有妨碍我唱到"四处野鸭和菱藕啊，秋收满畈稻谷香"这一段。就在我引吭高歌之际，一股大浪打过来涌进了船舱，小船和人即刻沉没入了水中。幸亏我们俩的水性很好，轻松游到了岸边。

四连连长王青在深田水库的水坝上看到船沉人落水，赶紧跑了过来，见到我们俩没有受伤才放了心。这时候我觉得我的背上有点异常，感觉到有点痒痒的，可是我的手又摸不着，遂脱掉潮湿的衣服，让他们帮我瞧瞧。原来是一条两端长着金黄色条纹的蚂蟥，不知道什么时候已经钻进我的衣服里面，叮咬在那里吸血了！被蚂蟥咬过的人都知道，被蚂蟥咬破的伤口流血是很难止住的。符祥星副场长急忙采摘了一把飞机草搓碎，在我背上擦了一会儿，血也没能止住。最后还是王青连长找来一支香烟，撕开，先用烟丝捂在伤口上擦拭，再用裹烟丝的纸贴在伤口上，这才止住了流淌的鲜血。

小船满载着木料沉没水底，不见了踪影，深田水库水太深了，无法打捞。五七茶场损失了一条小船，虽然没人说我什么，但是一连几天，我都感到很内疚，心里总是在想：如果那天不要装载那么多的木料，我们的小船就不会沉没。如果在那股大浪到来之前，早点跳入水里，减轻了小船的负担，那条小船兴许就不会沉没。如果……

2. 烧蜂窝

肖海平在把砍伐的木料扛下山途中被毒蜂蜇伤，手臂红肿，高烧不退，经过场部卫生所医生同意，送去了海口市人民医院医治。为了防止毒蜂再次蜇人，四连连长王青带领我一起上山去寻觅、捣毁这个蜇人的毒蜂的蜂巢。我们俩人沿着雨水岭曲折的山间小路来到了一个拐弯处，这里长着一棵一个人抱不过来的大树。大树的底下零散丢弃着几根带分叉的木条，依据肖海平同志的叙述，这里应该是他被毒蜂蜇伤的地方了。我俩开始小心翼翼、仔仔细细地搜索，寻找毒蜂的蜂巢。我俩把这棵大树及周围的树林、草丛都搜遍了，没有发现蜂巢。我俩坐在大树底下小憩。我看见了一只小蜂从压在树根上面的一块石头的缝隙里爬了出来飞走了。我仔细观察，这棵大树凸出地面那粗大的树根上，压着一块石头，石头与树根之间有些缝隙，这和周围的环境一样，没有什么异样。可是不一会儿，又有一只小蜂从那里面爬了出来飞走了。石头缝里怎么会有小蜂飞出来呢？我好奇地把石头翻开，树根上露出了一个拳头大小的树洞，有几只小蜂受到惊吓从洞口里飞了出来。王青连长看了以后，确定地说："这个就是蜇肖海平的毒蜂的蜂巢了，我们烧掉它。"我俩收集了许多枯叶干草，开始我们在树洞口的上面放火烧，由于蜂巢建筑在树洞的深处，外面烧火对它们没有直接影响。后来我们改用了烟熏这个方法。王青连长掏出随身携带的香烟点燃后，吸烟，用嘴对着洞口猛吹。烟雾灌入了树洞的蜂巢里，许多小蜂纷纷爬出洞口逃之夭夭。烟熏效果相当好！

不久，王青那包"丰收牌"香烟告罄。我估计在树洞里面的小蜂应该是全部逃离蜂巢了，于是把手伸进树洞里面，捣毁藏匿在树洞里的蜂巢。突然一股黏稠的液体顺着我的手腕流淌到胳膊，吓得我赶紧把手缩了回来。王青连长望着我满手金黄色透明的液体，其中还夹带着几小块蜂房，说道："这是蜂蜜，可以吃的。"我在城市里长大，蜂蜜喝过不少，却从来没有见过蜂巢里产的蜂蜜，现在突然听说我手上这些黏糊糊的东西是可以吃的蜂蜜，我半信半疑，先把一个手指头塞入嘴里，浅尝辄止。一股清香甘甜之味沁人心脾。哇，真的是蜂蜜！冒险上山烧蜇人的毒蜂的蜂巢却意外收获到蜂蜜，这是一件多么令人高兴的事情呀！可是这个蜂巢里的蜂蜜太多了，我们俩人吃不完。我把随身携带的水壶里面的开水全部倒掉，把掏采出来吃剩的蜂蜜连同蜂房一起塞入水壶里，带回了连队，让部分同志来分享。可惜，当时肖海平已经离开连队回了海口，我想，如果他能喝到我和王青连长掏采回来的蜂蜜，一定会比我们更高兴！

3. 砍柴

我们当知青时，每月工资15元，扣除12元伙食费（多还少补）仅剩3元。每人每月需要上交200斤的木柴到后勤班烧火做饭，违者罚款2元！连队每月总是按班为单位，安排一天的时间让同志们上雨水岭砍柴。雨水岭坐落在距离屯昌县城西北约4公里处，是一座大约21平方公里的热带雨林形态的原始森林。山里面郁郁葱葱生长着许多海南岛特有的珍稀林木，如母生、坡垒、沉香、花梨、柚木、华南皂荚、山荔枝、大叶紫薇，等等，同时庇佑着种类庞杂的动物。

连队安排我们班今天上山砍柴。早晨，我喝完了刚从后勤班打来的半碗稀饭，拎着昨晚已经磨好了的砍刀，与班里同志结伴上雨水岭砍柴。远处的山峦连绵起伏，仿佛一波波的海浪。山野，那美妙的鸟叫声婉转动听，在这里欣赏由各种鸟鸣汇集而成的晨曲，那是最惬意的了。山林间有好几条小路，蜿蜒缠绕分不清头尾，没有一定的方向和尽头，这是进山的人们走出来的。没有小路的地方我们一般都不敢去。在那茂盛、繁密、高大挺拔的树木上，匍匐攀缘着不知名的树藤及荆棘、杂草，它们纠扯缠绕地结成了网，有的还开出稀疏的花朵。树密昏暗，漫山遍野都是山蚂蟥、蚂蚁以及藏匿在那里面的毒蛇猛兽。

我瞄中了长在路旁不远处的一棵大约两层楼高、大腿一般粗的三角枫树，挥刀快速斩除从小路到树底下的荆棘杂草和树藤，劈开一条通往这棵树底下的通道，站在树底下，脱掉衣服检查、摘除爬到身上的山蚂蟥和蚂蚁。然后奋力把这棵树砍倒，除去枝丫，把树干砍成三段，再次检查身上有无山蚂蟥和蚂蚁叮咬，在太阳西斜的时候，终于将这三条木头从山上扛回连队交后勤班班长朱伟雄同志过秤，完成了本月的柴火任务。

4. 垦荒种茶大会战

1976年，场部决定要在雨水岭上开展开垦荒山种植茶树，开展新茶园大会战。向原始森林要茶园！

依照惯例，场部宣传队的同志们早早就在雨水岭的山脚下，架起了高音喇叭和扩音机，鼓舞人心的革命歌曲响彻雨水岭上空。一、二、三、四连的知青同志们几百人，依时来到了雨水岭的山脚下，鲜艳夺目的红旗迎风招展，各连队按照场部划分的地段，一字排列，手持砍刀和锄头开始了向茂密的原始森林要茶园的"战斗"！没几天，长在山脚下那片绿油油的芒草、刺竹、山稔、灌木与荆棘，在我们知青们的砍刀和锄头下，滚倒在了一旁。随着时间的推移，五七茶场知青们挥舞着手中的砍刀和锄头，沿着山坡，踏着无数植物残骸，闯入了雨水岭那阴沉沉的原始森林里面。四连的同志们刚把一座小山头上的林木砍倒，发现前面的山坳里，密密麻麻地长着一大片清一色本地人称为"珞硌"树的树林。面积大约有十亩。其树干直径大的有大腿粗，小至碗口样。树叶纤细似羽，绿荫如伞。花蕊丝犹如缕状，半白半红，花缕上部为红色或粉红色丝状，簇结成球，散发着令人醒神爽气的清香。翠绿的荚果与红花成簇，秀美别致。遇到这一片芬芳、漂亮、干净的树林，大家拍手欢呼叫好。因为四连的同志们可以暂时不用与那些该死的高山榕、黄葛榕、浑身挂满无花果的对叶榕、土坛树、野菠萝、野芭蕉及不知名的树藤、荆棘等灌木苦苦纠缠了。随着此起彼伏的"叮咚"声响，很快，这片郁郁葱葱、清香袭人的"珞硌"树树林全部倒在我们四连同志们的砍刀下。四连连长王青同志让我们大家把这些砍倒的"珞硌"树，削去细枝，取其树干和粗枝，收工后大家肩挑人扛，把这些木材顺路带回连队交给后勤班充当烧火柴。雨水岭上开垦荒山种植茶树，营造新茶园大会战结束后，在我们四连驻地的空地上，"珞硌"树树枝堆积如山，供后勤班的同志烧水做饭。四连的同志们多半年都不用上雨水岭砍柴了！

在五七茶场全体参加大会战知青同志们的共同努力下，终于完成了场部安排的砍伐树林任务。并且按照要求，在被砍伐区与原始森林的接合部清理出一条宽10米的防火安全地带。那些被我们砍倒在地的残枝碎叶，经过一个星期的阳光灼烤之后被付之一炬。顿时，整个雨水岭下烟雾弥漫，烈焰冲天。几天几夜火光不熄。大火熄灭后，这块曾经生机勃勃的土地，裸露出那被烧焦的土壤，一阵风吹过，卷起灰尘遮天蔽日。一阵大暴雨下来，雨水夹带着尘土，流入了山脚下的深田水库，把半个水库的水染成了灰色，惨不忍睹。

五七茶场的知青们依照场部的规划，在这块开垦出来的土地上开出了一条简易公路、挖茶沟、种植茶树，又开出了一个新的茶园。

1977年，我参加了1976年度屯昌县上山下乡知青农业学大寨先进集体积极分子代表大会。在会议期间，我有幸邂逅了屯昌县林场的场长。屯昌县林场也是在雨水岭的山脚下，与我们四连驻地隔着深田水库东西相望。我与场长同志聊起了我们五七茶场的知青，在雨水岭下砍伐森林营造茶园巧遇大面积"珞硌"树树林的故事。场长同志听完这个故事以后，他以沉重的语气告诉我，那种本地人叫"珞硌"树的树，它的学名叫大叶合欢树，也叫合欢树。喜欢生长在温暖湿润的环境，耐严寒，耐干旱。在瘠薄的土壤也能生长。树根固沙、保土、改土，生长比较缓慢。木材坚实，纹理通直，结构细密，经久耐用，是制作家具的上等好木料。依我所描述，场长认为在雨水岭上生长的这片合欢树林，应该是属于野生的孳生林，母树的种子洒落在树的周围，年复一年，一茬接一茬不断繁衍生息。像如此大面积生长的合欢树，没有百年以上的时光，是繁殖不出如此大的规模的。这样的合欢树种群在海南岛实在罕见。如此珍稀的野生植物种群，却得不到保护，太可惜，太惭愧了。

许多年来，每当我见到合欢树或从合欢树下走过，脑海里总会回忆起，1976年在雨水岭上遇到的那一片生机盎然，叶形雅致，花色艳丽，清香袭人的合欢树树林。

5. 指导员留下的锄头

"$x+y=$锄头＋粪箕"是我们这一代青年学生经常挂在嘴边的口头禅。锄头和粪箕，却是我们后来到农村广阔天地，接受贫下中农再教育，投身"改天换地"实践中，离不开的基本生产劳动工具。

屯昌五七农场四连是一个刚组建的新连队，新知青比较多。我到了农场四连不久，就参加了农场在深田岭上开展的"垦荒种植茶园大会战"。农场技术组的同志们在深田岭，这座刚被砍烧过的荒山上，用竹签标好一行行"等高线"。农场技术员要求我们，要沿着这些线段，挖出深 50 厘米、上宽 50 厘米、下宽 45 厘米这种规格的茶沟。每天每个人的任务一般是要求挖 11 米长。王青同志是我们四连的连长，在安排工作的时候，他总是照顾女同志，分配土质比较松软的地段给她们挖。还要求男同志在完成自己的任务后，一定要发扬共产主义精神帮助女同志挖。

垦荒大会战开始，四连第一任指导员文秋华同志来给我们新知青做挖茶沟示范，文秋华指导员是个老知青，中共党员，个子不高，双眼炯炯有神，挥舞手中的那把锄头，三下五除二，很快在她脚下出现了一段基本合格的茶沟。整个示范过程，动作优美有力，其间还不时停下，讲解动作要领与注意事项。我们毕竟是知识青年嘛，技术简单，一学就会。大家分散去，在自己负责的地段开始实践。我们开垦的荒山是沙砾土质，土壤比较坚硬，从城里带来的锄头质量太差了，用不到半天，许多新知青手里的锄头，不是锄柄断就是锄刃弯曲变形，严重影响到了连队的挖茶沟工作进度。农场的领导知道这个情况后，很快就给我们这些新知青每个人发了新锄头。锄头是"金鸡"牌的。锄柄是一种俗称"苦子"的木材，坚韧不易断。手里有了如此利器，我们连队的挖茶沟进度得到了保证，在全体同志的共同努力下，提前超额完成了农场交给我们四连的挖茶沟任务。

深田岭上垦荒种植茶园大会战结束后，文秋华指导员接到通知回城了，临走时，她把她的锄头留给了我。那是一把"建设"牌锄头，铁质比"金鸡"牌的稍微厚重一点，尽管锄头已经有了许多磨损，但锄刃锋利，使用顺手，锄柄上刻有一条条尺寸的标志，那是文秋华指导员在安排农活的时候，用作丈量的依据。从此我有了两把锄头，每逢开荒、挖沟、掘渠就用"建设"牌的，平常除草种地就用"金鸡"牌的，有效地提升了工作效率，受益匪浅。

闲暇无事，在四连，大家都喜欢比试一下自己手中锄头的硬度，玩法是把自己的锄头摆在地上，锄刃向上，另一个人将自己的锄头用力往下锄，两刃相碰撞，迸出火星，两把锄头同时产生缺口。然后两个人相互换位置，再尽力相锄。最后根据各人锄刃上缺口的深浅程度，评判胜负。如果有不服气的可以再试。所以，当年我们连队男同志使用过的锄头，都是"伤痕累累"的！文秋华指导员留下的这把锄头，虽然也是同样"伤痕累累"，但是缺口却是"浅浅"的，是大家公认的硬骨头。它为我赢得了不少自豪与骄傲。

40 年的光阴，如白驹过隙，文秋华指导员留下的这把锄头以及由此发生的故事，在我的脑海里，是挥之不去的回忆。

6. 食蘑菇中毒

1977 年末，部分知青接到回城的通知而陆续离开了，农场各连队的知青人数锐减。于是农场总部决定把原来的四连、五连这两个连队撤销，重新调整人员编制。这样一来，我们四连将要解体，原来同连队的场友将要散伙，分别被分配去一、二、三连。至今，让我难忘的是，四连解体和场友散伙的最后一次加菜：八块红豆腐乳，搅碎后倒入铁锅，加点粗盐和五香粉，煮沸后分别舀到几十号人的饭碗里，充菜吃。

我被分配去了二连。二连的驻地紧挨着农场总部，以种植橡胶、胡椒、槟榔和少量咖啡等热带经济作物为主，农活比较轻松。但是，在二连的日子里，我捡回了一条命。

那是一场大雨过后的早晨，胡椒园旁边的一块草地上，长出了许多胖乎乎、白嫩嫩的大蘑菇。我从来没有见过这么雪白、漂亮的蘑菇，所以在中午收工的时候采摘了一些回来洗干净，放入小铝锅里煮汤吃，味道鲜美！我和场友几个人兴高采烈，大快朵颐。还怕别人捷足先登过去采摘，大家商议好要保密，明天过去那块草地里，再仔细搜寻，尽量多采摘一些回来吃。可谁都没想到午休时，突然觉得肚子不舒服，接着上吐下泻，头晕目眩，腹部绞痛，脸色煞白，难受极了！在场友的帮助下，赶去农场总部卫生所求治。原来卫生所里配有一名"赤脚医生"和两名女卫生员，谁知这两位美女卫生员考上大学，离开了。恰巧这一天我们的"赤脚医生"也不在卫生所。只有一位刚参加过几天赤脚医生培训班的女卫生员在家。她见到我们这几个人如此的狼狈相，束手无策，不知如何是好。

"粤人有采山而得菌……烹食之，入咽而死……于是同室之人皆食之而死。"这篇《粤人食芝》，是我在学校当学生的时候，语文老师要求同学们背诵的课文。在卫生所，我望着这几位患难与共的场友，他们坐在地上，铁一般青的脸庞，个个精神恍惚，显出憔悴可怜的模样，全没了刚才一起狼吞虎咽吃蘑菇的精彩。我的心禁不住悲凉起来了，难道《粤人食芝》里所记载的粤人的命运，马上就会降临到我和我的场友的身上了吗？一股死亡将至的恐惧涌入心头。

农场总部领导闻讯，很快派来一辆四轮拖拉机，二连连长和几位场友七手八脚地把我们几个人送到了屯昌县人民医院抢救。在医院，医生拿出一条深棕色、手指粗、长长的、带有喇叭漏斗形状的橡胶管往我喉咙里塞，说是食物中毒，要马上洗胃灌肠，把里面的毒物清洗出来。因为太恐怖了，我拒绝。医生没办法，只好拿来几大杯黑乎乎的药液逼我喝下，再用压舌板人工催吐。屡次三番，其痛苦不可言喻。我和我的场友，经过治疗后，躺在挂着玻璃药水瓶的病床上，腹痛阵阵，天旋地转、没吃没喝、浑浑噩噩熬过了一天一夜，转危为安。翌日上午医生来查房，我们大家觉得好多了，要求出院。离开时我和我的场友身无分文。医生知道我们知青可以享受农场公费医疗，医院没有向我们收取任何费用。

回连队的路程不算远，大约只有 4 公里长，平常只需要 40 分钟左右的时间，就可以轻轻松松走完。彼一时此一时。如今，我和我的场友拖着虚脱的身躯，走出了医院，走出了屯昌县县城。在路途中，累了，坐在公路旁的排水沟边，停歇一会。渴了、饿了，钻进农民种植的甘蔗地里啃一段甘蔗，用甘甜的甘蔗汁补充一下体能，蹒跚前行。此时此刻，我们是多么希望有我们农场的拖拉机，或者是牛车路过啊，哪怕搭载我们一小段路程也好呀！可是在那天，公路上就没有见到一辆车。

在夕阳西下的时候，我们离开了公路，走了一段乡间小路，穿过一片树林，终于看到了隔着一片青翠的稻田，近在咫尺的连队宿舍和炊烟袅袅的连队伙房。看到了刚刚收工回来的场友，男男女女围在水井旁边，正在忙忙碌碌打水洗澡、洗衣服。刚从阎王殿前走回来的我们这几个人，此时此刻的兴奋程度难以想象，多么想马上沿着田埂跑过去，吃餐饱饭，洗个热水澡，睡个好觉啊！可是经过这段旅程，我和我的场友，每个人的身体已经精疲力竭，双脚软绵绵的，实在走不动了。无可奈何，只能默默地躺在那片树林旁边的草地上，"享受"那天温暖而且难忘的最后一抹阳光。

同连队的场友们见到我们几个人这么快就活着回来了，非常高兴，前来探望慰问的络绎不绝，"大难不死，必有后福"，是当时大家说得最多的词语了。后勤班的场友不知道从哪里弄来一点猪油，加点食盐，给我们几个人煮了一盆香喷喷的大米粥。两天一夜没吃饭了，一碗米粥下肚，那真的叫爽啊！体力恢复了不少，自己去了连队的伙房，借用那口大铁锅烧些热水，简单洗个澡，躺床上睡了。朦胧间，连长过来召集大家过去农场总部参加一个重要会议。特别嘱咐我们几个人，说你们几个在家好好睡觉，今晚的会议精神明天才给你们传达。

由于从海南商业系统来农场的知青，全部都要"借用"回城，由父母所在的机关单位安排工作，晚上农场总部开会通知，要求这部分知青做好离开农场的移交工作，等待汽车来农场接回海口市。听到这个突如其来的消息，我们大家直乐得心花怒放，欣喜若狂，情不自禁地高呼："再见，五七农场！"

（2015 年 12 月 25 日）

我在茶场的"阉狗医生"经历

陈励 / 海口知青 / 屯昌五七茶场

2017年，是我上山下乡42周年。年近退休的人总爱回忆往事，我也时常想起上山下乡的岁月。一直以来我都想写一篇文章来纪念这段岁月，无奈眼高手低，加之琐事所烦未能如愿。空闲时又翻开了一本本陈旧的相簿，当我看着这一张张泛黄的老照片时，勾起了往事的回忆，深藏的人生最珍贵的记忆再次释放，知青时代仿佛又拉回到眼前。

1975年，未满17岁的我刚刚高中毕业，命运把我推进上山下乡的时代洪流之中。那是夏季的一天，我们一群海南财贸战线的子弟高中毕业生来到了离家很远（那时的感觉）的广东省海南行政区屯昌县五七茶场四连，开始了我们知青的生活。在广阔的天地里，开始了我们人生的难忘经历。

或许是母亲当医生的缘故，我很快被抽调去了场部卫生所当卫生员。卫生所有4个人，王医生加上我、邱雪明和蔡杨生3个知青卫生员，负责给五七茶场的同志们看病。

屯昌县五七茶场当年是一个有700多位知青和职工的茶场，同志们的种种病患都要来我们的卫生所处理。为了能尽快为同志们看病，我白天在卫生所里跟着王医生边干边学，夜晚在宿舍守在昏暗的灯光下，学习一些有关的药物说明。在王医生的传、帮、带下，我们现学现用，也很快掌握了一些简单的用药、注射、针灸、拔火罐、药物穴位封闭等医术。在没有一点的医学基础理论知识，更不知人体解剖学、生理学、药理学等为何物的情况下，"初生牛犊不怕虎"的我，也敢给同志们治病了！除了当医生的助手，有时我也单独一人当班，同志们来就诊，就是简单的对症治疗。例如，肚子疼，我就给他打一剂硫酸阿托品注射液。感冒发烧，我就打复方氨基比林注射液，腹泻腹痛，我就给几粒穿心莲糖衣片，等等。我就说说难忘的二三事吧！

两次惊险。记得有一次给病人打完针，玻璃注射器拔出来了，那针头还扎在人家的屁股上呢，当时吓得我嗓子眼里直冒凉气，脑子一片空白，好不容易才把针头拔出来。更甚的是有一次给病人注射链霉素，针还没打完病人就晕倒了，吓得我手忙脚乱不知如何是好，不懂医学的我突然记得要给病人注射肾上腺素，给病人打上一针后，急忙叫上拖拉机把他拉到县医院，还好一到县医院病人就醒了。尽管处理还算得当，但也够惊险。

怕黑怕鬼。有时，夜间遇到有急诊，我就得背上药箱到几公里外的连队给人看病打针。回来时，已是夜黑风高，除了怕坏人出没，也怕鬼。路边静静的山林里不时传来各种动物的怪声，萤火虫一闪一闪如鬼火，常把我吓得时时回头看，脚步加快，直至拔脚就跑，上气不接下气地跑回诊所。

病假条。不少知青为了逃避艰苦的体力劳动，纷纷跑到卫生所来找我开病假条，希望能休息，我也难辨真假，出了一些病假条让他们休息，后来找我开假条的人越来越多，没有办法，我只好拿出"绝招"，凡是有病要开病假条的一律要先打针，逼得他们一哄而散，不了了之。后来知青聚会也常提起此事，偶得病假当时是很开心的事。这也许是我当时颇受尊重的原因吧。

第一次手术。有一件事让我得意至今。在五七茶场开垦荒山种植茶叶大会战中，四连连长王青腿部被刀割伤送来卫生所救治。我第一次见到这么严重的创伤！被割裂的伤口血肉模糊，血流不停。恰好那天医生不在，卫生所只有我一个人值班。像这种情况通常是将病人赶快转送屯昌县人民医院救治。但是，当时场部的拖拉机都外出了，没有快速的交通工具。如果用连队的牛车或者担架送县人民医院又延误病情。我不知哪里来的胆量，决定自己动手。于是迅速用药水清洗伤口，经过简单消毒后，我一手持针钳一手持镊子，竟然成功把伤口止血清创缝合！这是我第一次给人做手术。过了40年后，在屯昌县五七茶场知青们的一次聚会上，王青同志露出腿部的那道疤痕，对大家说："瞧，这是陈励给我缝的，缝合时都没给我上麻药，我是强忍着疼痛。"我说你还敢叫痛，要没我，后果不堪设想！

知青经历也影响了我往后的职业选择。1977年，国家恢复高考，我考取了医学院校，至今还在从事医务工作，已是多年的副主任护师，回想往事，真是心惊胆战！在有着严格的注册医生和注册护士制度的今天，很难理解当年卫生员的工作。"阉狗医生"一词是本地人对不合格医生的称呼，用"阉狗医生"作为本文的题目尽管有点自谑，但更有几分实际，也只有那个年代的人才能理解那个年代的事。我想不论现在还是将来，在屯昌县五七茶场知青们聚会时，听到一声"阉狗医生"，引来的会是大家的开怀大笑。不管题目如何，留下一点文字记录，将来好记住这"时代记忆"。

忆坡心养猪场知青生活

王保光/屯昌知青/屯昌坡心

我们这一届屯昌中学高中班的毕业生，于1975年7月17日毕业离校。3天后即7月20日就打着背包，扛着锄头下乡了。

当时全县几百名下乡知青按父母工作的系统安排下乡地点。工交战线的职工子弟到坡心养猪场，财贸战线的到南昌公社经济场，文教卫生战线的到屯昌公社里承农场，驻军部队的子弟到大同公社农场，党政、人武部系统的到新兴公社农场。

1975年7月20日，县委在大广场（现在的灯光球场位置）召开欢送知识青年上山下乡大会，欢送会规模很大，全县机关干部、学校师生几千人参加欢送大会。大会上，县领导讲话，下乡知青代表讲话，欢送会结束后，由各系统安排的车辆送我们到各知青点。

下乡前，多数知青领到单位发送的水壶、挎包、草帽等劳动工具，也送了睡床的。我们工交战线的子弟由县车站派了一辆客车送我们去坡心猪场，其他单位都是大货车。

屯昌县坡心公社（坡心镇）于1973年8月成立，管辖区域由原屯昌公社、南昌公社划出部分区域组成，共辖9个村委会。坡心公社成立时，农业学大寨运动如火如荼，我县是广东省农业学大寨的先进县，当时学大寨的一条经验就是要"农林牧副渔"全面发展。为了深入推进农业学大寨运动，也为了满足市场的需求，公社党委决定建设"万头猪场"，猪场选址在"坎头坡"即海榆中线92公里处。猪场建设资金来源：一是从农村信用社贷款3万元；二是发动村民投工投劳，按当时的大队为单位安排劳力参加猪场建设。

坡心养猪场拥有土地面积100多亩，其中坡地70多亩，农田30亩。胶轮拖拉机一辆。农民工场员30人。水泥钢筋高标准猪舍3000多平方米，住房1000平方米，饲养种猪 300 多头。

我们到达后刚放下背包，场长和我们见了面就立即安排了工作任务，发给每人一对簸箕挑石头，一直干到中午 1 点钟。

我们坡心知青点的知青，主要是来自县城工交战线的职工子弟、701 矿地质队的子弟、海口知青，还有乌坡公社的知青共计 60 人，其中男知青 34 人，女知青 26 人。

坡心猪场名为猪场，实际上是多种生产经营农场。全场分为犁地班，生产班，机动班（主要是种水稻、花生等经济作物），养猪班，砖瓦窑班（挖泥、打坯、烧窑生产砖瓦），炊事班，种菜班（专门种菜供应食堂）。每个班排都由社队抽调来的农村青年骨干任班排长，带领知青一起工作、劳动，称为接受贫下中农的再教育。

知青的生活工作是非常艰苦的。劳动强度大，劳动时间长，物质生活缺乏，吃不饱饭。

当年的教育体制下，我们这些知青从小学读到高中毕业才十六七岁。毕业第三天就下乡劳动，不管是夏日炎炎，还是数九寒天，我们每天都劳动十多个小时，对分配的工作任务谁也不敢怠慢。因为我们深信好好劳动锻炼自己，争取进步，就能争取更好的前途和出路。平时上级领导经常讲，好好工作，好好努力，谁干得好，谁进步，就会有招工、招干、参军的机会。

在猪场最艰苦的工作莫过于割芒草和砖瓦窑放火了。芒草是烧砖窑的燃料，需求量非常大，我们知青到羊角岭割芒草，炎炎夏日，汗流浃背，芒草全身都是毛刺，一不小心就会扎破皮肤，芒草割倒后还得绑扎、搬运，非常艰苦。但我们知青各个干劲十足，天天完成割芒草任务。但也有个别人感到力不从心，难以完成任务，一个知青还在芒草中间夹了石头去过秤。过秤时石头滚落出来，闹了笑话，受到批评。

砖瓦窑烧火也是一项劳动强度大的工作。烧砖瓦窑是 24 小时的连续工作，不管白天夜晚，我们知青轮流工作，烈日下站在窑口往窑里放芒草燃料。由于芒草燃烧非常快，必须不停地往窑里放燃料，火焰随之蹿出来，躲避不及，就会烧到眉毛。窑里温度高达几百度，站在窑口，全身衣服都被汗水浸透了。这个工作一刻都不能停，因为领导说过，火一旦中断了，整窑砖瓦就会全部报废了。

知青的生活是艰苦的。那时物质极度贫乏，首先是吃不饱饭。十多二十岁的青年人加上劳动强度较大，饭量相当大，当时食堂定量供应米饭，多数人吃不饱饭。记得我们那几年吃得最多的是空心菜，是种菜班种的，几乎天天吃空心菜。几年的知青生活，我记得有几次加菜（有肉吃），知青们高兴得早早就奔走相告——"今天加菜啰！"有位女知青是从河北随父转业回到屯昌的，由于人块头较大，晚上肚子饿得睡不着觉，就起床拿了场里几个地瓜煮了吃。结果被保管员发现了，大骂了她一顿并报告场领导，场领导责令这位知青写检讨书。由于饥饿难耐，有几位知青把猪场病死埋掉的猪悄悄挖出来割下四只猪脚拿去煮了吃，还说"病猪不病脚"。

我们在农场几年的知青劳动，虽然场里没有给知青发过一分钱的报酬，但是，我们到农村去，接受贫下中农的再教育，经受劳动的锻炼，体会农村劳动的艰辛，磨炼革命意志，是必要的。现在看来，能吃苦也是一种资本，这种资本我们受用一辈子，也从中受益一辈子。我们经历的知青生活也是我们这一代人的精神财富，我们无怨无悔。

（2015 年 10 月 28 日）

黄竹岭林场知青轶事

陈劲夫 / 屯昌知青 / 屯昌黄竹岭

鸡生蛋还是蛋生鸡

是鸡先生蛋，还是蛋先生鸡，到现在，没有人能说得清楚。但是彼此的互为因果，互为依存的辩证关系，大家大都是认可的。能把这种辩证关系诠释得令人叫绝的那要数当时蹲点我们黄竹岭林场知青点的老局长。

20世纪70年代，我和千千万万知青一样上山下乡，接受贫下中农的再教育。我所在的知青点是屯昌县南坤镇黄竹岭林场，林场地处深山老林，远离城镇，工作生活都异常辛苦。我们都是十几岁的正在发育长个的孩子，十天半月不见油腥是常事，所以大家都感到饿和馋。

在一个风高云淡的无月夜，海口知青小庞和小方实在馋得不行，饿得慌，待大伙都睡着后，他们蹑手蹑脚溜到老工人蔡叔的鸡棚里，把鸡窝里的十个鸡蛋偷偷地摸走了。当夜美美地饱餐了一顿，享受一次神仙般的生活，那个爽劲可真羡死人。但好景不长，第二天，事情就败露了。到晚上的夜学习时间，我们的老局长照例通读伟大领袖毛主席的最高指示——批评和自我批评后，表情严肃，声色俱厉地说："知识青年上山下乡，是来接受贫下中农和工人阶级的再教育的，而不是来损害工人阶级的利益的，更不是请你们来林场偷鸡蛋的。有的人说，不就是十个鸡蛋么，市面上一毛钱一个，也就一块钱，值得那么大惊小怪吗？"顿了一下，板着脸环视一遍会场接着说，"错！有这种想法的人思想上就很有问题。俗话说'小偷针大偷金'，十个鸡蛋是小事吗？十个鸡蛋就是十只鸡啊，同志哥！鸡又生蛋，蛋又变鸡，繁衍下去，就是千千万万只鸡。你们说说，这事大不大。小庞小方一定要做深刻检讨，大家都要引以为戒，下不为例。"

可是，事不凑巧，这"例"还是硬生生地被活学活用了，并且发扬光大——蛋变成了鸡。

是这样的：本县知青小龙是马行长的二公子。那天他诈病在家，闲来无事，正用弹弓练瞄准，练射击。这小子还真准，正好打到蔡叔那只还沉浸在痛失爱蛋的老母鸡的头上，打转两圈，"扑哧扑哧"几下翅膀，两脚一蹬，死了。这下可惨啦，小龙哆嗦一下，冒出一身冷汗，他看左右无人，一不做二不休，就用衣服把鸡包起来躲在屋里，拔毛剐肚，斩掉头脚，生煤油炉煮着吃了。鸡的香味捂不住，这事也就捂不住了。当晚的夜学习，大家都预料到肯定有一场暴风雨，都为小龙捏把汗。老局长同样是先通读伟大领袖毛主席的批评和自我批评，神情凝重地说："今天，光天化日之下，我们黄竹岭林场，发生了一件母鸡失踪事件，我本人感到非常非常痛心，同时也表示遗憾。这个母鸡失踪的制造者，我就不点名了。今天下午，老蔡带他来见我时，他也已经认识到自己的错误，表示悔改；他的家人也打来电话，承诺一定对其严加管教，这就很好嘛。不就是一只鸡吗，鸡就是蛋，蛋就是鸡，一只鸡也就是一个蛋而已嘛。一个蛋一毛钱，要说大也大不到哪去。只要从思想上认识，知错改错就是好知青嘛。老蔡——"他转过身对气犹未消的蔡叔说哪天我的鸡下蛋，送你一只行了。"小孩嘛，算了啊！"蔡叔也只好苦笑点头，认栽作罢。

鸡和蛋的关系经老局长这么一诠译，我算是大彻大悟了。想想，世间许多事不是如此灵活地变换视角和运作的吗？

现代版的"半夜鸡叫"

几天来，大伙总觉得午睡很短，刚睡着，大荔枝树底的大钟就敲响了，一个像《地道战》中那个报警吊钟，声音洪亮，一旦轻轻一敲，整个黄竹岭山峦都能清楚听到。何况我们知青宿舍就紧挨着那棵古老沧桑的荔枝树，再贪睡的睡神，它都能把你弄醒。由于睡眼不足，睡眼惺忪，下午干活总难集中精神，有一个姓曾的女知青砍田畦时还砍到自己的膝盖，我是伐木工，下午上山的路上也差点摔下悬崖，大家伙都觉得这几天下午都不得劲，无精打采的，都觉得有隐情。

有一对长得特像的双胞胎陈辉昭和邢俊哲不约而同地想到了会议室里那个大挂钟，"那个神钟"发神经，乱报时，他们相约一起去问队长林树武："林伯爹，你是否看错时间了，一点半当作两点半了，我们这几天都没睡好午觉，就被赶去做工了。"因为平时都是队长打钟分派工作的。林伯说："这几天不是我打钟，是前月底来我们林场驻点的'斗批改'工作队王队长打的。"他们四眼对视不语片刻，似乎明白了什么。邢俊哲在陈辉昭耳朵上嘀咕几句，就各自做各自的事情了。

第二天上午收工吃饭后，邢俊哲埋怨宿舍人多太热，午睡流一身汗，邀约陈辉昭一起到会议室睡凉爽一些，辉昭一口答应，这对"双胞胎"就到会议室休息了。他们睡在长凳上，不时睁眼瞧瞧门口，到底十几岁的小孩，耐心有限，时而起身看看门口，回身看看大挂钟，时而小声嘀咕："莫非我们判断错了？"声音刚落，窗口一人影一闪而过。俊哲说："好像有人。"辉昭说："是鬼，是人？我怎么没看见。"他们互不相让小声吵着，吵着，刚睡着，钟响了，是荔枝树底下的大钟，"地道战"里的大钟，睁眼一看挂钟——两点半。

他俩同样睡不够，同样睡眼惺忪，悻悻地去上工了。不过这天我们大伙都觉得还可以，睡眠基本够，精神也好多了，可我们当时真不知是这两位为我们争取到了一个宝贵的午觉啊。

林玲回家探亲今天回场了，帮我带回了我爸送给我的那块表。这是我们知青唯一的一块表，平时都以这表为准，辉昭知晓我的手表回来后，嘱咐我和林玲不要声张，并告诉我们他们的"捉鬼计划"，我说嘛，怪不得我这几天，下午老提不起精神，无精打采的。捉！这鬼不捉，难以平民愤，把我们的智商贬得如此不堪，是可忍，孰不可忍。

我帮他们分析了上次失败的原因："沉不住气，狙击手被猎物发觉了。"并帮他们计划好新的"捉鬼计划"。

又过了一天，中午，天还是那么热，嘴上喊着热死了，他俩每人拿一把葵叶扇，身上穿上印着"广阔天地，大有作为"的背心，大摇大摆地走到会议室，这次他们一个在屋东头，一个在屋西头，以扇子为号，不时屋里传出鼾声，似乎他哥俩睡得很熟很死，不久，鼾声引来了黑影，轻轻的脚步声，鼾声照旧如雷，葵叶扇翻下报警，声音不停，眼迷着睄瞟着，只见那个黑影蹑手蹑脚走到大挂钟前，打开钟盖，拿起发条钥匙，装模作样给钟上发条，随后回头瞟两头睡着的"雷公"，放心地一转身，立马把分针顺时拨了一圈。这时葵扇再一翻，又一拍，俩"雷公"鼾声变吼声："捉贼啊！好你个混蛋，想把我们累死啊，你与'半夜鸡叫'中的地主有什么两样，这是'斗批改'的工作方法，还是你王队长的个人创新啊！"声音那么大，大伙都来了，七嘴八舌，铺天盖地骂他个狗血淋头，无地自容。

当下立即派知青代表下山到"斗批改"工作队总部反映情况，不久这个现代版的"半夜鸡叫""地主"就滚出林场了。

蟒蛇惊魂

东方刚露鱼肚白，起床的钟声就敲响了。知青们都互相推搡着起来简单收拾洗漱后就到食堂吃早餐，通常是二两面条或是稀饭，咸菜腌萝卜，嘴巴一抹，碗还没洗，出工钟也响了。大多数女知青都是砍山育苗，管理苗圃，那天为了开辟新苗圃，又开始在"暗肚"砍山，只有拖拉机手曾令印与生产班长谭之深是男同志，其他是清一色的女兵，酷似红色娘子军连一般。

大伙一字排开，三米间隔，因手中的长砍刀已 1.5 米，没有三米是不安全的。随着令印的第一刀开始，姑娘们也像模像样的轮起砍刀，左右开弓干起来了，倒有些杨家女将拼杀疆场的风姿呵。有女人的地方就是热闹，她们唱着当年流行的革命歌曲和革命样板戏，描述某人某日出的糗事，接着是一阵笑声，加上打闹，估计是有人对号入座了，闹罢笑罢又是歌声连连，加上噼噼叭叭的砍山声，就像是一部劳动交响乐。

林玲正投入地唱着革命样板戏《红灯记》中的"我家的表叔，数也数不清"，突然歌声戛然而止，嘴张得大大的，手中的砍刀举得高高的，就像雕塑一样定格了。大家都觉得奇怪，邻近的宝莲过来想问是怎么回事，她顺林玲眼睛所瞪之处，立即吓到了，其他人见状，都聚拢过来，林玲这时才缓过来，哭喊着"蛇"，就丢掉手中的砍刀没命般跑了，一直跑回到宿舍，蒙上被子，浑身发抖抽泣着。而其他姑娘都哭叫着赶紧跑开了。

曾令印赶紧跑过去一看，哇！大蛇！一条碗口大，长 4 米多的大蟒蛇。这小子从小胆子就大，他见过他妈工作的收购站收购过大蟒蛇，知道这蛇的习性，也听说过捕捉技巧，只见他不紧不慢脱下湿漉漉的工作服猫下腰，展开工作服，像斗牛士一样，围着那大蟒蛇转，寻找战机，对峙良久，只见大蟒蛇吐着信舌，头抬起来，眼睛贪婪地望着它的猎物，要知道，这是一条可以活生生吞下一只小黄牛的大蟒蛇啊，弄不好，被它吃掉也是有可能的。这种蛇，除去缠死吞掉猎物的能耐外，它的牙齿没有毒，故且不怕咬，只怕它缠，这么大一条蟒蛇，单靠一个人是治不了它的。令印一边与它周旋，一边叫人，这时种菜与后勤组的男同志都来了。令印瞅准时机，一个箭步扑上去，用湿漉漉的工作服死死地抱住大蟒蛇的头不放，大声喊着："大家一起来把它的身子捉住，不要让它缠住人。"大伙一哄而上，死按着蛇不放，一刻钟后，大蟒蛇就老实了，原来是带汗水的工作服，把它降服了，它受不了那个臭汗味，服软了，我们胜利了。当时，大家都没有保护野生动物的意识，当晚，就把蛇杀了，全场大会餐，蛇皮剥下晒干，卖了 50 多元，抵我们知青的 3 个月工资呢！

但是，我们也付出了代价，我可爱的小妹妹林玲因惊吓过度，在病床上躺了 1 个多月，这事使我愧疚许久，没有保护好她，有违权哥与老妈的托付。

采伐

采伐，现在人们对这个词不是很了解，对采伐工的生活更是无从说起，但采伐对我来说是刻骨铭心的，因为我上山下乡黄竹岭林场干的工作就有采伐，那是一段生与死、苦与乐、血与泪的知青生活的缩写。

采伐，是我们林场的主要工作，充满着危险、艰苦。要把一棵树锯成标准尺寸的原木，还要用牛拉到聚集点，不是一件容易的事。单说锯树，树不是长在平地上，而是长在满是灌木、藤蔓的陡峭的山岗山坡上，开锯前要先清理大树周围的所有碍于操锯的树木，开辟两条逃跑通道，先要测量这树偏重于哪一边，会倒向哪一方向，是顺山倒，还是傍山倒，侧边倒。倒后有无反弹、反撞、翻滚。树倒开始逃生的最佳时机路线确定以毫秒计，都要测量估算好，而且要准确无误，否则就会危险。

有时，树倒后，中间有石头或藤竹扛着，头轻尾重，树头像跷跷板一样，嗖一声，带着一股勾魂摄魄的凉风从你面前挨着鼻子飞上去，每个人都心惊肉跳，而且后怕得梦里喊娘。

树要是傍山倒，就是倒向山顶方向，大体是树锯断后，同样是嗖一声，树头顺势滑向山下，树杈树枝大且粗，你跑得不够快，不够远，很可能就被紧接下来的树枝扫倒了，不死也会伤。

我们是个小林场，没有油锯，用的都是两人配合一推一拉的人力锯，要放倒一棵树，全凭你拉去、我拉来，用全身的力气，很辛苦，也挺锻炼人的；别说我们个小，臂力经这么一练，大得有点吓人，就说掰手腕，别的知青点的永远比不过我们。

我的搭档是黄深应，是个非常活跃的文艺青年，二胡、三弦、笛子都会，我也好音乐，闲来拉拉手提琴，吹吹口琴，来一段京剧"智取威虎山"中的打虎上山："穿林海……"兴趣相同，臭味相投，吃在一起，睡同一张床。可谓同甘共苦，同时又在采伐工作中同生死，共患难。不知多少次的惊险，都是在互相帮助下，化险为夷：一次我们锯一棵一米直径的"红酸"树要倒了，可锯夹死了，拿不出来，我正拼力想把锯弄出，因为我们都很爱护我们的锯，就像战士爱枪一样，不舍得让锯受伤。时间一秒一秒过去了，我在用力拽着锯子，这时黄深应快速跑过来一手拽上我就往安全逃生路上跑，说时迟，那时快，大树"隆"的一声倒了，由于藤蔓牵拉，树头翻一翻身滑向我原来所站的位置，看此场景，我惊得说不出话，背后凉飕飕的，我们攥得紧紧的，他拍拍我的肩膀说："没事，没事。"

采伐是我经历过的最艰险的一段人生，刻骨铭心。

断粮后

断粮了，不为别的，是因为那始料不及的山洪暴发了，那场连续下了二十多天的山雨。真不明白，原先的朗朗晴空，一夜之间，咋就积蓄了那么多雨水，绵绵下了二十多天，一发不可收拾，越发不可一世。任你怨声载道，任你饥肠辘辘，它就是不停耍弄你，不时阴着脸朝你狞笑。

我们这个知青点——黄竹岭林场远离村镇，有好几座山隔着，还有几条无桥的山溪横在路上，平时无雨时，我们挽起裤脚蹚水可以过，有条深一点的是放两根原木，可以一脚深一脚浅地慢慢移过去。现在好了，原来一般不过三四天的雨，下了二十天，总务王光轩原本打算等雨晴就下山运粮的，六七十口人，每人36斤定量月供，每月就二千多斤粮，平时是派曾令印驾驶的东方红拖拉机（我们通常称铁牛）拉木材下山时，回程到黄岭粮所拉粮回来，如果拖拉机因故不能及时出动，为应急，需求少时总务自个挑上来，需求多时，场长就选派几个强壮的，马步又扎实的一起下山去挑，或许碰巧，701水晶矿啊，海南木材公司啊，部队营建的车上山拉原木，就搭个顺路车，把粮拉上来。

可是下了二十天的雨，山洪暴发，路被冲垮，小溪变大河，什么都过不去，谁都没辙，吃了几天稀得不能再稀的饭，粮没了，十几天的腐乳送饭也告罄了，场领导研究来研究去，还叫本地的场里老职工来出主意，决定专挑不经过山溪的山背山梁走，虽然绕了好长路程，走的又是最原始的山猪路，但总能到达取粮的黄岭粮所解决燃眉之急。大家都认为这是唯一可行的方法了，决定一下，立即组织人员，搜集全场人员尚存有的食物：饼干啊、地瓜啊、木薯啊、花生仁啊集中给挑粮队填饱肚子，便整装出发了。

经历了千辛万苦，不知摔了多少跤，大家伙个个都弄得像泥猴似的，天快黑时终于挑回几百斤的救命粮。

记冯宏村广州汕头知青

李圣刚、陈宋强口述，曾令彬、吴亚强整理

1968 年是知识青年下乡的火热年份。当时，屯昌县枫木公社罗案生产队有四个队安排了插队下乡知青，二队 4 人，五队 3 人，七队 12 人，我们冯宅村是一队，迎来了 6 名插队下乡的广州知青。冯宅村地处枫木公社东南边，北邻乌坡公社，南接琼中县，是个植被丰茂、土地肥沃的好地方。

插队在冯宅村的知青年龄都在 20 岁左右，刚来时由于队里没有宿舍，所以只好安置在村民家中暂住，后来村里为他们在队办公室旁搭建了几间瓦房，那儿便成了他们的宿舍区。从城里来的小青年哪里懂干农活，像犁地、插秧、种菜等，都得手把手地教，好在知青们接受能力很强，没多久便掌握了干农活的技巧。年轻的他们干劲足，充满了朝气，给我们这个百来号人的小村庄带来了活力和创新。

知青们虽然农活上不及当地村民，但他们来自大城市，视野宽阔，知识丰富，有创新思维，他们用自己的智慧和手艺给我们带来了许多新奇的东西，为我们这个闭塞的偏远小村庄注入了一股新气息。

我的师傅鲁家强是一名广州知青，当时才二十出头，为人勤快，懂的东西也多，除了专长木工，还会修电器、机械，甚至会开拖拉机，所以村里的技术活几乎都让他承包了，他也乐此不疲，深受村民的爱戴。我今天能靠这手艺吃饭，全得仰仗当年跟知青所学那些木工技术。在他的教导下我首先学会了刨木。刨木是木工的基本的技能，它要求运力要流畅，该直的要直，该弯的要弯，刨的次数不要过多，多了容易产生误差。鲁师傅还教我木块之间的衔接方法，沿着木板纹路的方向设计榫卯，这样连接在一起的木块纹路方向一致，紧密无缝，不容易看出衔接处。除此之外，我在鲁师傅那还学会了雕刻、油漆等技术。鲁师傅调往县城时，我已经能根据用户的要求，量身裁体制作适合他们的家具用品。感谢鲁家强师傅，是他让我有了养家糊口的谋生技能。

当年插队下乡到罗案乡村的知青很多是有特长的，除了鲁家强，还有擅长音乐的陈小奇，善于演讲的王月琼等。陈小奇是汕头知青，1971 年来我们这里插队，是个文艺爱好者，当时村里学校正好缺一个音乐老师，于是让他顶替，教孩子们音乐。陈小奇会制作各种乐器，二胡、小提琴等，他都能做出来，而且拿来演奏时也是有模有样的，很吸引人。因为他有这个特长，所以队里的文艺活动都由他去组织，搞得有声有色。本地队员陈垂安也爱好音乐，经常去他那请教，得到传授后水平大大提升，后来靠着从陈小奇那学来的知识还当上了音乐老师。五队的女知青王月琼是个学习毛主席思想的积极分子，平时乐于助人，很受村民欢迎，她思维敏捷，有一张能说会道的嘴巴，演讲口才极好。只要有大型的劳动会战，队里肯定请她去工地上讲毛主席思想，说学习心得体会。她那铿锵昂扬的声音，极富渲染色彩，大大鼓舞了队员们干活的士气。

当时村里开办牛奶厂、榨油厂，由于知青们干农活不是很在行，于是队里安排他们在村办厂里工作。在知青们的协助下，冯宅村牛奶厂生产的牛奶和奶糖是当时畅销全县的。当时我们挤的可是水牛奶，营养价值丰富，口感很好。牛奶糖的制作很讲究，先把牛奶加热沸腾，煮沸后的牛奶表面会浮有一层奶油，像一块亮锃锃的油布子，把这层奶油轻轻挑起，然后配上碾碎的花生，一并放入铁锅里来回翻炒，直至两者完全混合在一起，出锅后用木板进行挤压，形成长条状，最后用刀切割成一块块的牛奶糖。拾起一块放入口中，那味道，美不胜收，至今想起仍舌津绕齿，不能忘怀啊。还有牛奶饭，也是当时一种美食。做法是：把米淘干净，倒进新鲜的牛奶，用慢火煮，让牛奶完全渗入米粒中，吃上一口，回味无穷，既有稻米清香又有牛奶醇滑，在嘴里慢慢嚼着，细细品尝让人不忍下咽。牛奶饭可是我们村当时宴请贵客的招牌美食哩。

在物资缺乏的年代，许多东西我们山里是没有卖的，得托人到城里买。我师傅鲁家强工作积极，人缘又好，队里对他也放心，所以他每年都能请到探亲假，回老家广州探亲，每次回去，村里人都托他买这买那。从广州回来时，他都是肩扛手提，一大堆物品负在他身上，俨然成为一个卖货郎了。到了村里，村民们见到他各个眉开眼笑，像过节似的，欢喜得不得了，这时从他身上会卸下各种物品，最多的是村民们急需的布料像什么的确良、海军蓝之类的，最稀有的是唱片。我们村有台唱片机，连着村里大喇叭，平时没什么唱片播放，所以鲁家强在广州买回的唱片成为我们这偏远小村庄的稀有之物，丰富了村民的娱乐生活。

冯宅村的村民与插队知青关系融洽，知青们也把这里当成了自己的家。在那段充满激情的岁月里，知青们有着崇高的精神，他们甘于奉献，任劳任怨，为开发当地做出了应有的贡献。在劳动中他们与当地百姓结下了深厚的友谊，甚至收获了爱情。我师傅鲁家强与知青一朵花王琼在劳动中互相倾慕，彼此产生爱的火花，在艰苦而浪漫的日子里，最终结成连理，成为一时的佳话美谈。

在那个年代，插队下乡到这么一个边远山村，许多知青来到这后是有一些思想波动的，但他们很快就适应了，只有个别人迈不过这个坎的。

1974 年前后，许多知青相继离开罗案，他们先是调到屯昌县城，被安排在县化肥厂、水泵厂等单位，我师傅鲁家强也被安排在县建筑公司工作。他可是红人了，在建筑公司上班那会儿，很多人听说了他的木工技术，慕名前来请他干活的人络绎不绝，许多人来接他到家里为孩子打结婚床柜。

1976 年后，知青们大都调回去了。知青们回城后，冯宅村又恢复了往日的宁静，一直到建设国际旅游岛，县里才重新发掘地方特色的旅游文化资源。冯宅村因为当年有知青情结，村子旁边有五七干校的遗址，加上这里青山如黛，绿水潺潺，自然环境优美，所以备受关注。2008 年在政府的扶持下，冯宅村建成文明生态村。2014年县政府加大投入要把冯宅村打造成美丽乡村，开展以知青文化为主题发展乡村特色旅游。如今交通方便了，水泥路四通八达，在建设国际旅游岛的推动下，许多知青趁着有生之年，又回到当年奋斗生活的地方，追忆往昔，拜访老友，重新体验一回当初的激情。曾经到冯宅村插队的知青们，这些年也相继携子带孙回来探望，我师傅鲁家强一家子就已经回来好几次了。

没想到，知识青年上山下乡运动都过去几十年了，至今仍然影响着冯宅村的发展，真的要好好感谢知青们啊！

南吕十九知青水榕洞创业记

王勤 / 海口知青 / 屯昌知青场

　　水榕洞是屯昌县南吕公社知青点，距南吕墟 20 里。位于南吕岭主峰东北山麓，四面环山。20 世纪 60 年代，南吕公社经济场曾在这里垦荒种胶，后来水榕洞被遗弃荒芜了。

　　1974 年 9 月 1 日，南吕墟 19 名知识青年，响应毛主席关于知识青年上山下乡干革命的伟大号召，在带队干部陈定义的率领下，豪情满怀，举红旗，唱战歌，奔赴水榕洞干革命。十九颗红心，染红了水榕洞的天地。十九双铁手，铸写着水榕洞的篇章，记下了知识青年在水榕洞的创业史。

十九知青在水榕洞安营扎寨

　　19 名知识青年一踏进水榕洞，那野岭环抱、老林苍翠的山坳里，漫山遍野的山蚂蟥，立即蜂拥而来，咬得我们"鲜血淋漓"；成群飞窜的山蚊子，也毫不客气地叮得我们又痛又痒；各种各样的毒蛇经常在屋前屋内活动。因此，我们编了一首名叫"四多"的顺口溜：山蜞多得遍山岭，蚊子多得满天飞，毒蛇多得屋里钻，野岭多得抬头见。

　　这里，不但环境恶劣，而且生活条件也十分艰苦。宿舍，仅是 1 间不到 40 平方米的茅草房；睡床是用树枝和野藤编排在一起的长架。我们蓝天作帐当厨房，清澈洞流作饮水，粮食只靠人一担一担从南吕墟下挑上岭。每逢刮风下雨，蔬菜供应断绝，只能用山木瓜、芭蕉芯、番薯叶等下饭。

　　我们从小都是"衣来伸手，饭来张口"，哪曾见过眼前的这些情况，于是，有些人产生了畏难情绪。然而，在带队干部陈定义的耐心引导下，认真学习毛主席著作，接受革命传统和回忆对比的阶级教育，从而提高了阶级觉悟和路线觉悟，坚持了上山下乡的正确方向，增强了扎根水榕洞干革命的信心。

安家的战斗打响了。白天，我们起早摸黑，废寝忘食，割草盖伙房，开荒种蔬菜；晚上，我们身居茅屋，手捧宝书，学习理论，畅谈创业计划。在青年们忘我的劳动下，转眼间，盖起伙房种上了蔬菜，生活得到了改善。清理环境，讲究卫生，蛇、虫、蚊也随之减少。

胸怀朝阳投入改天换地的战斗

我们十九名胸怀朝阳的知识青年，刚刚结束安家的战斗，又投入了改天换地的战斗中。

秋去冬来，南昌岭正是阴雨时节，每天公鸡报晓，我们总是同群岭一道醒来，冒着苍茫的雨雾，顶着寒风，扛起锄头拿起刀，跋山涉水去开荒。灌木丛中，银锄飞舞；杂木林旁，砍刀闪光。身上的衣服被雨淋湿了，收工回来后烘干，第二天再穿着干；手脚被山蚂蟥咬流血了，我们一声不吭。我们像出山的猛虎，似入海的蛟龙，把水榕洞闹得天翻地覆。

前进的道路并不平坦。正当我们大干快上的时候，一场无情的强台风夹着暴雨，猛烈地袭击了水榕洞。呼啸的狂风，吹倒大树卷走房顶，汹涌的洪水，冲毁寨园，推翻巨石……

台风过后的夜晚，那间用几块雨布临时搭顶的茅草屋里，团聚在小煤油灯下的十九名知识青年，由带队干部陈定义领着学习。他翻开毛主席著作，用激昂的声音读着："社会主义制度的建立给我们开辟了一条到达理想境界的道路。而理想境界的实现还要靠我们的辛勤劳动。"接着他讲起了大寨人在大灾之年不低头，艰苦奋斗创业的故事。

通过认真学习讨论，一个宏伟的建设规划在水榕洞展开了。人们从岭外挑来水泥、砖瓦，备足木料，盖新宿舍，建小工厂。我们串黎村走苗寨，找来各种经济作物的良种，种上了橡胶、甘蔗、玉米、香茅、黑豆、番薯、柑橘、红茶……如今，这些经济作物生长葱茏茂盛，我们做到了蔬菜自给；艰苦奋斗，我们盖起了三间新瓦房；自力更生，我们建成了橡胶、香茅、木材等小加工厂。

青年们用辛勤的双手，描绘了水榕洞最新最美的图画。我们火红的青春，在广阔的天地里放射出灿烂的光芒。

学理论，方向明，敢批敢斗逞英豪

学理论，讲路线，学习无产阶级专政理论的高潮正在兴起。草房门前，我们利用木板作壁，茅草盖顶，搭起了学习批判专栏；我们还利用中午、晚上的空余时间，办起了理论学习班。

水榕洞是个人少地多的地方，一年四季劳动力都十分紧张。为了大干快上变大寨，我们往往是"两个六点半，中午不休息，晚上加一班"地苦干。看起来，学习时间难挤。可是，时间紧，挤不掉，工作忙，难不倒，我们见缝插针地学习。多少个朝霞满天的清晨，我们早起攻读，多少个月明星亮的晚上，我们在灯下勤学，争分夺秒、如饥似渴地学习，在短暂的几个月里，努力攻读了《共产党宣言》《国家与革命》《帝国主义是资本主义的最高阶段》《哥达纲领批判》，通读了《毛泽东选集》，阅读了大量的革命书籍和文化作品。还学会了26首革命歌曲。部分知青还写下了大量的学习和接受再教育的体会笔记，连续不断地举办了一期又一期学习专栏和革命大批判专栏。马列主义、毛泽东思想的哺育，使我们知青站得更高，看得更远了。

此可谓：学理论，方向明，敢批敢斗逞英豪。

我们坚持走与工农相结合的道路，也不是风平浪静的。在水榕洞里依然存在着尖锐复杂的阶级斗争。农场有个外号叫"乌龟"的坏分子，他大力向青年们灌输封、资、修的黑货，宣扬"下乡光荣一时，艰苦一世"的反动谬论，妄图阻挠知识青年上山下乡干革命。面对这种情况，带队干部老陈带领大家学习毛主席关于"阶级斗争是青年们的一门主课"的教导，用无产阶级革命理论武装每个知识青年的头脑，并对这个坏分子进行了严肃的批判和斗争，使青年们提高了阶级斗争觉悟，增强了上山下乡干革命的信心。在阶级斗争的火线上，我们是敢批敢斗的尖兵，在继续革命的道路上，我们是勇往直前的闯将！

十九 知青在水榕洞磨炼成长

哪一棵参天的大树不经过风吹雨打？哪一把闪亮的钢刀不经过千锤百炼？水榕洞的19名知识青年经受了"三大革命"运动的严峻考验。我们在艰苦的劳动中磨炼，在火热的战斗中成长。马列主义、毛泽东思想武装着我们的头脑，我们坚定表示：上山下乡，决不动摇，扎根山区，革命到底！

共产党员、知识青年陈莲，来到水榕洞后，就立志以场为家。她专拣重活干，处处走在大家前头。深山坳里，路陡坡滑，挑东西是件重活；为了改变落后面貌，她与伙伴们不辞千难万险，翻山越岭挑回各种农作物的良种，肩挑百来斤，奔走在几十里的羊肠小道上。肩膀压肿了，脚板打起了血泡，但她从不吭一声苦，喊一声累。一次她感冒发高烧还坚持劳动，大家硬把她拉下山到医院治疗，医生开病假条要她休息十天，可是她仅在家里休息治疗了五天就赶回水榕洞，投入紧张战斗。在她的精神鼓舞下，青年们也奋不顾身地干起来了。

为了水榕变大寨，再苦再累也心甘。民兵连长、知识青年林书雄身患肝病，大家劝他干点轻的活，他却哪里艰苦往哪里闯。开荒打炮眼，炸树头危险，他第一个冲上前去；提炼香茅油，烟熏火燎的一天要干十多个小时，他也抢着干。

刚进水榕洞时，知识青年小占思想上曾有波动，认为深山坳里，艰苦没出息。后来，在带队干部老陈和青年们的耐心教育帮助下，她立志水榕干革命，荒山野岭炼红心。现在，她克服了重重障碍，为革命拿起了割胶刀，当上了橡胶管理技术员。每逢有人问她："小占，你难道就在深山坳里割一辈子胶吗？"她总是豪迈地回答："割胶为革命，我就甘当一辈子割胶工人。"

我们19名知识青年就是这样，在艰苦的劳动中越干越猛，体质也随之越炼越好，原来幼嫩的脸膛已晒得通红黑亮，手上也磨起了厚厚的老茧。犹如19棵幼松，沐浴着阳光雨露成长。进场半年，我们当中就有两人光荣地加入了中国共产党，六人光荣地加入了中国共产主义青年团，有三人当上了农场干部，还有的成了赤脚医生、热带作物的管理技术员、理论辅导员。在广阔的天地里，我们锻炼成长为大有作为的新一代。

水榕洞旧貌换新颜

知青通过艰苦创业，使水榕洞旧貌换了新颜。

昔日荒无人烟的深山坳，如今盖起了白墙红瓦的新房；流水淙淙的溪河边，小加工棚里晾晒着乳白色的橡胶片；提炼香茅油的房子周围散发着诱人的芬芳。以往布满野藤古树的山坡，现在已变成了锦绣的田园。蜿蜒的环山行上，种植着葱茏茂盛的二千五百多株橡胶、六十五亩香茅、二百亩玉米、二十亩黑豆、五亩番薯、七亩山稻、六千穴木薯、一千五百棵柑橘……菜园里，生长着各种蔬菜，育苗园里培育着各种热带作物的幼苗……曾经是深山老林兽吼蛇窜的水榕洞，如今，十九名有勇气的知识青年用辛劳的双手描绘出这幅多么令人心欢的美景。

农场书记陈定义，站在坐落在半岭腰的新瓦房前，兴致勃勃地给我们讲述水榕洞的美好远景规划：要在山口的溪涧上建起一座五千瓦的小小水电站。有了电，可以照明，搞碾米加工厂，以后吃饭用米就不用人一担一担地从山外的南昌墟挑进山里。另外还要买上一部手扶拖拉机，把山里的土特产运到山外去，支援社会主义建设。把环抱的野岭全部种上各种热带作物。还要大力发展养猪、养鸡事业，改善生活。

（1975 年 6 月 25 日）

忆起那次剥蔗叶

王勤 / 海口知青 / 屯昌知青场

1973 年 10 月 27 日，我从海口市上山下乡到了屯昌县知青场。

这个知青场以种甘蔗为主。有 40 多年了吧，每当看见甘蔗林或在什么时间想吃甘蔗或是见着甘蔗红糖等，总会想起当年剥甘蔗叶劳作的那一幕幕。田坡上甘蔗长高后为什么要剥去老甘蔗叶子？甘蔗长高如竹子节节往上拔，它的叶子却和竹子不同，叶子老干去了还紧紧抱缠着甘蔗秆子，仿佛不离不弃宁愿与甘蔗母体一同死烂去。这些叶子死缠烂贴在甘蔗秆上，任凭风吹日晒，甘蔗越往上长，死干去的垂头丧气的叶子越多，它们把甘蔗林封闭成不透阳光不透风似隐藏着秘密的深不可测的大园子。于是，从利于甘蔗生长的角度讲，把老干去的甘蔗叶子剥掉清除干净，能让甘蔗吸收更多的阳光，减少病虫害。甘蔗林或叫甘蔗园，从留种浸苗到挖沟下肥种下苗条，它成长的每一个环节，我都在下乡接受再教育中学会了。甘蔗可说是世界上最好种植的热带农作物，说它适合懒人种植也不为过。你可以种下它转身不管，直到收获的那一天。

海南岛很多贫困地区的农家就是这么干的，我所在的知青场却不能这么干，因为我们是有知识的知青，我们是在接受再教育，必须种出好成果，有大丰收才能说明上山下乡是多么的必要。为此，农场还专门请来种植甘蔗的顾问，指导我们知青种甘蔗。你看见过刚种下的甘蔗苗出土了吗？拱破土层的尖尖锐苗我是怕它的，它一点都不可爱，仿佛一小节青锐钢针露出地面不怀好意，显示它不可践踏，到了好几片叶子，弯曲的嫩边上又迫不及待地长成毛毛刺，张牙胡乱摇舞不可靠近。我讨厌地看着它，可它越长越高，连青色的秆子上都布满了毛茸茸的刺。几乎不用再施肥、浇灌和除草，它是那么顽强粗糙地生长，当它长成人那么高时，就到了剥甘蔗叶的田间劳作时候了。

我们这是第一次亲历这样的劳作。到了现场才感觉到没有手套不穿长袖衣服来干这种活是多么欠妥。我们好多人都是穿的短袖，更别说手套了。场里当然也不会给知青们配什么工作服及劳保手套。干工的任务一下达，每人先剥一亩地，大伙就七手八脚干开了这个不用教的剥甘蔗叶的活儿。我没有任何准备，就算有准备也舍不得拿两角钱去买什么手套，要知道两角钱在当时可上街吃一顿。

在许多年后忆起这第一次剥甘蔗叶，我还清楚地记得八九点钟的草坡，红太阳已升起，它的热在不断加强，火球在往我的头上滚动。最糟糕的是还没开始干活肚子就有了饥饿的感觉，每天早餐二两稀粥萝卜干，有时配一个小馒头，从农场走到工地早被年轻干旺的胃口消化掉了。已顾不上这个，原以为剥甘蔗叶正好可以躲藏进甘蔗林，躲避火球在头顶上倾泻下来的烧烤。这是双掌双臂肘并用的时候，干枯的甘蔗叶被沙沙作响扯下，又把它踩到甘蔗沟里边去，渐渐地大豆般的汗水从草帽内沿顺着额头往下淌，头发湿了，眼睛不时让滚下的汗珠滴痛，枯叶和甘蔗秆上的粉尘如烟波般弥漫开，吸进你的鼻腔，迷上眼角形成眼屎，黏附你那大汗淋漓的全身，从敞开的衣领往下流然后变成一身子泥水衣服，时不时受刺激又喷嚏出一条黑白相间的鼻涕。原来，躲藏进甘蔗林干活并没能逃避开太阳的炎热。没有一丝风吹进来，残片枯叶和密密麻麻的甘蔗林挡起一块天地，我似乎隐进了一个荫蔽的闷热大罐子蒸桑拿。我环顾四周，发现身后被剥干净的甘蔗林一派生机，阳光透过翠绿的叶片纵情飞洒，甘蔗一条条清新玉立，一排排婀娜多姿。

40多年了，我仍旧不忘自己初次长时间跪地徒手剥甘蔗叶劳作时的情景。

替工友写情书的结局

陈经雄 / 海口知青 / 屯昌江零五厂

1969 年 9 月，我随知青上山下乡洪流，被安置到了屯昌江零五工厂（中国人民解放军第 7430 工厂），同批从海口来的一百多名知青中，女性不足十名，听说因为这是兵工厂，女性不宜。我也算是"老三届"了，在校时就喜欢舞文弄墨，写几句散文，编几行情诗均是我的特长。从初中一年级起，我就有过代人执笔的经历，替老人写过家信，为盲人起草过合同，而最令我难以忘怀的是在江零五工厂当徒工时，替工友写的第一封情书。

写情书这事缘于一次偶然的情遇。

江零五工厂离屯昌县城仅十几公里，当时我们节假日常到那里逛街赶集。那天一早，我与同连队的猫仔爬上工厂到县城买菜的解放牌卡车，赶集去了。到达县城下车后，我建议先逛百货商场，我想买个镜子，离家这么久了，也不知道自己的脸蛋长成何样了，总想照照镜子。但猫仔却坚持先到县汽车总站，说过几天他有事要请假回家，得了解一下回海口的车票情况。凡事我一贯顺着他，两人也就直奔车站。

到了车站的售票处，我俩的双眼对着窗口简直不能动了。哇，如此漂亮的女孩怎会干售票员的工作，多么美的脸蛋儿呀，会笑的眼睛，白得耀眼的前额上覆盖着美丽的头发，嘴唇闭锁在层层迷人的幻梦中，特别是她那丰满的上身，在早晨柔光的照射下更添加了几分成熟……当我俩傻站在窗口不知道说些啥时，女孩却对猫仔先送上了甜甜的一笑。见此情景，我想不通了，不管从哪方面比，我都比猫仔强呀。紧接着他俩开始了滔滔不绝，甚至有点津津有味的对话，我不服气，嫉妒地站到了一边。

第二天，猫仔请病假，又到县城"看病"去了。下午回来时还在我面前故意晃来晃去，显露出遐想之情，在我的追问下，他承认是装病又去找那女售票员了。

他说这也许就是缘分，说不准我这个癞蛤蟆就是能吃上天鹅肉。

"那你赶快给她写信呀，用情书感化她，俘虏她！"我话虽是这么说，但心里却想，你猫仔在学校时长跑、举重确实是名列前茅，但写作方面你可是低人一等呀。这回他还真的说实话了，"从小我就没写过信，更谈不上写情书啊。"

"我帮你写呀，咱谈谈条件吧。"

"条件任你提，要么我这次回海口给你买一个热水壶，加送你两包上等的龙井。"

"够朋友。"就这样，我揽下了这笔生意。

当天晚上，我挑灯上战场，先将我锁在木箱中的爱情小说翻出来，寻找爱情典故，摘录情感语句。情书下笔时，我先夸奖女方工作如何认真，接着赞扬女方如何美丽大方，然后承认已对女方有了极好印象，最后则是恳求双方能保持联系，增进情感……哇，我的第一封情书是一气呵成的。

第二天我将写好的信给猫仔过目后，又替其填写好信封，便让猫仔送邮所寄出去了。那天猫仔在工厂附近的一家小店请我吃了大碗的鸡汤面。

没过一星期，女方回信了，猫仔是连蹦带跳将信交给我看的，信中有一段话写道：想不到你不光人长得帅，文笔还挺扎实，且有一手正宗的楷体钢笔字，真难得……看到此夸奖，猫仔心里真是乐开了花。

第一炮真的打响了，猫仔请求我乘胜追击，继续替他写信，他还承诺会继续给我奖赏。就这样，鸿雁传书一来一回持续了几个回合。

不久，新的情况出现了：女方来的回信猫仔不再给我看，并说明今后不需要我替他写信了。

原来，是猫仔过早地认为，女方此时已开始对他有好感了，他可以自己与女方通信深谈，双方分享爱情的乐趣了。就这样，猫仔真的使出九牛二虎之力，东涂西抹地写了一封信，然后又在信封上信笔涂鸦出邮寄地址，将信发出去了。

等了一个星期，不见女方回信，再等一个星期，仍没见回音。猫仔慌了，急忙找我商量对策。我说，你再写一封，这回寄挂号信试试，猫仔照办了。

自发出挂号信的第三天起，猫仔天天到邮所打听是否有回信。半个月后的一天，他终于等到回信了，只见他手捧来信欣喜若狂，手舞足蹈地赶到我面前：让我们一起分享这久违的回信吧！

当拆开信封，仔细看完信后，我们都目瞪口呆了。只见回信中出现了这样一句话："请你今后不必给我来信了，原来你只是个光有帅气，没有内才的青年。"

啊，可怜的猫仔。

猫仔忧心忡忡了好几天，后来为此他又跑了一趟县城，不知道他后来是如何向女方解释他前后发出的几封信件上截然不同的写作风格及不一致的手写笔迹的。

今天回想起此事，我挺内疚的。我一生中的第一封情书是替猫仔写的，我是在帮猫仔还是在害猫仔呢？还有，对于那美丽的女孩，真是对不起人家了，一位纯洁女孩的初恋情感，就这样让我给糟蹋了，真是荒唐年代做出的荒唐事啊！

（2014 年 12 月 19 日）

忆昌江峨港插队知青生活

吴云 / 昌江知青 / 昌江峨港农场

40多年前,我作为知识青年,曾在昌江县下乡两年。虽然年代久远,但是往事刻骨铭心,我感到自己青春无悔。那两年的时光虽然艰苦,但它奠定了我人生最坚实的基础,使我真正懂得生活的意义,一生受益无穷。在农村生活的点点滴滴,我至今仍记忆犹新……

满腔热血当知青

1973年7月,我从昌江中学高中毕业,刚满17岁,属于热血青年,十分向往"到祖国最需要的地方去"。当时县里号召我们上山下乡,去支援农村建设,同时还规定,知识青年不下乡,今后就不能参与招工,因此符合下乡条件的同学都陆续报了名,就连一些不符合条件的同学,也希望和大家一起到农村去。有个叫杨克茂的同学,就三天两头地跑县知青办要求下乡,但被知青办以他的户口在外地为由拒绝了,弄得他大失所望。

县知青办给我们这批知青安排了3个下乡地点,供大家自由选择:保平公社农场、保平公社保平大队农场、乌烈公社峨港大队农场。我父亲当时是县委报道组的干部,经常到峨港大队采访,对那里的情况很熟悉,极力推荐我去那里落户。他认为峨港大队多次被评为全省的先进生产大队,当地的干部社员觉悟高,我去那里可以得到很好的锻炼,而且我哥哥已经到那里落户了,两兄弟在一起可以互相照顾。于是我就报了峨港大队农场。后来一看名单,陈泰山、胡达吉、王秋云、叶军、符克权、吉布敏、梁以琴、陈素芳、黄家兰等16个同学报了那里,其中有不少是平时要好的同学,心里感到很高兴。

报了名以后,就积极做下乡的准备。那年,中央专门下了文件,要求各地提高下乡知青的生活待遇。县里为此给接收知青的农场按每人200元的标准划拨安置费，同时也给我们发一些票证，用以购买棉衣等物品。知青办的陈耀林同志与我比较熟悉，他得知我在中学时是个班长、积极分子，就专门找我谈了话，让我帮忙做一些宣传工作。我组织了几个同学，写了一些宣传"上山下乡"重要意义的文章，自己还带头写一份要求去农村落户的决心书，一起贴在县露天戏院前的宣传栏上。在大家全部报完名后，又专门写一份知青下乡的"喜报"，附上下乡人员名单张贴出去。下乡几个月后，我回到县城一看，那张"喜报"还在那里，心里感到挺自豪的。

为了突出我们这批知青下乡的意义，县里决定将下乡日期推迟到12月22日——毛主席发表"知识青年到农村去，接受贫下中农的再教育，很有必要"的讲话5周年纪念日。在下乡前一天晚上，知青办在县露天戏院召开隆重欢送大会，县里的干部职工、中小学生都来了，济济一堂。我在会上代表全体下乡知青表决心，发誓要"扎根农村一辈子"，在那里"磨一手老茧，滚一身泥巴，炼一颗红心"，"当社会主义新农民"。

下乡的日子终于来临了！县委领导李玉堂、何焕召等同志特来送行。我们每人胸前挂着一朵大红花，与县领导在县政府的门前合了影，把行李装上汽车，然后在欢送的锣鼓声和鞭炮声中出发。这一天的情景我终生难忘，因为是在本县下乡，对农村的情况也熟悉，大家并不像现在电视剧中所描述的那样挥泪告别，反而非常兴奋，跃跃欲试，觉得那是一种新的生活，感到非常向往。倒是家长们有些悲伤，好像知青们下乡就要吃大苦似的，围在车旁不愿走，有的还干脆上车陪我们到乡下后才回来。汽车开动后，我们看到了昌中欢送的队伍，看到了向我们挥手的老师，大家欢腾起来，叶晨江等几个同学还将大红花扔给师弟师妹们，我却舍不得扔，一直保留多年，作为下乡永久的纪念。

淳朴勤劳的峨港农民

下到农村，自然要和农民朝夕相处，共同劳动。峨港的农民是淳朴的，他们对我们的到来，表现出很大的热情。

峨港大队农场远离峨港村，在十月田公社附近。这个所谓"农场"，实际上是生产队自己办的一个种植场，它的土地，是县里为解决峨港村人多地少问题而专门从其他公社划过来的。虽是农民所办，但也还有农场的模样，领导班子设有场长、副场长、指导员、技术员等，大家住集体宿舍，吃公共饭堂。为了安顿知青，场里专门盖了三栋新草房，让知青入住。在我们到达的当天，峨港大队党支部书记符修强同志专程赶过来，在欢迎会上发表了热情洋溢的讲话，当晚还进行了大会餐。那时是个物资贫乏的年代，知青们能受到这种款待，感到有些意外，心里都很高兴，场面气氛十分热烈，大家都觉得峨港的农民真不错。

农场的场长姓叶，年龄50多岁，曾经当过志愿军，上过朝鲜战场，在农村干部中是个见多识广的人。他挺喜欢知青，经常跟我们聊天，讲讲他当年的经历和一些"革命大道理"，大家对他比较尊重。指导员则是个性情豪爽的中年汉子，不高兴时会比较严厉。记得有一次有个知青在劳动中偷懒，不听他指挥，他大发雷霆，还吓唬说，"你们知青如果再这样的话，以后就不准你们招工回城了！"还真把大家吓了一跳。但大家觉得他为人心地好，对他还是接受的。

知青们是新来的，被场领导称为"新职工"，原来在场里的员工便被称为"老职工"。"老职工"们对知青比较热情，他们都是从峨港大队各生产小队里抽出来的，家在村里，人在场里就成了"单身汉"。大家白天一起下地干活，晚上经常一起开会，互相之间几乎没有什么隔阂。看到知青不会干农活，他们就手把手地教；有时知青干不完农活，他们就会动手帮一帮；遇到节假日，他们还会盛情邀请知青到家里做客，几大碗农家自酿的番薯酒喝下去，把知青灌得醉醺醺的。我就是在那时学会喝酒的。交往多了，不少人成了好朋友，后来知青们招工回城了，一些人还与场里的农民继续来往，就像走亲戚似的，我哥哥还和村里的民兵营长一家建立了几十年的友谊。可以说，峨港农民那种真诚淳朴、吃苦耐劳的品德，对我起到良好的熏陶作用，并对我的人生产生深远影响。

繁重艰苦的劳动

在农村落户，要过的重要一关，便是劳动关。县里有规定，知青干农活要按强劳动力记工分，这样一来，农民们就把我们当作强劳动力来使用了。

农村的劳动是非常辛苦的。海南四季如夏，到了夏天更是骄阳似火，人稍有活动就浑身冒汗，更何况是在烈日下到地里干活。那时我们都不过是16岁至18岁的年轻人，大多数身材消瘦、营养不良，对这种"修理地球"的重活，刚开始时确实难以胜任。以前看书时曾读到古诗"赤日炎炎似火烧，野田禾稻半枯焦。农夫心内如汤煮，公子王孙把扇摇"，到了此时才体会到它的含义。大家出工后，就盼着能收工，好在当时干活是"吃大锅饭"，干好干坏一个样，场长们对大家要求也不严，因此挺挺就过去了。下乡没多久，我们也都晒得黑乎乎的，与农民们没有多大差别。因为没有周末休息，大家都觉得日子特别长，如果遇到下雨天，大家都会非常高兴，因为不用出工了，大家可以在房间看看书，互相串串门，聊聊天。

当时最辛苦的劳动要数开荒种橡胶和"双抢"了。先说开荒种橡胶。在"老职工"多年的努力下，场里已经种了不少橡胶和胡椒等经济作物，但周围还剩有许多荒山，场长生怕附近公社对县里划地的做法不认可，急着要把地全开出来，以防止被人占领。有一次有人到我们农场的地面开荒，我们过去跟他们吵，差一点就打起来。在我们下乡的第一个夏季，场里就安排大开荒种橡胶。

开荒种橡胶要经过几个步骤：首先是砍山，将山上的灌木杂草等砍倒，让其风吹日晒；其次是烧山，把已经晒干的枯枝草叶点火烧成灰，使其变成肥料；最后是挖洞，在地上用石灰画线，按一定距离挖好洞，然后就可以种橡胶苗了。其中砍山是辛苦而有一定危险的农活。昌江雨水多，杂树长得快，而且刺多、藤多，好不容易砍倒一棵杂树，其他藤又和它纠缠在一起，拉也拉不动，大家干不惯，不少人被刺伤、砍伤手脚。最令人讨厌的是山里蚂蚁、蝎子、毒蜂多，一不小心就会被叮伤。有一次还发生这样一个小插曲：在砍山时，大家看到树上有好几个大蚂蚁窝，便建议用火烧后再砍，但场里有个技术员却批评说我们是怕死鬼，贫下中农就不怕这些东西，说完就带头砍树，结果没有砍几下，有几只蚂蚁掉到他的身上，咬得他哇哇直叫，把刀一扔，双手往身上乱拍。大家看到他的狼狈相，忍不住笑了起来，这时他恼羞成怒，斥责大家："你们看到贫下中农被咬就笑，这是什么阶级感情？"大家一看"上纲上线"，就都不敢笑了。

烧山则是一件比较轻松愉快的事情。砍倒的柴草晒几天后，清好防火带，选个无风的时间，就可以点火了。有一次我们烧山时，点火片刻，干柴烈火就燃烧起来了。原来还是晴朗的天空，突然烈火熊熊，浓烟滚滚直上，一阵风吹来，浓烟迅速向四野散开，熏得大家都睁不开眼睛。火随风势，越烧越旺，柴草一会儿就烧光了，场面确实壮观。特别是茅草和竹子起火时，发出噼噼啪啪的响声，附近的山还传出了回音，就好像是在燃放鞭炮，热烈庆祝我们"战斗"胜利。经过一个夏季的艰苦奋斗，我们终于开出了100多亩荒地，心中感到无比喜悦。

"双抢"是指水稻的抢种与抢收，这也是一项比较辛苦的农活。因为季节不等人，每年两季水稻插秧和收割都要赶时间，而且是整天都要弯着腰干活，一天下来，腰都直不起来。刚下乡的时候，不少女知青怕下水田插秧，因为我们农场的水田蚂蟥特别多，叮在腿上甩也甩不掉。记得有一次，我们在插秧时，大家还有说有笑，突然有个女知青把秧苗往田里一扔，又跳又叫，在田里狂奔，泥水溅了大家一身。大家都感到莫明其妙，以为她中了邪，后来走近一看，原来有只巨大的蚂蟥叮到她的脚上，一位老农笑着帮她把蚂蟥挑掉，这才使她安静下来。

我觉得比较吃力的是收割水稻。在水稻成熟季节，为了避免下雨造成损失，做到颗粒归仓，场里往往在时间上抓得很紧，一大早就要出工，很晚才收工。有的水田离场部较远，中午就不能回来休息，只能在田边歇一会儿又继续干，这样连续几天干下来，真是令人累困交加。我常常是收工回到宿舍，累得连饭都不想吃，躺下就想睡觉。有一次在收割水稻时，腰疼得直不起来，以为是累的，后经场里的赤脚医生检查，才发现是因高强度劳动而扭伤，结果休息了几天才恢复。当时场里还传达过大队的这样一个规定：农忙期间社员一般不得请假，确有急事，必须由生产队出证明才能离村，如果有闲人在路上行走，生产队有权勒令他下田参加劳动，直到收工才能离开。当然实际上并没有谁真的去执行这个规定，可见收割季节抢时间在农民心目中的重要性。

现在回想起来，正是这些艰苦的劳动，使知青们的身体和意志都得到了磨炼。一年后，大家逐渐适应，身体都强壮起来了，由一个难以承受清苦生活和艰苦劳动的群体，变成了一个能吃苦耐劳、作风顽强的群体，得到了农民们的认可。

想方设法改善生活

我们下乡后，遇到的一个问题是老感觉吃不饱，肚子老是有饥饿感。当时峨港大队粮食生产不错，我们每人每月可分 40 来斤稻谷，但也不够吃，原因一是劳动强度大，消耗相当大，饭量自然也大；二是每餐除了米饭，没有肉类和其他副食品，基本上是清水煮青菜，外加一点点油而已，吃下去消化很快，不久就饿了。

既然吃不饱，那就各显神通来解决问题。好在农场离石碌也不算很远，大家常常回家去拿一些食品回来补充，互通有无。叶军家里有人在食品公司工作，买肉比较方便，他就经常回去煎一些猪油带回来，我们在吃饭时跑过去，舀一汤匙油往饭里一搅，吃起来觉得香极了。梁以琴、黄家兰、陈素芳等几个女知青则时不时从城里带回饼干糖果等零食，贡献出来让大家"共产"。

有一次副场长安排我和叶军去分场负责守场，我有些犹豫是否要去，因为这项工作原先都是安排"老职工"的，叶军悄悄告诉我，守场时可以挖番薯煮来吃，场里不限制，这确实很有诱惑力，我马上同意了。第二天，我们两人就驾着一辆牛车去了。分场离场部有几里地，说是分场，实际上也就搭了一个草棚，平时没有人住，那里有一些田，种了水稻和番薯，我们的任务就是巡一巡，防止偷盗，并挖一车番薯拉回去。中午两人既煮饭又煮番薯，再弄一点萝卜干和咸菜，放开肚子饱餐一顿。这项工作我干了十来天，解决了"温饱问题"。

有一天，和我住同屋的知青邢益江向我建议，说这里的山上野味挺多的，为什么不来个"自己动手，丰衣足食"呢？我一听觉得主意不错，立刻找了几个人商量，大家一听都很兴奋，摩拳擦掌立刻行动。我们首先想到的是摸鱼。农场边上有个大水塘，听说以前场里曾经在里面养过鱼，后来废弃了。我们经过观察，挑选水塘的一个边角下手，大家动手挖土把它围起来，然后用洗脸盆把水舀干，结果一看，鱼还真不少，真是个大丰收啊！首战告捷，大家美美地吃了一餐，其后又利用休息时间到大水塘"战斗"了几次，均有所获。大水塘的鱼少了，我们又到附近山里的小河沟去堵水捉鱼。后来，鱼越来越少了，我们就决定到山里弄野味。记得有一次设套套住了一只山鸡，拿回来后，为了怎样才能吃饱的问题，大家争议了一番，后来一致决定拿来煮粥吃。结果下米煮了一大锅山鸡粥，我和陈泰山、王秋云、邢益江等4个人痛吃一餐，大家都饱得站不起来。这是我下乡后吃得最饱的一次了，时过几十年，我们几个人对这餐饭还记忆犹新。

苦中作乐的业余生活

我们农场是个很偏僻的地方，离公路约有5公里，到处荒山野岭，附近仅有一个叫"里表"的黎族小村庄。场里既不通电，也没有电话，仅有几条小路与外界相通，十分闭塞。知青们在劳动之余，文化生活非常单调。现在回忆起来，大家的业余活动有那么几项：

看电影。县里有个电影队长期在我们那一带农村巡回放映电影，每逢电影队到来，大家高兴得有如过节。实际上电影队所放映的大多数是旧片，如《地雷战》《地道战》《南征北战》之类，大家在县城都已经看过多遍，但是在乡下晚上黑灯瞎火的，实在无事可干，这些电影一放，大家仍然踊跃观看。电影队的老曾、华运良同志，成了最受知青欢迎的人，他们到来后，不但放电影，还聊聊外面的故事，给大家增添不少乐趣。有一次电影队来放《南征北战》，第二天因故没有走，晚上大家无聊，就又要求他们重放一遍。偶有新片放映，大家观看的劲头更足了，记得有一次电影队巡回放映新拍的《渡江侦察记》，因交通不便，很晚才到农场，大家仍兴致勃勃地起来观看。当时的文化生活枯燥，可见一斑。

讲故事。晚上时间漫长，大家常聚在一起闲聊，谈谈其他知青点的故事，讲讲笑话。在此场合，知青们是特点鲜明，各有所长：胡达吉话虽不多，但幽默风趣，常令人忍俊不禁；杨全金对事认真，喜欢和人辩辩道理；符惠耿是文艺爱好者，有时会教人唱唱歌；我和陈泰山是同学中的"故事大王"，在这时便发挥专长，一显身手。我爱读书，正好家中又藏书较多，我就把我所读过的小说中的故事讲给大家听，比如《三言二拍》《水浒传》《聊斋志异》《说岳全传》等，这些书在那个年代都属于禁书，很少有知青看过，我一讲起来，大家听得津津有味。陈泰山与我不同，他比较擅长讲社会传闻，一些众人口头流传的故事，经他说起来活灵活现，引人入胜。

组织晚会。下乡后的第一个国庆节到了，场长觉得应该热闹一下，活跃活跃气氛，就要求知青团支部组织一台节目。胡达吉是团支书，他列了个计划，把任务分配给大家。陈泰山中学时是班里的文艺骨干，自然要挑重担，领头准备男声小组唱，叶晨江、吴道忠准备一个关于知青放牛的相声，陈素芳、梁以琴、黄家兰、王爱莲等女知青则准备一个女声表演之类的节目。大家利用晚上时间排练了十多天，场里的农民青年也凑了一些节目。国庆当天，节目隆重开演，虽不算精彩，但演员们演出认真，赢得观众阵阵掌声，大家着实兴奋了几天。

男女知青之间交往。知青们一起生活，共同劳动，难免会产生感情的火花。在现在的电视剧里，男女知青往往成双成对，大谈其爱，一些年轻人得知我当过知青，就会问："当年在农村有无遇到'小芳'？"但当时我们并无这种情况，可能是那时年龄比较小，情窦未开，又天天受"革命"教育，不太懂感情，另外还听说在乡下结婚的今后不得回城，因此大家都不敢越雷池一步。有些男女知青之间有好感，往往不敢轻易表露，一般是在劳动中多讲几句话、多看几眼，正像后来同学聚会时陈波同学所说的"暗恋"而已。有个别胆大的通了情信，也都是"地下活动"，不敢公开。有一次，下乡到保平公社农场的张平、徐志芳、陈萍、吴丽花等4个女同学到我们农场参观，大家觉得应该通通信，互相交流同学之间的情况，但大家都不好意思以个人名义写信，结果是这边以我和陈泰山的名义去信，那边以她们四个人的名义回信，谈的都是一些双方知青生活与劳动的情况。唯一例外的是叶晨江，他敢于公开追求女知青，当时铁路局有个姓杨的女知青和弟弟到场里落户，姐姐长得清秀可人，叶晨江便三天两头往她房间跑，将其弟弟称为"内弟"。这样，"内弟"就成了这位知青的外号，大家见面都叫他为"内弟"，似乎都成了他的姐夫，他也毫不在意，弄得大家乐不可支。

十月田知青农场趣事

龙炳俊 / 昌江知青 / 昌江十月田知青农场

1977 年，矿建公司领导安排我们四个人去十月田矿建知青农场（四场）做管理工作。知青的生活是艰苦的，也是有趣的，现将我印象比较深的几个片断，照录如下：

吃肉

好多回忆知青生活的文章，都讲到过"嘴馋"吃肉的问题。其实，这不能怪他们。一是当时的生活条件困难，猪肉要凭票购买，而且供应量不多。二是知青的劳动强度比较大，体能消耗比较多。三是知青都是十几、二十岁的小伙子、大姑娘，正是长身体，需要营养的时候。这些原因加在一起，能不"嘴馋"吗？

我们农场，一般是在过年过节（如国庆、春节等）和农忙的时候有肉吃。肉的来源有两个，一是场里养的猪，二是去邻近农村采购。

知青们知道我们有农忙杀猪的习惯，所以，到了农忙安排农活时，就乱哄哄吵吵着要"杀猪"。有的说："我敢保证，只要你们杀猪，我们就会提前超额完成任务。"

提起"吃肉"，我又想起一件与电影放映队有关的事来。

知青点的业余文化生活是单调的，那时候，既没有电视，也没卡拉 OK、迪吧什么的。每天晚饭后，如果场部不开会，就三三两两散散步，聊聊天。我们场有一个乒乓球台，有的知青就在那里打打球。

由于公司领导的关照，每隔一段时间，公司电影放映队就来放电影。这时候，知青们就非常高兴。不仅我们农场高兴，附近的农村和几个农场连队（如红林农场的七队、八队，铁矿知青农场等）也同样高兴得很。当时，似乎有一个不成文的规定：不管是哪个农场放电影，都要通知附近的几个农场，以便有电影大家一起看。

虽然放映队和我们同属一个大单位，但毕竟人家远道而来，是客人。放映队的到来，我们一则以喜，一则以忧。喜的是，可以改善一下知青的业余文化生活了；忧的是，如何接待的问题。那时候不像现在，物质十分匮乏。有人提议平时杀猪的时候，留一些下来做备用就行了。可是，当时没有冰箱，天气又热，猪肉放一天半天，可能还没什么，多放几天，那还不会臭呀。知青们想出了一个办法，就是把肉烧熟了，每天热一热，多放几天都不会坏。

有一天，放映队来了。我就去告诉他们，这里的条件太差了，实在对不起。他们说，一家人不说两家话嘛。可没有想到，我们正在吃饭，一个放映队的同志端着招待他们吃的肉过来了，把肉让给我们吃。我们说，这怎么行，这是招待你们的。他说："今天我们'喧宾夺主'，也来招待你们一下。"一听话里有话，我们估计，可能是肉出什么问题了。就用筷子夹了一块放进嘴里，刚咬了一口，咸死人了。后来才知道，是个别人搞的"恶作剧"。他知道放映队每次来，都有肉吃。而他们在场里待了那么久，还没有肉吃，就趁别人不注意，故意往肉里放了好多盐……

事后，我们向放映队的同志道歉，他们说，快别讲了，还是那句话，一家人不讲两家话……

吃蛇

知青的生活，十分清苦，但我们却想方设法改善生活。

有一天，出工的时候，我见路边的草丛里有个东西闪了一下，仔细一看，是条蛇，我惊叫了一声。几个知青听到了，拿着锄头围拢了过来，问："在哪儿？在哪儿？"找到蛇后，他们就七手八脚打了起来，把蛇打死后，他们就拿走了。我说，还拿到哪儿去？就埋在这里吧。有个知青朝我笑了一下，说："龙师傅，怎么处理，你就别管了吧。"

吃晚饭的时候，有个知青来叫我。我问有什么事，他说，你去了就知道了。

走进他的宿舍，见有几个知青也在那里。我正要问有什么事，有个知青端了碗汤，递给我。我见里面有几块圆圆的、一厘米多厚的肉，就问是什么肉。他说，你吃了就知道了。我吃完后，他笑着问：好吃吗？我回答：挺鲜的。他说，可惜的是没有鸡。要是和鸡肉一起煮，就更美了。我又问：到底是什么肉？他说：蛇肉。我说：真没想到，这么好吃。他打趣说，以后你再看到了蛇，赶快告诉我们，好改善生活哟。

打井

我们在农场这一年时间里，遇到的最大的拦路虎，竟然是天旱。

为了保证水利沟分配给我们用的水不被上游"截流"，能顺利流到我们农场，我们所有的人分成三批，日夜三班轮流去守水。尽管如此，我们早稻的收成，还是大大减了产，收成不到前一年的三分之一。

更让人头痛的是，天旱不仅影响了农作物，而且也影响了我们的日常生活。我们农场有两口井，一口是食堂旁的吃水井，我们煮饭、喝水都靠它。另一口是全场几十个知青洗澡、洗衣的用水井。为了保证饮用水的卫生，井上加了盖，上了锁，而且用专用水泵把水抽到食堂里。一般情况下，其他人是打不到吃水井里的水的。

遇到天旱，井里的水就渐渐少了。刚开始，下午收工后，还可以打到水洗澡，后来，要等到晚上九十点钟，再后来，要等到半夜三更。

眼看着旱情越来越严重，怎么办？党支部李书记召集我们开了个会，决定再打一口井。

选择好井址，我们就动手干了起来。一开始，是泥土层，还比较好挖，我们的进度比较快。当挖到一米多深的时候，困难就来了，下面是花岗岩石。于是，我们就用炸药炸。可那些石头，好像专门和我们作对似的。我们放一炮，把石头清理干净。一看，下面还是石头。再炸，再清，还是石头。挖到三米多深的时候，石头不见减少，水也没有看到一点出来。有一个路过的知青摇着头说："别打了，没有水的。我现在就宣判它的'死刑'，立即停工！"我笑了笑和他打趣说：人家法院判死刑，还两种，一种是立即执行，一种是缓期两年执行。你就缓一缓，等我们再打几天看看吧。他说：不行，再干也是劳民伤财。我们没有理他，继续挖了下去。

过了两天，我们看见石头上有一条缝。有个知青就用钢钎把石缝凿大些些，并在缝里灌满了炸药。爆破后，天已经晚了，我们就回去了。第二天，当我们走到井边，发现里面积了不少水。这一来，我们可高兴了，干劲也大了。我们就乘胜追击，又干了几天，直到把井打好。

事后，我在日记上写了一首顺口溜：

赤日炎炎似火烧，知青抗旱斗志高。
堪哭"死刑"判太早，井水一出乐陶陶。

这首诗写得并不好，但它却反映了当时的真实情形。

在那艰苦行医的日子里

黄福魁 / 通什知青 / 昌江十月田公社

1968 年 9 月，我从海南黎族苗族自治州卫生学校毕业，抱着"党的需要，就是我的志愿"的雄心，服从国家分配，来到昌江县从事农村医疗卫生工作。转眼间，我在昌江工作已整整 38 载，现已临近退休，每当我回首亲身经历的那些艰苦行医的日子，总是心潮起伏，感慨万千……

跨出校门　踏上新征途

1968 年 9 月 11 日，我跨出校门，辞别双亲，满怀喜悦的心情开始走上人生的新征途。13 日下午，我来到昌江县卫生局报到后，第二天上午就赶到十月田公社卫生院报到上班。经院领导和场社管委会（十月田公社和红田农场合并机构）有关领导商定，我和琼台师范学校毕业生、红田农场的符老师被安排在公社招待所住了下来。尽管招待所是一栋刚建成的茅草房，四面透风，又没安装门叶，条件非常简陋，但我总算有了自己的安身之所，也就心满意足了。

1968 年 11 月初，为响应毛主席关于"把医疗卫生工作的重点放到农村去"和"知识青年到农村去接受贫下中农的再教育"的伟大号召，十月田公社和红田农场两家医院决定选派我和辛秀葵、文英兰、梁茂堂、羊洪、张敬雄六位青年医生，到公社辖区的各大队（今为村委会）驻队行医。出发前，场社党委举行欢送大会，参加大会的有场社主要领导和两家医院的全体医务人员。会上，我们下乡的医务人员戴上大红花，坐在大会主席台的前座，场社主要领导和分管领导先后做了动员讲话，使我们倍受鼓舞。

我被安排到十月田公社最偏远的才地大队。才地大队管辖波兰沟、才地、军营三个自然村，当时全大队人口约 600 人。20 世纪 70 年代初的才地大队，是一个尚未开发的处女地,四面环山,几乎与世隔绝。从十月田公社到才地大队有 10 多公里的路程,大部分的路段山连着山,树遮着树,行人抬头都难得见到太阳,走路时生怕树枝、野刺山竹扎到脑袋,不得不弯腰低头探路。这里黄猄、野猪常出没,蚊虫满天飞,当时的才地大队就是这样一个交通闭塞、人迹罕至、疟疾盛行的偏僻黎族村寨。

大队干部很重视我的到来,专门派来一辆牛车为我拉行李及药品器械,在崎岖的小山路上我们艰难跋涉了近两个小时,傍晚时分才到达才地大队的所在地——波兰沟老村。大队干部和村民们早已为我安排好临时住所。

我到才地大队驻队行医的主要任务是:开设大队卫生所,为大队培训赤脚医生和发动、组织群众办农村合作医疗。刚到才地时,大队没有住房和伙房。我便主动找大队干部商量建房事宜,大队党支部书记卢亚岸非常重视与支持,他立即从各村抽调劳力上山砍木料,割茅草,几天工夫,便建成一栋三间房的茅草屋,解决了卫生所的工作用房及我的住房问题。我又亲自动手制作卫生所招牌和简单的办公桌椅、药架。在大家的共同努力下,大队卫生所终于挂牌接诊,从此结束了才地大队无医无药的历史。

根据当地医务人员紧缺的实际,为了帮助大队培养好本地的赤脚医生,我从才地、波兰沟和军营三个自然村中挑选三名既有文化、又热爱卫生工作的年轻人集中到大队卫生所进行短期的业务培训,让他们在跟班实践中学习基本的医疗知识。同时,我和大队干部还动员和组织群众参加农村合作医疗,开始群众不理解,思想有抵触,不愿意参加,经我们反复耐心细致的宣传教育,群众终于认识到合作医疗的好处,积极参加了合作医疗。

当时生活条件十分艰苦,村里没有水井,村前的那条小河沟里的水就是全村人的饮用水。每逢下雨,河沟水混浊,不能饮用,我们只好用水桶去接雨水来煮饭、洗澡、洗衣服,此外还得自己砍柴、煮饭。晚上无论吃饭看书、学习或出诊,照明靠的就是一把手电筒。在文化生活上,大队没有订阅报纸,也没有广播和收音机,更谈不上看电视,电影也是一两个月才看上一次。但我在艰苦单调的生活中也能体会到快乐,每当我在医治急诊病人使他转危为安时,我都感到无比的欣慰;每当村里有人狩猎打到野猪或黄猄时,我吃着香喷喷的野味兴奋的心情实在难以用文字表达。

真情暖人心

1969 年春节,是我参加工作后过的第一个春节。初次远离家门,我时时刻刻都在挂念着远方的父母及家人。但时逢"文化大革命"运动，为了"抓革命，促生产"，县革命委员会要求机关干部一律留在本单位过一个"革命化"的春节。我请假回家探亲一事，被公社革委会分管领导拒绝，除夕夜公社机关住宅区和附近农村不断传来一阵阵热闹的鞭炮声，而我却独自思乡落泪，久久不能入睡。然而人间自有真情在，波兰沟村的卢亚累及家人得知我不被批假回家过年时，特意给我送来糯米和一只鸭。十月田供销社主任魏学福夫妇和饮食店职工陈桂南，在春节期间先后热情地邀请我去他们家做客，这一切无不让身在异乡的我深受感动，在同志们的热心关照下，我安心愉快地在昌江度过第一个"革命化"的春节。

才地大队属于二类疟疾病发区，发病率较高。我刚去才地不久，便患上疟疾病，发冷发热，头部剧烈疼痛，全身骨痛无力，难以入睡。我生病的消息很快就传遍波兰沟村，大队干部和许多群众纷纷赶到卫生所看望我，为我煮粥、烧开水，晚上他们还放心不下，派两名青年人在我房里整整守候一夜，直至天亮才离去。大队干部还派来一辆牛车准备送我去南罗公社卫生院治病，被我婉言谢绝了。第三天上午，大队干部派一名群众步行去南罗公社请来医生为我治病，乡亲们的关心和帮助使我终生难忘。

南隆水库务医忙

1970年，我还是一个单身的小伙子，由于没有家庭负担，在南蛇水库、石碌水库、白山马基地和南隆水库的建设过程中，都由我随公社民工团上工地为民工诊疗，尤其令人难忘的是当年在南隆水库工地上的事。

南隆水库建于1970年5月，位于红卫公社（现七叉镇）境内。那年5月，我随十月田公社民工团开赴南隆水库工地，为民工提供医疗服务。当时全县的民工集聚在此建设水库，人多地方拥挤，加上卫生管理不善，民工住房四周约一公里范围内，到处都是人的粪便，臭气熏天，苍蝇蚊虫满天飞。由于环境卫生脏、乱、差，加上气候炎热，工作艰苦，许多民工都病倒了，严重地影响了水库工程进度。为了尽快治愈病倒的民工，保证工程按时完工，各公社民工团的医务人员废寝忘食，夜以继日，不辞劳苦地忘我工作。尤其是每天收工和晚上休息时，是医务人员最忙碌的时候，来求医者大多数是感冒、咳嗽、发热、腹痛腹泻和各种外伤，病人多时我们连吃饭都无暇顾及。而水库指挥部医务室药品供应不足，一些本可以就地治疗的病人，因缺药而不得不上县医院医治。

有一天，一名姓兰的民工，被怀疑患胆道症，但工地上没药治疗，我们只好决定将其送到县医院。由于没有开通石碌至南隆水库的班车，只能等运材料的货车，一连等了两天仍然没有货车往返，眼看病人病情日趋加重，着急无奈之下，我只好护送病人步行一个多小时到达较近的红卫公社卫生院治疗。事后，每当老兰见到我，总是竖起拇指对我说"好医生"。

首次接生，产妇转危为安

1970年下半年的一天下午，驻好清大队医生辛秀葵从十月田部队打来电话，称椰子村有一位产妇难产，病情危急，如果要送往县医院救治恐来不及，请求我院速派医生前往抢救，院领导王日富派我立即前往椰子村。起初我考虑到自己从来没搞过接生，尤其是难产的接生，而且辛医生是中山医学院毕业的大学生，她都处理不了，我这个刚参加工作不久的中专生，能行吗？在院领导的再三催促下，我只好骑着自行车出发了。当我赶到产妇家时，产妇因产程长，失血过多而面色苍白，口唇发绀，血压和脉搏几乎无法测定，处于半昏迷状态，胎儿早已死亡，而且躯干和四肢已娩出，但死婴的头部仍然被死死地卡在产妇的骨盆里，任凭接生员抓住死婴的双脚使劲地往外拉，死婴头部仍然无法娩出。产妇家人已伤心绝望放声哭泣，开始准备后事。此时辛医生已去十月田部队联系派车，准备送产妇到县人民医院抢救。情况危急，事不宜迟，我二话没说便先抢救产妇，经过抢救，产妇开始苏醒，我又着手处理死婴的娩出。从外表看来，当时死婴的胸腹部及四肢方向朝上，据此推理，死婴的面额部也应该是向上，不至于难产。可是死婴的四肢早已娩出，为何头部却迟迟不能娩出？我认真检查后，才发现原来停留在产妇体内死婴的面额部方向朝下，完全和已经娩出产妇体外死婴的胸腹体位相反，致使死婴的下颌部被紧紧卡在产妇的耻骨弓下，因此即使是将死婴使劲地往外拉，他的头部也无法娩出。找到问题症结后，我立即采取相应抢救措施，终于使死婴的头部顺利娩出，产妇转危为安。

勤俭建院

20世纪70年代初，十月田公社卫生院仅有一栋不足90平方米的门诊业务用房（瓦房），开设诊室、注射、药房几个简易科室，远不能满足业务的需要和群众的需求。大多数职工因单位没有住房而分散居住在其他单位。

1971年11月，我担任公社卫生院院长，为解决业务用房和职工住房紧缺问题，我发动和组织年轻职工、赤脚医生十多人打起背包上山砍木料。院三名领导成员除留一名在家抓业务工作外，我和另一名院领导带队上山安营扎寨砍伐木料，经过半个月的艰苦奋战，我们终于解决门诊业务用房、职工宿舍和职工伙房所需的角板、桁条和门窗等木料。接着我又组织全院职工动手拆除旧门诊病房，清理和平整地基。在上级有关部门的支持下，我院经过一年多的努力，1973年初，终于先后建成一栋面积约120平方米的门诊业务用房，两栋面积180平方米的职工宿舍和一栋96平方米的职工伙房（瓦房），基本上解决了医院业务用房、职工住房和伙房的紧缺问题，为医务人员创造了良好的工作与生活环境，并为国家节约一笔建设资金，当年医院被县政府评为"县科教系统勤俭建院先进单位"。

我和"黑五类"交友

二十世纪六七十年代，在"文化大革命"运动中，人们被划分为"红五类"和"黑五类"。那时十月田公社卫生院有医务人员12人，地主、资本家、旧官吏家庭出身的子女和反革命劳改犯的家属以及旧军医人员占一半以上，他们当中大部分是医疗技术骨干，但他们在社会上却被孤立，受到排挤，严重地打击了他们工作的积极性。身为院长，我根据当时党的政策关于"讲成分，但不唯成分论，重在个人政治表现"和"既往不咎"的要求，对待全院的医务人员，只看他们工作表现好坏，没有"红五类"和"黑五类"之分。我经常组织全体医务人员一起学习业务与讨论病例，一起下乡开展巡回医疗。每逢重大节日，我都要发动和鼓励医务人员写稿，出版墙报，一起欢度佳节。在评选先进工作者时，不受家庭及个人出身条件限制，而是根据他们的政治、工作表现来评定。如广州市儿童医院下放到十月田卫生院的肖伟坚护士长，虽然是劳改释放人员的家属，但工作积极，被评为"海南黎族苗族自治州卫生系统先进工作者"，并出席了自治州卫生系统先进单位、个人表彰大会。

我经常主动与"黑五类"们促膝谈心，消除他们的思想顾虑，调动其积极性。刘家炳医生是福建人，旧军医出身，曾经在政治运动中受到打击，他的性格变得胆小孤僻，情绪低落。我便经常和他谈心，鼓励他放下思想包袱，振作精神投入工作，后来刘医生因工作表现出色多次被评为海南行政区、海南黎族苗族自治州和县卫生系统先进个人。

对院内一些不利于团结的言论和行为，我及时给予严厉批评，不断地加强全院同志之间的团结合作。谢多祥医生是湖南人，出身旧官吏家庭，中山医学院毕业，他母亲来昌江探亲期间结核病发作，我批准开两盒链霉素针水（当时属紧缺分配药品）给他母亲治病。可是院里有同志公开说："链霉素针水是分配给贫下中农使用的，'黑五类'没有权利占用。"同时把这件事上纲上线，把我说成是"政治思想觉悟低，敌我不分"，并警告我"如不收回链霉素针水，就去驻十月田公社'斗批改'工作团告发"。我当时就对这位同志进行了批评教育，耐心地向他说明党的政策以及团结的重要性，使他心服口服。

病孩出事　医生被打

1977年8月的一天晚上，十月田公社王炸村的一位中年男子抱着一个约五岁的生病男孩匆忙来医院就诊。当时病孩全身发紫，病情危急，我和谢多祥医生立即采用急救药物和施行口对口人工呼吸的方法，谢医生还对垂危病孩采取"心脏按压"等措施进行抢救。但没有输氧条件无法给病孩输氧，孩子终因抢救无效而死亡。此时病儿父亲目睹自己的孩子死去，医疗知识的无知加上伤心欲绝，便把怒气发到我们身上，硬说是谢医生掐死了孩子，火冒三丈地拿起手电筒朝着谢医生的额头便打，谢医生顿时被打得头破血流，无可奈何地站在一旁任由家长漫骂。我急忙拦住中年男子，耐心地对他说："你的孩子是在抢救无效的情况下死去的，并非医生掐死，医生的天职是救死扶伤，何况谢医生和你无冤无仇，他怎么会忍心掐死你的孩子呢？"我满以为这样的解释会把他说服，谁知他竟然板着面孔大声地责问我："你同情坏人，不同情我们贫下中农，你是什么院长？"我当时清醒地意识到，如果不能把他说服，当晚的医疗纠纷将无法收场。我又平心静气地安慰他说："孩子已死，是件令人悲痛的事，我们深表同情。但自古人死不能复活，请你还是先处理孩子的后事，你如有意见，可向上级反映，我们听候组织查处。"此话果然见效，孩子父亲不再吭声，终于抱着死去的孩子离院回家去。此时，我和谢医生才松了一口气，以为此事已平息，便放心回宿舍休息。谁知第二天一早，孩子的父亲不仅跑到公社党委那里告我们，还到卫生院大闹一场，扬言要把死尸搬到卫生院门诊室或谢医生宿舍停放。迫于眼前的形势，谢医生无奈到县城同学家躲避。但死者家属并不因此罢休，在事发后的第三天，孩子的父亲又跑到县里大闹一番，一直不肯将孩子入土安葬。后经县卫生局、公社党委的有关领导出面调解及县人民医院的郑人华、韩宗元、欧先煜等医生的解释说明，死者家属才逐渐平静下来并将停放多天的孩子尸体安葬，一场持续七昼夜的医疗风波终于平息下来。

开展全民性抗疟工作

1979 年 1 月，我调任沙田公社（后改为大坡公社、太坡镇、石碌镇）卫生院院长。沙田公社和十月田公社都是黎族聚居地，疟疾病的发病率较高，属于中疟区（二类疟区）。为保障少数民族地区群众的身体健康，从 20 世纪 60 年代起，昌江县6 个少数民族公社每年都要开展全民性的春、秋两季抗疟工作。每次开展抗疟工作，由县卫生局、防疫站和公社卫生院抽调医务人员组成"抗疟工作队"，卫生局局长、防疫站站长和卫生院院长都亲自带队，组织宣传与指导抗疟工作。

开展全民抗疟的具体做法：一是"抗疟工作队"每到一个公社，就从各自然村中抽调人员组成"药物喷洒队"，逐村逐户地进行药物喷洒消灭病原体。当时采用"六六六"粉喷洒灭疟，80 年代后又改用"六六六"粉加"滴滴涕"，药物喷洒的目的是消灭微小按蚊和大劣按蚊以及臭虫，以消除疟疾病的传染途径与传染源。喷洒的范围是农户住房的屋内墙壁及门后、床底等角落处。二是在 6 个少数民族公社分别进行全民或重点村庄人群口服"伯喹"加"乙胺嘧啶"，后改为口服"氯喹（或喹哌）"加"伯喹"进行预防。三是对平时上山过夜人员和外来流动人口进行造册登记，逐一采血化验，并根据化验结果进行服药治疗或预防。四是对门诊发热病人进行采血化验，化验结果为阳性者，要进行常规治疗。

经过全县上下多年的艰苦奋战，疟疾发病率明显下降，广大群众的健康得到进一步保障。

调配碘盐遭恐吓

20 世纪 80 年代初期，昌江尚未推广全民食用碘盐，居民和农户大都食用原（生）盐。由于长期缺碘，群众甲状腺病的发病率较高。为预防甲状腺病，确保广大人民群众的身体健康，昌江县在全民中开展调配碘盐工作。但由于当时群众医疗卫生知识匮乏，对碘盐的作用认识不高，且调配后的食盐有些异味，许多群众不容易接受，工作难度较大。为此，县、公社、大队分别召开各种会议进行广泛深入的宣传，提高广大群众主动接受调配碘盐的自觉性，以保证这项工作顺利进行。县防疫站和各公社卫生院抽调一大批医务人员下乡全力投入此项工作，县卫生局颜启瑞副局长被指派到大坡公社负责指导工作。当时我是大坡卫生院院长，我们在片石村开展碘盐调配工作时，遇上一位姓刘的农户，虽然我们反复解释，他仍然不让我们调配碘盐。颜副局长见软的不行，便采取硬的手段，亲自动手把他家的食盐取下，正准备调配碘盐时，却被他把食盐强抢回去，颜副局长不甘心，又把食盐取下，他却再次从颜副局长手中把食盐抢回去，并恶狠狠地说："你不要再动我的盐，再动我就打你。"见此情形我们只好作罢。尽管如此，在整个调配碘盐工作中，绝大多数农户通过我们的宣传和教育，还是支持和配合我们把这项工作顺利进行下去。

时间的长河滔滔远去，38年弹指一挥间。38年来，我先后在十月田公社卫生院、太坡镇卫生院、县卫生局、县保健站等单位工作。为了群众的身体健康，我和同事们不辞劳苦，经常跋山涉水，走村串户，积极开展巡回医疗，足迹遍布昌江的山山水水。我的妻子王秀梅医师，琼中县黎母山镇人，在昌江从事医务工作至今也已30多年。我们夫妇俩把自己人生最美好的青春年华，毫无保留地奉献给了昌江人民，我们和昌江结下不解之缘，昌江成为我们的第二个故乡！

农民儿子接受"再教育"

马仲川 / 昌江知青 / 昌江乌烈峨沟

　　知青生活早已成了一段尘封的历史往事，今天重新翻开它，我百感交集，一时酸甜苦辣涌上心头。

　　20 世纪 60 年代，席卷中国大地的轰轰烈烈的知识青年上山下乡运动像一股浩浩荡荡的洪流，伴着喧天的锣鼓和猎猎的红旗，涌向边疆和海岛，涌向广阔的草原牧场和乡村……而洪流的激起，源于一个伟大的声音："知识青年到农村去，接受贫下中农再教育，很有必要。"——这是 1967 年，伟大领袖毛主席向全国发出的号召。在这一号召的鼓舞下，便有了一场史无前例的知识青年上山下乡运动。

　　作为当年知青的一员，我如实记录下这段知青生活，或许能引发人们对历史的一些追溯。

吃"忆苦餐"，听老贫农讲家史

　　1968 年 12 月，我从昌江中学初中毕业后被安置到乌烈公社峨沟大队第三生产队插队，成了一名下乡知青，时年 17 岁。我出生在农村，原本是一个地地道道的农民的儿子，进城读了几年书，"一年土，二年洋，三年不知爹和娘，四年不想回家乡"，按当时流行的说法，这叫"忘本忘根"变修思想。响应毛主席的号召，下乡接受贫下中农再教育，来一番"不脱胎、也要换骨"的思想改造，看来十分及时，也十分必要。

　　和我一同下乡插队的还有 7 个伙伴，3 女 4 男，他们都是城里的孩子。为了便于管理，队里让我们成立一个知青小组，队长指定女知青符曼菊当组长，我当副组长，共同管理我们知青日常的劳动、学习和生活。

　　峨沟是个小山村，但交通还算便利，县内公路主干线石碌至昌化、海尾、南罗的公路就从村前经过，村子离公社所在地仅 3 公里，距县城石碌 30 公里左右。

下乡头两天，天气寒冷，一出门就冷得直打哆嗦。老队长说，天寒地冻的，城里的孩子娇嫩，就不要急着下地干活了。大队书记说，不要忘了我们的重任，知识青年接受再教育，一刻也不能放松，要组织他们开展一些有意义的教育活动。于是，头天晚上，队里便让我们吃"忆苦餐"。所谓"忆苦餐"，就是地瓜叶配小地瓜一锅煮，形状和味道如同猪槽里的猪食；老队长和老贫农代表给我们每人盛了一小碗，当然他们也不例外。老队长端着碗对我们说："吃吧，孩子们，这就是旧社会我们穷苦人闹饥荒时吃的'活命餐'。"我们听了，心情一下沉重起来。老队长吃了，老贫农代表也吃了，我们面面相觑，举起筷子犹豫了片刻，便闭上眼睛大口大口地吞咽起来，直到把碗里的"忆苦餐"吃得一干二净，老队长和老贫农代表看了，长长地松了一口气。

接下来，由老贫农代表给我们讲家史。老贫农代表叫符天豪，年近六旬，身板硬朗，说话嗓门粗，额头上那刀刻般的皱纹，记录着他饱经风霜的人生。老人向我们讲述他的身世：世代贫农，幼年失去双亲，孤苦伶仃，靠吃百家饭长大。他 13 岁就给地主打长工，忍饥挨饿，衣不蔽体，还常常遭工头的毒打，过着非人的生活。是共产党、毛主席把他从苦海里拯救出来，后来成了家，过上了幸福的新生活。老贫农符天豪声泪俱下地讲，我们满怀感情地听，场面肃静，气氛凝重，讲的人和听的人心儿很快就连到了一块。

这是我们知青下乡接受贫下中农再教育的第一课，终生难忘。

当晚，我在灯下飞快地写下日记，把吃"忆苦餐"和听老贫农讲家史的感受都记了下来。我在日记中写道：旧社会天下穷人为什么受苦？因为头上压着"三座大山"；今天为啥过上幸福的生活？因为穷苦人翻身当家做了主人！末了，我满怀深情地写下了一首小诗：

苦餐忆苦不忘本，
苦根苦藤苦相连；
无权受苦苦无边，
有权幸福万万年！

无上荣光

峨沟大队有 3 个生产队，每个生产队都拥有上千亩的水田和坡地，而且田肥地沃，只要风调雨顺就一定获得大丰收。1967 年，峨沟人创造了奇迹——粮食亩产超千斤! 成了昌江县农业学大寨的一面红旗。峨沟大队党支部书记何胜春光荣地出席了广东省农业学大寨表彰大会, 扛回一面"农业学大寨先进单位"锦旗, 悬挂在大队部会议室"荣誉栏"正中。

我们知青接受再教育的第二课, 就从这个荣誉开始: 第二天上午, 在何胜春书记的引领下, 我们首先参观了大队部的"荣誉栏", 听书记讲述峨沟人学大寨战天斗地、夺取粮食生产大丰收、山山水水听安排的英雄业绩。接下来参观村前大寨式样板田和公路边的千亩高产田, 以及我们第三生产队的砖瓦厂和菜园子。整整一个上午, 何胜春书记一路引领, 一路介绍, 我们知青一路看, 一路听, 心情激动, 热血沸腾。我突然觉得, 社会主义新农村天也新, 地也新, 处处一片新面貌。我们8名知青能够来到这个光荣的小山村, 接受贫下中农再教育, 与广大贫下中农一起战天斗地, 我们感到无上荣光!

过劳动关

知青下乡插队, 每人都要过劳动关。开春后, 老队长派工, 把我和另外两名女知青安排到生产队菜园种菜。

菜园挨着小河边, 总共30亩。小河流水, 菜地一片碧绿。菜园里有两位老农指导我们种菜, 劳动强度不算大, 但每天要挑几十担水浇菜地, 还要给菜苗除草、松土、施肥, 一天下来也累得人腰酸背疼的。当时我们最怕的一项劳动是给蔬菜施肥, 因为得挑人粪。菜园离村三里地, 公厕就在村西口, 隔三岔五, 就得有人到村西口公厕挑人粪。我身为知青小组副组长, 我不带头谁带头? 于是, 进菜园的第二天, 我便挑起便桶去掏人粪。农村厕所没有自来水冲洗, 要挑水一桶一桶往便坑里冲洗大便。每冲一次, 臭气冲天, 绿头蝇和蚊子嗡嗡飞舞, 直往人的身上、脸上乱扑, 戴上三层口罩也无济于事。我什么也没有戴, 强忍着默默地干, 直到从厕所的粪池里打捞上满满的一担人粪, 挑起就走。可没走多远, 就感到肩头的担子越来越沉, 脚步也跌跌撞撞, 没有规则。我在路边放下担子, 歇歇气。恰巧这时迎面走来几位青年农民, 看见路边放着满满一担人粪, 捂着鼻子快步冲了过去。我就这样走走停停, 三里地歇了六次, 好不容易才把人粪挑回菜地。

晚上, 队里评工记分, 老队长提议给我当天的劳动记12分, 这是队里强劳力一天最高的工分。

我在菜园干了两个月, 很快就上手, 从起菜畦、播菜籽, 到移秧栽种、搭棚上架、嫁接苗种, 样样熟练。

一天，老队长到菜园找我，对我说："你在菜园干得不错，但眼下正是春耕大忙季节，队里正缺男劳力，你就跟我下田吧。"我听从队长的安排，第二天一早，我扛起犁耙下田。男人下田，一是犁二是耙，犁田要深浅适度，犁开的泥土要层层翻盖，连成一片；耙田也是有讲究的，当地人叫"办田"。有经验的老农，铁耙办了四五轮，只见田里荡起一层浅浅的泥水，一脚踩下去，松软松软的，就可以插秧了。这叫深耕细作，我是在老农手把手的扶教下，才学会犁田和耙田的。如今回想起来，觉得这些农活里还是大有学问的。

参加路线教育工作队

1969年3月的一天，我正在田间和社员锄草，老队长派人捎话让我回大队部。我赶回大队部见到了大队书记何胜春，他让我准备一下，明天赶到公社报到，参加公社路线教育工作队。

次日早上，我提着行李赶到乌烈公社革委会办公室报到，公社革委会主任陈献侃见到我，很认真地对我说："小马，你是我们路线教育工作队唯一的知青代表，好好干。"我点点头。后来我才知道，路线教育工作队由县派干部和本公社有代表性的人员组成，主要任务是在农村开展现阶段党的基本路线教育，提高广大社员群众政治思想觉悟，坚定不移地执行毛主席无产阶级革命路线，批判肃清资本主义思想，坚持农业学大寨，坚持社会主义道路。任务重大，要求也高，我能成为其中的一员，完全由于我的知青身份。据说成立路线教育工作队时，公社革委会提出要一名知青代表参加锻炼，以便重点培养。峨沟大队是县里首批知青点之一，大队书记和老队长商量后，将我的名字报上。

路线教育工作队共24人，经过一天时间的动员和学习，分成8个小组，先后下到本公社所属的8个大队。我跟随公社革委会主任陈献侃和县上一位干部组成一个小组，进驻姜园大队。

"火车跑得快，全靠车头带。"姜园大队班子涣散，闹不团结，老、中、青干部坐不到一块。这样的班子怎能带领广大社员群众一心奔社会主义大道？经过调查摸底后，我们工作队着手对大队领导班子进行整改：该上的上，该下的下，该结合的结合，不结合的靠边站。整改工作快刀斩乱麻，3天之内新的领导班子产生了。新班子成员在我们工作组的领导下，采取抓点包干的办法，5个班子成员分头下到5个生产队，组织社员群众认真学习毛主席关于无产阶级专政的理论学说，批判封、资、修、黑，联系本地实际，抓革命，促生产，发扬大寨人艰苦奋斗的精神，多打粮食，多做贡献，支援世界革命。一时间，姜园大队革命形势一片大好：大学习、大批判如火如荼；早造生产赶插赶播；抗旱保苗声势浩大，万亩田洋人如潮歌如海，"抗旱抗到天低头，大旱夺取大丰收""人定胜天，丰收在望"等巨幅标语随处可见。

驻队这些日子，我主要当联络员，在5个生产队之间来回跑，了解情况，及时整理出领导需要的材料，并按时向公社和县里报送。我们工作组报送的材料，先后有3篇上了县里的简报。

6月上旬，公社路线教育工作队全线收队，我回到了峨沟村。

口粮减 10 斤

回村的第二天，我向老队长和大队书记郑重其事地递上我参加公社路线教育工作队的表现鉴定。大队书记看了，点点头对我说："表现不错。"老队长不识字，不语。

老队长拉着我的手，说一起去看看田里的禾稻。时值盛夏，正是响午时分，赤日炎炎。我们到路边的高产片田一看，举目所至，一片焦黄！不用说，今年早造全队因为大旱几乎失收了！老队长什么话也不说，伸手从衣袋里摸出一支皱巴巴的大钟牌香烟，点燃后抽了一口，然后递给我。许久，老队长说："队里要吃返销粮了，你们知青每人口粮减 10 斤。"

果然，从当年7月份开始，我们知青口粮定量从原来的每人每月40斤减为30斤，直到晚稻收割后，12月份才恢复补足。我们生产队里有 12 户社员吃了返销粮。全大队有多少户社员吃返销粮，我不知道，我一直纳闷：上一年峨沟大队才刚刚创造粮食亩产超千斤的奇迹，怎么才过了一年多的时间，就向国家伸手要粮了呢？峨沟的山山水水为什么不听安排？这大寨红旗到底能扛多久？40多年过去了，这个谜团我还是没有真正解开。

回城的路有多长

20世纪60年代初，毛主席为勉励下乡知青董加耕、邢燕子，题写下了"农村是一个广阔的天地，在那里是可以大有作为的"金灿灿的话语。董加耕和邢燕子不负领袖的殷切期望，真的在农村安下了家，扎下了根，并干出了一番轰轰烈烈的伟大事业，成了当时全国青年学习的好榜样。

相比之下，我们羞愧难当。想当初，在县城石碌敲锣打鼓隆重欢送我们首批知青光荣下乡，我们怀揣《毛主席语录》，满怀豪情表忠心：广阔天地炼红心，扎根农村干革命！如今下乡不到两年，便觉岁月难挨，度日如年。知青中开始有人偷偷唱"我的家在美丽的城南，那里有我可爱的姑娘……"，唱着唱着竟掉下了眼泪，有人还时不时地朝着一个方向，大声宣泄一句："我们回城的路有多长？"

知青们每天出工忙农活，一年四季忙不完，生活单调，饮食恶劣，今天完全是昨天的重复。这不叫生活，这叫活着，而且活得很累！伙伴中有人思想开始动摇，有人想家，想回城。于是三天两头有人请病假事假，不停地往石碌或别的什么地方跑，一走就是十天半个月。我这个知青副组长是管不了的，也不想管，因为我也开始动摇了，坦白地说，我压根儿就不想在农村待一辈子，尽管我是农民的儿子。

老队长和大队书记经常来我们知青住处，嘘寒问暖，和我们聊天拉家常，还鼓励我们拿出勇气，克服眼前的困难，安下心来。平心而论，峨沟的贫下中农对我们是关怀备至、关爱有加的，很多老农都把我们当作他们自己的亲生儿女看待。逢年过节，队里的老农都争着把我们拉到家里，杀鸡宰羊，围着圆桌，吃团圆饭，席间洋溢的那份情和爱，不是亲骨肉，胜似亲骨肉。老农们这份纯朴的感情在我的心里，一直珍藏到今天。

1971年10月，我作为海南知青业余作者代表光荣出席广东省文艺创作座谈会，住在广州爱群大厦。从山沟沟一下来到繁华的广州城，我激动得一宿没睡好觉。我向大会递交了我的代表作《红心金谷》，这是当年我被县宣传站推荐参加海南黎族苗族自治州业余文艺创作班时创作的。在此之前，我曾作为峨沟大队知青代表两次参加过县里举办的业余文艺创作班，主讲老师是宣传站文艺干事陈家孝和县文艺宣传队创作员李正民。

广州文艺创作座谈会归来，县宣传站陈家孝告诉我一个意想不到的好消息：我被县里招工回城！他叫我赶快到县知青办和县劳动局办理有关手续。我赶到县知青办和劳动局办理了手续，随后乘车匆匆赶回峨沟。

老队长和队里的社员都为我高兴，同批招工回城的还有3个知青伙伴。当天，老队长发话：下午宰3只小羊，好好欢送我们的知青！鲜嫩的白斩羊肉，浓香的米酒、地瓜酒，摆满了三大桌。大队书记来了，队委会代表来了，老中青贫农代表也来了，欢声笑语，热闹非凡。我坐在老队长身旁，他不劝酒，却总是不停地往我的碗里夹羊肉。吃着吃着，我突然觉得咽不下了，我放下筷子。老队长看在眼里，低声对我说："孩子，能走就好。下乡这三年，让你们受苦了。"我把脸转过去，顿觉泪水模糊……

三个知青伙伴第二天一早就离村回县城了。我最后一个起程，老队长把我送到村口的汽车上落站旁，什么话也没有说，转身就走了。开往石碌的过路班车停下，我提起行李，回首望望村子，登上了班车……

忆琼中高田农场知青往事

周红 / 琼中知青 / 琼中营根

1976 年我 15 岁。记得在高中二年级的语文课中，有一篇很好的诗，我还记忆犹新："初秋的朝霞啊红似火，我们肩负着阶级委托，来到曾江中学上第一课。我们上的第一课呀，不是窗明几净的课堂，而是乱草丛丛的山岭。"也许是对这首诗的好奇，当往届知青到学校来做了激情昂扬的报告，我深受鼓舞，高中一毕业，不顾母亲的反对就和班里的同学一起下乡到琼中县营根公社农场（高田场）当知青。

地震房与大通铺

1976 年 8 月 26 日，我们七六届高中毕业生和一些初中毕业生还有 3 个大学生共 38 人，坐上琼中县知青办的两辆大卡车就去了高田农场。出发前知青办给我们每人发一个手电筒、一个热水壶、一顶帽子，那顶帽子上还印着"务农光荣"四个字。那时候我们都很满足，脸上带着笑容，一路欢笑到了农场。一到农场，一场短暂的欢迎仪式后，队里给我们分配宿舍，新来的知青都被安排到"地震房"。所谓的"地震房"就是发生了唐山大地震后，农场搭建的防震房，也就是几根木柱子和山竹子拼起的墙，屋顶是山棕榈叶盖的房顶。晚上，山风吹过来，竹墙就哗啦啦地响，月光透过棕榈叶斑驳地射进屋子，还有屋外各种虫鸟唧唧啾啾的合鸣，让人不由得想起各种鬼怪来，产生怯意。我胆子大，一进屋就抢着里面的床位铺开被子，有几个女生看到这样的环境，满腔热情就受到打击了，行李、被子都没打开，当晚，就有胆子小的女生害怕得哭了。就这样，我们 8 个女同学就挤在 1 间大房间里的通铺上，开始了难忘的知青生活。

选队长

在农场里，每天都要干农活，我一是年纪较小，二是胆大皮厚，经常偷懒。刚当知青不久，要选知青队长，当时有几个知青表现非常积极，思想追求上进。其中有个女知青刘元英，她比我大几岁，我们都叫她英姐，她干活很积极，也很活跃，很有希望当选队长。开会的时候我就想，我不想选一个敢管敢抓的队长，最好是一个不太敢管我的。于是想到一个从太平公社来的男知青，叫什么名字记不住了，他平时很腼腆，特别是一跟女生说话就脸红，这样内向的人肯定管不住我们的，我就想着要是他当队长多好。那时候的人们都比较矜持，虽然有能力，也想当队长，但都不好意思推荐自己。大家还在犹豫不决的时候，我抢先机，第一个推荐了那位男生，并在下面搞小动作，示意跟我关系好的知青都起来响应，其他人也就不好反对，就这样，选他做了队长。后来证明，他真的管不动我，我如愿地在干活的时候时常浑水摸鱼。后来回想，当时英姐他们会不会对我恨得咬牙呀？

砍立方

记得农场为了增加收入，时常让我们去搞副业，最常做的就是上山砍柴，每人每天要砍一立方木柴，大伙都叫砍立方。每逢砍立方时，知青们都是几个人合伙搭队一起砍，那些年龄大些的女知青都有人帮，只有我和春花是最小的知青，力气小，干活又慢又笨，没有人肯跟我俩搭队，只能我俩搭伙自己砍。那时候是砍完立方还要挑下山交任务。我们俩个子小力气也小，干活也没技巧，每次双手很快就磨出泡了，戳破了就流着血水，很痛。有时痛得实在砍不动了，只能坐着哭。想想那时候我俩真是可怜。还有一次，在过河时遇上山洪暴发，把春花冲走了，吓得我惊慌失措，还是有经验的老职工赶到把她救起来。吓得我们好久都还惊魂不定。

虽然干活的时候谁都有点小私心，但一有事故发生，知青们还是很团结友爱的。记得有一次朱宁不小心砍到自己的脚，流血不止，在山上知青们就地取材搭起了担架，一直抬着他赶到十多公里外的县医院救治。还有邓琼，有天晚上她肚子痛得厉害，也是知青用自制的担架把她从农场抬去县医院的。

水和锅巴

在农场时都是知青轮着做饭的。相较于干农活,做饭对于我来说要轻松得多,所以天天盼着轮着我做饭的日子。虽然做饭的活说起来也不少,也有体力活,比如挑水、劈柴等,但是我就是愿意做。那时候没有自来水,我们的生活用水都要到水井去挑。挑水的木桶是农场的信宜老职工提供的木桶,很大,绑着绳子,其他人都是一担水挑回来,我半桶都挑不起来。只能和春花俩人合着抬,抬水也很费力,每次满满的一桶水让我们磕磕碰碰地抬回来,往往剩不到半桶。当时水对我来说是多么来之不易!那时候知青们干活回来,一般是要洗手洗脚的,为了防止他们到厨房来舀水,在他们下工回来时都把厨房门关住,不让人进来。要洗碗也是我亲自舀水给他们,怕他们顺便用我抬的水洗手洗脚。知青们自己要用水,就自己到小溪去提。

那时煮饭最大的好处是有锅巴吃。因为是用大铁锅煮的饭,把饭打出来后,锅底都会留下一层锅巴。那时候粮食缺少,也没有什么零食,锅巴对于我们来说,是美味零食,特别是趁着锅巴还热的时候,抹上点猪油,咬起来又香又脆,光闻着口水都要流出来了。当时干活体力消耗又大,知青又都是青年人,饿得快。所以一些离得很近的男知青活干到一半就跑回来问饭熟了没,饭熟了就有锅巴吃了。刚开始我都是给他们吃,后来琢磨着这些锅巴是好东西,必须要充分利用。想到我和春花俩人抬水那么辛苦,如果有人帮我们提水就好了,俩人一合计,决定用锅巴换水。如有人想吃锅巴,要提水来换。我把锅巴分成大块、小块,规定挑一担水来就给一大块,担一桶水来就给一小块。虽然他们对我的做法小有不满,都说周红这小丫头鬼点子这么多,但挑水或提水对于那些男知青不过举手之劳,为了吃到锅巴,他们也乐意用水来换。

坝上坝下的风波

当时在农场不远外有条小溪,溪水非常的干净,所以我们都是去那边洗澡。男女知青都去,那时溪边低矮的灌木丛很茂盛,大家都约定成俗,把小溪流分为坝上和坝下,男女各占一方,互不干扰。但是谁都想在坝上洗,谁动作快就可以占到坝上,慢的只能在坝下了。一开始的时候下工了大家都是回到宿舍,放好劳动工具再拿着换洗衣服去溪边。这样男知青总是比女知青快一步。后来,我们女知青就一起商量,不要先回宿舍再去占位置,决定由一个人先去占位置,其他人回去再帮她拿衣服。那时我年纪小，动作敏捷，跑得快，最后这个光荣而艰巨的任务就落到我身上了。年纪小的好处就是胆子大，啥也不怕，傍晚一放工我就把锄头一丢让别人帮我拿，就嗖嗖地跑去河边抢先跳溪里开始洗澡。那些男知青们来得晚了没办法只得去坝下洗。这样多次后，男知青们都气得牙痒痒的，都骂我说：周红是个男人婆，半男女。我也不在乎。后来他们生起气来，干脆把小溪上游周围的灌木、芦草都砍光了。没有树木、草丛遮挡，女知青们都不好意思在那洗澡换衣服了，只好让出坝上，到坝下去洗了。

改善生活的趣事

高田农场虽说是农场，但跟农村一样，我们的知青户口都是农村户口，我们算是插队吧。我们跟县农场不一样，他们的生活条件都比我们好，我们跟农村一样都是记工分的，但记工分是没有工资的，过年的时候再结算，往往结算的结果都超支，意思就是每天干的活都不够我们吃饭的钱。在农场总没钱，只好向家里要。那个年代，物资都很紧缺，生活都很困难，粮食什么的都是用票去换的，肉也是很久才能吃上一次，那时候，只要是有油的，我们都吃得特别的香。

在农场的生活虽然苦了点，但是也苦中有乐。也就是吃两碗饭，自己种的菜，到周末不上班的时候就回家吃点咸鱼仔和豆腐乳。最期待的是县流动电影放映队来放电影，因为电影队一来，场里就要杀牛杀猪来招待，同时也是我们大伙改善伙食的时候。

有时馋极了，那些男知青就花样百出地找吃的，我们场在山里，山里资源丰富，鸟类多，男知青就经常出去打小鸟，有时也叫我跟他们去拾鸟。我们满大山地转，有时甚至走到黎母山上去打，打到鸟后有时就地在山上烤来吃，有时拿回来大伙一起分享。

那时农场里还养着一群黑山羊，农场一般都不舍得杀，要留着发展。知青们实在饿得没办法就放狗去赶羊，羊被狗咬死或咬伤了，场里只能杀了，然后全场职工就可以美餐一顿，这在知青里是个公开的秘密。

最兴奋的是每到过年过节的时候场里要杀牛分肉，这对我们来说是多么喜庆的日子。在我们来之前，农场就在山上放养一群黄牛，听说有很多头，具体多少头谁也说不准。杀牛都是在山上杀，完了再把牛肉挑回来。从场里到放养牛的地方路程很远，来回就需要一天的时间。但知青们都不畏山高路远，都争着要去挑牛肉。那时候的做法是宰完牛在山上就地把内脏煮吃了，新鲜的牛肉无论是烤还是煮吃起来都很甜美，吃完再把牛肉抬回来，这是额外的福利，谁都想去，多辛苦都不怕。后来场里就排号决定轮流去抬，每人每年总可以轮着去一两回。

我在高田农场当知青一直到1978年，县知青办就把我们转到县办的南丰农场。到现在，我都很怀念在高田农场当知青的时光，怀念那段虽艰苦但快乐的日子。

（本文由周红讲述，琼中县政协文史委主任王雪英整理）

白沙青年农场知青旧事拾忆

陈少雄 / 白沙知青 / 白沙青年农场

我是 1973 年 10 月 10 日高中毕业后，随着上山下乡的浪潮，来到白沙县知识青年农场劳动。那时农场有三个连队，我是被分到二连一排任排长，1976 年 7 月，离开农场，结束了知青岁月。

被砸的反动分子不能抬头

乍到农场，恰好连队文书被抽调到县文艺宣传队参加培训，文书一职空缺着。连队一时找不到人，我原在学校学生会宣传部当过总干事，为此，就指定我暂时兼任文书。当时的文书工作较多，除了负责连队的文字工作外，每个星期还要出一期板报（黑板报）。我是排长，主要的工作是带领全排（当时称"前线排"）四十多人种植橡胶、香茅，烧石灰等，连队出于生产工作的考虑，只安排每月出两期板报。

虽说我出过板报，但那是依样画葫芦，美术字打个方格算能写出个模样，没有画画基础，只能参考报刊再创作。当时的板报头版，我用广告粉画个拳头往下砸，被砸中腰部的反动分子，抬起头来哇哇叫，我的想法是，打反动分子，应该打在要害的腰部，让他们痛不欲生，死有余辜！不料，却出事了。板报未抄好，场领导及连队指导员路过一看，板着脸，显得很不高兴地嘀咕着："反动分子被打倒了，头还能抬起来？那就说明无产阶级的拳头没有力量！""无产阶级的拳头应把反动分子砸得头抬不起来！""这个头版画不行，这是个政治态度问题！"听到这些咄咄逼人的言辞，我惊悚万分，急忙用抹布沾水，把头版画擦掉，连声说：我重新画过，我重新画过。当天下午，领导们又过来看，头版画是一个硕大的手臂写着"无产阶级"，坚硬的拳头底下是被砸扁的反动分子的脑袋和枯萎的四肢，领导们连连称道："好，很好！这样画大长了无产阶级革命的志气！"天哪，终于过关！一个多月后，新文书上任，我终于松了一口气，专心做排长工作。

"恋爱"受到非议

"恋爱受到非议"——现代人听起来，是不可思议的。而当时的背景是不允许的，恋爱就是一大缺点。记得我们到连队不到两个月，就听说前届下乡的一位女知青与连长谈恋爱，女的受到指责批评，男的遭到撤职。因为，当时规定知青在农场劳动期间，不准谈恋爱，应专注劳动锻炼。同时，在每个连队县知青办，都抽调一名县机关政工领导干部担任指导员，并且配有2名老农顾问（从各个公社大队书记中抽调），负责知青的政治思想工作，防止过早谈恋爱就是其中一项工作。"恋爱"一事，就曾摊在我身上。

1975年9月底，农场应县教育部门的请求，将抽调12名知青担任代课老师，我被连队推荐为候选人之一，当时在排里征求意见时，却有一位知青，不知何原因，无中生有地说我与排里三班女班长谈恋爱，并提出主要的问题是经常一起看电影。当时，看电影要到10公里外的县城电影院或附近农场农村观看。去看电影，都要三五成群结伴，如果男女结对同行，若被发现就有谈恋爱的嫌疑了。这样一说，我丈二和尚摸不着头脑，三班长与我是上下级的工作关系，恋爱何处来？这是事关一个人能否走出农场进入社会工作非常敏感的问题！此时，不等我说话，排里的许多知青尤其是三班的女知青，立刻站起来反驳，唇枪舌剑，争论很激烈，连队领导唯恐控制不住局势，就请场长来解围。后来，经调查事情得到了澄清。当年十一月，经过短期的培训，我被分到县师范附小（现县第一小学）任教。

知青生活趣事

"馒头爆炸"。有位从县城居民区下乡的知青，由于家庭困窘，很少吃面制品。当年第一次发工资时，他与几个同宿舍的知青买了一些面粉想蒸馒头，改善生活，但不知如何制作，就此向我请教，我就面粉与发酵粉的比例及制作方法简要说明。当晚，他们就动手做馒头了。时过不久，他慌慌张张，脸带恐惧地跑到我处说：排长，我们蒸的馒头爆炸了，你赶快去看看！啥馒头爆炸呢？我带着疑惑，来到现场一看，唉！原来他们把一斤面粉揉成一团，没有掰成小块，就直接放到锅里，由于面团大，锅小，蒸时面团发酵把锅盖顶起来，他们就以为"馒头爆炸"，吓得不轻。

扒手知青。我排里一位汕头籍的知青，在学校不安心学习，常跟社会上不法人员混在一起，学会偷窃，初中没毕业，就下乡到农场，由于本性难改，在农场里偷鸡摸狗是常事，他劳动散漫，工资较低，但许多知青跟他在一起，都得到酒肉相待。为了改变这种现状，连队及农场领导不时找他谈话。有一次，场长找他谈话，不到五分钟，他向场长讨烟抽，场长一摸口袋，嘿，一包丰收烟不见了！原来在谈话间他不知不觉地把场长的香烟弄到手里。谈话还在继续，不到一刻的时间，他又向场长询问时间，是否到吃饭时间了，场长抬手一看，手表也不见了，弄得场长哭笑不得。

(2017 年 4 月)